Christoph Weidlich

Christoph Weidlichs zuverlässige Nachrichten von den jetztlebenden Rechtsgelehrten

Fünfter Teil

Christoph Weidlich

Christoph Weidlichs zuverlässige Nachrichten von den jetztlebenden Rechtsgelehrten
Fünfter Teil

ISBN/EAN: 9783742897398

Hergestellt in Europa, USA, Kanada, Australien, Japan

Cover: Foto ©Thomas Meinert / pixelio.de

Manufactured and distributed by brebook publishing software (www.brebook.com)

Christoph Weidlich

Christoph Weidlichs zuverlässige Nachrichten von den jetztlebenden Rechtsgelehrten

Christoph Weidlichs

zuverläßige

Nachrichten

von denen

jetztlebenden Rechtsgelehrten.

Fünfter Theil.

Halle, be Carl Christian Kümmel. 1761.

Geneigter Leser!

Hier überreiche deiner gütigen Beurtheilung den fünften Theil meiner zuverläßigen Nachrichten von denen jetztlebenden Rechtsgelehrten: Und wenn gleich eine gewisse gelehrte Zeitung mir bey meiner jetzigen Arbeit eine gewisse Art von Furchtsamkeit gegen meine ehemalige Kühnheit vorwerfen will; so betrüget sich doch der Verfasser dieses Vorwurfs gar sehr. Ich weiß aus der Erfahrung, daß ich mit gegenwärtiger Arbeit weiter gekommen, als mit der erstern, und nichts in der Welt wird meine Meynung ändern können. Mein Wunsch ist vielmehr, GOtt wolle uns ruhigere und friedlichere Zeiten bescheren.
Lebe wohl!

Inhalt.

I. Christian Ludewig Scheid	S. 1
II. Johann August Hellfeld	56
III. Ludwig Conrad Smalcalder	91
IV. Johann Stephan Pütter	98
V. Johann Heinrich Bocris	176
VI. Paul Wilhelm Schmid	200
VII. Johann Jacob Sorber	216
VIII. Friedrich Gottlieb Zoller	233
IX. Martin Gottlieb Pauli	247
X. Ludewig Gottfried Mogen	260
XI. Achatius Ludwig Carl Schmid	287
XII. Johann Tobias Richter	299
XIII. Johann Andreas Hoffmann	323
XIV. Georg Samuel Madihn	341
XV. Friedrich Wilhelm Tafinger	355
XVI. Georg Heinrich Hinüber	369
Zusätze	379

I. Chri=

I.
Christian Ludewig Scheid,

Beyder Rechten und der Weltweisheit Doctor, Königl. Groß-Britannischer, und Churf. Braunschweig-Lüneburgischer Hofrath, Geschichtschreiber und Aufseher des königlichen Büchersaales zu Hannover (*).

Ein Fürst macht sich unsterblich, und verewiget sein Andenken durch löbliche und durch kluge seinem Lande und Unterthanen zum Wohl gereichende Anstalten. Ein Feldherr macht seinen Namen durch tapfere und durch grosse Thaten bey der Nachwelt unvergeßlich; und ein Gelehrter macht

(*) S. 1) des Herrn geheimen Justizraths Georg Christian Gebauers Progr. ad Panegyrin, in qua sex merentissimis Iuris utriusque Canditatis, Sollemnium Inauguralium Georgiæ Augustæ die secunda,

macht sein Andenken und seinen Namen bey denen spätesten Nachkommen blühend und unverwelklich, wenn er das Reich der Gelehrsamkeit mit gelehrten und gründlichen Schriften bereichert hat.

Ich glaube nicht, nöthig zu haben, allhier die Kennzeichen derer gelehrten und gründlich abgefasten Schriften anzugeben, weil ein würklich Gelehrter die guten von denen schlechten Schriften wohl zu unterscheiden weiß; ich verhoffe auch nicht, meinen Satz beweisen zu dürfen, weil die Geschichte mit vielen löblichen Fürsten, mit vielen tapfern Feldherren, und mit vielen grossen Gelehrten gleichsam pranget.

Ein solcher wahrer, ein solcher grosser Gelehrter ist der Herr Hofrath Scheid zu Hanhover, dessen Name bey denen spätesten Nachkommen allezeit blühen wird, und dessen Schriften allezeit einen ausnehmenden und vorzüglichen Werth behalten werden, dahero ich mit vielem Vergnügen desselben Leben und Schriften anjetzo entwerfe.

Waldenburg im Hohenlohischen pranget mit der Geburt dieses warhaftig gelehrten und grossen Mannes, wo er im Jahr 1709 den 26sten September zuerst das Licht dieser Welt erblicket hat. Er ist aus einem Patriciengeschlechte entsprossen, welches seit fünf hundert Jahren vornemlich in dem

Elsaß

---

da, summos honores Doctorales conferet, *De ipsa Ceremoniarum natura atque Jure*. Gottingæ 1737. 2) Allerneueste Nachrichten von juristischen Büchern ꝛc. Zweyter Band. S. 447:454. 3) Grosses Universal-Lexicon aller Wissenschaften und Künste ꝛc. Theil XXXIV. S. 1130 und 1131.

Elsaß floriret hat, und woraus **Johann Georg** Freyherr von Scheid abstammet, welcher erstlich der Marggrafschaft Burgau oberster Landesvorsteher, hernach aber kayserlicher Rath, und Canzler des Herzogthums Steyermark gewesen, so im Jahr 1617 gestorben ist.

Sein Herr Vater war **Johann Scheid,** gräflich hohenlo-pfedelbachischer Rath und Amtmann zu Waldenburg, welcher 1723 verstorben, und die Frau Mutter, **Dorothea Elisabeth,** eine Tochter **Philipp Albrecht Ortens,** welcher die wichtigen Aemter eines Canzleydirectors, bey ermeldetem Grafen, eines Syndici des gräflichen Collegii im fränkischen Creise, und dessen Gesandten am Kaiserl. Hofe verwaltet hat.

Die ersten Grundsätze der lateinischen und griechischen Sprache, der Alterthümer und schönen Wissenschaften hat er dem Fleiße und der Geschicklichkeit derer Lehrer der öttingischen Schule, des Rectors, Herrn **Lenzens,** und Conrectors, Herrn **Ludewigs** zu danken, deren Unterricht er bis in das Jahr 1724 genossen. Nach vollendeten Schuljahren begab er sich auf einige Zeit zu seinem ältern Bruder, Herrn **Georg Friedrich Scheid,** nördlingischem Rathsconsulenten, und von da auf die hohe Schule zu Altdorf.

Auf diesem berühmten Musensitze hielt er sich absonderlich zu dem berühmten **Christian Gottlieb Schwarz,** dem grösten Humanisten unserer Zeiten, und war zugleich in denen historischen Vorlesungen des seel. **Johann David Köhlers** ein fleißiger Zuhörer. Dabey war er unermüdet, sich

in denen Hörsölen derer damaligen berühmten alt-
dorfischen Rechtslehrer, Heinrich Hildebrands,
Johann Georg Fichtners, Euchar Gottlieb Rinks, Georg Heinrich Links, Johann Jodock Becks und Georg Friedrich
Deinlins einzufinden. Er blieb an diesem angenehmen und ihm so vortheilhaften Orte bis zu Anfange des Jahres 1730, und hatte das wohlverdiente Glück, von dem jetzigen göttingischen berühmten Gottesgelehrten, Herrn D. Jacob Wilhelm Feuerlein, einer besondern Vertraulichkeit,
und von dem Peirescio unserer Zeiten, dem wohl-
seel. Herrn Hieronymo Wilhelm Ebner von
Eschenbach, durch Empfehlung des seeligen
Schwarzens, einer ganz ausserordentlichen Gnade gewürdiget zu werden. Ehe aber der Herr Hofrath Scheid die Academie Altdorf verließ, legte
er vorher eine öffentliche Probe seines Fleisses ab,
und vertheidigte unter dem Vorsitze seines grossen
Lehrers und Wohlthäters, nur gedachten Herrn
Schwarzens, die sehr schöne academische Streitschrift, De obligatione possessoris bonæ fidei
ad rem domino restituendam, und rettete selbige wider die Einwürfe derer Gelehrten sehr geschickt.

Straßburg, welches der Hofrath Scheid als
die Vaterstadt seiner Voreltern verehret, war nunmehro der Ort, wo er seine Wissensbegierde weiter
sättigen wollte. Er gelangete alda in erwehntem
1730sten Jahre an, wo seines Vaters Bruder,
Johann Valentin Scheid und Johann Jacob Sachse, zweene gelehrte und berühmte Aerzte, ihm überaus viel Gewogenheit erzeigten. Er
suchte

suchte durch eigenen Fleiß seine Rechtswissenschaft aus dem, was er zu Altdorf bereits gehöret und erlernet, zu erweitern. Allein, er vergaß nicht, sich die Vorlesungen des seel. **Johann Heinrich Böclers** über das teutsche Staatsrecht, und Herrn **Johann Daniel Schöpflins** über die Geschichte wohl zu Nuße zu machen.

Indem er aber zu Straßburg denen Studien oblag, so starb seines Vaters Bruder, gedachter D. **Johann Valentin Scheid**. Diesem muste er auf Verlangen und Anordnung seiner nächsten Anverwandten eine Gedächtnißrede halten, welche er bey dem Abdrucke derselben dem Pfalzgrafen am Rhein, **Christian dem dritten**, dedicirete. Zur besondern Gnade und Erkenntlichkeit bot dieser Herr aus eigener Bewegung ihm die Stelle eines Secretärs und Archivarii an.

Allein der Herr Hofrath Scheid, welchem die göttliche Vorsicht eine ganz andere Bestimmung vorbehalten hatte, befand nicht vor dienlich, diese ihm freywillig angebotene Stelle anzunehmen; vielmehr reisete er im Jahr 1732 in Gesellschaft dreyer junger Herren von Adel, **Johann Maximilians**, **Johann Adolph** und **Justinians**, Gebrüdere von **Holzhausen**, durch die Schweiß, Frankreich und Holland, nahm das Sehenswürdigste in Augenschein, und unterredete sich aller Orten mit denen gelehrtesten Männern.

Nach dieser vollbrachten Reise ward der Herr Hofrath Scheid durch den gräflich Oettingischen Canzler, Herrn **Friedrich Theobald Sahlern**, an den Oettingischen Hof gezogen, wo er die

Stelle eines Secretärs bekleiden sollte, bald darauf aber ward er zum Hofmeister des damaligen jungen Erbgrafens, **Johann Friedrichs**, vorgeschlagen, welchen er im Jahr 1734 nach Halle führete. Auf diesem berühmten Musensitze erlernete er in denen Vorlesungen derer drey grossen Rechtsgelehrten, des Canzlers von **Ludewig**, des Canzler **Böhmers**, und des geheimen Raths **Heineccii**, noch manches, das ihm vorhero unbekannt gewesen.

Seine Aufführung erhielt den Beyfall des damals regierenden Grafen, **Antons Carls** zu Oettingen-Wallenstein, welcher ihm, nach seiner im Jahr 1736 erfolgten Zurückkunft, die Stelle eines würklichen Raths, mit einem ansehnlichen jährlichen Gehalte, antrug. Doch er hatte eine so zärtliche Liebe vor die Musen und das academische Leben, daß er ihre angenehme Gesellschaft mit dem unruhigen Hofleben nicht vertauschen wollte. Er bedankte sich dannenhero vor diese hohe Gnade, und sein Wunsch gieng nunmehro dahin, vor sich allein zu leben, um mit grösserem Fleisse denen Studien obzuliegen. Allein, er ließ sich doch bewegen, zu Ende des Jahres 1736 mit dem Herrn Grafen, **Ludewig Bernhard**, **Henkel** von **Oderberg** auf die damalige neue Universität Göttingen als Hofmeister zu gehen, und einen Gelehrten abzugeben, so oft sein Untergebener sich die Rechtsgelehrsamkeit und die Geschichte von **Schmaussen**, **Mascoven**, **Treuern** und **Kölern** vortragen ließ.

Endlich ließ sich der Herr Hofrath **Scheid**, auf Anrathen einiger Freunde, bewegen, zu Göttingen

tingen die Doctorwürde anzunehmen. Er meldete sich zu dem Ende bey der Juristen-Facultät, erbot sich zu denen gewöhnlichen Proben derer Candidaten, erzehlete in seiner Lectione cursoria die Schicksale der römischen Rechtsgelehrsamkeit nach Kaysers Justiniani Tode, vertheidigte seine wohlausgearbeitete Probeschrift, welche überschrieben ist: Excursiones in argumenta nonnulla ex utroque Iure inter tumultuariam lectionem Novellarum quarundam Imper. *Leonis*, dicti *Philosophi*, ohne jemandes Beystand, und ward nach diesen abgelegten Proben den 18ten September gedachten 1737sten Jahres, als an dem andern Tage der solennen Einweihung der Academie Göttingen, von dem Herrn geheimen Justizrath Gebauern, als erstem Dechanten der Juristenfacultät, mit den feyerlichsten Ceremonien zum Doctor in beyden Rechten erkläret.

Der Herr Hofrath Scheid hielt hierauf mit vielem Beyfalle juristische Vorlesungen, und zeigte seine besondere Geschicklichkeit in einigen academischen Streitschriften, wodurch er sich im folgenden 1738sten Jahre den Weg zu einer ausserordentlichen Profeßion der Rechte zu Göttingen bahnete, und den 12ten November mit einer Rede, De ICtis Saturninis von dem ihm anvertrauten Lehramte förmlichen Besitz nahm.

Wahre und ächte Gelehrsamkeit bleibt nie verborgen, und findet auch allezeit ihre Belohnung. Einen deutlichen Beweis hiervon giebt der Herr Hofrath Scheid: denn derselbe hatte noch nicht ein halbes Jahr dieses ausserordentliche Lehramt verwaltet,

verwaltet, so bekam er im Anfange des Jahres 1739 den Ruf als Professor Iuris Civilis & patrii auf die Universität zu Coppenhagen, nebst einer Beysitzerstelle im königlichen Consistorio. Nach erhaltener Dimißion zu Hannover nahm er diesen Beruf an, und vor seiner Abreise ließ er sich noch in Göttingen zum Magister der Weltweisheit erklären.

Zu Ende des Maymonats 1739. reisete er würklich nach Coppenhagen ab, und einige Wochen nach seiner Ankunft ward er von dem verstorbenen König in Dännemark nach Hofe berufen, um Jhro jetzt glorreichst regierende königliche Majestät in Dännemark, als damaligen Cronprinzen, in denen Rechten und politischen Wissenschaften zu unterrichten. Ein dergleichen seltenes Glück genießen nicht alle Gelehrte; man weiß aber auch, von was vor glücklichem Erfolge dieser Unterricht gewesen.

Nach dem Tode des Staatsraths Hojers vertauschte der Herr Hofrath Scheid die Profeßion des bürgerlichen Rechts mit der Profeßion des Natur- Völker- und Staatsrechts. Im Monat October 1739. hielt er zu Coppenhagen an dem Reformationsfeste die jährliche Rede, welche die Materie, *Quantum Religio Pontificia Monarchiis noceat?* zum Vorwurfe hat. Da es auch dem vorigen Könige in Dännemark allergnädigst gefiel, der Universität Coppenhagen das Recht, die Doctorwürde in denen Rechten auszutheilen, wieder herzustellen; so creirte er im Jahr 1740 den Hofgerichtsassessor, Horbow, und den Professor der Rechte, auch jetzigen königl. Staatsrath, Herrn

Hein-

Heinrich Stampen, mit einer Rede, De
ICtis patriæ suæ perniciosis, und im Jahr 1742
die Procuratoren am höchsten königl. Tribunal,
Kold und Wartberg, mit einer Rede, De
discrimine inter ICtos & Politicos, zu Doctorn in beyden Rechten. Eben dergleichen Handlung nahm er auch in besagtem 1742sten Jahre, den
29sten November vor, da er denen Herren Christian Diller, Andreas Hedegaard, königl.
Kriegsräthen, dem Herrn Professor Peter Kofod
Ancher, und dem Herrn Professor Bernhard
Möllmann, mit einer Declamatione contra
imperitos Iudices, die Doctorwürde ertheilete.
Im Anfange des Jahres 1743 ward ihm auch die
Würde eines königl. dänischen Justitzraths ertheilet.

Im Jahr 1748 starb der geheime Justitzrath
Gruber zu Hannover. Niemand war geschickter,
desselben gehabte Aemter eines königl. Geschichtschreibers, und Aufsehers des königl. Büchersaales
zu Hannover wiederum zu verwalten, als Herr
Scheid; und als er den Ruf hierzu, nebst der
Würde eines königl. Hofraths erhielt, so nahm er
selbigen an, welches in der Mitte des Jahres 1748
geschahe. Bald nach dem Antritt dieser ansehnlichen Aemter hatte der Herr Hofrath Scheid die
sonderbare Gnade, dem im vorigen 1760sten Jahre
verstorbenen Könige in England, Georg II, als
dieser Monarch damals Dero teutsche Erblande besuchten, die raren Handschriften und andere Seltenheiten des Bücherschatzes zu Hannover vorzuzeigen.

Auch ist der Herr Hofrath Scheid ein Mitglied der königliche Societät der Wissenschaften zu
Göttin-

Göttingen bey der historischen Classe, wozu er den 10ten November 1751 bey deren ersten öffentlichen Zusammenkunft als ein auswärtiges Mitglied in denen hannöverschen Landen von der Gesellschaft erwehlet worden.

Was vor eine grosse Wissenschaft der Herr Hofrath Scheid in der Geschichte, teutschen Alterthümern und Rechten besitze, wissen diejenigen am besten zu beurtheilen, die dessen gelehrte und gründliche Schriften gelesen haben. Die von mir bisher beobachtete Ordnung leitet mich nunmehro auf die Erzehlung derer Schriften, von denen meines Wissens folgende nach und nach an das Licht getreten sind, als:

1) *Diss.* De obligatione possessoris bonæ fidei ad rem domino restituendam. Ex Iurisprudentia Universali. *Altorfi* 1730. *Præside Christ. Gottlieb Schwarzio.*

Der seel. Herr Schwarz versichert in dem dieser academischen Streitschrift angefügten Briefe, daß der Herr Hofrath Scheid von selbiger der Verfasser sey. Er versichert, daß, wenn es auf ihn angekommen wäre, er vielleicht einiges geändert haben würde. Uebrigens bestehet diese gelehrte Abhandlung aus drey Abschnitten. In dem **ersten** wird von dieser Materie überhaupt, in dem **andern** in dem Stande der Freyheit, und in dem **dritten** in dem Stande der bürgerlichen Gesellschaft gehandelt.

2) Laudatio funebris persoluta beatis manibus *Io. Valentini Scheidii*, M. D. & Professoris Senioris, ut & Præpositi Capituli

pituli ad D. Thomam. *Argentorati* 1731. *folio.*

Von der Veranlaſſung zu dieſer Gedächtnißrede iſt bereits oben das nöthigſte erinnert worden.

3) *Diſſ. Inaug.* Excurſiones in argumenta nonnulla ex utroque Iure inter tumultuariam lectionem Novellarum quarumdam Imp. *Leonis*, dicti *Philoſophi* inſtitutas proponens. *Gottingæ* 1737.

Dieſes iſt des Herrn Hofrath Scheids Inauguralprobeſchrift, durch deren Vertheidigung er ſich den Weg zur Doctorwürde bahnete. Er hat in dieſer leſenswürdigen Schrift die Ueberſchrift und die Vorrede der erſten Novelle, ſodann die fünfte, ſiebente, achte und neunzigſte Novelle des Kayſers *Leonis* erläutert, und Hofnung gegeben, einen vollſtändigen Commentarium über die Verordnungen dieſes Kayſers an das Licht zu ſtellen, welches aber bis hieher unterblieben. In der Vorrede erwehnet der Herr Hofrath Scheid, daß er in einer Rede, die er vor Vertheidigung dieſer Probeſchrift gehalten, *De fatis Iurisprudentiæ poſt Iuſtinianum*, alles dasjenige zuſammen getragen und erläutert habe, was von dem Leben des Kayſers *Leonis*, zum beſſern Verſtändniß derer Novellen, zu wiſſen von nöthen ſey. Es iſt aber zu bedauern, daß ſolche noch nicht dem Drucke übergeben worden.

4) *Diſſ.* De cauponarum origine & Iure, & Magiſtratus in iis ordinandis cura. *ibid.* 1738. *Reſp. Erneſt. Auguſt. Wakerhagen.*

Diese academische Abhandlung ist mit vieler und schöner Belesenheit aus denen römischen und teutschen Rechten ausgezieret, auch ist am Ende derselben eine Fortsetzung hiervon versprochen worden.

5) *Diss.* De optuma inter dissentientes Iuris-Consultos secta. *ibid.* 1738. *Resp. Io. Otto. Uden.*

Dieses ist eine sehr schöne und gelehrte Abhandlung. Nach des Herrn Hofrath Scheids Ausspruch ist *Optima ICtorum secta* diejenige, quae, ut juvenes, antequam augustissimum Iurisprudentiæ sacrarium ingrediantur, cum totius humanitatis & Philosophiæ, tum præcipue doctrinae moralis & civilis sapientiae praesidiis sese muniant, praecipit, atque ita instructos ad ipsas absconditas Antiquitatum scaturigines deducit, ibique rimari omnes Legum caussas, perpendere statum Reipublicae *Romanae*, eumque cum statu patriæ & pristinis legibus rite conferre jubet, memor ubivis, quod adhuc hodie moribus *Germanis* res stet Germana, habitaque ratione eorum, quæ ex sacris Canonibus, Pontificumque Decretis adoptanda duximus.

6) *Progr. Inaug.* Quam ob caussam in terris Brunsuico-Lüneburgicis Iura Saxonica abrogata fuerint? *ibid.* 1738.

Dieses ist die Einladungs-Schrift, als er bey dem Antritt der ausserordentlichen juristischen Profeßion die oben erwehnte Rede, De ICtis Saturninis, hielt. Der Herr Hofrath Scheid rechnet unter die Ursachen, **Warum in denen Braunschweig-**

schweig-Lüneburgischen Landen das Sachsenrecht abgeschaft, hingegen das römische Recht eingeführet worden, folgende: 1) Der Haß Herzog Heinrichs zu Braunschweig wider Churfürst Johann Friedrichen zu Sachsen. 2) Diejenigen Zeiten, da das römische und päpstliche Recht ganz Teutschland überschwemmet. Da nun damals alle junge Rechtsgelehrten auf die italiänischen Universitäten gezogen, und weiter nichts als das römische und päpstliche Recht erlernet; so sey es kein Wunder, daß sie hernachmals das teutsche Recht, das sie gar nicht gekennet, aus denen Gerichten verdrenget, und dagegen das römische und päpstliche Recht geltend gemacht. Zum Beweis dessen wird Joachim Mynsinger, der erste helmstädtische Rechtsgelehrte, angeführet, welcher die wolfenbüttelische Hofgerichtsordnung entworfen, und in selbiger statt des sächsischen Rechts das römische Recht festgesetzet. Und 3) möge die nach Sachsenrecht übliche Gerade zur Abschaffung des sächsischen Rechts nicht wenig beygetragen haben, weil selbige denen von Adel und andern bemittelten Personen bürgerlichen Standes sehr beschwerlich und nachtheilig sey.

7) *Diss.* De Iure erigendi cauponas & hospitia publica tam in genere, quam in specie in terris Brunsuico-Lüneburgicis. Von der Wirthschafts- und Krugnahrung. *ibid.* 1739. *Resp. Io. Rudolph. Wendeborn.*

Diese sehr wohl geschriebene Abhandlung ist eine Fortsetzung derjenigen, von welcher oben sub No. 4. Erwehnung gethan worden.

8) *Diss.*

8) *Diff.* De Iure coquendi & vendendi cereviſiam, vom Bierbrauen zum feilen Kauf. *ibid.* 1739. *Io. Chriſtoph. Iaeger de Iaegersberg.*

Dieſe academiſche Streitſchrift iſt mit vieler Beleſenheit, gründlichen Gelehrſamkeit und genauen Kenntniß der Landesgeſetze angefüllet.

9) *Diff.* De Iure coquendi & vendendi cereviſiam tam in terris Brunſuicenſibus & Lüneburgicis, quam in Epiſcopatu Hildeſienſi. *ibid.* 1739. *Reſp. Frider. Günther. Hofmeiſter.*

Es iſt dieſe beträchtliche Abhandlung eine Fortſetzung der vorhergehenden.

10) *Diff.* Singularia quaedam de eo, quod juſtum eſt circa vinum aduſtum, von Branteweinbrennen und Branteweinſchenken, praecipue ad uſum terrarum Brunſuico-Lüneburgicarum exponens. *ibid.* 1739. *Reſp. Erneſt. Anton. Helmkampf.*

Auch dieſe Abhandlung pranget mit einer weitläuftigen Beleſenheit und groſſen Kenntniß der Landesgeſetze.

11) **Abgedrungene Apologie** wieder das ausgebreitete Gerüchte, als ob er an den neulich publicirten Klagen Moyſis über des zweyten Iſraels Policeygeſetze und Geſchäfte einiger Antheil hätte. Coppenhagen 1740. 8.

Die Veranlaſſung zu dieſer Schutzſchrift war folgende: Herr D. Carl, ein Mann, der durch ſeine beſondere Meynungen, und durch ſeine dunkele und unverſtändliche Schreibart ſich vor andern

Schriftstellern hervorgethan, ließ seinem Buche, welches er *Medicina Aulica* überschrieben, eine kleine Schrift andrucken, die er mit dem Titel: Klagen Moysis über das zweyte Israel beehret; solche sollte zugleich die Stelle eines Glückwunsches an den Herrn Hofrath Scheiden vertreten, als dieser zu Coppenhagen seine ihm anbefohlne Aemter antrat. Man könnte leicht urtheilen, daß Herr D. Carl in dieser Schrift eben diejenigen abentheuerlichen und verwerflichen Meinungen vorgetragen habe, welche man in seinen übrigen Büchern schon gewohnt war. Es fanden sich Leute, welche den Herrn Hofrath Scheid öffentlich beschuldigten, er habe an diesem verwirrten Mischmasche Antheil; und es fehlete nicht viel, daß man ihn nicht unter die Rotte derjenigen Leute gerechnet hätte, welcher der Graf von Zinzendorf, D. Carl, und der ehemalige Director zu Zittau, Gottfried Policarp Müller noch einige Ehre machten. Er rechtfertiget sich dannenhero in dieser Schrift wider eine solche gehäßige Beschuldigung, bezeuget bey aller Wahrheit, daß diese Beschuldigung ungegründet und erdichtet sey, und leget bey dieser Gelegenheit sein Glaubensbekenntniß mit einer so freymüthigen und ungezwungenen Art ab, daß man vollkommen mit ihm zufrieden seyn muß. S. auch Allerneueste Nachrichten von juristischen Büchern, 2c. Zweyter Band S. 452 u. f.

12) De Iure Regis Daniae prohibendi navigationes & piscationem exterorum in mari

mari Boreali, contra noviſſimas Batavorum praetenſiones. *Hafniae* 1741.

Es ſoll eine weitläuftige Schrift ſeyn. Die Irrungen zwiſchen der Crone Dännemark und der Republick Holland wegen der Isländiſchen Schiffarth waren im Jahr 1741 ſehr weitläuftig. Der königl. däniſche Miniſter im Haag überreichte dazumal Ihro Hochmögenden von Seiten ſeines Hofes dieſsfalls ein Memorial mit verſchiedenen Beylagen, worinnen das Recht erweiſlich gemacht war, das die Crone Dännemark verlangete, den Wallfiſchfang und den Handel in denen Gewäſſern und an den Küſten von Island zu verwehren. Es beſtehet dieſes Memorial aus 5 Periodis, und bey den vier erſtern finden ſich viel Beylagen, die aus Privilegien genommen ſind, welche die vorigen Könige in Dännemark denen Holländern ſowol als Engländern ertheilet, und wo beſagte Gewäſſer und Küſten ausgenommen ſind. Dieſem Memoriale ſind noch Edicte, Verordnungen, Verträge und andere Stücke, bis auf 13 an der Zahl beygefüget. Der Inhalt des Memorials ſelbſt, um etwa den Inhalt der Schrift des Herrn Hofrath Scheids zu beurtheilen, iſt folgender: „Die Schiffarth, der „Fiſchfang, und die Handlung auf Grönland, Is„land, Ferroe, Finmark, Nordland, und ande„re dergleichen Inſeln und Küſten, wären den frem„den Nationen zu allen Zeiten unterſaget geweſen, „und der Zugang nach ſolchen Gegenden in den „Tractaten, welche die Könige in Dännemark mit „andern Puiſſancen errichtet, wie auch in den Pri„vilegiis, die ſie von Zeit zu Zeit fremden Unter„thanen

„thanen ertheilet, ausdrücklich ausgenommen wor-
„den. Diese Declaration, die in Ansehung be-
„sagter seit verschiedenen Jahrhunderten verbotenen,
„und durch die Tractaten versicherten Inseln, Hä-
„fen und Colonien geschehen, sey durch die dies-
„falls ergangene, und von Zeit zu Zeit erneuerte
„Verordnungen und Privilegien so hinlänglich be-
„kannt geworden, daß deren Notorietät nicht in
„Zweifel gezogen werden könne. Es wären auch
„die hohen Rechte, welche den Königen von Dän-
„nemark auf ermeldete nordische Gegenden zustün-
„den, bey anderer Gelegenheit von andern Puis-
„sancen erkannt worden. Diese Rechte der Crone
„Dännemark hätte man zu aller Zeit behauptet,
„und wider die dagegen geschehene Beeinträchtigun-
„gen und Verletzungen durch Vorstellungen, oder
„andere dienliche Mittel und Wege sich verwahret.

13) *Declamatio* contra imperitos Iudices; Recitata publice in follemni Panegyri a. d. 29. Novembris A. 1742. quum tres viri legum peritissimi Iurium Doctores crearentur.

Diese ungemein zierliche, muntere und lebhafte Rede findet man 1) in der dänischen Bibliothek, fünftem Stücke S. 432 u. f. 2) in den Allerneuesten Nachrichten von juristischen Büchern, 2c. Viertem Bande. S. 389=434. welche wegen ihres beträchtlichen Inhalts und vortreflichen Ausführung lesenswerth ist. Sie ist gehalten bey der Doctorpromotion Herrn Christian Ditler Andreas Hedegaard, königl. Kriegsraths, Herrn Peter Rofod Anchers und Herrn

Leb. jetztl. Rechtsgel. 5 Th.   B   Bern-

Bernhard Möllmanns, Profeſſorn an der Univerſität Copperhagen.

14) *Diſſ.* De Regii Vandalorum tituli Auguſtiſſimis Daniæ Regibus jam pridem familiaris origine & cauſſa. *Hafniae* 1743. *Reſp. Frider. Chriſtian. Sevel.*

In dieſer mit gründlicher Gelehrſamkeit ausgeſchmückten Abhandlung iſt der Herr Hofrath Scheid der gegründeten Meynung, daß vermittelſt der Titel eines Königs der Wenden das Andenken des durch Canutum, den heiligen, Herzogen von Schleßwig, und der aus königl. däniſchem Geblüte herſtammete, auf die jenſeits des Meeres gelegene ſlaviſche, und beſonders teutſche Länder ehedem erworbenen Rechts erhalten werde. Und ohnerachtet dieſes Recht klärer aus dem Titel, König der Slaven, (deſſen ſich die älteren däniſchen Könige bedienet) als aus dem heut zu Tage gebräuchlichen Titel, König der Wenden erhellet, weil die Slaven Beſitzer von weit mehrern Ländern, als dem einzigen Wendenland geweſen, und welche Länder alle insgeſamt als däniſche Erbländer unter dieſer Benennung begriffen würden; ſo darf man dennoch nicht glauben, als wenn durch die unter der Regierung Königs Friedrichs des andern zufälliger Weiſe geſchehene Veränderung des alten Namens das dem däniſchen Reiche an gedachten Provinzien zugeſtandene Recht erloſchen ſey. Es ſey ſolches daraus zu ſchlieſſen, weil alle teutſche Fürſten, welche ſich ſonſt Herzoge und Fürſten der Slaven und Wenden geſchrieben haben, ſich zu unſern Zeiten mit dem bloſſen Titel der Herzoge und Fürſten d ter Wenden begnügen laſſen, woraus ſonnenklar erhellet, daß unter dieſem Titel eben dieſes verſtanden werde, was ehemals unter dem Namen Slavorum vel Venedorum terra angezeiget worden. Unterdeſſen ſcheinet ſich der König von Dännemark nicht ohne wichtige Urſachen nicht **König des Wendenlandes**, ſondern **König der Wenden** zu ſchreiben. Nemlich Jhro jetztregierenden Königl. Majeſtät Vorfahren haben durch dieſen Titel zu erkennen geben wollen, daß ſie ihren Namen nicht von dem Wendenlande, (als deſſen Grenzen gar zu enge geweſen wären) ſondern von dem mächtigen Volke der Wenden, welche einige Gelehrten, obwol fälſchlich, mit denen Slaven vor ein Volk gehalten haben, herleiteten, und folglich durch dieſe Benennung alle und jede Gerechtſamen, welche ihren Vorfahren unter dem Namen der ſlaviſchen Könige zugewachſen, erhalten wollten. Und da zumal der Name der Slaven nichts ſchimpfliches in ſich enthält; ſo iſt es einerley, ob man dem König in Dännemark den Titel eines Königs der Slaven, oder eines Königes der Wenden giebt. Da auch ſowol alle und jede Kayſer, als Könige und Fürſten denen Königen von Dännemark dieſen Titel freywillig, und ohne einzige Widerrede beygeleget haben; ſo folget hieraus der richtige Schluß, daß dieſer Titel kein leerer Name ſey, ſondern allerdings demjenigen, der ſolchen führet, anſehnliche Vorrechte zuwege bringe. S. **Allerneueſte Nachrichten von juriſtiſchen Büchern ꝛc. Vierter Band.** S. 632=634.

15) *Diss.* Iuris Publici & privati convenientiam & differentias principes exhibens. ibid. 1744. *Resp. Petr. Thorsten.*

Der Unterschied unter dem Staats- und bürgerlichen Recht äussert sich vornemlich 1) in der Beschaffenheit der Staatssachen und bürlichen Angelegenheiten. 2) In denen Umständen, in welchen sich grosse Herren und Privatpersonen befinden. 3) In dem Ursprunge des Staats- und bürgerlichen Rechts. 4) In der Verbindlichkeit, welche die öffentlichen und bürgerlichen Gesetze nach sich ziehen. 5) In der Art der Verbindlichkeit selbst. 6) In Ansehung entweder den öffentlichen oder Privatnutzen zu befördern. 7) In Betrachtung der Dauer dieser Gesetze. 8) In der eingeschränkten Freyheit von Staatssachen seine wahre und ungeheuchelte Meynung zu eröfnen. 9) In der Anwendung beyder Gesetze, da die bürgerlichen Gesetze nicht in Staatsangelegenheiten, und hingegen die öffentlichen nicht in bürgerlichen Streitigkeiten angezogen werden können. 10) In dem unterschiedenen Verhältniß, wenn man sie nach dem natürlichen Recht betrachtet, indem die bürgerlichen Rechte gröstentheils in solchem gegründet sind; da hingegen selbiges von denen gebräuchlichen Verfassungen des Staats nichts weiß. Die Gleichheit hingegen beyder Rechte trifft man an, 1) wenn man auf ihren wahren Endzweck, welcher die Wohlfarth, der Friede und die Sicherheit der Republik ist, und den mit solcher ganz genau verknüpften, so in einer geschickten und gründlichen Anwendung derer Gesetze auf die vorfallenden Händel im menschlichen Leben, und folglich i[n] einer gleich durchgehenden Gerechtigkeit bestehet, sein Augenmerk richtet. 2) Wenn man beyder Rechte Grundsätze und Quellen in Erwegung ziehet. 3) Wenn man auf die Eintheilung beyder Rechte, welche die Art und Weise solche zu erlernen bestimmet, Achtung giebt. 4) Wenn man bedenket, daß man so viele Staatsrechte und bürgerliche Gesetze aufweisen kann, so viele besondere Städte, Republiken und Reiche vorhanden sind. 5) Wenn man überleget, daß beyde Rechte verordnen, wie es in Vorfallenheiten in der Republik, deren Entscheidung man in dem natürlichen Rechte vergebens suchet, gehalten werden solle, damit Friede, Treue und Gerechtigkeit einander begegnen, und Streit, Zank und Ungerechtigkeit auf ewig aus der besten Welt verwiesen werde. Und 6) wenn man fleißig betrachtet, daß niemand wissen können, was vor eine Verbindlichkeit allen und jeden obliege? Was jedem in der Republik zu thun frey stehe? Was die Personen, aus welcher eine Republik bestehet, entweder aus einem Privilegio, oder aus blosser Gnade und Nachsicht verrichten dürfen, oder unterlassen müssen? Ueber was vor Sachen einem edweden entweder die völlige Gewalt und das Eigenthum, oder nur der Nießbrauch zustehet, und welche davon ausgeschlossen sind? wenn er nicht in beyden eine vollkommene Wissenschaft besitzet. Hierauf beschreibt er das Staatsrecht, *Quod sit regula immediate, directo, & principaliter negotiis civitatis communibus, & ad statum reipublicae ejusque securitatem, gubernationem, intentione & executione spectantibus,*

bus, conventionibus vel expressis vel tacitis inter Imperantes & subditos initis praescripta, eorum, qui Reipublicae praesunt, Majestaticum in ipsam civitatem & subditos cujuscunque ordinis Ius, indeque promanantem potestatem legitimam definiens, adeoque civitatis statui vel in totum, vel ex parte, formam perpetuam tribuens, obligatione aeterna & universali tam intuitu civium quam exterorum munita. Von dem bürgerlichen Rechte hingegen machet er folgende Abbildung: Ius privatum est regula negotiis & rebus particularibus in Republica auctoritate illius, penes quem est summum Imperium, eum in finem, ut salva Republica singulorum utilitati atque securitati consulatur, praescripta, actiones liberas eorum, qui vel ex pacto expresso, vel ex temporaria habitatione, in privata, id est, subditorum conditione sunt, determinans, adeoque perfectam ab iis obedientiam exigens. Endlich bezeiget er einen gerechten Unwillen über die, so genannten halben Juristen, und behauptet, daß niemand den wahren Namen eines Rechtsgelehrten verdiene, welcher nicht eine gründliche Wissenschaft sowol in dem Staats- als Privatrecht besitze. Alle diese Lehrsätze sind mit ganz ausnehmender Gelehrsamkeit, mit dem Beyfall derer bewährtesten Schriftsteller, und mit denen ausgesuchtesten Beyspielen derer alten und neuern Zeiten erläutert. Es gehöret also diese Abhandlung unter die recht guten und nützlichen Schriften, und hat allerdings verdienet

dienet, daß sie 1749 zu Frankfurt und Leipzig, oder vielmehr zu Jena, durch eine neue Auflage in Teutschland bekannter gemachet worden. S. auch Allerneueste Nachrichten von juristischen Büchern ꝛc. Fünfter Band. S. 174-178.

16) *Diss.* De ratione belli, seu, ut a Gallis dici solet, Raison de Guerre. *ibid.* 1744. *Resp. Christoph Garmann.*

Ratio belli, wie der Herr Hofrath Scheid solche in dieser schönen Abhandlung beschreibet, est usurpatio mediorum quorundam extraordinariorum & subsidiariorum, propriorum tamen & adæquatorum, ad finem belli justi obtinendum, ob urgentem necessitatem pro certo belli statu habituque licita vel utilis. Die Erfordernisse der Kriegsraison sind, daß 1) ein rechtmäßiger Krieg geführet werde. Daß 2), derjenige, welcher zu der Kriegsraison seine Zuflucht nimmt, nach angestellter genauen Berathschlagung gewiß und völlig überzeuget sey, wie die Nothwendigkeit, welche allein eine solche That entschuldiget, würklich vorhanden sey, noch 3) dabey einige Uebermaasse erlaubet werde, noch 4) vielweniger solche Mittel gebrauchet werden, welche schlechterdings unerlaubt und unrechtmäßig sind. Ueberdies muß er gänzlich versichert seyn, daß 5) der Schade, welchen er seinen Feinden zufügen will, würklich seine Kräfte schwächen, und folglich ein Mittel seyn werde, den einzigen und wahren Endzweck des Krieges zu erhalten, nemlich den Frieden wieder herzustellen. Endlich müssen 6) alle ordentliche Mittel den Krieg entweder zu vermeiden, oder zu endigen, fruchtlos und vergebens gewesen seyn. Alle diese Lehrsätze hat der Herr Hofrath Scheid in einer eigenen Abhandlung weitläuftiger zu erläutern, und den Nutzen derselben in besondern Fällen anzuzeigen versprochen; welches aber meines Wissens noch nicht geschehen. Uebrigens ist diese sehr brauchbare academische Streitschrift im Jahr 1747 in Teutschland durch einen zweyten Abdruck gemeiner gemacht worden. S. auch Allerneueste Nachrichten von juristischen Büchern ꝛc. Fünfter Band. S. 242 u. f.

17. *Ethica Philosophica*, methodo scientificae aemula scripta. *Hafniae* 1745. 8.

Die Hauptabsicht dieses Handbuchs ist, der Jugend von jedem Stücke der Sittenlehre einen deutlichen Begrif zu geben, und die Grenzen zu zeigen, wo die Vernunft aufhöre, und die Offenbarung anhebe.

18) *Diss.* De Buccellariis & Isauris. *ibid.* 1745. *Resp. Frider. Carol. Müncheberg.*

Dieses ist eine mit vieler und auserlesener Gelehrsamkeit ausgeschmückte academische Streitschrift. Das Wort *Buccellarius*, so in L. 10. Cod. Iustin. ad Leg. Iulian de vi publ. vorkommt, hat denen gelehrtesten Männern aller Zeiten manche unruhige Stunde verursachet. Die Glosse beschreibet diese Art Leute als Strassenräuber, welche ihr Handwerk durch Entwendung kleiner Stücken Brodtes anfangen, und hernach zu einem so hohen Grad der allerabscheulichsten Grausamkeit treiben, daß sie denen unglückseligen Personen, so in ihre Hände verfallen, ein Holz in Mund stecken, damit sie, ohne Gefahr

Gefahr entdecket zu werden, solche ihrer Habseligkeiten berauben können. Andere glauben, unter denen *Buccellariis* würden die Gallo-Graeci verstanden, welche Rauben und Morden vor heldenmäßige Thaten gehalten haben. Einige verwandeln die *Buccellarios* in Proviantknechte. Andere leiten dieses Wort von buccula, dem Bart am Helm, her, und geben die *buccellarios* vor Handwerksleute, so die Helmen, eiserne Hüte und Sturmhauben verfertigen, aus. Noch andere behaupten, die *buccellarii* hätten daher ihren Namen bekommen, weil ihnen die Aufsicht über das Commiß-Brodt, oder den Zwieback der Soldaten anvertrauet gewesen. Wiederum andere machen uns eben die Abbildung von denen *buccellariis*, so denen Schmarutzern eigen ist, und halten solche vor so verwegene Leute, welche kein Bedenken getragen, um eines Bissen Brodts willen ihren Leib und Leben in die äusserste Gefahr zu setzen. Einige stehen in denen Gedanken, sie wären Reuter gewesen, und hätten sich nach erhaltenem Abschied von dem Strassenraube ernähret. Alle diese Meynungen gefallen dem Herrn Hofrath nicht. Er ist gewiß überzeuget, das Wort *buccellarius* stamme von dem Wort buccula, welches nichts anders als einen Schild anzeiget, ab. Er gründet seinen Satz auf das alte norwegische Wort: *Buklari, Buklara*, durch welches ein Schild, dessen sich ehedem die Soldaten in denen Schlachten bedieneten, angedeutet ward. Die *Buccellarii* aber selbst waren Waffenträger, Schildknappen, Soldurii, (welche von dem alten Worte: Skiolldur, wodurch noch in unſern Tagen die Jsländer einen Schild anzeigen, alſo genennet werden,) Leibtrabanten. Bis endlich in denen neuern Zeiten das Wort *buccellarius* überhaupt von einem Soldaten gebraucht worden iſt. Hierauf erweiſet er: Die Meynung Kaysers *Leonis* und *Anthemii* ſey in den oben angeführten Geſetzen folgende geweſen: Privatos homines, qui milites alere, vel servos suos more militum armare auſi fuerint, etiamsi iidem nocuerint nemini, crimen tamen publicum Legis *Iuliae* de vi committere, & poſſe de hoc crimine per inquiſitionem. aeque ac ſi in perniciem Reipublicae conspiratio actu intercessiſſet, procedi. Endlich verſichert der Herr Hofrath Scheid, daß durch die *Iſauros* in erwehntem Geſetze keine Straſſenräuber, ſondern Leute, welche nach Art dieſes Volks bewahret worden, verſtanden werden müſſen. Denn daß die *Iſauri* eine ganz beſondere Art von Gewehr geführet haben, lernen wir aus der Novella 85. Cap. 4. allwo μονκώπια, oder, wie andere leſen wollen, μονκόντια Isaurorum arma mit klaren, deutlichen und unzweifelhaften Namen genennet werden. S. auch **Allerneueſte Nachrichten von juriſtiſchen Büchern ꝛc. Fünfter Band.** S. 688-691.

19) *Diſſ.* De mutuo. *ibid.* 1746. *Reſp.* pro gradu Doctoris, *Uldar. Dörcker.*

Die Lehrſätze de mutuo werden nach denen Grundſätzen des däniſchen, norwegiſchen, teutſchen und römiſchen Rechts mit groſſer Geſchicklichkeit erörtert, und enthalten einige wohlausgeſuchte und beträchtliche Anmerkungen.

20) *Progr*

20). *Progr.* De utilitate litterarum humaniorum in Iurisprudentia. *ibid.* 1746.

Dieses ist die Einladungsschrift zu vorher erwehnter Inaugural Probeschrift. Der Herr Hofrath Scheid erweiset zwar in wenig Zeilen, aber ungemein lebhaft, daß die schönen Wissenschaften die vornehmsten Zierden der Rechtsgelehrsamkeit seyn, und daß keiner den ehrenvollen Namen eines Rechtsgelehrten verdiene, welcher solche nicht zu seinen liebsten Freundinnen und Gespielinnen erwehlet hat.

21) *Demonstratio*, Quod Dania Imperio Germanico nexu feudali nunquam fuerit subjecta.

Diese Abhandlung findet man in Part. I. Scriptorum a Societate Hafniensi bonis artibus promovendis dedita editorum. No. 5. und in *Part.* II. No. 7.

22) Norvegiae pervetusta & illibata libertas, qua cum ante, tum post unionem Calmariensem gavisa est; Accedit *Demonstratio*, quod regnum hoc neutiquam Danicae, provinciae instar, subjectum & consociatum sit.

Auch diese Abhandlung findet man in angezogener Sammlung, *Part.* II. No. 10.

23) Summi Polyhistoris, *Godofredi Guilielmi Leibnitii* Protogea, seu, de prima facie telluris & antiquissimae historiae vestigiis in ipsis naturae monumentis, *Dissertatio*, ex schedis MSptis viri illustris in lucem edita. *Gottingae* 1749. 4to maj. mit 12 Kupferplatten.

In der Vorrede giebt der Herr Hofrath Scheid eine nützliche Nachricht von dem ersten Zustande der Erde, dem Ursprung der Berge, und der figurirten Steine, den verschiedenen Schriftstellern, die sich in dieser Materie hervorgethan haben, der natürlichen Ursachen der Sündfluth, der zukünftigen Zerstörung der Erde, der ersten Schaffung und Erbauung derselben, und den hinterlassenen leibnitzischen Handschriften, die auf dem königlichen Büchersaal in Hannover aufbehalten worden. Leibnitzens *Protogea* ist 86. S. stark. Auf allen Seiten erkennet man den Geist des grossen Mannes, der alles übersahe, und alle besondere Erfahrungen zu der Ausfindung allgemeiner Regeln anzuwenden wuste. Die Kupfer sind zwar eben nicht reißend, aber sehr getreulich nach der Natur von dem fleißigen Seeländer gestochen, und stellen mehrentheils gebildete Steine vor. S. **Göttingische gelehrte Zeitungen**, auf das Jahr 1749. St. 33.

24) *Io. Georgii Eccardi* De origine Germanorum, eorumque vetustissimis coloniis, migrationibus ac rebus gestis; *Libri duo.* Cum praefatione *Christiani Ludov. Scheidii.* Gottingae 1750. 4to. Nebst verschiedenen Kupferstichen.

Der Herr Hofrath Scheid hat sich durch die Herausgabe der hinterlassenen Handschriften der Vorgänger an seinem Amte um deren Andenken, und dadurch zugleich um die teutsche Geschichte sehr verdient gemacht. Er zeiget in seiner treflichen Vorrede, daß, ungeachtet die Materie von den Wanderungen der Völker schon von 50. und mehrern Geschichtschichtschreibern erkläret worden, dennoch Herr Eccard vieles in Ansehung der neuen Gedanken, Ordnung, Vollständigkeit, Wahl und Beurtheilung der verschiedenen Meynungen geleistet, so man bey seinen Vorarbeitern vergebens suchet. Doch leugnet er nicht, daß derselbe in seinen Muthmassungen zu kühn gewesen. Er merket die Schwierigkeiten an, in der alten Historie vieles mit Gewißheit behaupten zu wollen. Eine der grösten bestehet darinnen, daß die beyden Hauptquellen der ältesten teutschen Geschichte, *Tacitus* und *Ptolomaeus* öfters unrein sind. Herrn Eccards Schrift gehet nur bis auf den Anfang des dritten Jahrhunderts. Er hält es für wahrscheinlich, daß die Teutschen nicht von Noah abstammen, weil er mit verschiedenen Gelehrten, ja sogar grossen Geistlichen glaubet, daß die Sündfluth nicht allgemein gewesen. Tuisto und Mannus, die Stammväter der Teutschen haben noch in Asien gewohnet. Ingävones heißt so viel, als Wiesenwohner, Istävones, Ostwohner oder Ostländer; Hermiones haben ihren Namen von Herrmann, ihrem Heerführer, Germanus kommt davon her. Die Teutschen haben mit den Celten zuerst um den Mäotischen See, und am Fusse des Caucasus gewohnet, und von da sich in Teutschland so ausgebreitet, daß jene den nord- und östlichen, diese den süd- und westlichen Theil Teutschlandes bewohnet, und selbige beyde also schon damals verschiedene Völker gewesen. Griechenland ist durch beyde, Irrland durch die Teutschen, Nord-Schottland, und vielleicht ein Theil von Spanien durch die Irrländer bevölkert worden. Die Schweden

den stammen von den Teutschen, insbesondere von den Cimbern und Vandalen ab, welche Odin dorthin geführet, wie denn auch die Sachsen unter dem jüngern **Odin**, oder, **Wodan** neue Colonien herüber geschicket. Die Scythen, Celten und Gothen haben niemals in dem nordlichen Teutschlande gewohnet. Diese legten sich aufs Seewesen. Bremen hat daher seinen Namen, eigentlich Pramenheim. Die grösseren Schiffe nenneten sie Clelas, oder, Kielas, woher die Stadt Kiel benennet worden. Die Ingier wohneten in Preussen, Curland, Liefland, und ein Theil von ihnen, die Helveconá um den Elbingfluß. Die Nehrung ist das alte Basilea, oder, Insula regia, wovon, und also nicht erst im 13ten Jahrhundert, Königsberg seinen Namen erhalten. Vom Mannus käme Montag, wie Dienstag vom Gott This, oder, Dis, her. Die Teutschen können unmöglich von den Celten, oder Galliern abstammen. Ihre Sprache war ganz unterschieden. Ariovist lernte solche erst durch einen langen Umgang. Als die Celten oder Gallier, die um die Donau, und am Rhein bis an den Mayn gewohnet, ihren grossen Zug nach Griechenland unter *Brenno* vornahmen; so schickten die Teutschen einige Colonien jenseits des Mayns, vereinigten sich daselbst mit dem Ueberrest der Gallier, und aus dieser Vermischung sind die Allemannier entstanden. Die Cimbrer heissen so viel, als Gefährten oder Spiesgesellen. Sie bekamen diesen Namen von den Celten, in deren Gesellschaft sie Italien heimsuchten, und dieses Wort ist in der wallonischen Sprache übrig. Diese Cim-
bre

brer legten sich auf die Freybeuterey zur See, daher heissen sie bey den Teutschen. Vargi oder Vráci, woraus nachgehends der Name Franken entstanden. Frankfurt an der Oder ist von ihnen so genennet worden. Aus dem unglücklichen Zuge nach Italien haben die Cimbrer doch diesen wichtigen Vortheil gezogen, daß ihre, obgleich in geringer Anzahl, zurückgekommene Landsleute die Kunst, Metalle zu arbeiten, und sich Waffen von Erz und Eisen zu machen, und vermuthlich auch den Gebrauch der Buchstaben mitgebracht, welches sich hernach in ganz Teutschland und Norden ausgebreitet. Von dergleichen besondern Gedanken ist das Werk voll. Verschiedene darunter verdienen allerdings noch eine weitere Untersuchung. Denn Herr Eccard scheinet herzhaft genug zu seyn, wo ihm die Historie in dieser dunkeln Zeit ihr wahres Licht versaget, sich aus seinem Witze sein eigenes anzuzünden. S. auch **Göttingische gelehrte Zeitungen**, auf das Jahr 1750. St. 65.

25) *Origines Guelficae*, quibus potentissimae gentis primordia, magnitudo, variaque fortuna usque ad Ottonem, quem vulgo *Puerum* dicunt, primum Brunsuicensium & Luneburgensium Ducem, ex aequalium Scriptorum testimoniis, instrumentis publicis, statuis, lapidibus, gemmis, sigillis, numis, aliisque monumentis superstitibus deducuntur, & in compendio exhibentur. Opus, praeeunte *Godofr. Guilielmo Leibnitio*, stilo *Io. Georg. Eccardi* litteris consignatum, postea a *Io. Daniel.*

Daniel. Grubero novis probationibus inſtructum variisque perneceſſariis animadverſionibus caſtigatum; Iam vero in lucem emiſſum a *Chriſt. Ludov. Scheidio.* Tomus I. Hannoverae 1750. folio. Mit 10 Kupfertafeln.

Es iſt bekannt, daß das Haus Braunſchweig-Lüneburg ehemals dem groſſen Leibnitz die Beſchreibung ſeiner Geſchichte aufgetragen habe. Dieſer edle Geiſt, der niemals gewohnt war, etwas ohne Prüfung anzunehmen, konnte ſich ohnmöglich bereden laſſen, demjenigen, was andere gelehrte Männer von dem erſten Urſprunge dieſes Durchlauchtigſten Hauſes gedichtet haben, ſchlechterdings Beyfall zu geben. Er ſahe zwar die Abſtammung deſſelben von dem Liguriſchen Marggrafen Azone, durch die Zeugniſſe ſo viel bewährter Geſchichtſchreiber, als völlig erwieſen an; allein bey den angeblichen Voreltern Azonis fand er ſo viel fabelhaftes, daß er deshalben ſelbſt eine Reiſe nach Italien vornahm. Der Nutzen dieſer Reiſe beſtund darinnen, daß er die richtige Abkunft Azonis von Adelberto, Marggrafen in Tuſcien, der deſſen Voreltervater geweſen war, und die Verbindung der Durchl. Häuſer, Braunſchweig und Modena, wovon man bisher nichts mit einer völligen hiſtoriſchen Gewißheit zu ſagen wuſte, ausfindig machte. Es hatte den Herrn von Leibnitz dieſe Reiſe mit allen Gelehrten in Italien in Bekanntſchaft und Briefwechſel verſetzet, worunter beſonders der mit Muratori geführte noch viele Dunkelheiten entwickelt hat Dieſe beyden Gelehrten hielten es für wahrſcheinlich daß gedachter Adelbert ein Sohn des Marggrafen Wido gewesen seyn möchte, der die Marozian zur Gemahlin gehabt, und von einem bayerischen Grafen *Bonifacio*, den Carl der grosse zum Marggrafen in Tuscien und Grafen zu Lucca gemacht hat, abgeleitet wird; und der Herr von Leibnitz gab sich alle Mühe, die Sache durch wichtige Gründe auf den höchsten Grad der Wahrscheinlichkeit zu bringen. Nachdem er nun Azonis Voreltern in Italien bereits von Carls des grossen Zeiten her in die wichtigsten Reichsgeschäfte verwickelt gefunden, dieser Azo aber die reiche welfische Erbtochter, *Cunigundam*, geheirathet hat, und sein Sohn Welf durch sie ein Herr aller welfischen Stammgüter in Schwaben und Bayern, zugleich aber auch Herzog in Bayern geworden ist; so brachte dieses den Herrn von Leibnitz auf die Gedanken, statt einer Historie des braunschweigischen Hauses, eine ganze Geschichte des abendländischen Kayserthums zu schreiben, und selbige mit Carln dem grossen anzufangen, dessen Sohn, Ludwig der Fromme, bereits eine welfische Prinzeßin zur Gemahlin gehabt, welche eine Stammmutter Carls des Kahlen, und vieler nachfolgenden Kayser und Könige geworden ist. Er setzte sich *Baronii* Annales zum Muster vor, und machte sich ein weitläuftiges Project, welches, wenn es zur Erfüllung gekommen wäre, der Ehre des teutschen Reichs ungemein vortheilhaft würde gewesen seyn. Allein, er starb darüber, und seine hinterlassene Ausarbeitungen, welche 5. oder 6. Folianten im Druck austragen möchten, gehen nicht weiter, als bis auf den Tod

Leb. jetztl. Rechtsgel. 5 Th.   C   Kay-

Kaysers Otto des III. Der Herr von Eccard hat sich dieser Schriften wohl zu bedienen gewust, und ein grosser Theil seiner Genealogien schreibt sich aus diesem Werke her. Er las alles, was er hierinnen, und in den übrigen Papieren seines Vorfahren von dem welfischen Hause gefunden, zusammen, und verfertigte daraus die Origines Guelficas, welches Werk nach seiner Religionsänderung auch ins Stecken gerieth. Der Herr geheime Justitzrath Gruber nahm sich nachmals vor, solches herauszugeben, und verfertigte viele gelehrte Zusätze zu demselben; allein sein Absterben machte, daß dem Herrn Hofrath Scheid diese Ehre aufbehalten wurde. In diesem Theile kommen 3 Bücher vor, in deren zweytem die vorgedachte Ableitung Azonis von *Bonifacio* aus Bayern vorgetragen wird. Dieses *Bonifacii* Voreltern suchte der Herr von Eccard noch weiter auszuforschen, und er vermeynet solche in Unolfo, einem Bruder des Königs Odoacers, gefunden zu haben. (Der seel. Herr Professor von Schwarz zu Greifswalde leitet von eben demselben das Haus Anhalt her. S. dessen Abhandlung, von der Gemeinschaft des Ursprungs der Häuser Anhalt und Rügen. Greifswalde 1745. 4to.) Nur fehlet es in so dunkeln Zeiten an Scribenten, und der Herr von Eccard ersetzet fast alles durch Muthmassungen. Diese, und die Ableitung der Marggräfin Mathildis von dem vorhin gedachten *Bonifacio*, wird von dem Herrn Hofrath Scheid in der Vorrede verworfen: und weil noch ungewiß ist, ob Wido Adelberti Vater gewesen, so meynet er, es sey am besten, wenn man so

lange

lange bey Adelberto stehen bleibe, bis für Leibnizens und Muratori Meynung ein näherer Beweis ausfindig gemacht werde. Bey dieser Gelegenheit erzehlet er auch die übrigen unächten Ableitungen des Hauses Braunschweig. Dieses Werk verdienet den prächtigsten in Teutschland zum Vorschein gekommenen Büchern beygezehlet zu werden. S. auch Göttingische gelehrte Zeitungen, auf das Jahr 1750. St. 84.

26) Originum Guelficarum, *Tomus IIdus. ibid.* 1751. *folio.*

Dieser Theil liefert das vierte, fünfte und sechste Buch, und ist an äusserer Pracht und Kostbarkeit dem ersten Theile vollkommen ähnlich. Im vierten Buche wird vornemlich von der Abkunft der ehemaligen burgundischen Könige aus welfischem Stamme gehandelt, und gewiesen, daß Kayser Rudolph I ein Sohn Herzog Conrads II, den man insgemein von Strätlingen benennet, und ein Enkel Herzog Conrads I Grafens von Paris gewesen sey. Da nun Conrad I der Kayserin Judith leiblicher Bruder gewesen, die Kayserin Judith aber als eine Tochter Graf Welfens von Alterf, den einige auch mit dem Titel eines Herzogs beehren, von allen Geschichtschreibern erkannt wird; so ist die Abkunft Kayser Rudolphs aus welfischem Geblüte ausser allem Zweifel. Es finden sich in diesem Buche viele schöne Nachrichten von dem Königreiche Burgund, wozu vor diesem die Schweitz gerechnet gewesen, deren Geschichte auch bey dieser Gelegenheit in verschiedenen Stücken erläutert wird. Das fünfte Buch handelt von den Gvelfen, welche ihr Geschlecht in Teutschland fortgepflanzet haben, und fängt mit *Ethico*, der Kayserin Judith ältestem Bruder an, dessen Nachkommen bis auf Herzog **Welf** in Cärnthen, mit welchem diese Linie erloschen ist, allhier erzehlet werden. Ob nun gleich hierbey die Nachrichten, die uns der Mönch aus dem Kloster Weingarten hinterlassen hat, das meiste thun müssen, so werden doch hier und da noch viele schöne Zusätze mit beygebracht. Herzogs **Welfs** von Cärnthen Schwester, **Cunifa** oder **Cunegundis**, war, wie sattsam bekannt ist, an Marggraf **Azonem** vermählt: und aus dieser Ehe war ein Sohn, Namens **Welf**, erzeuget, welcher nunmehro seiner Mutter Bruder in den ansehnlichen Allodialgütern folgte, und von Kayser Heinrich IV A. 1070 zum Herzoge von Bayern gemacht wurde. Mit ihm fängt sich die neue welfische Linie an, die noch jetzo in dem Durchlauchtigsten Braunschweig-Lüneburgischen Hause unter göttlicher Gnade in gesegnetem Flor fortdauret. Von ihm und seinen Nachkommen, bis auf Herzog **Heinrich** den **Löwen**, wird im sechsten Buche sehr umständlich gehandelt, und zugleich bewiesen, daß Marggraf **Azo** der unstreitige Stammvater der Herzoge von Modena gewesen sey. Alles, was andere vorher von der Verwandschaft dieses Hauses mit dem Braunschweigischen geschrieben haben, ist theils ungegründet, theils falsch gewesen, bis sich der grosse **Leibnitz** an diese Untersuchung gewaget hat, dessen Einsicht sich nachhero **Muratori** zu Nutze gemacht und am ersten der gelehrten Welt dieses System vor Augen geleget hat. In der Vorrede handelt der Herr Hofrath Scheid verschiedenes ab, worin er mit denen in diesem Bande vorgetragenen Meynungen seiner Herren Vorgänger nicht einstimmig ist. Er hält besonders davor, man habe nicht Ursache, den Warinum, der den heil. Othmarum sehr geängstiget hat, aus dem Geschlechte der Welsen auszustreichen, da ihn Conradus Urspergensis namentlich darunter rechnet. Wie nun dessen Sohn Isenbart nachher von unverwerflichen Schriftstellern namhaft gemacht wird; so kann die Geschlechtsreihe, welche man bey andern findet, so schlechterdings nicht verworfen werden. Warinus hat vermuthlich den Herzog von Alemannien gleiches Namens, der 727 unter *Carolo Martello* berühmt gewesen ist, zu seinem Vater gehabt, und ist also ein Sohn des Grafen Wegendenzo, der dem heil. Pirminio viel gutes gethan hat. Hierauf wird die Meynung dererjenigen geprüfet, welche den französischen König Hugo Capet zu einem Abkömmling der Welfen machen; und man siehet wohl, daß der Herr Hofrath Scheid nicht gerne etwas zurück lassen wollen, welches sothane Meynung, der er selber beypflichtet, bestärken könnte. Uebrigens findet man in diesem Theile vielmehr bisher ungedruckte Urkunden und Nachrichten, als in dem erstern. S. auch Göttingische gelehrte Zeitungen, auf das Jahr 1751. St. 34.

27.) Originum Guelficarum, *Tomus* IIItius. *ibid.* 1752. *folio.*

Dieser Theil begreift allein das siebente Buch in sich; und da das sechste, womit sich der andere Theil geendiget, bey dem Tode Herzog Heinrichs des

des Großmüthigen aufgehöret hat, so fängt dieses Buch mit der Lebensgeschichte Heinrichs des Löwen an, und erzehlet in 6 Capiteln dasjenige, was von den Thaten dieses Fürsten und seiner Herren Söhne, als des Pfalzgrafen Heinrichs, Kaysers Otto IV. und Wilhelms von Lüneburg zu sagen ist. In dem ersten Capitel stehet das Leben Heinrichs des Löwen, und verdienet hierbey der wichtige Umstand angeführet zu werden, welchen der seel. Herr geheime Justitzrath Gruber aus einem alten Chronico MSpto, das auf der königl. Bibliothek zu Hannover aufbehalten wird, angemerket, daß nemlich Kayser Heinrich VI. dem Papst Cölestino III vor seiner Krönung zu Rom habe versprechen müssen, er wolle den Herzog wieder in seine Länder einsetzen. In dem andern Capitel wird von dieses Herzogs Gemahlinnen, der *Clementia* von Zähringen, und der *Mathildis* aus England, und ihren Kindern gehandelt, wo abermaln eine Anmerkung des seel. Herrn Grubers berühret zu werden verdient. Heinrich der Löwe hätte nemlich in seiner Jugend eine natürliche Tochter, Mechtild erzeuget, die er an den wendischen Fürsten, *Henricum Borwinum* vermählet, und welche die Stammmutter von allen Herzogen zu Mecklenburg worden ist. Niemand hat bisher gewust, wer die Mutter dieser Prinzeßin gewesen sey. Der berühmte Herr Gruber aber entdecket sie hier aus den *Alberico*, und weiset es durch eine vollkommen wahrscheinliche Muthmassung, daß sie *Ida* geheissen, und eine Gräfin von Luxemburg gewesen sey. Im dritten Capitel kommt die Lebensgeschichte Herzog Hein-

Heinrichs vor, der mit seiner Gemahlin Agnes zugleich die Pfalzgrafschaft am Rhein bekommen hat. Der seel. Herr **Gruber** merkt S. 213 an, daß unsers Heinrichs einiger Sohn gleiches Namens, welchen alle Scribenten in der Kindheit verstorben zu seyn vorgeben, würklich mit des Herzogs Heinrichs von Brabant Tochter, Mathildis, verheirathet gewesen sey, und diese Dame nachhero sich mit dem Grafen Florenz IV aus Holland vermählet habe, von welchem sie die Mutter des römischen Königs, Wilhelm, worden ist. Das vierte Capitel redet von Lüder oder Lothario, Herzog Heinrichs des Löwen zweytem Sohne, der allem Vermuthen nach vom Kayser Heinrich VI heimlich aus dem Wege geschaffet worden. Im 5ten Capitel stehet die Lebensgeschichte Kaysers *Ottonis* IV und in dem sechsten Capitel wird das Leben Wilhelms von Lüneburg erzehlet. S. 423. fängt die Sammlung von Urkunden an, welche bis zu Ende dieses Werkes fortgeführet wird. In der Vorrede kommt ebenfalls verschiedenes vor, so als neu und anmerkenswürdig angesehen werden kann. Dahin gehöret, was §. 15. von denen im 12ten Jahrhundert aus gar weitläuftig hergeholtem Vorwande der Blutsfreundschaft noch sehr üblich gewesenen Ehescheidungen gesagt wird; wobey man nun auch die Verwandschaft, die zwischen Kayser Friedrich I und seiner ersten Gemahlin, Adelheid, gewesen, besser, als solches sonsten geschehen, entwickelt siehet. So ist auch der §. 25. wo eine nähere Untersuchung von dem Könige *Ruppino* in Armenien, der von dem Kayser *Ottone* IV seine Krone em-

empfangen hat, stehet, mit dergleichen Entdeckungen angefüllet, die man in der Geschichtkunde in gewisser Maaße als neu ausgeben darf. Ueberhaupt beobachtet der Herr Hofrath Scheid in dieser Vorrede eben die Ordnung, wie in den vorigen, daß er nemlich nichts vorträget, als was er in den Originibus Guelficis entweder gar nicht, oder doch nicht gehörig ausgeführet zu seyn glaubet. Also handelt er §. 7. von der Ursache, warum Heinrich der Löwe sich mit dem Kayser Friedrich I so heftig entzweyet, und er ist der Meynung, daß, da der Kayser jenem 1160. die Reichsnachfolge versprochen, es ihn nunmehro verdrossen habe, als dieser 1169. seinen jungen Prinzen, Heinrich zum römischen König habe wehlen lassen. Vielleicht dürfte auch, was §. 12. von der Burg zu Nürnberg stehet, wie selbige Herzog Heinrich der Großmüthige vom Kayser *Lothario* zu Lehen bekommen, nicht als etwas gemeines in der Historie angesehen werden. Es kommen sonsten in dieser Vorrede noch viele ungedruckte Urkunden vor, von denen sich noch vieles sagen ließe. S. auch Göttingische gelehrte Zeitungen, auf das Jahr 1752. St. 35.

28) Originum Guelficorum, *Tomus* IVtus & *ultimus*. *ibid*. 1753. folio. Nebst vielen Kupferplatten.

Herzog Otto, der insgemein *Puer* pflegt genennet zu werden, weil ihm sein Herr Vater sehr frühzeitig verstorben, und er unter der Vormundschaft seiner beyden Herren Vettern, Kaysers *Ottonis* IV und des Herzogs und Pfalzgrafens Heinrichs erzogen wurde, hat durch seine Einwilligung

in

in die Errichtung des Herzogthums Braunschweig-
lüneburg einen neuen Periodum in dem Durchlauchtigsten Gvelfischen Hause angefangen, und
nicht nur denen zwischen denen Gvelfen und Gibel-
linen bishero obgeschwebten Uneinigkeiten, was
Teutschland eigentlich anbelanget, ein Ende gemacht, sondern auch den gvelfischen Namen nicht
weiter bey seiner Nachkommenschaft beybehalten.
Ja, was noch mehr zu bewundern ist, selbst die
gerechten Ansprüche an die gvelfischen Stammgüter,
welche die hohenstaufische Familie seinem Herrn
Großvater, *Heinrich dem Löwen*, auf eine ge-
walthätige Weise entzogen hatte, schienen dadurch
in Vergessenheit gekommen zu seyn; immaassen,
nachdem sich wenige Zeit nachher das unglückliche
Lebensende des jungen *Conradini* ereignet, und mit
demselben der männliche hohenstaufische Stamm
gänzlich erloschen ist, man nicht weiter findet, daß
seine damals in denen braunschweig-lüneburgischen
Landen regierende Herren Söhne, die Herzoge **Albrecht der Grosse** und **Johannes**, sich um deren Wiedererlangung, die ihnen doch, wenn man
die damaligen Zeiten betrachten will, allem Ansehen
nach nicht sonderlich schwer gefallen seyn würde, die
mindeste Mühe gegeben haben. Die Lebensgeschichte dieses Herzogs ist es demnach, welche in diesem **vierten** Theile mit Beybringung einer grossen
Anzahl von Urkunden abgehandelt wird. Herzog
Otto war 1204. von der königl. dänischen Prinzes-
sin **Helena** gebohren. Seinen Herrn Vater, **Wilhelm**, verlor er im neunten Jahre. Von demselben ererbte er die lüneburgischen und lauenburgischen

schen Lande, als welche jenem in der Erbtheilung mit seinen Herren Brüdern 1203 zugefallen waren. Doch hat weder Wilhelm noch Otto Lauenburg würklich besessen, maassen sich bereits 1197 Graf Adolph von Holstein dessen angemaasset, dem es nachmaln König Waldemar in Dännemark 1202 nebst denen übrigen nord-albingischen Landen entzogen, und bis 1227 besessen hat, da er es für des Graf Albrechts von Orlamünde Ranzion an Herzog Albrecht von Sachsen abtreten muste. Es ist dieses, wie in der Vorrede S. 9 not. (g) bemerket wird, ein höchstwichtiger Umstand, und man ersiehet daraus, daß das Hochfürstl. Haus **Anhalt**, welches von Herzog Albrechts Bruder, Graf **Heinrich**, abstammet, um so weniger an die lauenburgische Lande eine Ansprache machen könne, als weder dessen Voreltern selbige jemals besessen, noch ihrenthalben in der Mitbelehnschaft gewesen sind, und es ohnehin nach denen Lehnrechten ausgemacht ist, daß ohne solche nicht einmal ein Vater seinem Sohn, vielweniger ein Bruder dem andern succediren könne. Herzog Otto war also, als seines Vaters Bruder, Herzog Heinrich 1227 verstarb, der einige männliche Erbe, der aus dem uralten guelfischen Geblüte noch am Leben war; und da er auf diese Weise alle Güter seiner hohen Ahnen hätte ererben sollen, so muste er sich blos mit denen Erbgütern in Sachsen begnügen lassen, welche Heinrich der Löwe, mit vieler Noth gegen seine viele und mächtige Feinde bey seinem Hause erhalten hatte. Erwehnter Herzog Heinrich hat ihm noch bey seinen Lebzeiten, nemlich 1223 als dem

eini-

einigen rechtmäßigen Erben, den Besitz aller dieser
Lande auf eine feyerliche Weise, mittelst Ueberrei-
chung seines Helms, übergeben. Der Kayser
Fridericus II aber, der den Haß gegen das gvelfi-
sche Haus von seinen Voreltern geerbet, kaufte dessen ältester Tochter, **Jrmengard**, Marggraf
Hermanns von Baaden Gemahlin, ihr vermeintli-
ches Recht an denen braunschweigischen Ländern ab,
und suchte unter diesem Vorwand Herzog Otto den
Besitz sothanes seines ihm heimgefallenen väterlichen
Erbes sehr sauer zu machen. Doch wollte es nir-
gend dem Kayser gelingen: Göttingen ergab sich
freywillig an den Herzog; Braunschweig, welches
die kayserl. Trouppen besetzt hatten, wurde erobert,
und hielt es nachhero treulich mit diesem seinem
Landesherrn. Als aber der Kayser einige Jahre
hierauf das Unglück erleben muste, daß sein eigener
Sohn, der römische König, **Heinrich**, gegen ihn
rebellirete; so war er froh, daß sich endlich Otto
zur Aussöhnung willig finden ließ, welche auf diese Weise geschahe, daß er sein ganzes väterliches
Erbe und Eigenthum dem Reiche zu Lehn auftrug,
und auf dem Reichstage zu Maynz 1235 unter dem
Titel des Herzogthums Braunschweig wieder von
dem Kayser empfieng. Es irren jedoch diejenigen
sehr, welche glauben, daß Otto allererst bey der
Gelegenheit zu einem Herzoge gemacht sey. Vielmehr hat er sich von 1223 an in allen seinen Urkunden, deren hier viele beygebracht werden, *Ducem*,
und zwar bald von Lüneburg, bald von Braunschweig geschrieben, und ist auch in dieser Eigenschaft vor andern gekrönten Häuptern und seinen

Mit-

Mitſtänden durchaus erkañt worden. Die Urkunde über die Errichtung dieſes Herzogthums, woran eine goldene Bulle hänget, iſt in dieſem Theile nach dem Original in Kupfer geſtochen zu leſen. Herzog Otto war von der Zeit an mehr bemühet, ſeine noch übrigen Lande durch Weisheit und Klugheit zu regieren, als Conquettes zu machen. Doch ſuchte er die übrigen alten Erb- und Lehenſtücke, die durch die Achtserklärung Herzog **Heinrichs** des **Löwen** verloren gegangen, wieder an ſein Haus zu bringen, in deren etlichen es ihm glücklich gelungen iſt. Im Kriege iſt Herzog Otto nicht ſonderlich glücklich geweſen, ob er wohl einige derſelben geführet hat, und ſich auch dreymal, nach der damals herrſchenden Gewohnheit, mit dem Creutz bezeichnen laſſen. Sonſten war Herzog Otto ein unvergleichlicher Herr, dem die alte teutſche Redlichkeit angeerbet war. Er ließ ſich von dem Papſt gegen Kayſer *Fridericum* II. nicht aufhetzen, ohngeachtet er ihm die Kayſerkrone anbot. Er ſtarb in Ruhe 1252 im 48ſten Jahre ſeines ruhmvollen Alters. Von ſeiner Gemahlin **Mechtild**, Marggraf Albrechts aus Brandenburg Tochter, mit de er ſich 1228 vermählet, hat er viele Kinder hinter laſſen, von welchen aber allein Herzog **Albrech** der **Groſſe** ſo glücklich geweſen iſt, daß ſeine g ſegnete Nachkommenſchaft bis jetzo noch fortdauer Am Ende dieſes Werks folgt ein Anhang, worinnen 6 genealogiſche Abhandlungen des Herrn v Eccard ſtehen, denen der Herr Hofrath Schei viele Anmerkungen beygefüget hat. Die erſte ha delt De familia Gibellina Guelfis æmula.

zweyte, De familia vetustissimorum Comitum Hervordiensium. Die dritte, De Ecberti Ducis & Idae, Cobbonumque & Bovonum familia. In der vierten kommt das Geschlecht derer sächsischen Kayser vor. In der fünften liest man das Geschlecht derer alten Grafen von Nordheim, Bomeneburg und Beichlingen. Den Beschluß des Werks macht die sechste Abhandlung, von denen billungischen Herzogen in Sachsen. In der Vorrede des Herrn Hofrath Scheids findet sich, ausser denen vielen ungedruckten Urkunden, verschiedenes, wodurch die mit Herzog *Ottone Puero* anhebende braunschweig-lüneburgische Historie in ein näheres Licht gesetzet wird. Auch hat der Herr Hofrath Scheid am Ende der Vorrede Hofnung gemacht, so bald sich ein Verleger fände, die Analecta, welche eine trefliche Sammlung von ungedruckten Schriftstellern ex medio aevo in sich enthalten werden, und wovon man aus denen Originibus Guelficis den *Meginhartum, Ioh. de Essendia, Conradum Halberstadiensem, Gerhardum de Cerssen,* und das *Chartularium Wormaciense* zu allererst hat kennen lernen, ans Licht zu stellen. Dieses Versprechen hat er nunmehro angefangen zu erfüllen, wie unten No. 31. des mehrern erhellen wird. S. mit mehrern **Göttingische Anzeigen von gelehrten Sachen**, auf das Jahr 1753. St. 68.

29) **Historische und diplomatische Nachrichten** von dem hohen und niedern Adel in Teutschland, mit vielen ungedruckten Urkunden, welche wie überhaupt die Ehre und Vorrechte

der

der Ritterschaft, also besonders das ruhmvolle Alterthum und den Zustand des Adels in denen braunschweig-lüneburgischen Landen in verschiedenen Dingen in ein näheres Licht versetzen. Hannover 1754. 4to.

Der Herr Hofrath Scheid ist bekannter maassen ein Mitarbeiter an denen beliebten Göttingischen gelehrten Anzeigen. Als nun im Jahr 1753 der Herr Professor, D. Carl Friedrich Pauli zu Halle seine Einleitung in die Kenntniß des teutschen hohen und niedern Adels, in 8vo. herausgab, so wurde selbige in dem 107ten Stück der Göttingischen Anzeigen von gelehrten Sachen, auf das Jahr 1753. von dem Herrn Hofrath Scheid sehr genau und scharf beurtheilet. Der Herr Professor Pauli nahm dieses Urtheil sehr übel auf, und gab noch in selbigem Jahre Erweis und Rechtfertigung einiger Sätze seiner Einleitung in die Kenntniß des teutschen hohen und niedern Adels, welche in dem 107ten Stück der Göttingischen Anzeigen von gelehrten Sachen dieses Jahres in Zweifel gezogen und verfälschet worden, zu Halle in 8 heraus. Allein diese Schrift wurde im 151sten Stück gedachter Göttingischen gelehrten Anzeigen und im 94 und 95sten Stück der Hannöverischen gelehrten Anzeigen desselben Jahres beantwortet. Der Herr Professor Pauli stellete dagegen an das Licht: Abgenöthigte Beantwortung des 151sten Stücks der Göttingischen, und des 94 und 95sten Stücks der Hannöverischen gelehrten Anzeigen. Halle 1754. 8.

Die=

Diese abgenöthigte Beantwortung bekam nicht allein im 46ſten Stück erwehnter Göttingiſcher gelehrten Anzeigen des Jahres 1754 ihre Abfertigung, ſondern der Herr Profeſſor Pauli wurde auch vorläufig auf gegenwärtigen Tractat verwieſen, der damals eben unter der Preſſe war. Weiln aber der Satz des Herrn Profeſſor Pauli: **Daß der niedere Adel in vorigen Zeiten des hohen Adels Familie, die adeliche Knechte, Knapen, Schildträger, Jungens, Mägde,** u. ſ. w. **geheiſſen habe**, dem Ritterſtande viel zu nachtheilig iſt, als daß man ihn mit einem gleichgültigen Auge anſehen könnte; und der Herr Profeſſor Gottſched in ſeinem Neueſten aus der anmuthigen Gelehrſamkeit, im Herbſtmonath, A. 1753. S. 673 u. ſ. w. unter anderem Rauchwerk, welches er (wie es in denen oft angezogenen ſehr ſchönen Göttingiſchen Anzeigen von gelehrten Sachen, auf das Jahr 1754 St. 53 heiſſet,) an des Herrn Pauli Arbeit unverdienter Weiſe verſchwendet hat, auch derſelben nachrühmet, **daß ſie dem Adel ſeinen älteſten Urſprung bekannt gemacht habe**; ſo hat der Herr Verfaſſer der obgedachten Recenſion vor nöthig erachtet, ſolchem durchaus gegen die Wahrheit ſtreitenden Vorgeben auf eine ſolche Weiſe zu widerſprechen, gegen die inskünftige niemand etwas mit Beſtande Rechtens einzuwenden haben möchte: und daraus iſt dieſe gegenwärtige Schrift entſtanden. Des Herrn Profeſſor Pauli Gegner war alſo der Herr Hofrath Scheid, welcher ihm in dieſen hiſtoriſch- und diplomatiſchen Nachrichten viele Fehler, womit

mit seine Einleitung angefüllet sey, aufgedecket, und, weiln er alles durch Urkunden und unverwerfliche Schriftsteller erwiesen, dem ganzen Streite auf einmal ein Ende gemacht. Wenigstens, heisset es weiter im angezogenen Stücke der **Göttingischen gelehrten Anzeigen**, werden weder wir, noch er künftig etwas antworten, sondern die Freunde und Feinde unserer Anzeigen, besonders aber diejenigen, die in ihren Tagebüchern an dieser gelehrten Streitigkeit einen Antheil genommen haben, auf diesen Tractat zurück weisen, der sie in Stand setzen wird, aus einem ganz andern Gesichtspunct, als ehemals von einigen derselben geschehen ist, des Herrn Pauli Einleitung zu betrachten. Nachdem nun der Herr Hofrath Scheid anfänglich gar wohl erinnnert, daß die Lehre von dem niedern Adel in Teutschland nur darum bishero so verworren ausgesehen, weiln einige den niedern Adel durchaus dem hohen haben gleich machen, andere aber selbigen zur Ungebühr herunter setzen, und in einen Stand einer niedrigen Knechtschaft bringen wollen; so beweiset er sodann, daß die Eintheilung in den hohen und niedern Adel keine leere Erfindung einiger Privatlehrer sey, sondern eben sowol als der Unterschied, welchen der Adel von denen andern Ständen in der bürgerlichen Gesellschaft behauptet, all bereits in denen ältesten Zeiten unserer teutschen Staatsverfassung seinen guten Grund finde. Einen vollständigen Auszug findet man im gedachten 53sten Stücke der Göttingischen gelehrten Anzeigen, vom Jahr 1754. S. auch Unpartheyisch

Criti

Critik über juristische Schriften. Fünfter Band. S. 130-133.

Zu dieser Abhandlung vom hohen und niedern Adel gehöret auch die *Mantissa Documentorum*, welche der Herr Hofrath Scheid im Jahr 1755 zu Hannover an das Licht gestellet hat. Diese Mantissa gehet mit dem erstern Werke in fortlaufender Seitenzahl, und am Ende befindet sich ein Register über das ganze Werk. Die allerwenigsten dieser Urkunden sind vorhero bekannt gewesen, und die allermeisten derselben enthalten ausser denen Beweisthümern derer in dem Tractat vom Adel vorgetragenen Lehrsätze noch viele andere wichtige Dinge in denen teutschen Alterthümern, bürgerlichen und Lehengesetzen, auch besonders der Historie der in Niedersachsen und Westphalen zum Theil noch blühenden, zum Theil ausgestorbenen gräflichen, freyherrlichen und adelichen Geschlechter. In der Vorrede handelt der Herr Hofrath Scheid noch verschiedenes, so zu der Lehre von Rittern und Knechten gehöret, ab, und führet S. 9 dieses Lehrgebäude auf, daß der hohe Adel in Teutschland sich mit denen Freyherren oder Dynasten beschlossen, der niedere aber mit denen Mittelfreyen angefangen, und mithin aus zweyerley Gattung von Leuten, nemlich denen erst gedachten Mittelfreyen und Ministerialen, bestanden habe. Da dieses Systema denen bisherigen Meynungen derer meisten Gelehrten in Ansehung des niedern Adels widerspricht; so wird es erst die Folge der Zeit aufklären, ob der Herr Hofrath Scheid hierunter Beyfall finden, oder durch andere Gründe zu Veränderung seiner Meynung werde veranlasset werden. S. mit mehrern Göttingische Anzeigen von gelehrten Sachen, auf das Jahr 1755 St. 125.

30. Anmerkungen und Zusätze zu des Herrn geheimen Raths von Moser Einleitung in das braunschweig-lüneburgische Staatsrecht, nebst vielen ungedruckten Urkunden zur Erläuterung der Geschichte dieser Lande. Göttingen 1757. 8.

Der Herr geheime Rath von Moser gab im Jahr 1755 eine Einleitung in das Churfürst und Herzoglich Braunschweig-Lüneburgische Staatsrecht, vermittelst kurzer Sätz und Anzeigung vieler derer besten oder neuesten Scribenten, allwo mehrere Nachricht davon anzutreffen ist, zu Frankfurt und Leipzig in 8 heraus. Wie diese Mosersche Einleitung in denen Göttingischen Anzeigen von gelehrten Sachen, auf das Jahr 1755 St. 155 bekannt gemacht wurde, erhielt man zugleich die sichere Nachricht, daß bereits jemand sothane seine über dieses Buch gemachte Anmerkungen hiernächstens besonders abgedruckt liefern würde. Solches ist nun in obangezeigten Anmerkungen geschehen. Ihre Absicht ist nicht, den sehr verdienten Herrn Moser zu tadeln, sondern braunschweig-lüneburgisches Staatsrechts bescheiden und gründlich zu verbessern und zu ergänzen, welches um deswillen nöthig und nützlich gewesen, weil der hochberühmte Herr Moser dieses Staatsrecht blos aus gedruckten Büchern sammlen können, welche aber zu diesem Zweck sehr fehler- und gelhaft sind. Hätte der weitläuftig gelehrte Herr Moser zuverläßigere Hülfsmittel zur Hand gehabt, so würde sein unermüdeter Fleiß gewiß ein vollständiges und gründliches braunschweigisches Staatsrecht geliefert haben. Es hat dem Herrn Verfasser dieser Anmerkungen und Zusätze gefallen, seinen Namen zu verschweigen; indessen macht ihn seine ungemeine diplomatische Gründlichkeit und grosse Accuratesse, seine weitläuftige Belesenheit, die sehr genaue Bekanntschaft mit denen mit Registern nicht versehenen vortreflichen Originibus Guelficis, die Art und Weise, wie er des hochberühmten Herrn Hofrath Scheids Abhandlung vom hohen und niedern Adel häufig anführet, nebst andern Umständen gar kenntbar, ungeachtet er wider eben genannten Herrn Scheid an einigen Orten, als S. 216. 359. etwas erinnert, und ihn verbessert. Diese Anmerkungen beziehen sich nun zwar auf des Herrn Mosers Staatsrecht, sind aber doch auch ohne Zuziehung desselben brauchbar, und zur braunschweig-lüneburgischen Historie ganz unentbehrlich. Ihres Herrn Verfassers Absicht ist nicht gewesen, des Herrn Mosers Buch dergestalt zu ergänzen und zu verbessern, daß man ein vollständiges braunschweig-lüneburgisches Staatsrecht haben möge, sondern seine Anmerkungen gehen blos auf ein Ius Publicum historicum, und bemühen sich, viele wichtige Stücke, welche in die braunschweig-lüneburgische Landesverfassung einen Einfluß haben können, aus den Geschichten zu erläutern. Sie hören also, wie der Verfasser sagt, da gröstentheils auf, wo das eigentliche Staatsrecht anfangen sollte. Es ist Schade, daß derselbe seinen anfänglich weitläuftigen Plan nicht ausgeführet hat, nach welchem er besonders durch die Beschreibung der Graf- und Herrschaften, welche dem Durchlauchtigsten Hause Braunschweig-Lüneburg nach und nach angewachsen sind, den Grund zu einer Historia unionis terrarum Brunsuicensium legen, und alsdenn damit die Geschichte der Klöster und Städte dergestalt verbinden wollen, daß man nebst ihrem Alterthum und Schicksalen auf einmal die Verbindung übersehen möge, in welcher sie mit dem Durchlauchtigsten Landesfürsten zu allen Zeiten gestanden sind, um auf solche Weise den Grund zu einer Geschichte der Landschaft zu legen. Alle Liebhaber der Geschichte werden wünschen, daß der vor allen andern dazu geschickte und ausgerüstete Herr Verfasser diesen Plan bald in einem besondern Buche ausführen und von den einheimischen Gelehrten, welche die Ausarbeitung einer gründlichen Landesgeschichte befördern können, noch mehr eifrigst unterstützet werden möge. Denn in der That, ein einziger Mann wenn er gleich der geübteste, geschickteste und fleißigste ist, ist schwerlich im Stande, die Scriptores medii ævi zu excerpiren, die neuen Chroniken und Geschichtbücher an den Orten, wo sie zuverläßig sind, zu Rathe zu ziehen, über die in so viele Büchern zerstreuete Urkunden ein brauchbares Inventarium zu verfertigen, und endlich nach allen diesen nothwendigen Vorbereitungen die Landesgeschichte selbst auszuarbeiten. Und dennoch ist dieses, wie der Herr Hofrath Scheid in seiner Vorrede lehret, der einzige richtige Weg, auf welchem zu einer guten braunschweig-lüneburgischen Geschichte zu gelangen ist, und alsdenn in dem Staatsrecht dieser Lande etwas rechtes ausgerichtet werden kann.

In der Vorrede werden die einheimischen Geschichtschreiber gründlich beurtheilet, und ihre Hauptfehler kürzlich gezeiget. Die Anmerkungen selbst gehen auf alle wichtige grössere und kleinere Abschnitte des moserischen Buchs, in so fern sie nemlich obgedachter maassen durch die Geschichte berichtiget werden müssen. Man findet hier eine sehr mühsame Sammlung wichtiger Nachrichten, und zum Theil ziemlich ausführliche Abhandlungen erheblicher historischer Materien, nebst vielen beyläufigen Verbesserungen der einheimischen Schriftsteller. Ein mehreres und weitläuftigeres findet man in denen **Göttingischen Anzeigen von gelehrten Sachen**, auf das Jahr 1757. St. 81.

Hierzu gehöret nun, als der zweyte Theil,

Codex Diplomaticus, worinnen die Anmerkungen und Zusätze zu des Herrn geheimen Rath von **Moser** Einleitung in das braunschweig-lüneburgische Staatsrecht durch viele größtentheils ungedruckte Urkunden ihren weitern Beweis und Erläuterung erhalten. **Göttingen** 1759. 8.

Dieser Codex Diplomaticus gehet in fortgehender Seitenzahl mit gedachten Anmerkungen. Es erscheinen hier viele Urkunden, die denen Liebhabern der braunschweig-lüneburgischen Geschichte nicht anders als angenehm seyn können, weil sie manchen beträchtlichen Umstand in gedachter Landeshistorie aufklären. Vornemlich aber erhält die Geschichte derer in denen braunschweig-lüneburgischen Landen vormals ansäßig gewesenen Grafen und Dynasten durch viele derselben einen ansehnlichen Zuwachs, so, daß man verschiedene durch die nunmehro beygebrachte Beweisgründe mit leichter Mühe in ihrer richtigen genealogischen Abstammung darstellen kann. In der weitläuftigen Vorrede werden verschiedene Lücken in der Genealogie des Durchlauchtigsten Hauses Braunschweig-Lüneburg durch beygebrachte Urkunden ausgefüllet, und die Art und Weise, wie dessen Lande und Herrschaften nach und nach zusammen gewachsen, und endlich nach dem unglücklichen Fall Herzog **Heinrichs** des **Löwen** durch dessen Enkel, Herzog Otto das **Kind**, als ein dem Reich übertragenes Lehen zu einem besondern Herzogthum gemacht worden sind, erzehlet, und zugleich ein kurzer Plan, wie etwan die Historie desselben auf eine pragmatische Art zu entwerfen seyn möchte, beygebracht, und denen Lesern zur nähern Prüfung übergeben worden. Ein mehreres findet man in denen oft gelobten **Göttingischen Anzeigen von gelehrten Sachen**, auf das Jahr 1759 St. 47.

31) *Bibliotheca Historica Gættingensis,* worinnen allerhand bishero ungedruckte alte und neuere Schriften und Urkunden, welche zur Erläuterung der Geschichte und Rechtsgelehrsamkeit dienen können, aus bewährten Handschriften ans Licht gestellet worden. **Erster Theil.** Göttingen 1758. 4.

Die Absicht des Herrn Hofrath **Scheids** gehet dahin, daß er die ihm unter die Hände kommende

mende wichtigste Ueberbleibsale ungedruckter Schriftsteller und Urkunden auf solche Weise nach und nach gemeinnützlicher machen möge, wie er am Ende der Vorrede zum vierten Theil derer Originum Guelficarum versprochen hatte. Die hier enthaltene Stücke sind: I.) *Meginhardi* Historia de Translatione S. Alexandri Vildeshusan. II.) *Io. de Essendia* Historia belli a Carolo M. contra Saxones gesti. III.) *Iohannis Clenkok* Decadicon contra XXI. errores Speculi Saxonum. IV.) 9 Diplomata *Wenceslai* Imp. hucdum inedita. V.) Specimen Codicis Diplomatici Bavarici. VI.) *God. Guil. Leibnitii* Flores sparsi in tumulum Papissæ. Diesem leibnitzischen Werke sind noch des *Chiffletii*, *Valentini Chimentelli*, *Cæsaris Rasponi*, und eines Ungenannten Gedanken über eben diese Materie wegen ihrer Seltenheit beygefüget worden, und verdienet besonders die letzte, welche gegen den reformirten Gottesgelehrten, *Samuel Maresium*, gerichtet ist, viele Aufmerksamkeit, weil sie an dem Beyspiel derer häufigen Fehltritte eines sonst grossen Gelehrten beweiset, daß das historische Feld nicht vor alle und jede, die sich in dasselbe wagen, Lorbeern trage. Uebrigens hat der Herr Hofrath Scheid zu mehrern folgenden Theilen Hofnung gemacht. S. weitläuftiger Göttingische Anzeigen von gelehrten Sachen, auf das Jahr 1758 St. 65.

Ausser diesen erzehlten Schriften hat der Herr Hofrath Scheid viele Recensiones in denen von mir oft gerühmten Göttingischen Anzeigen von gelehrten Sachen verfertiget, und denen Hannövenöverischen gelehrten Anzeigen verschiedene Aufsätze einverleibet. Versprochen hat er ein *Opusculum*, De justa, vel injusta extensione Regalium; desgleichen des Herrn von Leibnitz geschrieben hinterlassene Annales Imperii Occidentalis, so aus 14 geschriebenen Folianten bestehen, nach und nach herauszugeben, und vielleicht noch andere nützliche Schriften mehr, wenn ihm Gott Leben und eine dauerhafte Gesundheit verleihen wird.

II.
Johann August Hellfeld,

Beyder Rechten Doctor, Hochfürstl. Sachsen-Gothaischer Hofrath, des Codex öffentlicher und ordentlicher Lehrer auf der Universität Jena, des dasigen Sächsischen Hofgerichts, wie auch der Juristenfacultät Beysitzer, und des Schöppenstuhls Senior (*).

Der berühmte Joachim Christoph Nemeitz in seinen Vernünftigen Gedanken über allerhand historische, critische und moralische Materien, im Ersten Theil,

(*) S. auch 1) des Herrn geheimen Hofraths, D. *Io. Casp. Heimburgii Progr.* IIdum, De Interlocutionibus Principum. Occas. L. 1. §. 1. D. de Constit. Princ. *Jenæ* 1739. 2) M. Johann Christoph Mylii Das im Jahr 1743 blühende Jena. S. 185-187. und 3) Gottlieb Stollens Anleitung zur Historie der juristischen Gelahrheit S. 79.

Theil, S. 155 u. f. äussert keine gar zu vortheilhafte Begriffe von dem Professorleben auf Universitäten. Seiner Meynung nach sey es wohl ein recht elendes und beschwerliches Leben, einen Professor auf unsern heutigen Universitäten, so lange dieselben in der dermaligen Verfassung stünden, abzugeben. Es möchte einer noch so gelehrt und geschickt seyn, er möchte noch so viel gereiset und die Welt gesehen haben, wie er wollte; so müste er sich doch oftmals um die Gunst muthwilliger Studenten bewerben, wenn er anders im Friede und Ruhe, sonder Beschimpfung, leben wollte, u. s. w. Er beweiset dieses mit Beyspielen verschiedener Gelehrten. Es mag aber der seel. Herr von Nemeitz diese seine Meynung vor so wahr halten, und mit Beyspielen erweisen, wie er nur immer will; so behaupte ich dennoch, daß kein edleres und glücklichers Leben sey, als einen Professor auf Universitäten abzugeben. Der grosse Gottesgelehrte, D. Johann Friedrich Mayer hat recht geurtheilet, da er zu sagen pflegte: Extra Academias vivere, est pessime vivere. Und obgleich gedachter Herr von Nemeitz viele Exempel von Haß, Verfolgung, Neid, übler Begegnung u. d. m. anführet, so mancher Gelehrter erfahren müssen, so ist dennoch seine Meynung nicht allgemein wahr: Denn es wird nicht leicht ein Stand, worinnen Gelehrte leben, angetroffen werden, der nicht mit Beschwerlichkeit und Unlust vergesellschaftet wäre. Da es aber in der besten Welt nicht anders ist, als daß mit jedem Stande gewisse Beschwerlichkeiten verknüpfet sind; so halte ich dennoch das Professorleben

ben auf Universitäten vor die glücklichste und edelste Lebensart. Ich setze voraus, daß ein Professor alle diejenigen Wissenschaften vollkommen besitze, die man mit Recht von ihm fordern kann. Hat er nun dabey die Gabe, seine Gedanken sowol mündlich als schriftlich in einer schönen Ordnung, und angenehmen Deutlichkeit, auch, wo möglich, in einer fliessenden und zierlichen Schreibart vorzutragen; so kann er untrüglich des Beyfalls seiner Zuhörer und der gelehrten Welt vergewissert seyn. Die Glückseligkeit eines dergleichen geschilderten Professors bestehet sodann darinnen, daß er sich mehr im Stande befindet, das wahre von dem falschen zu unterscheiden, als ein anderer und in diesem Stande nicht lebender Gelehrter. Hieraus entspringet der erhabene Vorzug, eine solche Person zu seyn, welche viele junge Gelehrte bildet. Des Vergnügens nicht zu gedenken, welches der stete Umgang mit denen Musen und die gelehrte Geschichte verschaffet.

Ein solcher Professor ist der Herr Hofrath Hellfeld zu Jena, dessen Leben ich anjetzo beschreiben will. Er ist ein Mann, der bey seinen Wissenschaften, die von einem Rechtsgelehrten erfordert werden, seine Gedanken in einer schönen Ordnung, angenehmen Deutlichkeit, und in einer feinen Schreibart vorzutragen weiß, auch die studierende Jugend mit einem sehr guten Beyfall unterrichtet.

Es erkennet aber derselbe die Fürstl. Residenzstadt Gotha vor den Ort seiner Geburt, allwo er im Jahr 1717 den 9 Febr. von Herr Johann August Hellfelden, der Regierung zum Friedenstein ordentlichen Advocaten, und verschiedener von Adel

Gerichts-

Gerichtsdirectorn, und **Charlotten Friederiken,** gebohrnen **Mattenbergin** gebohren worden.

Gleich von seiner ersten Jugend an hat er Privatlehrmeister gehabt; nachgehends aber auf dem berühmten Gymnasio zu Gotha seine Schulstudien mit solchem Fleisse getrieben, daß er schon im Anfange seines dreyzehnten Jahres in die oberste Classe versetzet werden konnte. Allein seine Jugend und flüchtiges Temperament veranlasseten bey ihm einige Ausschweifungen, weshalben sein Herr Vater vor dienlich erachtete, ihn von der Gesellschaft seiner Mitschüler zu entfernen, und ihm wiederum Privatunterricht geben zu lassen, wobey jedoch die Wahl der Lehrer nicht allemal glücklich ausgefallen, und er durch eigenen Fleiß sich selbsten nachhelfen müssen. Inzwischen rühmet der Herr Hofrath Hellfeld gar sehr den Privatunterricht, den er einige Zeit bey dem Herrn Rector **Stuß** erhalten, und wodurch er zu denen academischen Studien wohl vorbereitet worden; auch unterwies ihn der jetzige Fürstl. Sachsen-Gothaische Consistorialassessor, Herr **Gerlach** in denen erstern Grundsätzen der Rechtsgelahrheit.

Wie nun der Herr Hofrath die gehörigen Gründe geleget hatte, zog er Ostern 1734 auf die Universität Jena, und wurde unter dem Prorectorat des seel. D. **Hallbauers** unter die Anzahl der Studenten aufgenommen. Gleich Anfangs war er bemühet, diejenigen Wissenschaften zu erlernen, die den Weg zu einer gründlichen Rechtsgelehrsamkeit bahnen. Die philosophischen Wissenschaften, und zwar die Logik, Mathesin, Natur- und Völkerrecht

recht erlernete er von dem seel. Profeſſor **Köhlern**; die Metaphyſik aber von dem seel. D. **Herzog**. Der Herr geheime Regierungsrath **Buder** unterwies ihn in der Staaten- und Reichshiſtorie. In denen verſchiedenen Theilen der Rechtsgelehrſamkeit hörete er den jetzigen Herrn geheimen Regierungsrath und marburgiſchen Vicecanzler, **Eſtor**, den seel. Herrn Hofrath **Struven**, den Herrn geheimen Regierungsrath **Budern**, den seel. Herrn Hofrath **Engau**, den verſtorbenen Regierungsaſſor, D. **Langguthen**, und vorgenannten D. **Herzogen**. Vornemlich aber iſt der von dem Herrn geheimen Hofrath **Heimburg**, als deſſen Aufſicht er beſonders anvertrauet war, genoſſene öffentliche und privat Unterricht ihm jederzeit höchſt ſchätzbar.

Wie nun der Herr Hofrath **Hellfeld** unter Anführung derer berühmteſten Lehrer durch unermüdeten Fleiß ſich eine ziemliche Erkenntniß der Rechte erworben hatte; ſo ſollte er nach der Abſicht ſeines Herrn Vaters ſich nunmehro der Advocatur widmen, zu dem Ende ihn derſelbe von Jena nach Gotha abforderte; und ſich ſeiner Beyhülfe ſowol in ſeinen aufhabenden Gerichtsverwaltungen, als auch in ſeiner weitläuftigen Praxi bedienete.

Weil er aber jederzeit eine beſondere Neigung zum academiſchen Leben bey ſich verſpürete, auch bey denen Vorleſungen, welche er mit einigen jungen Leuten zu Gotha, auf deren inſtändiges Bitten, anſtellte, wahrnahm, daß ſein Vortrag nicht unangenehm ſeyn dörfte; ſo gieng er mit Erlaubniß ſeines Herrn Vaters wieder nach Jena zurück, und promo-

promovirete im Jahr 1739 den 27 May in Doctorem Iuris.

Auf diesem berühmten Musensitze erwarb er sich gar bald theils durch seinen Fleiß, theils durch seine Streitübungen einen ziemlich starken Zugang in seinen Vorlesungen, und weil er dabey zugleich Praxin trieb, gelangete er im Jahr 1745 zur Hofgerichtsadvocatur.

Als hierauf durch den Tod des seel. Hofrath **Schaumburgs** sich eine ordentliche Profeßion der Rechte erlediget hatte; so wurde von denen Durchlauchtigsten Herren Herzogen zu Sachsen ihm selbige, nebst der Beysitzerstelle im Schöppenstuhle, den 23 März 1748 in Gnaden übertragen. Kurz darauf wurden ihm von einigen auswärtigen Orten ansehnliche Vorschläge zu wichtigern Beförderungen angetragen; allein er erachtete sich in Rücksicht auf die besondere bey der Academie Jena genossene Begnadigungen verbunden, selbige zu verbitten; und um dieser Ursache willen erhielt er von denen Durchlauchtigsten Erhaltern der Academie Jena in den gnädigsten Ausdrücken die Versicherung, daß man auf seine fernere Beförderung gnädigsten Bedacht zu nehmen nicht ermangeln würde.

Dieses gnädigste Versprechen ist auch gar bald erfüllet worden: denn er wurde bey dem Fürstl. Sächs. gemeinen Hofgericht als Assessor supernumerarius auf der gelehrten Bank ernennet, und den 13. März 1749 in diese Stelle würklich eingewiesen. Und als im Jahr 1753 Herr D. **Brockes**, als Protosyndicus nach Lübeck gieng, so gelangete er den 16ten May desselben Jahres zur Professione ne Institutionum, und der damit verbundenen Assessorstelle in der Juristenfacultät. Im Jahr 1755, nach Absterben des Herrn Hofraths Engau, wurde ihm die Professio Pandectarum anvertrauet, auch geruheten des Herrn Herzogs zu Sachsen-Gotha Durchl. aus eigener höchsten Bewegung ihn in selbigem Jahre zu Dero Hofrath zu ernennen. Und wie gegen Ende des Jahres 1756 der seel. Herr Rath Dietmar in gewisser Maasse zur Ruhe gesetzet wurde; so erlangete der Herr Hofrath Hellfeld das Seniorat im Schöppenstuhle, wie denn auch nach Absterben genannten Herrn Rath Dietmars demselben die Profeßion des Codex übertragen worden.

Im Jahr 1755 ist er Prorector der Academie gewesen, und anjetzo verwaltet er selbiges zum zweytenmal; auch ist er verschiedenemal Dechant der Juristenfacultät gewesen.

Auffer denen ordentlichen Amtsarbeiten ist der Herr Hofrath Hellfeld auch gemüßiget, auf Nebenarbeiten, als: Regierungs- Hof- Gerichts- Policey- und andere Commißionen, ingleichen auf Ausarbeitung privat Gutachten und Bedenken, wie auch auf die weitläuftige freyherrl. ziegesarische Vormundschaftssache nicht wenig Zeit zu verwenden, wodurch er auch zeithero an der von vielen Gelehrten gewünschten Fortsetzung der Iurisprudentiæ Heroicæ Struvianæ verhindert worden. Allein, er hoffet in kurzem mit dem achten Theile dieses Werks völlig zu Stande zu kommen, und wird dieser Theil, welcher die Materie von der Successione Illustrium vollständig abhandelt, ihm ganz eigen

gen seyn, maassen der seel. Herr Hofrath **Struv**, auſſer dem, was in dem ſiebenten Theile, De ſucceſſione Illuſtrium vorkommt, nur einige wenige Exempel zuſammen getragen hinterlaſſen hat.

Seine erſtere Ehegattin war eine Tochter des ſeel. Herrn Hofraths **Burkard Gotthelf Struvs**. Dermalen aber lebet er in der zweyten Ehe mit einer Tochter des ſeel. Profeſſors der Gottesgelahrheit, D. **Joh. Reinh. Ruſens**.

Deſſelben mit Ordnung und Deutlichkeit abgefaſte, auch von der gelehrten Welt wohl aufgenommene Schriften ſind folgende, und zwar,

   I.) **Bücher und Tractate**.

1) Hiſtoria Iuris Romani. Accedunt Leges Regiæ, XII. Tabularum, Series Edicti perpetui, & Lex *Papia Poppæa*. *Ienæ & Lipſiæ* 1740. 8.

Zu Verfertigung dieſer Hiſtorie der Rechtsgelehrſamkeit iſt der Herr Hofrath Hellfeld durch den damaligen Mangel der Exemplarien vor des ſeel. Herrn geheimen Raths *Heineccii* Hiſtoria Iuris veranlaſſet worden. Er hatte Vorleſungen über die Hiſtorie der Rechtsgelehrſamkeit angeſchlagen. Es fanden ſich einige Zuhörer. Nur fehlete eine Einleitung, nach der er ſeine Vorleſungen anſtellen konnte. Er muſte alſo in einem halben Jahre ſein Buch entwerfen, der Preſſe übergeben, und auch zugleich erklären: Er giebt dannenhero ſein Buch vor ſehr unvollkommen aus, und verſpricht, dieſe Fehler bey einer zweyten Ausarbeitung zu verbeſſern. Es beſtehet aus zwey Büchern. Das erſte handelt, De origine & progreſſu Iuris Roma-

Romani ante *Iustinianum;* und das **andere,** De fatis Iurisprudentiæ *Iustinianæ.* Im zweyten Bande der Allerneuesten Nachrichten von juristischen Büchern ꝛc. S. 263 wird hiervon also geurtheilet: „Der Herr Verfasser hat „seinen Vorgängern glücklich gefolget, ihre Schrif„ten mit ziemlicher Vorsicht gebrauchet, sonderlich „im dritten Capitel des ersten Buchs seine Geschick„lichkeit blicken lassen, und eine feine und bequeme „Ordnung beobachtet.„ S. auch Leipziger Gelehrte Zeitungen, auf das Jahr 1741 S. 134.

2) Historia Iuris Germanici, & Canonico-Pontificii. *ibid.* 1741. 8.

Sie ist sehr kurz. D. *Ienichen* in Supplementis ad *Lipenii* Bibliothecam Iurid. p. 182. Id agit Auctor, ut ceteros, qui ante ipsum Historiæ tum Iuris Germanici, tum Canonico-Pontificii manus admoverunt, in Compendium redigat, illorumque labores fideliter referat. Ordnung und Deutlichkeit findet man hier eben sowol, als im vorigen Buche. In der Vorrede disputiret der Herr Hofrath wider diejenigen, welche entweder die römischen oder teutschen Rechte allein hoch halten, und lobet die, so den Mittelweg gehen, und beyde zu lernen rathen. Und diese Geschichte bestehet aus sechs Capiteln. Sollte es übrigens dem Herrn Hofrath gefallen, diese sowol, als die vorige Schrift von neuem vorzunehmen, so dürfte man künftig wol etwas vollständigers zu hoffen haben.

3) Edidit *Burc. Gotth. Struvii* Iurisprudentiam Heroicam; Seu: Ius, quo illustres

stres utuntur, privatum, ex innumeris Exemplis, Actis publicis, editis & ineditis, atque Historiarum monumentis omnis ævi illustratum; Cum *præfatione*, De fontibus Iuris, quo illustres utuntur, privati. *Pars Ima. Ienæ* 1743. 4.

Wem die weitläuftige Belesenheit und gründliche Erfahrung in denen Geschichten alter und neuer Zeiten, welche der seel. Herr Hofrath **Struv** in seinen vielen Schriften an den Tag geleget hat, bekannt ist, der wird schon urtheilen können, daß gegenwärtiges Werk jedem Leser nützlich und angenehm seyn werde. Der seel. Herr **Struv** war willens, solches selbst herauszugeben, wie man aus dem Entwurfe, welcher im Jahr 1738 gedruckt worden, abnehmen kann; allein der Tod unterbrach solches Vorhaben, und, was er sowol ausgearbeitet, als zur Ausführung desselben gesammlet hat, ist hernachmals in die Hände des Herrn Hofraths, Hellfelds, als eines struvischen Schwiegersohns gekommen. Die von dem Herrn Herausgeber dem ganzen Werke vorgesetzte Abhandlung erörtert gründlich den Ursprung und die Quellen des Rechts, dessen sich hohe Personen bedienen. Dieser erste Theil hat sieben Capitel. Das erste handelt, De observantia, Iudicio & arbitrio inter gentes; das zweyte, De Illustrium personis; das dritte, De sponsalibus & nuptiis illustrium; das vierte, De matrimoniorum inter illustres restricta facultate; das fünfte, De matrimonio ex ratione status; das sechste, De matrimoniis illustrium impuberum; und das

Lab. jetzl. Rechtsgel. 5Th.   E   sie-

ſiebente, De matrimoniis in gradibus prohibitis.

4) Ejusdem, *Pars IIda. ibid.* 1744. 4.
5) Ejusdem, *Pars IIItia. ibid.* 1745. 4.
6) Ejusdem, *Pars IVta. ibid.* 1746. 4.
7) Ejusdem, *Pars Vta. ibid.* 1747. 4.
8) Ejusdem, *Pars VIta.* Cui accedit Repertorium in VI. Partes priores. *ibid.* 1748. 4.

Verſchiedene Abhandlungen in dieſen ſechs Theilen ſind aus der gelehrten Feder des Herrn Hofraths Hellfelds gefloſſen. Dieſem Bande hat der Herr D. Joh. Andreas Hofmann, jetziger Rechtslehrer zu Marburg, ein vollſtändiges Regiſter von 356 Seiten über dieſe erſtern ſechs Theile beygefüget. In der leſenswürdigen Vorrede handelt belobter Herr D. Hofmann von denen verſchiedenen Relationen der Teutſchen.

9) Ejusdem, *Pars VIIma. ibid.* 1753. 8.

Verſchiedene Abhandlungen in dieſem Theile rühren von dem ſeel. Herrn Struv her. Einige haben den Herrn Hofrath Hellfeld zum Verfaſſer, und die letztere hat vorgerühmter Herr D. Johann Andreas Hofmann verfertiget. Der Herr Hofrath Hellfeld wird nunmehro, wie auch ſchon oben erwehnet worden, bald auch den achten Theil von dieſem anſehnlichen Werke zu Stande bringen, welcher die Succeſſionem Illuſtrium abhandeln, und ganz und gar aus ſeiner Feder fließen wird.

10) Elementa Iuris Feudalis, ex ſchedis B. *Burc. Gotth. Struvii, Editio Ima.*

næ 1745. *Editio IIda. ibid.* 1750. *Editio IIItia. ibid.* 1754. 8.

Es ist dieses Buch keinesweges eine unter einem neuen Titel gemachte Auflage der Struvischen Iurisprudentiæ Feudalis, sondern es wird ein jeder, der beyde Bücher gegen einander hält, sogleich einsehen, daß sie ganz und gar, sowol nach ihrer ganzen Einrichtung, als der Verschiedenheit derer Meynungen, von einander abweichen.

Die Veranlassung zu diesem Buche war folgende: Der seel. Herr Hofrath Struv hatte sich in denen über den Verlag seiner Bücher errichteten Contracten auf den Fall, wenn der Verleger den Contract nicht halten würde, das Eigenthum, und die Befugniß, seine Bücher selbsten wieder auflegen zu lassen, mit deutlichen Worten vorbehalten. Da nun der Verleger zu seiner contractsmäßigen Schuldigkeit sogar durch obrigkeitliche Hülfe nicht füglich gebracht werden konnte, auch zu gleicher Zeit des Herrn Hofraths Hellfelds Zuhörer die Verfertigung eines eigenen Compendii Iuris Feudalis von ihm verlangeten, wozu ihm aber die Zeit ermangelte; so hielt er vor rathsam, seines seel. Herrn Schwiegervaters Iurisprudentiam Feudalem in eine bequemere Ordnung zu bringen, und selbige nach seinen eigenen Lehrsätzen einzurichten, um solchergestalt seinen Zuhörern ein brauchbares Buch zu verschaffen, und zugleich dem Verleger zu eigen, daß die dem Struvischen Contract einverleibte Clausul nicht vergeblich gewesen. Man muß also bekennen, daß der Herr Hofrath Hellfeld

feld sich daher an diesem Buche den grösten Theil zueignen könne.

Dannenhero hat der Verfasser der Allerneuesten Nachrichten von juristischen Büchern ꝛc. im fünften Bande, S. 174. bey Anzeigung der erstern Ausgabe dieses Buchs, es nicht recht getroffen, wenn er selbiges nur eine wiederholte Auflage von der so beliebten und brauchbaren Struvischen Iurisprudentia Feudali nennet, und dabey setzet, daß der Herr Hofrath Hellfeld selbiges aus denen hinterlassenen Handschriften seines Herrn Schwiegervaters vermehret, in eine bessere, und denen darinnen vorgetragenen Sachen gemässere Ordnung gebracht, durch beygefügte Beschreibungen und Eintheilungen derer darinnen abgehandelten Lehrsätze noch beliebter und nützlicher gemacht, auch durch die hin und wieder eingerückten Anmerkungen selbigem einen Vorzug vor denen übrigen Ausgaben ertheilet hätte.

Der Herr Hofrath Nettelbladt zu Halle gab im Jahr 1753, jedoch ohne Namen, über diese Elementa einen Schematicum Conspectum heraus; und als der Herr Hofrath Hellfeld im Jahr 1754 die dritte Auflage dieser Elementorum besorgete, so stellete der Herr Hofrath Nettelbladt mit Vorsetzung seines Namens die zweyte, vermehrte und verbesserte Ausgabe seines Schematici Conspectus, im Jahr 1755 an das Licht. S. den dritten Theil gegenwärtiger Nachrichten ꝛc. S. 470 u. f.

Uebrigens hoffet man, bald die vierte Ausgabe von diesen Elementis zu sehen.

11) Re-

11) Repertorium Reale Practicum Iuris privati Imperii Romano-Germanici. Oder: Vollständige Sammlung aller üblichen und brauchbaren Rechte im heil. Römischen Reiche, und den benachbarten Landen, enthaltend Gesetze, Capitularia, Reichsabschiede, Land- und Stadtrechte, Weichbild, Willkühr, Constitutiones und Edicte der ältern, mittlern und neuern Zeiten der Provinzien, und vornehmsten Reichs- und anderer Städte, ferner, den Kern der Deductionen, Responsorum in caussis illustrium, præjudiciorum der höchsten Reichsgerichte, Diplomatum omnis ævi, in welchen das Ius Principum privatum nicht alleine, sondern überhaupt die im gemeinen Leben übliche Rechte, und die heutige Reichspraxis zu finden, wobey die streitigen Meynungen der ICtorum mit Gründen und Gegengründen bemerket, auch dabey die besten herausgekommenen Schriften angeführet werden, also, daß dieses Werk als eine Bibliotheca Iuris Selecta dienen kann. Nach alphabetischer Ordnung ausgearbeitet unter der Aufsicht Herrn D. Johann August Hellfelds 2c. Erster Theil. Jena 1753. 4to maj.

Aus dem weitläuftigen Titel siehet man schon, was man in diesem Werke zu suchen habe, und daß der Herr Hofrath Hellfeld die Aufsicht über selbiges führe. Die beliebten Göttingischen Anzeigen von gelehrten Sachen, auf das Jahr 1753 St. 94 urtheilen von diesem Werke überaus vortheilhaft, und ich kann mich nicht enthalten, ihr

Urtheil hierher zu setzen: "Die Herren Verfaſſer
"(ſagen ſie) haben das durch ihre vorläuſige Anzei-
"ge gethane Verſprechen in allen Puncten genau er-
"füllet, und es iſt kein Zweifel, daß das Werk,
"wann die Fortſetzung dem Anfange ähnlich bleibet,
"zur Kenntniß des teutſchen Privatrechtes nicht
"wenig beytragen wird. Die Verſchiedenheit der
"vorkommenden Abhandlungen, und ihre alpha-
"betiſche Ordnung verſtattet keinen Auszug: Wir
"wollen daher, unſerer Gewohnheit nach, nur von ei-
"nem Paar Artickeln, wie ſie uns unter die Augen kom-
"men, zur Probe einen Abris geben, wovon ſich,
"da in dem Werke eine durchgängige Aehnlichkeit
"herrſchet, leicht auf das ganze ein Schluß machen
"läſt. Unter dem Wort: **Bürger**, findet man
"anfänglich eine Beſchreibung, hernach die Ab-
"ſtammung deſſelben von **Burg**, daher die Bür-
"ger auch *Burchmanni, Burgenſes* heiſſen. Weil
"die alten Teutſchen keine Städte hatten, ſo wu-
"ſten ſie auch nichts von Bürgern. Dieſe entſtun-
"den alſo in dem groſſen Teutſchlande erſt zu den
"Zeiten **Heinrichs** des erſten, und waren frey-
"gelaſſene Leibeigene, die ihren vorigen Herren noch
"verſchiedene Dienſte leiſten muſten. Nachher be-
"gaben ſich auch Adeliche und andere Standesperſo-
"nen vom gröſten Range in die Städte. Die
"Bürger werden in nobiles, honoratiores und
"plebejos eingetheilet; die in den Vorſtädten woh-
"nende Leute ſind ordentlicher Weiſe keine Bürger.
"Auſſer dieſer Eintheilung giebt es noch verſchiede-
"ne Gattungen derſelben, z. E. **urſprüngliche**
"und **neuangehende**, die das **groſſe** oder **kleine**
                              "Bürger-

"Bürgerrecht haben, Freybürger, Ratzenbür-
"ger, Pfahlbürger, verbündete Bürger,
"Ehrenbürger, Ausbürger, deren letztern
"Befugnisse und Verbindungen besonders nach den
"Gesetzen der Städte Zürch und Bern betrachtet
"werden. Die Bürger müssen freye Leute seyn,
"und wird bey ihrer Aufnahme überhaupt dahin ge-
"sehen, daß die Personen geschickt dazu seyn, daher
"müssen sie ordentlich der Confeßion der Stadt bey-
"pflichten, dürfen keine Juden oder sonst Ketzer seyn,
"der Bürgereyd wird ihnen abgenommen, und ihre
"Namen werden in das Bürgerbuch eingetragen. Auf
"diese Vorbereitungen folgen aus den nördlingischen
"Statuten, der würtembergischen Landesordnung,
"den lübeckischen, hamburgischen und danziger
"Stadtrechten, der gothaischen Landesordnung,
"dem culmischen Rechte, dem churmärkischen Land-
"tagsreceß und andern teutschen Gesetzen vollständi-
"ge Auszüge, wodurch die Verbindlichkeiten und
"Freyheiten der Bürger bestimmet werden. Bey
"dem Artickel: Abmeyerungsrecht wird aus
"den salzdahlumschen und gandersheimischen Land-
"tagsabschieden, ferner aus der Policeyordnung des
"Fürstenthums Lüneburg dargethan, daß die Ab-
"meyerung dem Guthsherrn ordentlicher Weise
"nicht, sondern nur alsdenn erlaubt sey, wenn der
"Mayer nachläßig ist, oder der Guthsherr das Guth
"nicht länger entbehren kann. Zum Beweise dieses
"Satzes berufet man sich erstlich auf die Gutach-
"ten der helmstädtischen, duisburgischen, marbur-
"gischen und giessenschen Juristenfacultäten, wovon
"das helmstädtische wörtlich eingerücket worden ist:

„Und auf die Praxis der Fürstenthümer Calenberg „und Wolfenbüttel. Alle Sätze von Beträchtlich„keit werden durch die in den Noten angeführten „Zeugnisse der besten Schriftsteller unterstützet, und „zu des Lesers grossen Gemächlichkeit findet man vor „jeder Abhandlung ihren kurzen Inhalt. Sollten „die Herren Mitarbeiter an diesem Buche auch „künftig in Sammlung der besondern vaterländischen „Rechte unermüdet fortfahren, und gegenwärtige „Arbeit von Zeit zu Zeit mit Zusätzen bereichern; so „ist Hofnung zu einem Lehrgebäude des brauchba„ren teutschen Rechtes vorhanden, dessen Möglich„keit bisher nicht ohne Grund in Zweifel gezogen „worden ist."

12) Desselben zweyter Theil. ibid. 1755. 4to maj.

13) Desselben dritter Theil. ibid. 1760. 4to maj.

Vermuthlich wird künftig der vierte Theil dieses nützliche und brauchbare Werk beschliessen.

II.) Academische Abhandlungen.

1) *Disp. Inaug.* De conditione mulieri intercedenti competente. *Ienæ* 1739. *Præside Io. Casp. Heimburgio.*

Dieses ist des Herrn Hofrath Hellfelds Inaugural Probeschrift, als er sich die wohlverdiente Doctorwürde ertheilen ließ. Sie verdienet vollkommen den Namen einer recht ausnehmend guten und auserlesenen academischen Abhandlung.

2) De hypotheca mobilium. *ibid.* 1743. *Resp. Io. Andr. Hoffmanno.*

Diese

Diese mit vielem Fleiß ausgearbeitete Abhandlung ist in vier Hauptstücke abgetheilet. In dem ersten wird, De rebus mobilibus, & quae illis accensentur; in dem andern, De hypotheca generatim ex principiis Romanorum & Germanorum; in dem dritten, De hypotheca mobilium ex Iuris Romani principiis; Und in dem vierten, De hypotheca mobilium ex principiis Iuris Germanici & praesertim Saxonici, recht ausführlich und gründlich gehandelt. Sie ist auch im Jahr 1759 wieder aufgeleget worden.

3) De restricta Illustrium alienandi facultate, maxime quoad Allodia avita. *ibid.* 1747. *Resp. Theod. Georg. Guilielm. Emminghans.*

Diese beträchtliche academische Abhandlung bestehet aus drey Capiteln. Das erste handelt, De restricta quoad Allodia avita disponendi facultate generatim. Das zweyte, De restricta alienandi facultate Illustrium exterorum; Und das dritte, De restricta alienandi facultate Procerum Germaniæ. Sie ist nachhero dem siebenten Theile der Iurisprudentiæ Heroicæ einverleibet worden.

4) De genuino fundamento Iurisdictionis Feudalis, ejusque limitibus. *ibid.* 1753. Pro *Loco* in *Facultate Iuridica* solemni ritu obtinendo.

Der Inhalt dieser gelehrten Abhandlung ist sehr wichtig, dahero ich folgendes aus selbiger auszugsweise mittheilen will. Anfangs führet der Herr Hofrath

Hofrath anderer ihre Meynungen von den Quellen der Lehnsgerichtsbarkeit an, welche einige selbst in dem Lehnsnexu, andere in der ehemaligen teutschen Kriegsverfassung, oder, dem Zustande der Dienstleute, andere in andern Dingen suchen. Seine eigene Meynung gehet aber dahin, daß sie blos aus dem bürgerlichen Regimente herzuleiten sey, und also entweder einen Herrn voraussetze, der ein Landesherr ist, oder von einem solchen dennoch diese Gerichtsbarkeit erlanget habe. Dieses zu erweisen, wird erstlich dargethan, daß alle Gerichtsbarkeit, und folglich auch die Lehensjurisdiction durch den Willen des Regenten erlanget werde. Hierauf theilet er die Lehen ein in solche, die in des Herrn Gebiete, und solche die ausser demselben liegen. Ueber jene kommt dem Lehnsherrn schlechterdings die Gerichtsbarkeit zu, welche er entweder dem ordentlichen Richter, oder einem besondern Gerichte überlassen kann; auch kann sie dem ordentlichen Richter überlassen werden, wenn sie gleich bisher beständig vor den besondern Lehnhof gehöret hätte. Er duldet hier annoch die Eintheilung der Länder in solche, wo ein völliger Landsaßiat gültig ist, und in solche, wo dieses nicht ist. Die Lehensgerichtsbarkeit auf Lehen, die nicht in des Lehensherrn Gebiete liegen, leitet er blos aus der Bewilligung eines Regenten her. Er hält insonderheit davor, daß derjenige, welcher sein Obereigenthum von dem Kayser empfangen, allezeit auch mit demselben zugleich die Lehensgerichtsbarkeit erhalten, und beziehet sich dieserhalb nicht nur auf den vermuthlichen Willen des Kaysers, sondern auch auf die ältern teutschen Lehensgesetze. Diejenigen Lehensherren, welche ihr Obereigenthum nicht von dem Kayser erworben, haben über die Lehen ausser Landes entweder schon vor der Belehnung die ordentliche Gerichtsbarkeit gehabt, oder nicht. Jenen wird schlechterdings auch die Lehensgerichtsbarkeit zugesprochen, wenn sie gleich auch mit der Gerichtsbarkeit den Vasallen belehnet haben, daher auch der unmittelbare Adel sich der Lehnsgerichtsbarkeit nicht entziehen kann. Im letztern Falle, welcher sich ereignen kann, wenn ein in einem andern Gebiete liegendes Allodium zum Lehn aufgetragen wird, macht der Herr Hofrath wieder einen Unterscheid; denn entweder hat der Lehensherr ein eigenes Land und die Landeshoheit in demselben, oder nicht. Ist das erste, so erwirbt der Lehensherr bey der Auftragung durch eine stillschweigende Prorogation die Lehensgerichtsbarkeit, und der Landesherr, in dessen Gebiete das Lehn liegt, williget stillschweigend, und durch Unterlassung des Wiederspruchs ein, welches vor dem 16ten Jahrhundert um desto eher geschahe, da es einem jeden frey stund, sich vor einem fremden Richter einzulassen. Doch glaubt er, daß in diesem Falle die Gerichtsbarkeit des, in dessen Lande das Lehn liegt, mit der Lehensgerichtsbarkeit in solcher Maasse concurrire, daß der Vasall nicht vor dem Landesherrn klagen, wohl aber, auch sogar in Lehenssachen verklaget werden könne. Er giebt auch zu, daß der Lehnsherr durch die Verjährung bey gegenwärtiger Prorogation, die Lehensjurisdiction völlig ohne Ausnahme erwerben könne. Er bringt auch Exempel bey, da die Lehensherren die

Lehens

Lehensgerichtsbarkeit bey Lehen auſſer Landes ſich ausdrücklich bedungen, oder Privilegia deswegen ertheilen laſſen. Gleichergeſtalt zeiget er, daß auch unabhängige Fürſten, die anderer Vaſallen werben, ſich dadurch der Lehensjurisdiction dieſer letztern unterwürfig machen. Sodann kommt er auf die Lehensherren, welche keine Landeshoheit haben. Dieſe haben entweder einen Lehenhof, oder nicht. Wo jenes iſt, ſo ſtehet ihnen auch die Gerichtsbarkeit in Lehensſachen zu; den letztern aber wird ſie abgeſprochen, wo nicht die landesherrliche Bewilligung, oder eine undenkliche Verjährung da iſt. Nachdem ſich nun der Herr Hofrath bemühet, die entgegen ſtehende Texte zu heben, ſo kommt er auf die Beſtimmung der Gränzen dieſer Gerichtsbarkeit. Ueberhaupt beſtimmt er die Lehensſachen dadurch, daß es diejenigen ſeyn, welche die Rechte und Verbindlichkeiten des Herrn und Vaſallen, ſowol gegen einander, als in Abſicht auf das Lehn ſelbſt, betreffen. Dieſe ſetzen allemal die Lehensverbindung als würklich voraus, finden aber nicht nur unter Mitvaſallen, ſondern auch da ſtatt, wo andere Perſonen in Anſehung des Lehnguts ein Recht prätendiren. Hierauf werden mehrere beſondere Fälle angeführet, die dahin gehören, als: die Streitigkeiten wegen der Lehensdienſte, die Beſtellung der Lehensvormünder, die Auslegung des Lehencontracts, u. d. m. Hingegen wird das Poſſeſſorium ſummariſſimum davon ausgeſchloſſen, nicht aber das ordinarium. Ob bey Veräuſſerung der Lehen, die auſſer Landes und in ſolchen Gebieten liegen, wo die gerichtliche Auflaſſung erfordert wird, auch die Bestätigung des Landesherrn, neben dem lehenherrlichen Consens, erfordert werde? ist eine Frage, die der Herr Hofrath bejahet. Die Fragen: Ob die Absonderung des Lehens vom Erbe, und die Klagen der Lehensunterthanen wegen der von ihnen geforderten Dienste, vor den Lehenshof gehören, werden mit gemachtem Unterschied beantwortet. Zuletzt wird auch die Erkenntniß wegen der Competenz des Fori, nebst den Concurssachen wegen des Lehns, auch das Recht, den Vasallen unmittelbar zu citiren, dem Lehensherren zugesprochen. Am Ende macht der Herr Hofrath annoch Hofnung, künftig einige andere hier einschlagende Materien noch besonders zu erörtern. S. auch Erlangische gelehrte Anmerkungen und Nachrichten, vom Jahr 1753. St. 23 und 24. wo einige, jedoch ganz bescheidene Einwürfe wider verschiedene Säße gemacht werden.

5) De diverso pignoris Iure liberis in parentum bonis competente. *ibid.* 1754. *Resp. Ernest. Iacob. Ludov. Rühm.*

Nachdem von dem Herrn Hofrath die Materie von denen Peculiis derer Kinder anfangs in etwas ausgeführet, und gezeiget worden, in wie ferne bey dieser Abhandlung auf das römische Recht zu sehen sey; so wird erörtert, in wie ferne, und was für ein Pfandrecht denen Kindern, nach der Verschiedenheit derer ihnen zugehörigen Güter, in des Vaters Vermögen zustehe. Alsdann wird auch unterricht, ob und wie ferne sie ein dergleichen Pfandrecht in dem Vermögen der Mutter, oder des Stiefvaters haben, oder auch wohl in die Lehngüter des

Va-

Vaters. Allenthalben ist in dieser Abhandlung darauf gesehen worden, zu zeigen, wie die Scheinwidersprüche der Gesetze zu heben seyn, die sich hin und wieder vorfinden. Ueberhaupt aber zeiget sich auch hierinnen des Herrn Hofraths gewöhnliche Deutlichkeit, Ordnung und Einsicht.

6) De Iure creditorum allodialium intuitu Feudi & concursus feudalis. *ibid.* 1755. *Resp.* pro gradu Doctoris, *Albert. Christian. Henr. Schræder.*

Der Herr Hofrath setzet zuerst den Unterscheid der Lehn- und Erbschulden, die Eintheilung der erstern in debita necessaria & subsidiaria, auch der letztern wieder in legalia, vel consensuata in ein deutliches Licht, und bemerket auch die Verschiedenheit des concursus feudalis & allodialis. Sodann zeiget er, wenn das Lehen wegen der Schulden des Vasallen veräussert werden könne. Sind keine Lehnsschulden da, so verstehet sichs von selbsten, daß solches ohne des Lehensherrn Einwilligung nicht angehe. Sind deren aber da, und zwar nothwendige, so findet die Lehensveräusserung schlechterdings statt; wo es aber blos Debita subsidiaria sind, so kann das Lehen nur veräussert werden, wenn das Erbe nicht zureichend ist. Wenn blosse Erbschulden vorhanden sind, und der Lehensherr williget in die Veräusserung des Lehens ein; so kann solche nicht anders, als ohne Nachtheil der Agnaten und Mitbelehnten geschehen. Williget aber der Lehensherr nicht ein, so können nur die Früchte zur Concursmassa auf gewisse Weise gezogen werden. Nun kommt er auf die Frage: Ob auch

auch den Vasallen das Beneficium competentiæ zustehe? Er sondert die Lehen, wegen des, der Vasall Hof- oder Kriegsdienste thun muß, von den andern ab. Dem ersten erkennet er diese Rechtswohlthat zu, weil 1) sie für Soldaten anzusehen sind, und 2) den Herrn das Gegentheil selbsten nachtheilig seyn würde, indem der Vasall dadurch außer Stande sich gesetzet befände, seine Dienste zu leisten. Bey andern Lehen wird es den Vasallen aberkannt, wo es ihnen der Herr nicht besonders zugetheilet. So fällt es insbesondere auch alsdenn hinweg, wenn ein Concurs über die Substanz des Lehens selbsten entstehet. Hierauf zeiget er, daß bey einem Concurs über Lehn- und Erbschulden das Lehen vom Erbe kann gesondert werden, und bemerket, in welchen Fällen der Richter diese Sonderung von Amtswegen unternehmen müsse, oder nicht, auch was solches für Folgen habe, wie nicht weniger, wie diese Sonderung vorzunehmen, und die Massa des Lehn- und Allodialconcurses zu bestimmen, und was wegen der Taxation und Veräusserung der Lehengüter in Acht zu nehmen sey. Da es geschehen kann, daß nach Abzahlung der Lehenschulden etwas übrig bleibt, so wird nun untersucht, wer dieses bekommen solle? Und weil sich hierbey ein Fall begiebt, da der Ueberschuß zu der Allodialmassa gelanget, so ist ferner die Frage erörtert worden: Ob, und in wie fern denen Gläubigern, welche eine Hypothek haben, in Ansehung gedachten Ueberschusses der Vorzug vor andern Gläubigern zustehe. Zuletzt wird annoch untersucht, wenn man sagen könne, daß

das

das Erbe zu Tilgung der debitorum subsidiariorum nicht hinreiche: Aus welcher Massa die Concurskosten abzutragen sind: Und wie es mit den Zinsen von Lehen-Schulden zu halten sey. S. auch **Erlangische gelehrte Anmerkungen und Nachrichten**, vom Jahr 1755. St. 35.

7) De Legis Mosaicae valore hodierno. *ibid.* 1755. *Resp.* pro gradu Doctoris, *Georg. Gottlieb Wagner.*

In der Vorbereitung zum Hauptthema wird die Eintheilung der göttlichen positiven Gesetze in allgemeine und besondere untersucht. Jene werden verworfen, vornemlich wegen Ermangelung einer allgemeinen Promulgation derer in der heil. Schrift vorkommenden Gesetze. Hierauf werden die mosaischen Gesetze in solche eingetheilet, welche auch in der Natur gegründet sind, und in blosse positive. Und von der Gültigkeit der letztern ist allhier hauptsächlich die Rede. Es wird für rathsam gehalten, die mosaischen Gesetze beyzubehalten, so ferne wir uns unter einerley Umständen befinden. Ob aber diese Umstände einerley sind oder nicht, darüber wird dem Landesherrn das Urtheil überlassen, welchem es auch frey gestellet wird, das mosaische Gesetz zu ändern, so ferne dessen Grund entweder völlig unbekannt, oder doch sehr zweifelhaft ist. Was insonderheit die mosaischen Kirchengesetze anlanget, so wird gezeiget, daß dieselben ihre besondern Ursachen bey denen Juden gehabt, welche heut zu Tage bey uns wegfallen, und so auch die Verbindlichkeit der mosaischen Kirchengesetze selbst. Von den weltlichen Gesetzen wird ebenfals bemerke daß sie eränderlich sind, und also ein Gesetzgeber davon dispensiren könne, welches insbesondere auch auf die verbotenen Grade gezogen wird, so fern dieselbe nicht in der Natur gleichfals verboten sind. Uebrigns wird überhaupt die Gültigkeit weltlicher mosaiser Gesetze bey uns zum voraus gesetzet. S. auch Plangische gelehrte Anmerkungen und Nachrichten, vom Jahr 1755 St. 42.

) De remediis legitimis adversus sententias, præsertim in Augustissimo Consili; Imperiali Aulico latas. *ibid.* 1756. *Rsp.* pro gradu Doctoris, *Guil. Frid. Keidenmann.*

Diese wohlgeschriebene Abhandlung ist in drey Abschitte getheilet. Im ersten wird de remediis adversus sententias Iudicum, qui superiorem in Imperio agnoscunt, gehandelt, wobey überhaupt der verschiedene Gebrauch der Rechtswohlthaten wider die von einem Richter erfolgte Sentenz gezeiget, der Grund davon aber in der Verschiedenheit der Richter selbst gesuchet wird, indem einige das Privilegium de non appellando haben, andere nicht. Bey den erstern findet das Remedium Supplicationis statt, welches nebst denen dabey zu beobachtenden Regeln hier erkläret wird; bey den letztern aber die gewöhnliche Appellation, an deren Stelle man sich der Revision bedienet, wenn die erforderliche Summe vorhanden ist. Will man nicht darauf sehen, ob ein Richter gedachtes Privilegium hat, oder nicht hat; so kann man sich der Einsetzung in den vorigen Stand, der Nullitätsklage, und des Remedii Syndicatus be-

bedienen, welche insgesamt hier erkläre, uter einander verglichen, und nach ihrem Gebrauche beurtheilet werden. Der zweyte Abschnitt welcher De remediis adversus supremorum Imperii Tribunalium sententias handelt, begreift wiederum zwey besondere Abtheilungen in sich. In der erstern wird von denen Remediis wer die von dem Reichscammergericht gesprochenen Sentenzen, in der zweyten aber von denen Remediis adversus Augustissimi Consilii Imperias Aulici sententias gehandelt, und bey der ersten untersucht, in wie ferne auch diejenigen Mittel wodurch eine Sache in den vorigen Stand gesetzewird, hier zuläßig, oder, die Revisio Actorum zu gebrauchen sey; bey der letztern aber die Setzung in den vorigen Stand, und die Supplication, statt der Revision, als Mittel an die Hand gegeben, und der Unterschied zwischen beyden erkläret wird. In dem dritten Abschnitte wird De remediis illegalibus adversus supremorum Tribunalium, & præsertim Augustissimi Iudicii Imperialis Aulici sententias geredet. Dabey wird untersucht, ob, und in wie ferne von einer bey dem Reichshofrathe und Reichscammergerichte gesprochenen Sentenz zuletzt noch der Recursus an Kayserl. Majestät, oder an die Stände des Reichs auf dem Reichstage erlaubt sey? S. auch Erlangische gelehrte Anmerkungen und Nachrichten vom Jahr 1757. St. 25.

9) De pactis evictionis caussa initis, secundum Ius Commune & Statuta Hamburg

burgensia. *ibid.* 1757. *Resp.* pro gradu Licentiati, *Io Philipp. Dresser.*

Diese gelehrte Abhandlung bestehet aus drey Hauptstücken. Das erste handelt, De evictionis præstatione generatim. Das zweyte, De pactis, quæ intuitu evictionis fiunt, secundum Ius Commune. Und das dritte, De evictione & pactis evictionis caussa initis, secundum Statuta Hamburgensia. Wer noch keine rechte Begriffe von der Gewehrsleistung hat, der kann solche aus dieser ordentlich und deutlich geschriebenen Abhandlung vollkommen erlernen.

10) Differentiæ quædam inter S. R. Imperii Principes & Comites *ibid.* 1758. *Resp.* pro gradu Doctoris, *Christoph. Ludov. Wideburg.*

Der Herr Verfasser dieser Abhandlung widersetzet sich denenjenigen, die, wenigstens ehedem, keinen Unterschied zwischen denen Reichsfürsten und Reichsgrafen erkennen wollten, und zeiget einen dreyfachen Unterschied, der in Ansehung der Rechte, der Ceremonien und Curialien zwischen beyden vorgenommen wird. Zur ersten Gattung gehört: 1) daß jeder Reichsfürst eine Stimme für sich hat, da hingegen die Reichsgrafen nur Vota curiata haben. 2) Die Reichsfürsten werden vom Kayser selbst, in eigener Person, vor dem kayserlichen Throne, die Grafen aber nur von dem Reichshofrathe ohne Solennitäten, belehnet. 3) Die Reichsgrafen müssen zur Zeit eines Interregni, is über ein Jahr währet, die Belehnung bey denen Reichsvicarien suchen, nicht aber die Fürsten. 4) Die

4) Die Fürstenthümer sind allezeit Fahnenlehen die Grafschaften aber nicht selten Theile der Fürstenthümer. 5) Wenn Grafen, welche Vasallen von Fürsten sind, an der Fürsten Höfe berufen werden, so müssen sie die Hofdienste in Person leisten 6) Die Fürsten haben Erbämter, nicht aber die Grafen. 7) Die Erzämter im römischen Reich verwalten die Fürsten, und ihre Stelle vertreten die Grafen. 8) Findet sich auch ein Unterschied zwischen den Fürsten und Grafen in Ansehung der Austregarum. 9) Die Fürsten können Directores der Reichscreise seyn, und das Creisausschreibamt besitzen, nicht aber die Grafen. 10) Wenn ein Fürst Creisobrister wird, so verbindet er sich bloß bey fürstlichen Würden und wahren Worten; wer aber kein Fürst ist, muß schwören. 11) Der kayserliche Principalcommissarius auf dem Reichstag ist ein Fürst; einen Grafen aber nehmen die Reichsstände nicht an. 12) Die Fürsten haben, wie die Kayser, ein Majestätssiegel; ob es die Grafen führen dürfen, ist noch zweifelhaft. Von dem Unterschiede zwischen den Fürsten und Grafen in Ansehung der Ceremonien wird bemerket, 1) daß die Fürsten bey Belehnungen und andern feyerlichen Handlungen, sich durch eine besondere fürstliche Kleidung von den Grafen unterscheiden, daher ihnen noch heutiges Tages bey Feyerlichkeiten und andern Insignien auch der Fürstenhuth vorgetragen wird. 2) Daß die Fürsten am kayserlichen Hoflager mit dem Kayser in einem Zimmer, die Grafen aber in einem besondern speisen. 3) Daß einige den Abgeordneten der Grafen beym Reichstag

den Namen der Gesandten gar haben absprechen, und sie blos Deputirte oder Gevollmächtigte haben genennet wissen wollen. Bey dieser Gelegenheit wird die im Jahr 1713 beym Reichstage zu Regensburg zwischen den fürstlichen und gräflichen Gesandten entstandene Streitigkeit angezeiget, da sich die ersten weigerten, den letzten ihre Ankunft zu melden, u. s. w. welche endlich im Jahr 1743 dahin entschieden wurde, daß zwar die fürstlichen Gesandten den gräflichen ihre Ankunft zu wissen thun, diese aber den fürstlichen in Ansehung der übrigen Ceremonien den Vorrang lassen sollten. Auch wird die Streitigkeit berühret: Ob die gräflichen Gesandten auch mit 6 Pferden fahren dürfen? In Ansehung der Curialien endlich sind die Fürsten schon, von dem Kayser Carl IV an, vom Kayser selbst *Illustres*, Hochgebohrne genennet worden, so, wie einige heut zu Tage durch ein Privilegium den Titel: Durchlauchtige, Durchlauchtig-Hochgebohrne bekommen. Die Grafen hingegen wurden vor Alters Edle, und nachher Wohlgebohrne, Hoch- und Wohlgebohrne betitelt, und haben den Titel Hochgebohrne nie erhalten können. Die Fürsten nennen sich unter einander Ew. Liebden, und werden von den Grafen Durchlauchtigster - - gnädiger, ja auch gnädigster Herr genennet. Der Reichshofrath und das Cammergericht schreiben an die Fürsten in gerichtlichen Sachen: Deine Liebden; An die Grafen blos: Du. Der Reichshofrath nennet die Fürsten: Herren; die Grafen nicht, ob sie gleich diesen Namen von der Cammercanzley bekommen.

S. auch **Erlangische gelehrte Anmerkungen und Nachrichten**, vom Jahr 1758. St. 28.

11) De eo, quod ob species noviter repertas circa transactiones Iuris est. *ibid.* 1759. *Resp.* pro gradu Licentiati, *Gabr. Christoph. Lemke.*

Die ganze Materie de transactionibus wird in dieser Streitschrift sehr gelehrt abgehandelt, und zuletzt gewiesen, in welchen Fällen ein geschlossener Vergleich wegen neuerlich gefundener Documenten und Urkunden ungültig sey. Den merkwürdigen Inhalt findet man auch 1) in denen **Erlangischen gelehrten Anmerkungen und Nachrichten**, vom Jahr 1760. St. 13. und 2) in denen **Regenspurgischen wöchentlichen Nachrichten von gelehrten Sachen**, vom Jahr 1760 St. 27.

12) De effectu clausulæ codicillaris testamento, quod rumpitur, adjectæ. *ibid.* 1759. *Resp.* pro gradu Licentiati, *Carol. Frid. Burmeister.*

Es giebt Rechtsgelehrte, welche den Nutzen und die Würkung der so genannten clausulæ codicillaris als unnütze verwerfen; hingegen andere loben den Nutzen und Gebrauch dieser clausulæ gar sehr. In gegenwärtiger gelehrten Abhandlung wird der Nutzen und die Nothwendigkeit sothaner clausulæ erweislich gemacht, welches in dreyen Capiteln geschiehet. In dem ersten wird der Unterschied zwischen denen Testamenten und Codicillen gezeiget. Das andere beschäftiget sich mit der Natur und Eigenschaft dieser clausulæ codicillaris, und deren Wirkungen überhaupt. Und das
dritte

dritte thut die Wirkung der clausulæ codicillaris in Ansehung eines zu Recht nicht beständigen Testaments dar.

13) De effectu pœnae conventionalis Sponsalibus adjectæ. *ibid.* 1760. *Resp.* pro gradu Licentiati, *Nicol. Henr. Evers.*

Nachdem die ganze Lehre de Sponsalibus nach dem römischen, päpstlichen und protestantischen Kirchenrechte in einer angenehmen, aber fruchtbaren Kürze von §pho 1-15. abgehandelt worden; so wird hernach überhaupt von §pho 16-27. von der pœna conventionali geredet, und sodann erwiesen, daß eine pœna conventionalis bey Verlöbnissen statt habe. Jedoch werden diejenigen Fälle sehr gut auseinander gesetzet, in welchen diese Strafe gefordert, und nicht gefordert werden könne.

III.) Academische Anschläge.

1) De Disputationibus Fori. *Ienæ* 1739. 4.

In diesem wohlgeschriebenen Programma kündigte der Herr Hofrath Hellfeld seine öffentlichen Streitübungen über des seel. Herrn geheimen Raths, *Heineccii*, Elementa Iuris Civilis secundum ordinem Institutionum an.

2) De hærede allodiali debita feudalia à Vasallo soluta repetente. *ibid.* 1755. 4.

Mittelst dieses Anschlags ward Herrn D. Georg Gottlieb Wagners, Syndicus zu Saugerhausen, Inaugural-Probeschrift, De valore Legis Mosaicæ hodierno, die unter des Herrn Hofraths, Hellfelds, Vorsitze vertheidiget worden, und die darauf erfolgende Doctorpromotion angezeiget.

3) De

3) De confirmatione divisionum illustrium. ibid. 1757. 4.

Als Herr D. Gottlob Christhilf Rummel seine Probeschrift, De concessione signorum & symbolorum Iurisdictionis ac executionis criminalis feudali, unter des Herrn geheimen Regierungsraths, Buders, Vorsitze, wegen Erhaltung der Doctorwürde, zur Catheder brachte, so kam dieser Anschlag zum Vorschein. Der Herr Hofrath bemerket, daß diese Bestätigung damals nothwendig war, als die kayserlichen Lehen noch nicht getheilet werden konnten; seitdem aber diese, die Churfürstenthümer ausgenommen, theilbar sind, sey es unnöthig, aber doch gleichwol rathsam, damit, wenn über ein dergleichen Theilungsinstrument ein Streit entstehet, nicht nur die Execution, sondern auch die angehängte Strafe besser be- und eingetrieben werden könne.

4) De successione ex Iure communionis. ibid. 1758. 4to.

Des Herrn D. Christoph Ludewig Wiedeburg Probeschrift, in welcher Differentiæ quædam inter S. R. I. Principes & Comites, unter des Herrn Hofrath Hellfelds Vorsitze gezeiget wurden, und dessen darauf erfolgte Doctorpromotion veranlassete diesen gelehrten Anschlag, worinnen kürzlich gezeiget wird, daß die Communion nach dem Rechte der Natur der einzige eigentliche Grund der Erbfolge sey.

5) De Iuribus quibusdam Doctorum Nobilitati avitæ honorificis & utilibus. ibid. 1758. folio.

Die

Die im dritten Theile gegenwärtiger Nachrichten S. 316-321 angeführte Inaugural-Probeschrift, De Principe Iudice in propria caussa, des Fürstl. Schwarzburg-Rudolstädtischen Cammerjunkers, Herrn **Carl Gerths von Retelhodt,** und desselben bey der damaligen Jenaischen Jubelfeyer angenommene Doctorwürde, gaben dem Herrn Hofrath **Hellfeld** die Gelegenheit, diesen gelehrten Anschlag zu verfertigen. Ich führe hieraus annoch an, daß denen Doctoren überhaupt die Rechte des Adels zukommen, nur, daß sie nicht turnierfähig sind, nicht in solche Collegien kommen dürfen, wo man seine Ahnen beweisen muß, und in den höchsten Reichsgerichten von der adelichen Bank ausgeschlossen sind. Daher haben auch diejenigen Adelichen, welche Doctoren sind, den Vorzug vor andern Adelichen. Nach der **Augspurgischen Policeyordnung,** vom Jahr 1501 Tit. 23. §. 5-7. „sollen die von Adel, die nicht „Ritter oder Doctores sind, Perlen oder Gold in „ihren Hemden oder Brusttüchern zu tragen abstel„len und vermeiden, doch mögen die von Adel, die „Ritter oder Doctores seyn, zwey Unzen Goldes „und nit darüber, und die, so nit Ritter oder „Doctores sind, zwo Unzen Silbers, und nicht „darüber, in ihren Hauben tragen, u. s. w. „ Die **Kayserliche Policeyordnung** vom Jahr 1530. Tit. 15 erlaubt denen Doctoren goldne Ketten zu tragen, ohne Einschränkung; von denen Adelichen aber wird Tit. 14. verordnet: „desgleichen mögen „sie guldene Ring und Haarhauben, auch eine „Kette, die nicht ueber 200 Guelden werth sey, tra-

„gen, die sie doch mit einem Schnierlein umwin-
„den und durchziehen sollen, wie von Alters her-
„kommen." Daher ist es auch gekommen, daß
z. E. Caspar Schlick der Stammvater der Grafen von Schlick, welcher bey denen Kaysern Sigmund, Albert II und Friedrich III Kanzler war, sich Doctor und Ritter, Kaysers Maximilian I Kanzler, Conrad Stürzel von Buchhaimb, Doctor und Ritter, in den käyserl. Privilegien und Rescripten nennen. Ferner, sind die Doctoren nicht nur in den meisten teutschen Stiftern nebst den Adelichen stiftsfähig, sondern werden auch in diejenigen Capitel aufgenommen, worein keiner von dem niedern Adel gelassen wird. So muß gleichfals auch in einigen teutschen Stiftern eine gewisse Anzahl Doctoren seyn; und endlich werden vom römischen Kayser auch einige Doctores zu Beysitzern des Cammergerichts präsentiret; der Ehre, die dem Adel aus denen Wissenschaften zuwächst, nicht zu gedenken.

III. Lud.

III.
Ludwig Conrad Smalcalder,
Beyder Rechten Doctor, Herzogl. Würtembergischer Rath, und ordentlicher Lehrer der Rechte auf der Universität zu Tübingen (*).

Dieser berühmte Rechtsgelehrte ist im Jahr 1696 den 1 November zu Giesen gebohren. Nachdem er seine academischen Jahre zu Giesen und zu Tübingen vollendet, ward er auf letztgedachter Universität im Jahr 1721 beyder Rechten Licentiat, und im Jahr 1724 Secretarius der Academie Tübingen. Im Jahr 1733 ward ihm von dem verstorbenen Herzoge zu Würtemberg, Eberhard Ludwig, eine ausserordentliche Profeßion der Rechte anvertrauet, wovon er den 10 Julius des folgenden 1734sten Jahres mittelst einer Disputation Besitz nahm, auch zugleich die Würde eines würtembergischen Raths erlangete. Im Jahr 1743 ward er zugleich ordentlicher Professor in dem *Collegio Illustri*, oder in der dasigen Fürstenschule, welches auch das fürstliche *Collegium* genennet wird; jedoch wartete er auch über beyde Profeßionen das Universitätssecretariat ab. Im Jahr 1745 erlangete er eine ordentliche Profeßion der Rechte, und zugleich eine Beysitzerstelle in der Juristenfacul-

(*) S. auch 1) Herrn von Mosers Lexicon der jetztlebenden Rechtsgelehrten in und um Teutschland. S. 246 und 2) Andreas Christoph Zellers ausführliche Merkwürdigkeiten der Universität und Stadt Tübingen. S. 185 und S. 461.

facultät, worauf er im folgenden 1746sten Jahre, den 12 November, die gewöhnliche Disputation wegen Erlangung des Sitzes und Stimme in diesem Spruchscollegio öffentlich vertheidigte. Im Jahr 1747 ließ er sich von der Juristenfacultät zu Tübingen die Doctorwürde ertheilen. Er ist einigemal Rector der Universität und Dechant der Juristenfacultät gewesen.

Er ist ein geschickter Mann; er hat aber wegen beständiger überhäuften Geschäfte, und nachhero wegen dazu gekommener Unpäßlichkeiten die Anzahl seiner Schriften nicht stark vermehren können. Seine Schriften sind meines Wissens folgende:

1) *Diss. Inaug.* De sententia Iudicis secundum Leges extra territorium latas ferenda. *Tubingæ* 1721. *Præside Michaele Grasso.*

Es hat Herr Rath Smalcalder durch diese Probeschrift sich die Licentiatenwürde erworben.

2) *Diss.* De Iurisdictione Academicarum privilegiaria. *ibid.* 1734. *Resp. Adam. Henr. Weickersreuter.* Pro rite capessendo *Professorio munere.*

Dieses ist diejenige Streitschrift, welche der Herr Rath Smalcalder wegen Erlangung der ausserordentlichen Profeßion der Rechte vertheidiget. Er saget in dem Vorbericht, daß ihm in seinem 10 jährigen academischen Secretariat viele die Jurisdiction der tübingischen Academie betreffende Sachen, desgleichen viele landesherrliche Privilegien unter die Hände gekommen, welche allerdings würdig wären, aus dem Staube hervorgezogen zu werden.

den. Nachdem er nun gezeiget, was eine Academie, und was eine Jurisdiction sey, so erzehlet er den Zustand der academischen Jurisdiction vor dem 6 und 7ten Jahrhundert, und kommt zugleich auf die berühmte Authenticam: *Habita*, C. *Ne filius pro patre &c.* Er berühret den Ursprung der Nationen, und liefert auch eine kurze Geschichte des academischen Regiments in Teutschland, worauf von dem ersten Ursprunge der Universität Erwehnung geschiehet. Sodann giebt er von der academischen Jurisdiction die Definition, worauf er von denen Personen redet, welche das academische Regiment ausmachen. Selbige sind der Rector, der Canzler, der academische Senat, und die Decani aus denen 4 Facultäten. Weil nun keine Obrigkeit ohne Unterthanen seyn kann, so werden selbige hierauf namhaft gemacht, welches hauptsächlich die Studenten sind; es sind aber auch die Apotheker, die Buchführer, die Buchdrucker, die Buchbinder, die Mahler u. d. g. der academischen Jurisdiction unterworfen, weil dieser Leute Gewerbschaften eine genaue Verbindung mit denen Studien haben. Die Sachen, die zur academischen Jurisdiction gehören, betreffen entweder bürgerliche oder peinliche Fälle. Von denen bürgerlichen Sachen wird in gegenwärtiger schönen Abhandlung das nöthige beygebracht; von denen peinlichen Sachen aber ist in folgender Streitschrift weitläuftiger gehandelt worden.

3) *Diss.* De Iurisdictione Academiarum privilegiaria in caussis criminalibus. *ibid.* 1746.

1746. *Resp. Wilhelm. Neuffer.* Pro *Loco* in *Facultate Iuridica* rite obtinendo.

Mittelſt dieſer Streitſchrift nahm Herr Rath Smalcalder Sitz und Stimme in der Juriſtenfacultät, und iſt eine Fortſetzung der vorhergehenden. Er unterſucht mit einer überaus groſſen Beleſenheit, ob alle Univerſitäten in Teutſchland die peinliche Jurisdiction haben; und ob es rathſam ſey, einer Univerſität die peinliche Jurisdiction zu verleihen. Alsdann wird von denen Perſonen, und von denen Fällen, wo die peinliche Jurisdiction ſtatt haben kann, wie auch von dem anzuſtellenden Proceß gehandelt.

4) *Diſſ.* De pictura principali, ſcriptura acceſſorio. *ibid.* 1747. *Reſp.* pro gradu Licentiati, *Io. Ludovic. Huber.*

In dieſer Streitſchrift wird behauptet, daß nach der Regel allerdings die Tafel für das principale, die Mahlerey hingegen für das Acceſſorium zu halten ſey. *Caji* Meynung ſey mehr eine Exceptio a Regula, und habe ihren Grund in dem Iure ponendi imagines, welches den römiſchen Patriciis und Adel eigen war. Allein Herr Profeſſor Rudolph zu Erlangen iſt in ſeiner im Jahr 1756 vertheidigten Inaugural-Probeſchrift, De acceſſione picturæ, ganz anderer Meynung. Er zeigt nemlich die Möglichkeit, daß ſowol diejenige Sache, worauf das Gemählde gekommen, ein Zuwachs vom Gemählde, als dieſes ein Zuwachs von jenem werde. Er weiſet, wie man, um dieſes zu erkennen, nicht ſowol auf die Gröſſe, als den Werth der einen, oder der andern Sache, als vielmehr auf ihren mittelbaren oder unmittelbaren Gebrauch Achtung geben müſſe, und erkläret z. E. die Tafel, u. d. g. für den Zuwachs des Gemähldes, wenn ſie zu dem Ende verfertiget worden, daß das Gemählde darauf kommen ſollte. Er widerleget in der Anmerkung zum §. 22 ſeiner Probeſchrift des Herrn Rath Smalcalders, oder des Herrn Licentiat Zubers Streitſchrift ausführlich.

5) *Diſſ.* De judiciali bonorum obżerati aſſignatione. *ibid.* 1749. *Reſp.* pro gradu Licentiati, *Frid. Ferdin. Weiſe.*

Eine Anweiſung geſchiehet entweder gerichtlich, oder auſſergerichtlich, oder, welches einerley, nothwendig oder freywillig. Wenn die Anweiſung derer Güter des Schuldners gerichtlich geſchiehet, ſo hat der Richter gewiſſe Pflichten ſowol gegen die Gläubiger, als gegen den Schuldner zu beobachten. Ehe aber die Anweiſung geſchiehet, muß 1) der Schuldner in ſolchen Umſtänden ſeyn, daß er unmöglich bezahlen kann; 2) Muß der Gläubiger indeſſen Güter immittiret, und 3) müſſen des Schuldners Güter öffentlich ſubhaſtiret ſeyn, wozu ſich aber keine Käufer gefunden; auch müſſen ſie taxiret oder gewürdert ſeyn, alsdenn kann eine dergleichen Anweiſung oder Annehmung an Zahlungs ſtatt geſchehen. Am Ende werden die Urſachen angegeben, welche eine Anweiſung oder Annehmung an Zahlungs ſtatt verhindern und gar aufheben.

6) *Diſſ.* De eo, quod juſtum eſt circa illos, qui diſparuerunt. Vom Recht der Verſchollenen. *ibid.* 1758. *Reſp.* pro gradu Doctoris, *Iacob. Frid. Stockmaier.*

Der

Der Herr Verfasser gegenwärtiger Probeschrift zeiget zuerst die Ursache an, warum er diejenigen, welche man im Teutschen Verschollene nennet, durch illos, qui disparuerunt, übersetzet habe, und setzet alsdenn voraus, daß er unter Verschollenen blos diejenigen verstehe, deren Leben oder Tod ungewiß ist. Die Rechte vermuthen solche Personen so lange lebendig, bis der Tod hinlänglich bewiesen wird. Dieses aber kann nicht allein durch Zeugen, briefliche Urkunden, und bisweilen durch Eyde, sondern auch, in Ermangelung derselben, durch den sogenannten künstlichen Beweis, nemlich, durch rechtliche Vermuthung, um so viel eher geschehen, als gewiß ist, daß in Sachen, welche schwer zu erweisen sind, auch starke Muthmassungen zugelassen werden. Der Richter hat darüber zu erkennen, in welchem Grade dieselben den Tod eines Verschollenen wahrscheinlich machen. Hierunter rechnen die Rechtslehrer gemeiniglich folgende Fälle: Wenn der Abwesende lange krank und sehr alt gewesen ist; wenn er Schifbruch gelitten hat; wenn er nach einer Schlacht, der er beygewohnet, vergeblich gesuchet worden ist; Oder, sich an einem Orte, wo die Pest viele Menschen getödtet, aufgehalten, und auf die an ihn geschriebene Briefe nicht geantwortet hat; oder auch, wenn man, wie Leyser meynet, ein Instrument antrift, in welchem des Verschollenen unter den Beywörtern: weiland, seeligen Andenkens, u. s. w. gedacht wird. Der Verfluß einer gewissen Zeit, und zwar, wenn einer das 70ste Jahr zurückgeleget hat, ist der Regel nach hinlänglich genug, den Tod eines Verschollenen in die

erfor

erforderliche Wahrscheinlichkeit zu setzen. Inzwischen giebt es doch Fälle, in welchen man nicht einmal nöthig hat, das 70ste Jahr zu erwarten. Hierunter gehören, nach des Herrn Verfassers Meynung, auch hohe Standespersonen; und er glaubt, daß, wenn ein Kayser ein Verschollener werden sollte, die Churfürsten gleich zu einer neuen Wahl schreiten könnten, und nicht nöthig hätten, das Regiment unterdessen durch die Reichsvicarios versehen zu lassen. Sollte es aber geschehen, daß selbst ein 70 oder gar 80jähriger Mensch sich entfernete, und nichts von sich erfahren liesse; so würde man in dem erstern Falle 80 in dem letztern aber 100 Jahre nöthig haben, um seinen Tod aus dem Alter allein vermuthen zu können. So lange man den Verschollenen noch für lebendig hält, so lange müssen seine Güter durch einen besondern Curator verwaltet werden. Es ist bekannt, daß man hiezu jedesmal die nächsten Erben der zu verwaltenden Güter gegen geleistete Caution nimmt. Aus diesem Grunde widerleget der Herr Verfasser den Leyser, welcher die Verwaltung der Lehengüter eines Verschollenen den Allodialerben zugestehet. Nach übertragener Curatel hat der Curator zuförderst ein öffentliches Verzeichniß des ganzen Vermögens zu errichten, und sofort auf die Erhaltung und Vermehrung desselben Acht zu haben, und alle dem Verschollenen zustehende Rechtsmittel in Ausübung zu bringen. Endlich wird auch von der Art und Weise geredet, nach welcher die Verwaltung dieser Güter ihre Endschaft erreichet, und damit geschlossen, daß die Erbschaft, wenn sie auch schon wäre angetreten worden, nach der Zurückkunft des Verschollenen, demselben wieder müsse herausgegeben werden. S. auch Tübingische Berichte von gelehrten Sachen, auf das Jahr 1758 St. 23.

* * * * * * * * * * * * * * * *

IV.
Johann Stephan Pütter,

Beyder Rechten Doctor, Königl. Groß-Britannischer und Churfürstl. Braunschweig-Lüneburgischer Hofrath, ordentlicher Lehrer des Staatsrechts auf der Universität Göttingen, und Beysitzer der Juristenfacultät daselbst (*).

Der Herr Hofrath Pütter zu Göttingen hat viele Verdienste durch die Bearbeitung des teutschen Staatsrechts, besonders aber dessen, was man in selbigem practisch zu nennen pfleget, sich erworben, und seinen Namen in der Republick der Gelehrten so bekannt gemacht, daß derjenige, welcher desselben gelehrte Schriften nicht kennet, mit vollem Recht den Namen eines Ignoranten verdienet. Nicht alle Gelehrte haben das Glück

---

(*) S. auch des Herrn Hofrath Ayrers Programma De Equitibus Legum. Gottingæ 1748. 4to. Selbiges befindet sich nunmehro auch, nebst denen Lebensbeschreibungen derer Candidaten, in des seel. Herrn Canzlers von Moßheim Beschreibung der grossen und denkwürdigen Feyer, die bey der allerhöchsten Anwesenheit Georg II Königs von Groß-Britannien auf Deroselben hohen Schule zu Göttingen 1748 gangen ward. Göttingen 1749. 4to maj.

Glück, denen verständigen Lesern in ihren Schriften zu gefallen. Die Ursachen sind verschiedentlich; und es würde anjetzo zu weitläuftig seyn, dieselben hier anzuführen. So viel aber wird ein jeder, der die Sache verstehet, mit mir bekennen müssen, daß die meisten Schriften des Herrn Hofrath Pütters bey der gelehrten Welt sich einen ungemeinen Beyfall erworben. Die Ursachen sind die Ordnung und Deutlichkeit, hauptsächlich aber das brauchbare, so überall in dessen Schriften herrschen. Es wird dahero denen geneigten Lesern nicht misfällig seyn, dessen Leben und Schriften etwas genauer kennen zu lernen.

Es ist demnach der Herr Hofrath Pütter im Jahr 1725 den 25 Junius zu Iserlohe in der Grafschaft Mark von Herrn Johann Heinrich Püttern, einem Kaufmanne, und Frauen Barbaren Elisabeth, einer gebohrnen Varnhagin gebohren. Seine Eltern unterliessen nichts, was zur Bildung eines künftigen Gelehrten nur erforderlich war, dahero sie ihn von früher Jugend an durch Hauslehrmeister unterrichten liessen, nachhero aber im neunten Jahre seines Alters nach der seiner Geburtsstadt nahe gelegener Stadt, Limburg an der Lahne, sendeten. Er rühmet nicht allein die vielen Gnadenbezeigungen des daselbst regierenden Herrn Grafens, Moritz Casimirs, von Bentheim, tecklenburgischer Linie, die dieser Herr ihm widerfahren lassen, sondern er erinnert sich noch mit dem dankbarsten Gemüthe des treuen Unterrichts des seel. Christian Stoltens, von dem er die erforderlichen Schul- und andere schöne

schöne Wissenschaften erlernet. Durch diesen geschickten Mann war er so weit gebracht worden, daß er sich im dreyzehnten Jahre seines Alters im Stande befand, auf Universitäten zu ziehen.

Der grosse Ruf des unsterblichen Freyherrns von Wolf bewog den Herrn Hofrath Pütter die berühmte Universität Marburg, als den Ort seines Aufenthalts zu erwehlen. Er wurde im Jahr 1738 den 23 April, unter dem Prorectorat des welt-berühmten Freyherrns, Johann Ulrichs von Cramer, jetzigen Beysitzers des kayserlichen und Reichscammergerichts zu Wetzlar, der Anzahl derer daselbst Studierenden einverleibet. Den Anfang der academischen Studien machte er mit der Mathematik und Metaphysik, worinnen der Freyherr von Wolf sein Führer war. Die Logik, Universal- und teutsche Reichshistorie, nicht weniger die Beredtsamkeit und römischen Alterthümer erkläreteihm der berühmte Johann Adolph Hartmann, und der geschickte Vicecantzler, Johann Wilhelm Waldschmid zeigte ihm die Anfangsgründe der Rechtsgelehrsamkeit, wie man solche von dem Kayser *Iustiniano* bekommen hat.

Nach anderthalb Jahren, nemlich im Monath October 1739 zog der Herr Hofrath Pütter nach Halle. Auf diesem berühmten Musensitze erlernete er die dogmatische Gottesgelahrheit von dem seel. D. Siegmund Jacob Baumgarten, und die philosophische Moral von dem berühmten Alexander Gottlieb Baumgarten, jetzigem Professor zu Frankfurt an der Oder. Der seel. *Heineccius* erklärete ihm die Institutiones, welche er auch bei dem verstorbenen Hofrath Schlitten wiederholete, auch von selbigem das Recht der Natur, die Pandekten, und die Kenntniß der juristischen Bücherwissenschaft erlernete. In denen Lehrstunden des seel. Canzler **Böhmers** über die Pandekten, über das geistliche, und über das Lehnrecht war er ein fleißiger Zuhörer; auch besuchte er die Vorlesungen des seel. Canzlers von **Ludewig** über das teutsche Staatsrecht, des seel. D. **Wiedeburgs** über die teutsche Historie, des seel. Hofrath **Schmeitzels** über die Wappenkunst, und des seeligen geheimen Rath **Knorrens** über den gerichtlichen Proceß mit ununterbrochenem Fleiße.

Im Jahr 1741 in Monath October, wendete sich der Herr Hofrath **Pütter** nach Jena, wohin ihn der Ruf des berühmten Herrn **Estors**, jetzigen geheimen Regierungsraths, und Procanzlers der Universität Marburg zu gehen vermochte. Bey diesem vortreflichen Rechtsgelehrten hörete er nicht nur das teutsche Staats= Lehen= und teutsche Privatrecht, wie auch die Reichsgerichtspraxin, sondern er wohnete auch bey ihm im Hause, und hatte desselben schöne Bibliothek zu gebrauchen, auch genoß er von ihm viele Gewogenheit, und unter andern auch dieses, daß er ihm gerichtliche Acten mittheilete. Er machte hierbey sich auch die Vorlesungen des seel. Hofraths **Engau** über das peinliche Recht, und die Vorlesungen des seel. Hofrath **Schaumburgs** über das Wechselrecht, und über die Kunst, Acten zu referiren, wohl zu Nutze.

Wie nun der Herr Hofrath **Pütter** ein Jahr in Jena gewesen war, so sollte er nunmehro nach dem Rathe und Neigung seiner Anverwandten eine Reise nach Berlin unternehmen, um entweder daselbst, oder in seinem Vaterlande seine Beförderung zu suchen. Allein die göttliche Vorsicht leitete ihn ganz andere Wege, und hattte ihn zu einem ganz andern Endzwecke bestimmt: denn um Michaelis 1742 gieng der Herr geheime Regierungsrath und Vicecanzler Estor von Jena nach Marburg als zweyter Lehrer der Rechte. Derselbe schlug ihm vor, mit ihm nach Marburg zu gehen, und sich ferner seiner Wohnung, Bibliothek, guten Raths, und sogar seines Tisches zu bedienen, um dereinst durch seine Vorsprache eine Beförderung in Hessen zu finden. Der Herr Pütter nahm diese Vorschläge ohne Bedenken an, und er kam, welches er vorhero nicht geglaubet hätte, in der Gesellschaft seines grossen Wohlthäters den letzten September 1742 wiederum nach Marburg zurück.

Nachdem er nun allhier den auserlesenen Büchervorrath des Herrn Vicecanzlers, Estors, wieder in Ordnung gebracht hatte, welches auch zu seinem besondern Nutzen gereichete; so hörete er zwar gleich im erstern halben Jahre bey vorbelobtem Herrn Estor das geistliche Recht und die Pandekten, er vertheidigte auch unter desselben Vorsitze einige wöchentliche Streitübungen, die von dem Herrn Estor nachhero lange fortgesetzet worden; allein Herr Pütter fieng gleich in denen ersten Monathen an, zweyen Freunden, auf ihr Verlangen, den gerichtlichen Proceß zu erklären, und im folgenden Sommer 1743 hatte er die Ehre, dem jetzigen kayserlicher lichen Cämmerer und wirklichen Reichshofrathe, dem Herrn Burggrafen, **Christian Albert Casimir von Kirchberg**, welcher Herr damals Studirens wegen sich in Marburg aufhielt, hauptsächlich das bürgerliche römische Recht, und den gerichtlichen Proceß zwey Jahr lang vorzutragen. Da nun einige junge Edelleute, und anderer angesehener Leute Kinder seinen Unterricht in dem bürgerlichen Rechte und in dem gerichtlichen Processe verlangeten, er auch nach und nach und wider Verhoffen der academischen Arbeit gewohnet wurde, so entschloß er sich, die Würde eines Licentiaten in beyden Rechten anzunehmen, nachdem er zu Marburg im Monath April 1744 seine Inaugural-Probeschrift, De præventione, atque inde nata præscriptione Fori tum generatim, tum in specie quod ad Augustissima Imperii tribunalia attinet, und nach vorgängigem Examen, ohne Vorsitzer vertheydiget hatte.

Nach erlangter academischer Würde, und erhaltener Freyheit andere öffentlich zu unterrichten, las er nunmehro über **Schmaussens** Reichshistorie, und **Struvs** Iurisprudentiam Rom. Germanicam Forensem. Gleichwie aber diese academischen Beschäftigungen vor ihn das wahre Vergnügen, auch von einem erwünschten Erfolge waren; also hat er auch in denen Jahren 1744. 1745 und 1746 über das Recht der Natur, über die römischen Alterthümer, über Iustiniani Institutiones Iuris, und über das teutsche Recht gelesen, auch zweymal die teutsche Historie wiederholet, und

G 4

über-

überhaupt in der Zeit seines Aufenthalts zu Marburg verschiedene gelehrte Schriften herausgegeben.

Allein, er beschäftigte sich mit noch mehrern. Denn da alle Wissenschaften, und hauptsächlich die Rechtsgelehrsamkeit, ohne Anwendung und Ausübung unnütze sind; so verabsäumete er keine Gelegenheit, streitenden Partheyen vor Gerichte beyräthig zu seyn. Er schreibt dem Herrn Vicecanzler **Estor** dieserhalb sehr vieles zu, weil ihm derselbe zu rechtlichen Processen bey der Regierung zu Marburg sehr beförderlich gewesen. Schon im Jahr 1743 hat er verschiedener Gemeinen, und einiger vornehmer Familien Rechtsangelegenheiten vor Gerichte besorget, vornemlich aber im Jahr 1744, da sich ein trauriger Fall zutrug, und er von einem hohen Kriegsgerichte in dieser Sache zum Defensor bestellet wurde, bekam er in der juristischen Praxi so viel zu thun, daß er nicht allein vor der Regierung und Hofgerichte zu Marburg, ohngeachtet er bey keinem dieser beyden Rechtscollegien als ordentlicher Advocat bestellet war, sondern auch vor denen höchsten heßischen Instanzien zu Cassel sowol, als vor denen beyden höchsten Reichsgerichten viele rechtliche Sachen zu besorgen hatte. Bey dieser Gelegenheit nun, wenn bey der Universität Feyertage einfielen, nahm er verschiedene Reisen vor, z. E. nach Cassel, allwo er im Jahr 1744 des seel. Raths, **Johann Philipp Kuchenbeckers** Freundschaft erlangete, auch wurde er dazumal dem Herrn geheimen Rath, und ehemaligem Director der erlangischen Universität, von **Superville**, und dem seel. Herrn **Johann David Köler** bekannt welcher

welcher sich gleich damals einige Zeit in Cassel aufhielt, um das dasige Münzcabinet in Ordnung zu
bringen. Auch stellete er manchmal eine Reise nach
Frankfurt am Mayn an, allwo er, da Kayser
Carl VII daselbst residirete, gar vielen Reichs-
tagsgesandten und Reichshofräthen bekannt wurde,
auch die Wahl des jetzo glorwürdigst regierenden
Kaysers *Francisci I.* mit anzusehen Gelegenheit
hatte. Vornemlich besuchte er Wetzlar sehr fleißig,
weil es Marburg näher liegt, und er eine solche
Reise gemeiniglich in zweyen Tagen vollenden konnte. Diese Reisen waren allezeit von sehr grossem
Nutzen, und je öfterer er da zu thun hatte, je mehr
fand er Gönner und Freunde, und destomehr hatte
er Gelegenheit, etwas zu lernen: denn in dieser berühmten Stadt erwarb er sich schon im Jahr 1743
nicht allein die Freundschaft des berühmten Reichscammergerichts Procuratoris, Herrn Hofraths
von Zwirlein, welcher damals mit einem richtigen Abdruck des Concepts der Cammergerichtsord-
nung beschäftiget war, so hernach denen Beylagen
zu denen estorischen Anfangsgründen des gemeinen und Reichsprocesses einverleibet worden, und
ihm vortrefliche Anmerkungen zu seiner oben erwehnten Probeschrift, De Præventione, gütigst mittheilete, sondern er hatte auch vom Jahr 1744 an
mit seinem Landsmanne, dem berühmten, gelehrten und wegen seines Umganges ganz vortreflichen **Joachim Pottgiesser,** einen angenehmen
Umgang.

Dieser geschickte Rechtsgelehrte hielt sich dazumal wegen einiger Rechtsangelegenheiten vor gewisse

wisse von Abel zu Wetzlar auf, und war willens, dem Herrn Hofrath **Pütter** seine fast zu Ende gebrachten Handschriften, und unter denenselben ein gewisses Werk, De Abbatiis S. R. I. sine medio subjectis, einzuhändigen, wovon er auch den von dem Herrn **Pottgiesser** eigenhändig geschriebenen Entwurf besitzet; allein, das ausgearbeitete Werk selbst, obschon **Pottgiesser** bereits zu Anfange des Jahres 1746 unvermuthet verstorben, hat er nicht erhalten können.

Weil auch im Sommer des Jahres 1745 hochermeldeter Herr Burggraf von **Kirchberg** sich zu Wetzlar aufhielten, und allda vor dem hohen Reichscammergerichte zu der Zeit wegen eines von **Caspar Lerch** von **Durmstein** im Jahr 1635 errichteten Fideicommissi gestritten wurde, (bey welchem Rechtsstreite der Herr Hofrath **Pütter** zwar nicht bedient gewesen, sondern nur zum Besten des Herrn von **Retzschau**, welchem er mit Rathschlägen an die Hand gegangen, die unten zu erwehnende academische Abhandlung, De Iure Fœminarum adspirandi ad fideicommissa familiæ, und eine rechtliche Deduction von einem Bogen verfertiget hat,) so fand er fernerweit Gelegenheit, nach Wetzlar zu reisen, und die Gewogenheit derer Herren Cammergerichtsbeysitzere von **Schwarzenfels**, von **Eyben**, von **Gudenus**, von **Harpprecht**, von **Bürgel**, von **Nettelbla**, von **Ulmenstein** und von **Summermann** zu erlangen, von denen einige sich erboten, durch ihre Empfehlungen vor sein künftiges Glück und Beförderung besorgt zu seyn.

Der

Der Herr Hofrath **Pütter** erkennet noch mit grossem Dank, daß, als der Herr von **Harpprecht** im Begrif gewesen, ihn nach Tübingen zu verhelfen, der Herr von **Schwarzenfelß** ihm eröfnet habe, wie er seinethalber an den grossen Mäcenaten der Gelehrten, an den Herrn geheimen Rath und Staatsminister, den Freyherrn von **Münchhausen** geschrieben, auch hierauf eine günstige Antwort erhalten, und ihm sogleich den Rath gegeben habe, eine Reise nach Hannover vorzunehmen.

Der Herr Hofrath **Pütter** that solches, und kam zu Ende des Maymonaths 1746 zu Hannover an, allwo er von hocherwehnten Freyherrn von **Münchhausen** sehr gnädig aufgenommen wurde, und von demselben nicht allein die Hofnung und das Versprechen zu einer juristischen Profeßion in Göttingen, sondern auch zugleich die Erlaubniß erhielt, noch vorher eine Reise nach Wetzlar, Regenspurg und Wien thun zu dürfen.

So bald er nun nach Marburg zurück gekommen war, und seine halbjährigen Vorlesungen über die teutsche Reichshistorie, und über das Recht der Natur zu Ende gebracht hatte; so trat er im Monath September erwehnten Jahres die so längst gewünschte und sehr nutzbare gelehrte Reise an. Er begab sich, nachdem er sich vorhero einige Tage zu Frankfurth und Maynz aufgehalten hatte, wiederum nach Wetzlar, allwo er nicht allein durch Vorschub vorgedachter Herrn Reichscammergerichts-Beysitzer, sondern auch hauptsächlich durch die Gnade des Durchlauchtigsten Herrn Reichscammerrichters,

ters, und derer beyden Herren Cammerpräsidente[n]
nicht weniger durch die Gewogenheit derer Herr[en]
Reichscammergerichtsbeysitzer von Speckman[n]
von Riedesel und von Tönnemann Gelegenhe[it]
genug bekam, sich in Reichscammergerichtssach[en]
und Processen umzusehen, und sich hierinnen d[ie]
nöthige Wissenschaft zu erwerben; auch giengen ih[m]
einige Herren Reichscammergerichts Procurator[en]
mit denen erforderlichen Nachrichten an die Han[d].

Nachdem nun der Herr Hofrath Pütter s[ich]
acht Monath lang in Wetzlar aufgehalten, u[nd]
vieles zu seinem künftigen Gebrauch erlernet hatt[e,]
so reisete er im Monath May 1747 von Wetzlar a[b]
und nahm seinen Weg über Frankfurt, Worm[s,]
Mannheim, Heydelberg, Heilbrunn, Stuttga[rt,]
Tübingen und Ulm. An allen diesen Orten be[sa]-
he er das merkwürdigste, und sprach berühmte u[nd]
gelehrte Leute. In Ulm war damals der schwä[bi]-
sche Creisconvent bey einander, und dieses mach[te,]
daß er sich allda einige Tage aufhielt, welches a[lles]
mit seinem Nutzen und Vergnügen geschahe: de[nn]
er bekam in dieser Zeit, mit Genehmhaltung de[r]
Herren Creisgesandten, das ulmische Archiv u[nd]
die Creisverfassung zu sehen. Sodann fuhr er [auf]
der Donau nach Regenspurg, wo er sich einen M[o]-
nath aufgehalten, und von dem Herrn gehein[en]
Rath, **Ludolph Dietrich** von **Hugo**, dam[a]-
ligem churbraunschweigischen Reichstagsgesandt[en,]
viele Gunstbezeigungen genossen hat.

Endlich gelangete der Herr Hofrath Pütter
Wien an, allwo er von hochgedachtem Herrn Bu[rg]-
grafen von **Kirchberg**, kayserl. Cämmerern [und]

mir

wirklichem kayserl. Reichshofrath, mit vielen Gnadenmerkmalen beehret wurde. Diese Glückseligkeit, welche er auch schon zu Marburg genossen, wird er Zeit Lebens verehren und rühmen. Er brachte sich auch die Gewogenheit derer Herren Reichshofräthe, des Freyherrn von **Firmian**, des Freyherrn von **Behr**, des Freyherrn von **Brandau**, des Freyherrn **Burkhard von Klee**, des Freyherrn von **Knorr**, des Herrn von **Förster**, des Freyherrn von **Senkenberg**, des Herrn von **Hugo** und des Herrn von **Vockel** zuwege, auch viele andere vornehme Herren würdigten ihn ihrer Gnade, und durch Vorschub derer Herren Reichshofraths Agenten bekam er vieles zu sehen, so zu seinem Behuf und künftigem Gebrauche dienete.

Sein Aufenthalt zu Wien währete drey Monathe lang. Und da er also ein ganzes Jahr auf diese gelehrte Reise verwenden können, auch in solcher Zeit sich eine vortrefliche Wissenschaft in teutschen Staats- und Reichstags-Sachen erworben hatte; so war er nunmehro darauf bedacht, nach Göttingen zurück zu reisen, und sein neues Lehramt anzutreten. Solchemnach reisete er von Wien ab, richtete seine Reise über Prag, Dreßden, Leipzig, Wittenberg, Potsdam, Berlin, Magdeburg, Helmstädt, Braunschweig und Hannover, besahe aller Orten das merkwürdigste, besuchte die Gelehrten, und kam endlich den 2 October 1747 zu Göttingen an.

Der Herr Hofrath **Pütter** wurde sobann den 7 October desselben Jahres als ausserordentlicher Lehrer des Rechts verpflichtet und eingeführet, fieng
seine

seine Vorlesungen über das teutsche Recht, und die Reichsgerichts Praxin an, und nahm den 13 Januar 1748 mittelst einer feyerlichen Rede, in welcher er Statum summorum Imperii Tribunalium, labascentem eorum auctoritatem, ejusque cauſam in deficiente aut perversa rei Imperii cognitione quærendam, &, quod Germaniæ inde imminet, detrimentum, mit lebendigen Farben abmahlete, von dem ihm anvertraueten Lehramte förmlichen Besitz, nachdem er diese feyerliche Handlung durch einen gelehrten Anschlag, De necessario in Academiis tractanda rei judiciariæ Imperii scientia, bekannt gemacht hatte. Bald hernach ward er auch als ein Mitglied in die teutsche Gesellschaft zu Göttingen aufgenommen.

Als im Jahr 1748 Ihro Majestät, der König Georg II von Groß-Britannien, und Churfürst zu Braunschweig-Lüneburg, glorwürdigsten Gedächtniß, Dero teutsche Erblande, und unter andern auch die Universität Göttingen mit ihrer höchsten Gegenwart beehreten, wurde in höchster Anwesenheit und Gegenwart gedachten grossen Königs dem Herrn Hofrath Pütter, nach vorher erlangter Erlaubniß von der Juristenfacultät zu Marburg, den ersten August desselben Jahres, die wohl verdiente Doctorwürde ertheilet, und war er unter acht Candidaten der erste.

Im Jahr 1749 stellete er nützliche Uebungen der wöchentlichen Disputationen über einige Theses an, worinnen er seinem berühmten ehemaligen Lehrer, dem Herrn geheimen Regierungsrath und Vi-
cecanzle

exxanzler **Estor** fleißig nachgeahmet, und diese Uebungen einige Jahre fortgesetzet hat.

Im Jahr 1753 den 29 December ward er mittelst gnädigsten Rescripts zum ordentlichen Lehrer der Rechte ernennet; und im Jahr 1755 nach Absterben des seel. Herrn Hofraths, **Wahls**, ward er in der Juristenfacultät der vierte ordentliche Beysitzer, mithin erlangete er dadurch das Recht, Dechant der Juristenfacultät zu werden, welches Amt er auch vom Monath September 1757 bis dahin 1758 zum erstenmal verwaltet hat.

Im Jahr 1757 den 1 Junius hat Herr **Pütter** die durch den Tod des Herrn Hofrath Schmaussens erledigte Profeßion des Staatsrechts aufgetragen erhalten; und zum Anfange des Jahres 1759 ward er zum königl. groß-britannischen und churbraunschweig-lüneburgischen Hofrath gnädigst ernennet.

Dieses sind die vornehmsten Lebensumstände des Herrn Hofrath **Pütters**, welches zu einem rühmlichen Muster für viele junge Gelehrte dienen kann, den Lauf ihrer Studien darnach einzurichten: denn der Hofrath **Pütter** lehrete schon, da andere erst anfangen zu lernen, und er stellete bereits in solchen Jahren Schriften an das Licht, da andere noch nicht einmal eine Kenntniß von Schriften haben. So sorgfältig und so emsig der Herr Hofrath **Pütter** ist, denen ihm aufgetragenen Aemtern ein völliges Genüge zu leisten; eben so fleißig, eben so unermüdet ist er in Ausarbeitung seiner Schriften, welche der Vortrag, die Ordnung, die Deutlichkeit, und kurz, das angenehme und nützliche denen

Lesern

Lesern recht überzeugend empfiehlet. Die Ordnung meines Vortrags leitet mich nunmehro auf das Verzeichniß derer Schriften, welche meines Wissens folgende sind:

1) *Disp. Inaug.* De præventione, atque inde nata præscriptione fori, tum generatim, tum in specie quod ad Augustissima Imperii Tribunalia attinet. *Marburgi* 1744. Et in forma *libelli*, cum præfatione *Io. Georgii Estoris*, ICti & Antecessoris, in qua, de Iurisdictionis supremorum Imperii Tribunalia Ante occupatione, Spicilegii loco agitur. *ibid.* 1744. 4.

Dieses ist des Herrn Hofrath Pütters Inaugural-Probeschrift, durch die er sich die Licentiatenwürde erwarb. Diese schöne Schrift ist in acht Hauptstücke eingetheilet. Das erste handelt de præventione generatim. Das zweyte, De Iurisdictione concurrente. Das dritte, De præventione, ejusque tempore secundum Ius Civile Romanum. Das vierte, De præventione, & cum ea commixta litis pendentia ex mente Iuris Canonici. Das fünfte, De eo, quod hodie circa præventionem in caussis civilibus statuunt pragmatici. Das sechste, De effectibus præventionis, atque inde nata præscriptione fori. Das siebente, De præventione in persequutione criminum. Und das achte, De præventione Augustissimorum Imperii Germanici Tribunalium. Er erläutert darinnen die schwere und verworrene Lehre von der Præventione auf eine geschickte Art, und

erweiset

erweiset seine Sätze theils durch das Ansehen der bewährtesten Schriftsteller, theils durch die Aussprüche derer beyden höchsten Reichsgerichte. In der zierlichen und gelehrten Vorrede setzet der Herr geheime Regierungsrath und Vicecanzler, Estor, die Lehre von der Prävention der Gerichtsbarkeit eines von denen höchsten Reichsgerichten in eine mehrere und grössere Gewißheit, träget bey solcher Gelegenheit allerhand angenehme und brauchbare Anmerkungen vor, und beehret den Herrn Hofrath Pütter mit sehr vortheilhaften und ausnehmenden Lobsprüchen. Er nennet gegenwärtige Probeschrift elegans opusculum &c. S. mit mehrern den vierten Band der Allerneuesten Nachrichten von juristischen Büchern ꝛc. S. 535-537.

2) *Opusculum*, De augendo Apanagio auctis reditibus natu maximi filii, penes quem Imperium est, vulgo, primogeniti regentis. Cui accedunt, præfationis loco, *Io. Adami Koppii*, ICti, *Meditationes*, De incongrua adplicatione Paragii & Apanagii improprii ad familias Germanorum illustres. Ienæ 1745. 4.

In dem fünften Bande der Allerneuesten Nachrichten von juristischen Büchern ꝛc. S. 495 u. f. wird von diesem schönen Opusculo ein sehr artiger Auszug mitgetheilet. Es heißt dabey: „Es fehlet in der Lehre von denen abgefundenen Herren, und der ihnen zugetheilten Portion nicht an Schwierigkeiten, welche zu denen verdrießlichsten und kostbarsten Streitigkeiten öfters Gelegenheit gegeben haben. Sonderlich ist es dem

"regierenden Herrn niemals gelegen, die jährlich
"Einkünfte seiner Brüder, Vettern, u. s. w.
"vermehren, wenn er gleich einen ansehnlichen Z
"wachs an Land und Leuten, nachdem er bereits
"ne abgefunden, erhalten hat. An denen höchst
"Reichsgerichten sind zu allen Zeiten die wichti
"sten Processe über diesen Punct geführet worde
"welche bald vor den regierenden Herrn, bald
"die abgetheilten Herren glücklich ausgefallen sin
"Wir rühmen also billig die redliche Absicht d
"Herrn Verfassers, der diese Lehre nach richtige
"Gründen abgehandelt, und die vornehmst
"Schwierigkeiten zu heben gesuchet hat, wodur
"dieselbe bishero vielen so dunkel, verwirret und
"deutlich vorgekommen ist. Er hat solches in si
ben Hauptstücken bewerkstelliget. In dem e
sten bahnet er sich den Weg zur weitern Abhan
lung durch einige allgemeine Grundsätze von dene
Apanagen. Das andere Hauptstück ertheilet
ne feine Nachricht, wie hoch der Betrag des Ap
nagii gemeiniglich zu seyn pfleget. Das dri
Hauptstück beschäftiget sich theils mit der V
mehrung der Apanagengelder, theils mit der
und Weise, wodurch die Einkünfte des Erstgebo
nen einträglicher werden können. Im viert
Hauptstücke erweiset er mit denen eigenen W
ten derer Familienverträge, wie es in dem Ha
Sachsen=Meiningen, Wittgenstein, Braunschw
Waldeck, Mecklenburg, Eisenach, Hessen,
henlohe, Isenburg, Gotha und Anhalt=Zerbs
Ansehung der Vermehrung derer Apanagengel
derer nachgebohrnen Herren, wenn durch Ver

derungen, Sterbefälle, Erbgänge und Anfälle die Einkünfte des regierenden Herrn verbessert werden, gehalten werde. Das fünfte Hauptstück enthält einige allgemeine Regeln, welche aus sothanen Familienverträgen hergeleitet werden. Im sechsten Hauptstück wird untersuchet, was vor Grundsätze in der Lehre von Vermehrung und Verminderung der Apanagengelder beobachtet werden müssen, wenn in denen Familienverträgen nichts davon ausdrücklich verordnet ist. Und in dem siebenten Hauptstücke werden die von dem Herrn Verfasser vorgetragenen Lehrsätze von Vermehrung der Apanagengelder durch ein in dem hochgräflichen Hause von Isenburg vorgefallenes merkwürdiges Exempel vortreflich erläutert.

Der seel. Herr Canzleydirector Ropp hat dieses Werk mit einer gelehrten Vorrede gezieret, und darinnen gründlich dargethan, wie der Unterscheid inter Paragium und Apanagium improprium sich auf unsere teutschen Fürsten gar nicht appliciren lasse. Einen weitläuftigern Auszug sowol von dem Pütterischen schönen Opusculo, als der Vorrede des seel. Ropps findet man am angezogenen Orte.

3) *Diss.* De Iure feminarum adspirandi ad fideicommissa familiæ, & de earum renunciatione, quæ fit exstincta jam stirpe masculina, vulgo: Nach dem ledigen Anfall. *Marburgi* 1745. *Resp. Io. Christoph. Sixt.*

Die Gelegenheit zu dieser academischen Streitschrift ist bereits in der Lebensbeschreibung bemerket worden. Diese gelehrte Abhandlung bestehet aus

fünf Hauptstücken. In dem e
Grundsätze der Erbfolge nach dener
ten und Gewohnheiten vorgetragen.
lehret, was vor Veränderungen du
und päpstliche Recht in dieser Mate
sind. Im dritten wird das Erl
Weibespersonen in denen Stamme
betrachtet. Im vierten werden d
commisse abgehandelt; und im fü
Verzichte derer Dames nach dem l
trachtet. Im angezogenen fünft
Allerneuesten Nachrichten v
Büchern 2c. S. 704-708 findet
läuftigen Auszug hiervon. Zu di
gehöret auch noch, wie schon oben
ben, eine rechtliche Deductio
Bogen ausmacht.

4) Johann Georg Estor
zung des gemeinen und F
darinnen eine Anleitung für ang
ten und Anwälde befindlich, her
Johann Stephan Püttern,
burg 1745. 8.

Von diesem Werke ist im vier
ser Nachrichten, S. 39 das nöt
worden. So viel finde allhier zu e
thig, daß der Herr Hofrath Pü
Jahr 1742 den meisten Theil dieses
arbeitet gehabt.

5) *Progr. Inaug.* De nece
demiis tractanda rei Iudic
scientia. *Gottingæ* 1748.

Durch diesen gelehrten Anschlag hat der Herr Hofrath Pütter zu Anhörung seiner Antrittsrede bey Uebernehmung des ausserordentlichen Lehramts der Rechte eingeladen. In der Vorrede erzehlet er seine Reise nach Wetzlar, Regenspurg und Wien. Sodann macht er zwey Hauptabtheilungen, und handelt in der ersten generatim de necessitate & utilitate disciplinarum in Academiis tractandarum, in primis respectu ICtorum; und in der andern, An rem Imperii judiciariam scire ICto necessarium sit? und da wird geredet 1) De Processu Imperii, 2) Sigillatim necessitas tradendi in Academiis Iura & praxin utriusque summi Tribunalis in specie probatur. S. auch Göttingische gelehrte Zeitungen, vom Jahr 1748 St. 11.

Sodann erschien dieser Anschlag unter folgender Aufschrift: *Commentatiuncula*, De necessaria in Academiis rei judiciariæ Imperii, sigillatim Iurium ac Praxeos amborum supremorum Imperii Tribunalium cultura. *Editio altera priore auctior. Lipsiæ 1749. 4.* In denen Göttingischen gelehrten Zeitungen, vom Jahr 1749 St. 43 wird von dieser zweyten und vermehrten Auflage gesaget: Der berühmte Herr Verfasser hat hin und wieder verschiedenes zugesetzet, und sonderlich seine Sätze mit mehrern wohl ausgesuchten Zeugnissen und Beyspielen erläutert.

6) Conspectus rei judiciariæ Imperii; Sigillatim Iurium ac Praxeos amborum supremorum Imperii Tribunalium: Commoda

moda auditoribus methodo adornatus. *Gottingæ* 1748. 4.

Diese Arbeit verdienet wegen ihrer Ordnung, Kürze und Deutlichkeit, Zuverläßigkeit und untrüglichen Nußbarkeit vor allen andern Büchern dieser Art angepriesen zu werden. Was man in einer Menge weitläuftiger Werke von diesem Vorwurfe zerstreuet und unvollkommen antrift, findet man hier in der schönsten Zusammenstimmung und Vollständigkeit beysammen. S. **Göttingische gelehrte Zeitungen**, vom Jahr 1748. St. 51.

7) Elementa Iuris Germanici privati hodierni, in usum Auditorum. *ibid.* 1748. 4.

Wir sind versichert, heißt es in dieser ersten Auflage in denen **Göttingischen gelehrten Zeitungen**, vom Jahr 1748 St. 124, es werde sich dieses schöne Buch sowol in Ansehung seiner guten Lehrart, als auch wegen seiner Gründlichkeit, Richtigkeit und Brauchbarkeit der darinnen enthaltenen Lehrsätze bey allen Verehrern der väterlichen Rechte beliebt machen.

Im Jahr 1756 kam eben daselbst von diesem beliebten Lesebuche Editio IIda, passim emendatior, 8vo. zum Vorschein. In denen **Göttingischen gelehrten Anzeigen**, vom Jahr 1756 St. 60 ward hiervon folgender Gestalt geurtheilet: „Der Herr Verfasser, der diese beliebten Anfangs-„gründe zuerst im Jahr 1748 herausgegeben, war „anfänglich nicht willens, selbige in eben der Ge-„stalt aufs neue herauszugeben; wie solches der von „demselben im Jahr 1754 edirte Conspectus novi „Systematis Iuris privati Germanici hodierni
„(von

„(von dem an seinem Orte Meldung geschehen soll,)
„beweiset. Allein, da er von der Ausarbeitung
„dieses letztern Abrisses durch seine überhäuften Ar-
„beiten abgehalten worden, nichts desto weniger
„nach Abgang der Exemplarien der erstern Edition
„eine neue Auflage vielfältig gewünschet worden, so
„hat er sich endlich dazu entschlossen, jedoch, da es
„ihm unmöglich gefallen, selbiges nach dem neuen
„Plan auszuführen, so hat er, was die Haupteins
„richtung betrift, nichts in der ersten Edition geän-
„dert, indessen doch hin und wieder einige kleinere
„Veränderungen gemacht, die sich aber schwer an-
„zeigen lassen. Indessen unterscheidet sich diese neue
„Ausgabe von der erstern darinnen merklich, daß
„eine beträchtliche Anzahl von Schriften durch das
„Werk hinzugethan worden, in welchen die einzel-
„nen Theile des teutschen Rechts erkläret werden.
„Ueberdem ist der Druck und Papier weit schöner,
„als in der erstern Ausgabe, und zweifeln wir da-
„hero nicht, daß dadurch der Beyfall noch allge-
„meiner seyn werde, den sich die erste Edition durch
„ihre innere Schönheiten bey Kennern erworben hat.

8.) Continuatio Conspectus rei judiciariæ Imperii, sigillatim Iurium ac Praxeos
supremi Tribunalis Imperialis Aulici. *ibid.*
1749. 4.

Dieses ist die Fortsetzung desjenigen Werks,
von dem schon vorhin sub No. 6. Erwehnung geschehen. Es ist eigentlich der dritte Theil seines
Reichsprocesses, und gehet in fortlaufender Seitenzahl von S. 273 bis S. 318. Der Inhalt dieser

Fortſetzung wird erzehlet in den **Göttingiſchen gelehrten Zeitungen**, vom Jahr 1749 S. 51.

Im Jahr 1752 kam von dieſem Reichsproceß eine neue Auflage heraus, welche aber wegen der vielen wichtigen Zuſätze als ein ganz neues Werk betrachtet werden kann, dahero unten sub No: 16. mehrere Nachricht hiervon ertheilet werden ſoll.

9) **Patriotiſche Abbildung** des heutigen Zuſtandes beyder höchſten Reichsgerichte, worinnen der Verfall des Reichsjuſtizweſens, ſamt dem daraus bevorſtehenden Unheil des ganzen Reichs, und die Mittel, wie demſelben noch vorzubeugen, der Wahrheit gemäß, und aus Liebe zum Vaterlande erörtert werden. **Hannover** 1749. 4.

Dieſe patriotiſche Abbildung iſt aus des Herrn Hofrath **Pütters** bey Antritt ſeines auſſerordentlichen Lehramts der Rechte gehaltenen, und ſchon oben berührten **Rede** erwachſen, ſo nachhero in gegenwärtiger Geſtalt zum Vorſchein gekommen. Der Herr Hofrath bemerket die Mängel bey dem Cammergerichte, dem Reichshofrath, und dem Recurs an die Reichsverſammlung. Alle Blätter dieſes Werkes legen ſeinen patriotiſchen Eifer, und ſeine genaue Kenntniß der höchſten Reichsgerichte vor Augen. Er lehret gründlich, wie die Einheit des teutſchen Staatscörpers durch das Band der Reichsgerichte erhalten wird, und dem Kayſer nur der Name übrig bleibet, wenn man ſeine höchſtrichterliche Gewalt aufhebet, oder deren Vollſtreckung hindert. Es verdienet allen Beyfall, was der Herr Verfaſſer von dem Misbrauche der Recurſe lehret und wenn er bemerket, wie deren Wirkungen von politischen Umständen abhängen, dieselbe nicht als Justitzsachen, sondern als Staatssachen behandelt werden. Und daß zu jener Erörterung der Reichstag keinesweges angeordnet ist. Hieraus aber scheinet zu folgen, daß, wenn auch ein Spruch jemandens offenbares Recht kränket, ihn nicht die Reichsversammlung, sondern der Richter, verbessern müsse, welcher in Revisorio zu erkennen hat, mithin, daß nur diejenigen Sachen, so ihrer Art und Eigenschaft nach keine Justitz= sondern Staatssachen sind, auf den Reichstag gehören, wenn nemlich wider die pactsweise den Kayser verbindende Reichsgrundgesetze etwas verfüget würde; und zwar nicht nur, wenn diese Gesetze ganz klar sind, sondern auch, dafern über ihren Verstand erhebliche Zweifel entstünden, als welche nur die Reichsversammlung heben mag. S. auch Göttingische gelehrte Zeitungen, vom Jahr 1749 St. 39. Diese Abbildung ist auch 1756 zu Wetzlar wiederum nachgedruckt worden.

10) **Vorbereitung zu einem Collegio practico Iuris Publici.** Göttingen 1749. 8.

Des Herrn Pütters rühmliche Bemühungen, die Wissenschaft der Rechte bey seinen Zuhörern zu einer Fertigkeit in der Ausübung zu bringen, haben gleich vom Anfange vielen Beyfall erworben, und nach der Zeit noch weit mehr erhalten. In gegenwärtiger Schrift schlägt er ein Collegium vor, dessen Endzweck eben dahin abzielet, aber sehr grosse Schwierigkeiten hat, die durch Vorurtheile vermehret werden. Diese räumet er aus dem Wege.

Es ist die Frage: Ob auch zur Praxi, besonders des Staatsrechts, auf Universitäten eine Anleitung möglich und rathsam sey? Man gehet bey deren Beantwortung gemeiniglich auf beyden Seiten zu weit. Man darf nicht hoffen, es auf Universitäten zu einer gänzlichen Vollkommenheit zu bringen; aber man kann doch um deswillen auch nicht der academischen Anleitung zur Praxi allen Nutzen absprechen. Wie nun die Praxis des Staaterechts auf Academien mit Nutzen zu tractiren sey, das wird in gegenwärtiger Schrift sehr gut gezeiget, welche man nicht nur wegen ihres Inhalts, sondern auch wegen der ordentlichen Gedenkungsart, und der reinen teutschen Schreibart mit Vergnügen lieset.

11) Nähere Vorbereitung zur teutschen Reichs- und Staatspraxi, nebst Eröfnung einer neuen Art von Vorlesungen über die neuere Reichshistorie. *ibid.* 1750. 8.

Nach erwiesener Nothwendigkeit, daß alle Rechtsbeflissene auch das Staatsrecht erlernen müssen, wird noch einiger Mangel in der Anleitung dazu bemerket. Bey der Theorie scheinen zur Reichshistorie und zum Staatsrechte zwey halbjährige Collegia zu wenig. Die Reichshistorie überhaupt ist rathsam, in zwey besondere Vorlesungen abzutheilen, deren eine die eigentliche blosse Geschichte, die andere aber gleichsam eine historische Staatswissenschaft zum Gegenstande habe. Von den allerneuesten Zeiten ist nothwendig ausführlicher, mithin rathsam, besonders zu handeln; in welcher Absicht hier eine neue Art von Vorlesungen
über

über die neueste Reichshistorie eröfnet wird. Zur Praxi des teutschen Staatsrechts ist auf Universitäten ebenfalls schon eine Anweisung möglich, nützlich und nothwendig, wozu in dieser Schrift eine nähere Vorbereitung an die Hand gegeben wird, indem der Herr Hofrath Pütter erzehlet, wie er seine Collegia darüber einzurichten willens ist. S. besonders die **Unpartheyische Critik über juristische Schriften. Erster Band** S. 232=237.

12) Elementa Iuris Naturæ, in usum Auditorum adornata. Iuncto *Io. Stephani Pütteri* & *Gottfried. Achenwallii*, Professorum Gottingensium, studio. *ibid.* 1750. 8.

Von der gemeinschaftlichen Arbeit dieser Elementorum, und von der Einrichtung, wie auch dem Inhalte dieses academischen Handbuches findet man eine weitläuftige Nachricht in denen **Göttingischen gelehrten Zeitungen**, vom Jahr 1750 St. 51. Im Jahr 1753 kam von diesem beliebten Handbuche eine neue, vermehrte und verbesserte Auflage, in 8 maj. zum Vorschein. Nachhero hat der Herr Hofrath Pütter, welcher bey dem allgemeinen bürgerlichen und Staatsrechte dieser beyden bemerkten Ausgaben die Feder geführet, wegen vieler andern Geschäfte dem Herrn Professor Achenwall diese Arbeit allein überlassen. Ein mehreres findet man bereits angemerket im zweyten Theile dieser Nachrichten, S. 82 u. f.

13) *Diss.* De exceptionibus fori declinatoriis in Processu Mandati S. C. speciatim, an rejectis iis adhuc locum habeant exce-

exceptiones sub- & obreptionis? Gottingæ 1750. Resp. Io. Henr. Tabor.

Diese lesenswürdige Abhandlung bestehet aus drey Hauptstücken. Im ersten wird gezeiget, daß ordentlich, wenn die Sache zu Strafgeboten geschickt ist, die Gerichtsbarkeit der höchsten Reichsgerichte über ein unmittelbares Reichsglied stattfinde; daß aber über den Punct, ob ein Strafgebot zu erkennen gewesen, die Einwendung, daß selbiges erschlichen sey, oder daß die Sache nicht an das Gericht gehöre, zu gebrauchen stehe. Im zweyten Hauptstück wird gelehret, daß die Exceptiones Fori declinatoriæ bey Strafgeboten Anfangs allein, und demnächst noch die Exceptiones sub- & obreptionis gebraucht werden können. Das dritte Hauptstück erörtert, was in diesem Stück bey den höchsten Reichsgerichten üblich ist. S. auch Göttingische gelehrte Zeitungen, vom Jahr 1750 St. 67.

14) **Vorbereitung** zur Kenntniß der vornehmsten teutschen Staaten; zum Gebrauch seiner Vorlesungen entworfen. **Göttingen** 1750. 8.

Die Staatswissenschaft siehet anjetzo weit anders aus, als selbige noch vor einigen Jahren war. Man hat nunmehro angefangen, mit einer pragmatischen Staatsgeschichte eine brauchbare Kenntniß der heutigen Verfassung, des Staatsrechts und des Interesse eines jeden Staats zu verknüpfen. Des Herrn Hofrath Pütters Vorschlag in gegenwärtiger Schrift gehet dahin, in einem Collegio aus allem, was zur Kenntniß eines Staats gehört, mithin sowol aus der Historie, als aus dem Staatsrecht rechte, und den übrigen Stücken der Staatsverfassung das nöthigste von den vornehmsten teutschen Staaten zusammen zu nehmen, und überall insonderheit auf das zu sehen, was ins ganze einfließt. S. auch **Göttingische gelehrte Zeitungen**, vom Jahr 1750 St. 112.

15). **Versuch** einiger nähern Erläuterungen des Processes bey der höchsten Reichsgerichte, in einer praktischen Sammlung ganz neuer Cammergerichts- und Reichshofrathssachen. Göttingen 1751. 4to maj.

Gegenwärtige Sammlung macht des Herrn Pütters, heist es in denen Göttingischen gelehrten Zeitungen, vom Jahr 1751 St. 39, beliebte Anweisungen zum Verfahren der höchsten Reichsgerichte recht brauchbar und vollständig. Sie dienet nicht allein denen Zuhörern, sich die vorgetragenen Lehren klärer vorzustellen, leichter zu fassen, und in die Uebung zu bringen, sondern sie kann auch von geübtern um desto mehr genutzet werden, je schwerer es fällt, bey den höchsten Reichsgerichten verhandelte Acten in die Hände zu bekommen, und je weniger bisher von dergleichen Sachen durch den Druck gemein gemacht ist. Die gerichtlich übergebene Schriften sind, zumal, wenn es weitläuftige Aufsätze betrift, allhier nicht allemal vollständig beygedruckt, sondern deren Inhalt nur kurz berühret worden. Hingegen sind in den meisten Sachen die Gerichts- oder eines Sachwalters Protocolle, die Mandate, Ladungen, Urtheile und Bescheide unverkürzt mitgetheilet. Alles übrige ist, so viel möglich, kurz, jedoch also abgefasset, daß

man

man das Verfahren bey den höchsten Reichsgerichten in den vorkommenden Fällen deutlich, vollständig und zuverläßig daraus ersiehet. Wir wünschen dem fleißigen Herrn Pütter Gelegenheit, die Hofnung, welche er macht, mehr dergleichen ans Licht zu stellen, bald erfüllen zu können.

16) *Introductio* in rem judiciariam Imperii, speciatim quoque in Statum ac Praxin amborum summorum Imperii Tribunalium. *Gottingæ* 1752. 4.

Die Göttingischen gelehrten Zeitungen vom Jahr 1752 St. 35 melden von dieser Einleitung folgendes: Man kann solche, wegen der vielen wichtigen Zusätze, und sowol in der Methode, als in der Sache selbst gemachten grossen Veränderungen, als ein ganz neues Werk, und keinesweges als eine blos neue Auflage des Conspectus rei judiciariæ Imperii, (wovon oben sub No. 6 und 8 die Anzeige geschehen,) ansehen. Es gebühret dem gelehrten Herrn Pütter vor andern der Ruhm, die so schwere und verworrene Lehre von dem Reichsproceß in einem gründlichen und natürlichen Zusammenhange vorgetragen zu haben. Alles, und also auch des Reichs Justizwesen gründet sich auf die Kenntniß der Gerichte, und der daselbst in Verhandlung der gerichtlichen Sachen entweder durch die Gesetze, oder das Herkommen eingeführten gewöhnlichen Art und Weise. Daher theilet sich dergleichen Einleitung in des Reichs Justizwesen von selbst in zwey Hauptabtheilungen, deren die eine von den höchsten Reichsgerichten, die andere von der daselbst üblichen Proceßart handelt.

aber in Teutschland zwey höchste Reichsgerichte, die Reichscammer und der Reichshofrath sind, welche, was die Art des Processes angehet, in einigen Stücken mit einander eine vollkommene Uebereinstimmung haben, in andern aber so verschieden sind, daß bey jeden viel besonders dieserhalben zu bemerken ist, als läst sich die Lehre von dem Reichsjustizwesen am füglichsten vortragen, wenn man jenes in der Hauptabtheilung und dieses hinwiederum in seinen besondern Abschnitten erläutert. Und dieses ist auch die Ordnung, welcher der Herr Pütter diesesmal gefolget ist. Nachdem er dem ersten Theile eine historische Einleitung vorangesetzet, und darinnen den Zustand des Justitzwesens in Teutschland von den Zeiten der Carolingischen Kayser an in möglicher Kürze abgeschildert hat; so kommt er sodann auf die Errichtung des Reichscammergerichts und des Reichshofrathes selbsten, und weiset die Gelegenheiten, bey welchen diese höchsten Reichsgerichte zu ihrer jetzigen Form und Beschaffenheit gekommen sind. Darauf macht er die Schriften bekannt, welche von dem Reichsjustizwesen überhaupt handeln, und welcher man sich gleichsam als der Quellen in Erlernung des Reichsprocesses zu bedienen hat. Auf dieses folgt eine gründliche Ausführung von den damaligen Rechten und Pflichten der höchsten Reichsgerichte. Da denn anfänglich von ihrem Verhältniß sowol gegen den Kayser als die Reichsvicarien und sämtliche Stände des Reichs, und den Churfürsten von Maynz, als Reichserzcanzler insbesondere, gehandelt, und die Lehre von den Visitationen der Reichsgerichte sowol

histo-

historisch als juristisch ausgeführet, in dem folgenden aber die Jurisdiction der höchsten Reichsgerichte sowol nach ihrem wahren Begriffe, als nach den Grenzen, welche dieselbe durch die Privilegia de non appellando, durch die Austräge, und durch die Beschaffenheit der Sache, darüber in den Gerichten gehandelt wird, erhalten, erkläret, und dabey die Frage untersucht und entschieden wird: Ob, und in wie fern den Reichsgerichten in peinlichen Fällen, in Kirchensachen, in Sachen, die vor die Lehnhöfe, wie auch die Reichs- und Creisversammlungen gehören, eine Erkenntniß zukomme. Hierauf folgt das Verhältniß der beyden höchsten Reichsgerichte gegen einander, nebst der Lehre von der electione fori und præventione. Im andern Buche wird der den Reichsgerichten vorgeschriebene Proceß vorgetragen, und nachdem überhaupt von den Personen des Richters, der Sachwalter und Procuratoren geredet worden; so folgt in besondern Capiteln die Lehre von dem Processu Citationis, Mandati S. C. und Mandati C. C. und andern dergleichen Arten des Processus primæ Instantiæ; und sodann die Processe, die zu den Reichsgerichten, als ihrer höchsten Instanz gehören, de Appellationsproceß, die Querela nullitatis und protractæ, vel denegatæ Iustitiæ, mit welcher Abhandlung sich die Lehre von dem allgemeinen Reichsproceß endiget. Wenn nun ferner von der Wiederklage, der Reassumtione litis, der Interventione, den Commißionen, und dergleichen gehandelt worden; so kommen die Hülfsmittel gegen die Urtheile der höchsten Reichsgerichte, de
gleich

gleichen das Remedium Restitutionis in integrum, Revisionis & Syndicatus, und der Recursus ad Comitia ist, vor; worauf mit der Execution, und einer kurzen Ausführung, de rebus Iurisdictionis voluntariæ der erste Theil beschlossen wird. Der zweyte Theil fasset die Lehre von dem Reichsproceß, in wie weit derselbe bey jedem der höchsten Reichsgerichte unterschieden ist, in sich, und theilet sich also wieder in 2 Bücher, davon das erste von dem Zustande des Reichscammergerichts, das andere von dem Reichshofrath, und den daselbst üblichen Arten des Processes redet. Wir begnügen uns, von diesem brauchbaren Werke blos diesen allgemeinen Begrif unsern Lesern gegeben zu haben, weil es für unsere Blätter zu weitläuftig fallen würde, dessen besondere Vorzüge mit mehrern Beweisen darzuthun.

Im Jahr 1757 hat der Herr Hofrath Pütter diese Einleitung in einer veränderten Ordnung wiederum an das Licht gestellet, dahero unten sub N. 9 hiervon mehrere Nachricht erfolgen soll.

17) Loco Libelli revisionis wider ein unterm 17ten Februar 1752 ergangenes Reichshofrathsconclusum Rechtliche Vorstellung der Gerechtsame, welche des weil. Reichshofrathspräsidenten, Herrn Grafen, Johann Wilhelm von Wurmbrand und Stuppach, dreyen Frauen Töchter in Ansehung deren Verlassenschaft zu gleichen Theilen mit dessen hinterbliebenem Herrn Sohne zustehen. Göttingen 1752. Folio.

Und ein Auszug aus dieser Deduction, mit der Aufschrift:

13) Kurzer Begrif der Gerechtsame, welche in der Verlassenschaft des am 17 Dec. 1750 verstorbenen Reichshofrathspräsidentens, Herrn Grafens Johann Wilhelm von Wurmbrand und Stuppach ꝛc. noviter acquisita, mobiliaria & activa desselben dreyen Frauen Gräfinnen Töchtern zu gleichen Theilen mit dem Herrn Sohne zustehen. *ibid.* 1752. Folio.

Die Hauptdeduction ist 38 Seiten und der Auszug 2 Bogen stark. Der berühmte Herr Hofrath Pütter (so seinen Namen diesen Schriften nicht vorgesetzet,) zeiget an, daß gedachter Herr Graf von Wurmbrand in Ansehung gewisser Familiengüter ein österreichischer Landsasse, daneben aber Reichshofrathspräsident und Reichsgraf, der Sitz und Stimme auf dem Reichstage gehabt, gewesen sey. Er erörtert hierauf vier Fragen: 1) Welchem Gerichte die Gerichtsbarkeit über dessen Verlassenschaft zustehe? Hierauf wird geantwortet, weil der Erblasser als Reichshofrath und Reichsgraf unter dem Reichshofrath gestanden, das Forum hereditatis universale aber sich nach der Person des Erblassers richte, so könne die besondere Gerichtbarkeit des österreichischen Landmarschallamts nicht weiter, als in Absicht auf die österreichischen Familiengüter gelten, das forum hereditatis universale hingegen gehöre lediglich vor den Reichshofrath. Hieraus folgt die Entscheidung der zweyten Frage: Nach welchen Rechten nemlich diese Erbschaftssache zu beurtheilen? Denn n. solch solches jederzeit nach dem foro des Erblassers sich richtet, so ist ausgemacht, daß die österreichischen Gesetze bey dieser Erbschaftssache blos in Ansehung der gedachten Familiengüter gelten können; hingegen im übrigen die bey dem Reichshofrath gültigen Iura Illustrium & communia ihre Anwendung erhalten müssen. Wannenhero die **dritte Frage**: Was denen Töchtern davon gebühre? dahin zu entscheiden ist, daß, da kein widriges Familiengesetz, noch Verzicht eintrit, dieselben ausser den österreichischen Familiengütern nach teutschen und gemeinen Rechten und dem Herkommen inter Illustres, im übrigen mit dem Herrn Sohne zu gleichen Theilen gehen. Bey diesen Umständen müssen auch den Frauen Töchtern, in Beantwortung der **vierten Frage**, die possessorischen Rechtsmittel bey dem Reichshofrath zu statten kommen. Als nun aber der Reichshofrath auf deren Gesuch zwar die Bevormundung errichtet, hingegen die von dem Landmarschallamte geschehene Inventur nicht aufgehoben, noch den gesuchten Kummer und Sequester erkannt, oder eine anderweite Inventur verfüget, vielmehr die vorräthigen erbschaftlichen Laudemialgelder dem Herrn Vormunde verabfolgen zu lassen verordnet; so haben die Frauen Gräfinnen Töchter sich dadurch beschweret erachtet, das Remedium Revisionis eingewendet, und ihre Beschwerden mit den bisher angeführten Rechtsgründen unterleget. S. Göttingische gelehrte Zeitungen, vom Jahr 1752 St. 96.

19) **Staatsveränderungen** des teutschen **Reichs**, von den ältesten bis auf die neuesten

Zeiten im Grundriſſe entworfen. **Göttingen** 1753. 8vo maj.

Von der erſten Ausgabe dieſes nützlichen Leſebuchs, und von der Einrichtung deſſelben findet man Nachricht in denen **Göttingiſchen gelehrten Zeitungen**, vom Jahr 1752 St. 110. Im Jahr 1755 erſchien hiervon die zweyte Ausgabe unter folgender Aufſchrift:

Grundriß der Staatsveränderungen des teutſchen Reichs; nebſt einer Vorbereitung, worinnen zugleich ein Entwurf einer Bibliothek und gelehrten Geſchichte der teutſchen Hiſtorie enthalten. Das zweytemal gröſtentheils von neuem ausgearbeitet. **Göttingen** 1755. 8 maj.

Von der Einrichtung dieſer zweyten Ausgabe geben die **Göttingiſchen gelehrten Anzeigen**, vom Jahr 1755 St. 143 einen vollkommenen Begrif. Der Herr Hofrath Pütter hat nicht ſowol, wie ſonſt zu geſchehen pflegt, die gröſten hiſtoriſchen Werke nach dem Inhalt ins kürzere zu ziehen, ſondern vielmehr brauchbarer zu machen geſucht. Er hat ſich bemühet, zuerſt die Geſchichte, auf eine zu academiſchen Vorleſungen bequeme Art, in einen gewiſſen Zuſammenhang zu bringen, und bey einer jeden Zeit, deren Staatsveränderungen den ganzen Zuſtand des Reichs merklich unterſcheiden, iſt er etwas länger, als bisher gewöhnlich, ſtehen geblieben, und er hat daher von jeder Zeit die Staatsverfaſſung, wie ſie damals war, entworfen. Die Vortheile hiervon ſind ſehr beträchtlich, zumal was die Reichsgrundgeſetze betrift, die in der Ordnung, wie ſie errichtet worden, und in ihrem eigenen

nen vollständigen Zusammenhange nunmehr erlernet werden können. In Entwerfung der Staatsverfassung folgt er überhaupt dem natürlichen Zusammenhange, den die Umstände der Zeit darbieten. Die vornehmsten Staatsveränderungen einer ganzen Zeit setzt er deshalb zum voraus; denn betrachtet er die Unterthanen und Stände, die Regierungsform, die Art den teutschen Thron zu besteigen, die Majestätsrechte des Oberhaupts des teutschen Reichs, die Reichsversammlungen, den Kirchenstaat, die Verbindung des Reichs mit der Kayserwürde, mit Rom, Italien, und überhaupt das Verhältniß gegen Auswärtige. Bey Anführung der Schriftsteller sind die Zeit und Umstände, worinnen sie gelebet, bemerket werden, damit man sie zu beurtheilen im Stande sey. Aus dieser Art des Vortrags erhellet sattsam, daß der Herr Hofrath **Pütter**, indem er den gemeinen Weg der Geschichtschreiber in der Reichshistorie verlassen, nicht nur an sich nützlicher, sondern auch denen desto angenehmer geworden, die auch in Erlernung der Geschichte in einem vernünftigen Zusammenhange der Begebenheiten unterhalten werden wollen. S. auch **Jenaische gelehrte Zeitungen**, vom Jahr 1755. St. 82.

20) **Anleitung zur juristischen Praxi**, wie in Teutschland sowol gerichtliche als aussergerichtliche Rechtshändel, oder, andere Canzley- Reichs- und Staatssachen schriftlich, oder mündlich verhandelt, und in Archiven beygeleget werden. Göttingen 1753. 8vo maj.

Man ist bisher in dem irrigen Wahn gestanden, daß die juristische Praxis blos in dem Processe bestehe, welcher auf Universitäten aus den sogenannten Collegiis practicis und relatoriis geschöpfet werde. Ob nun zwar der Herr Hofrath Pütter diese Vorlesungen, wenn sie nur gehörig eingerichtet werden, so wenig für verwerflich hält, daß er vielmehr ihre Nothwendigkeit einsiehet, und sie gleichsam voraussetzet; so fehlet doch noch vieles, was offenbar zur juristischen Praxi so gut als Proceßsachen gehöret. Alle aussergerichtliche Sachen, als Testamente, Contracte, u. d. g. werden dort mit Stillschweigen übergangen, viele Arten von Bittschriften und Memorialien unberührt gelassen. An Schreiben grosser Herren, Reichssachen, Staatssachen, Ceremonielhändel, gesandschaftliche Sachen, Archivarbeiten, u. s. f. wird vollends gar nicht gedacht. Sollte also auch ein Studiosus in denen bisher üblichen practischen Vorlesungen den Proceß gründlich erlernet haben; so weiß er doch noch weiter nichts, als einen geringen Theil der juristischen Praxis. Wie viele Arbeiten zeigen sich nicht selbst bey Richtern und Sachwaltern, die nicht in dem eigentlichen Umfange des Processes bleiben! Wie viel andere Stellen werden nicht auch mit Rechtsgelehrten besetzt, wo der Proceß wenig oder gar nicht in die Arbeit einschlägt! Ohne eben auf einen Staatsminister oder Gesandten zu denken, wie viele kleine Höfe und Reichsstädte sind nicht in Teutschland, wo ein Rath, Syndicus oder Consulent seinen Principalen so gut in Reichs- und Staatssachen rathen und dienen muß, als in Proceßsaceßsachen! Wie mancher wird nicht zu Cameral-Kriegs-Policey- und dergleichen Sachen gebraucht, oder als Secretair und sonsten befördert, wo er wenig oder gar keinen Gebrauch von Proceßsachen machen kann, aber wohl eine Anleitung wünscht, wie Mund und Feder sonst auf eine in Canzleyen hergebrachte Art zu gebrauchen! Alle diese Umstände haben den Herrn Hofrath Pütter veranlasset, auf eine nähere academische Anleitung zur juristischen Praxi bedacht zu seyn, und zur Ausarbeitung gegenwärtigen Buchs Gelegenheit gegeben. Die Beschreibung des Inhalts dieses wichtigen, und in seinem Vorwurf einzigen Lehrgebäudes findet man in denen Göttingischen Anzeigen von gelehrten Sachen, auf das Jahr 1753 St. 56. Im Jahr 1759 erschien die zweyte Ausgabe unter folgender Aufschrift:

Anleitung zur juristischen Praxi. Neue Auflage, welche mit einem zweyten Theile vermehret ist. Göttingen 1759. 8vo maj.

Der erste Theil ist schon 1758 abgedruckt worden, und der zweyte 1759. Dieser zweyte Theil enthält Zugaben, insonderheit von der Orthographie und Richtigkeit der Sprache, wie auch vom teutschen Canzleyceremoniel. Der Herr Hofrath Pütter wünscht den juristischen Aufsätzen diejenige Sprachrichtigkeit, ohne welche sie so unangenehm zu lesen sind, und zeiget, was für eine vorzügliche Ursache Rechtsgelehrte haben, sich derselben zu befleißigen. Er nennet einige Federn und Höfe, deren Deductionen diesen Vorzug haben, und zum Muster dienen können. Einen Auszug dieses zweyten Theils findet man in denen **Göttingischen Anzeigen von gelehrten Sachen**, auf das Jahr 1759 St. 84.

21) Kurzgefaßte Rechtspuncte, worauf es in der bey höchstpreißl. Reichshofrathe anhängigen gräflichen wurmbrandtischen Mobiliarverlassenschaftssache, nach actenmäßiger Zusammenhaltung beyderseitigen Gründe, ankommt. 1753. Folio.

Diese schöne Deduction gehöret zu denen beyden, von denen ich No. 17 und 18 Nachricht gegeben habe. Die erste Hauptfrage: Ob des Reichshofraths Jurisdiction in dieser Sache gegründet sey, oder, die dagegen vorgebrachte Exceptio fori declinatoria statt finde? theilet sich in zwo besondere Fragen. Die erste, ob des Reichshofraths Gerichtsbarkeit aus dem Grunde statt finde, weil der Herr Graf von Wurmbrand als respective Mitglied und Präsident dieses hochpreißl. Reichsgerichts bey demselben ein Forum privilegiatum gehabt hat? wird dergestalt entschieden, daß alles, was nicht zu den liegenden Gründen gehöret, die der verstorbene als ein niederösterreichischer Landstand besaß, an sein forum privilegiatum zu ziehen sey. Hierwider kann nicht eingewendet werden, daß der Erblasser an dem niederösterreichischen Landmarschallamte sein forum domicilii gehabt habe: denn er hatte zugleich ein forum privilegiatum, und dieses trit an die Stelle des Fori domicilii. Und da, wenn ein Landsasse sich ausserhalb Landes aufhält, sein forum Landsassiatus blos zu einem foro rei sitæ wird; so behauptet der Herr Hofrath

h Pütter, daß dieser Fall bey dem Herrn Gra-
 von Wurmbrand würklich statt gefunden,
 der seine Tage zwar in Wien zubrachte, aber
cht, in so fern dieser Ort die erzherzogliche öster-
ichische Residenz ist; sondern in so fern sich das
serliche Hoflager dort befand. Auf den zweyten
inwurf, daß das Landmarschallamt des defuncti
rum originis gewesen, und also demjenigen
ro, welches er blos wegen seines Amts gehabt,
zzuziehen sey, wird geantwortet, vas forum
iginis sey lediglich eine Erfindung des römischen
echts, die in Teutschland nicht statt finde. Auch
un drittens nicht eingewendet werden, daß des
uses Oesterreich privilegium de non evocan-
 und vollkommener Suprematus über seine Lan-
stände die Jurisdiction des Reichshofraths in
zenwärtigem Falle aufhebe. Denn andere hohe
ichsstände, die gleiche Privilegia haben, su-
n um deswillen doch nicht den Rechten des
ichshofraths zu nahe zu treten; und wie weit auch
 Durchl. Haus Oesterreich von dergleichen Ge-
nung entfernet sey, erhellet aus der kayserlichen
ahlcapitulation, Art. 25. §. 7. wobey gezeiget
rd, daß dieser Artickel, eben bey Gelegenheit ei-
 ähnlichen Streits zwischen dem Reichshofrath
 dem österreichischen Landmarschallamte, zuerst
 dem Project der beständigen Capitulation in
 Josephinische eingerückt, und in der folgenden
behalten sey. Viertens, das Herkommen mag
 dem Gegentheil gleichfalls nicht zu Behauptung
es Vorgebens angeführet werden, da theils blos-
Exempel solcher Handlungen, die den Gesetzen

J 5   zuwider

zuwider laufen, keine zu Recht beständige Observanz machen, theils die bey der wurmbrandtischen Verlassenschaft vorkommende besondere Umstände der Sache eine ganz andere Gestalt geben. Das zweyte Stück dieser Hauptfrage: Ob des verstorbenen Reichsstandschaft zur Begründung der Gerichtsbarkeit des Reichshofraths etwas beytrage? wird bejahet. Wogegen nicht einzuwenden ist, 1) daß des Herrn Grafens von **Wurmbrand** im Jahr 1725 geschehene Einführung in das fränkische Reichsgrafencollegium eine blosse Ehrenaufnahme gewesen, 2) daß er dem Reich nicht mit unmittelbaren Gütern verwandt, auch 3) niemals willens gewesen, sich der österreichischen Landesstandschaft zu entziehen, dieses auch nicht bewerkstelligen können, da 4) vermöge der kayserl. Wahlcapitulation, Art. 22. §. 5. keine **Standeserhöhung** etwas zum Nachtheil der landesfürstl. Hoheit würken soll: denn eine blos honoris caussa erlangete Reichsstandschaft ist nicht möglich, weil damit allezeit ein wesentlicher Vorzug, nemlich Sitz und Stimme auf dem Reichstage verknüpfet ist. Das Reichscollegium, darin jemand aufgenommen werden soll, ist zwar nicht schuldig, bey einem, der mit unmittelbaren Reichslanden nicht angesessen ist, seine Einwilligung zu geben, kann es aber doch mit kayserlicher Genehmhaltung gar wohl thun. Da nun dieses bey dem Herrn Grafen von **Wurmbrand** geschehen ist, muß man ihn für einen würklichen Reichsstand halten. Die österreichische Landesfürstl. Hoheit konnte auch durch diese Standeserhöhung keinen Nachtheil leiden, da der Herr Graf in rechtlicher

Ver-

rstande eine doppelte Person vorstellete, indem er
 en seiner niederösterreichischen liegenden Gründe
 Landstand blieb, im übrigen aber ein unmittel-
 r Reichsstand ward. Das angezogene Reichs-
 ß handelt auch blos von einer **Standeserhö-**
 ıg, und keinesweges von Erlangung der würk-
 ın **Reichsstandschaft,** die bey dem Herrn
 ıfen von **Wurmbrand** um so viel weniger
 Schwierigkeiten unterworfen war, da kayserl. Ma-
 ıt zugleich dessen Landesfürst waren, niemand
 : daran zweifelt, daß die mit Bewilligung des
 desherrn einem Unterthanen angediehene kayserl.
 Begnadigungen vollkommen gültig seyn. Die zwo-
 Hauptfrage ist: Nach welchen Gesetzen oder
 chten hier zu urtheilen sey? Sie wird dahin ent-
 den, daß zwar die im Oesterreichischen befind-
 : liegende Gründe des Herrn Grafens von
 urmbrand den österreichischen Rechten, die
 ge Verlassenschaft desselben aber, bey Ermange-
 ; eines besondern Familien- oder Reichsgesetzes,
 überhaupt in familiis illustribus üblichen, und
 dem Reichshofrath zur Richtschnur dienenden
 einen Rechten unterworfen sey. Zwar könnte
 gegen eingewendet werden, daß die Reichsge-
 e vorzüglich auf die Landesrechte, und in des
 Ermangelung erst auf die gemeinen Rechte zu
 hen befehliget sind, und daher in diesem Fall
 st das österreichische Recht zu beobachten sey.
 in, dieses setzet zum voraus, daß die Partheyen
 Sachen, wovon die Rede ist, an die Landes-
 ;e gebunden sind, welches aber vermöge obiger
 führung in dem gegenwärtigen Fall nicht gesaget

get werden kann. Die dritte Hauptfrage ist: O[b]
und was des hochseel. Herrn Grafens von Wurm[-]
brand Frauen Töchtern von ihres Herrn Vate[rs]
Verlassenschaft, nach denen noch überhaupt inte[r]
Illustres in Teutschland üblichen Rechten, gebühre[.]
Der Gegentheil berufet sich in Beantwortung di[e]-
ser Frage theils auf die 1720 promulgirte österre[i]-
chische Successionsordnung, theils auf das alte He[r]-
kommen, daß in familiis illustribus die Töch[ter]
sich blos mit einer anständigen Mitgift begnüg[en]
müssen, und endlich, daß es zur Erhaltung d[es]
Ansehens vornehmer Geschlechter viel beytrage, we[nn]
die Töchter von der Erbschaft der Mobilien u. s. [w.]
eben sowol ausgeschlossen werden, als von Erla[n]-
gung der Stamm- und Familiengüter. Hiera[uf]
antwortet der Herr Hofrath Pütter, die Succe[s]-
sionsordnung vom Jahr 1720 könne hier nicht a[n]-
geführet werden, weil diese Streitigkeit der Juri[s]-
diction des Reichshofraths unterworfen ist. D[as]
teutsche Recht könne nichts entscheiden, da de[ssen]
Beybehaltung in diesem Punct nicht erwiesen i[st,]
ja nach dem alten teutschen Recht sowol, als de[m]
unter hohen Geschlechtern bisher üblichen Herko[m]-
men, die Töchter keinesweges von der Mobili[en]
erbschaft, (darüber doch hier gestritten wird) sonde[rn]
nur von der Erbschaft liegender Gründe und a[l]-
terlicher Güter ausgeschlossen sind. Auf die E[r]-
haltung des Glanzes eines Geschlechtes kann m[an]
endlich sich wenig berufen, da aus eben solchem [an]-
scheinenden Grunde den Töchtern die Mitgabe [und]
dergleichen zu versagen wäre, auch eine Erbsc[haft]
von Mobilien und baarem Gelde gar leicht [ver]

irt werden kann. S. **Göttingische Anzeigen von gelehrten Sachen**, auf das Jahr 1754. St. 3.

22) Elementa Iuris Publici Germanici. Gottingæ 1754. 4.

Der Herr Hofrath Pütter hatte dieses Buch war eigentlich blos in der Absicht geschrieben, damit er sich dessen in seinen Vorlesungen bedienen önnen; es ist aber kein Zweifel, daß selbiges auch udern, als seinen Zuhörern, nützliche Dienste leiten werde. Es hat solches, ausser einer wohl an inander hängenden Ordnung, dieses vor vielen ergleichen Lesebüchern zum voraus, daß aller Orten die Quellen angezeiget werden, aus welchen die ier vorgetragene Lehren geschöpfet sind; und diese Quellen sind gröstentheils eben dieselbe, welchen nan ganz allein folgen muß, wenn man des rechten Wegs in der Erkenntniß der Wahrheit nicht verehlen will. Denn man kann zum Lobe des Herrn Hofrath Pütters sagen, daß er nicht die willkührichen Säze einiger Staatsrechtslehrer, sondern die Reichsgrundgesetze überall zu seinem Augenmerk erwehlet habe, wodurch es denn geschehen ist, daß die hier vorgetragene Lehren an den meisten Orten einen grossen Grad der Gewißheit erlanget haben. Wir sagen an den meisten Orten: denn in einem so grossen und weitläuftigen Staat, als unser teutsches Vaterland ist, und bey einer Regierungsform, die weder monarchisch, noch aristocratisch, noch democratisch in dem Verstand, wie insgemein diese Wörter in denen Schulen genommen werden, genennet werden kann, kann es ohnmöglich an problematischen

schen Sätzen fehlen, die sich durch keine Entsch[eid]
bung eines acabemischen Lehrers zu einer unwide[r]
sprechlichen Gewißheit bringen lassen; und hand[elt]
in solchen Fällen ein Schriftsteller am sicherste[n]
wann er die Gründe, die von beyden Seiten h[er]
vorgebracht werden können, getreulich anzeig[t.]
Der gelehrte Herr Pütter hat auch diese nöthi[ge]
Vorsicht nie aus denen Augen gesetzet, und, wo ih[m]
die allgemeine Grundsätze des vernünftigen Recht[s]
wie auch die bürgerliche Gesetze, und andere frem[de]
Hülfsmittel zu Entscheidung einer Frage unentbeh[r]
lich waren, selbige kürzlich berühret und angezeig[t.]
Am meisten aber hat er sich, welches allerdin[gs]
höchst lobenswürdig ist, mit denen teutschen Reich[s]
grundgesetzen aufgehalten, und aus selbigen allem[al]
ganze Stellen, welche zum Beweis einer S[a]
che gehören, um seinen Lesern ein mühsames Nad[ch]
suchen zu ersparen, niedergeschrieben. Welch[es]
besonders in Rücksicht auf die kayserl. Wahlcapit[u]
lationen am alleröftersten geschehen ist. Wo b[ey]
denen Veränderungen und neuen Stellen der He[rr]
Pütter fleißig angemerket hat, zu welchen Zeite[n]
und bey was vor Gelegenheiten solche in dieses vo[r]
nehmste Reichsgrundgesetze eingeflossen seyn, [so]
daß man also dadurch unvermerkt alle zur Ausl[e]
gung desselben erforderliche historische Hülfsmit[tel]
erlanget. Bey denen Schriftstellern, die hier a[n]
geführet werden, findet man mit wenigen Wort[en]
solche Umstände bemerket, die zur nähern Kenntn[iß]
ihrer Lebensgeschichte gehören, und die Titel der B[ü]
cher werden allemal nebst dem Jahr der Ausga[be]
vollständig beygebracht, nicht anders, als ob m[an]

zuglei[ch]

zugleich eine Einleitung in die Historie der teutschen Rechtsgelehrsamkeit mit dem Staatsrecht selber habe verknüpfen wollen, welches nothwendig der studirenden Jugend vortheilhaft, und für das Gedächtniß selber bequem ist. Die Ordnung weichet von allen uns bekannten Lehrbüchern auf eine ihr vortheilhafte Weise ab, welln dadurch verschiedene Materien eine weit bequemere Stelle, als sie sonsten gehabt, erhalten. Denn also wird nach einer kurzen allgemeinen Einleitung und Erzehlung derer vornehmsten zum Staatsrecht überhaupt gehörigen Schriften das ganze Werk in einen allgemeinen und besondern Theil abgetheilet. In jenem werden in dem ersten Capitel die Eintheilungen derer Städte und Glieder des teutschen Reichs sowol nach ihren verschiedenen Würden, als dem Unterschied der Religion und denen Creisen erzehlet, und sodann in dem andern und dritten die Form des teutschen Staats überhaupt, und derer einzeln dahin gehörigen Provinzien, nebst denen allgemeinen und besondern Gesetzen, und der Verbindung, in welcher die Stände des Reichs sowol in Ansehung des Kaysers, als ihres geheiligten Oberhaupts, als auch unter sich auf mancherley Weise stehen, und endlich wird diese Abtheilung mit Bestimmung der Grenzen des teutschen Reichs beschlossen. In dem besondern Theil erkläret der Herr Hofrath Pütter die Rechte der höchsten Gewalt, selbige mögen nun als *Reservata* der Majestät des Kaysers zukommen, oder zugleich bey ihrer Ausübung die Einwilligung der Stände mit erfordern. Diese letzte jeben ihm Anlaß, von denen Reichs- und Creistägen,

tägen, von denen Reichsdeputationen, von denen Zusammenkünften derer beyden Corporum, des catholischen und evangelischen, von denen churfürstl. Conventen, Fürsten- Grafen- und Städtetägen zu reden, und sodann handelt er vom Majestätsrecht in einem besondern Hauptstücke. Endlich werden die einigen Gliedern des Reichs vor denen andern zukommende Vorrechte, und sodann die Gerechtsame des Kaysers und des ganzen Reichs ausserhalb Teutschland erzehlet, wobey zugleich auf ihre Rechtsansprüche gesehen wird. Den Beschluß machet die Abhandlung von denen Rechten des Interregni, denen Reichsverwesern, denen Personalrechten des Kaysers, dessen Wahl, Crönung, Reichsinsignien und Titeln, und endlich von der Kayserin und dem römischen Könige. So kurz sich der gelehrte Herr Verfasser in allen seinen Sätzen gefasset hat, so können wir doch mit Wahrheit sagen, daß nicht allein nichts nöthiges vergessen worden, sondern daß man hier verschiedenes antreffe, welches man in andern Büchern dieser Art vergeblich suchet. Die überall beobachtete Deutlichkeit giebt auch dieser Schrift, wie denen übrigen Abhandlungen des Herrn Pütters einen vorzüglichen Werth. S. Göttingische Anzeigen von gelehrten Sachen, auf das Jahr 1754. St. 70.

Noch in selbigem 1754sten Jahre wurden diese Elementa Iuris Publici zu Frankfurth am Mayn in groß Octav auf eine unerlaubte Weise nachgedruckt. In denen Göttingischen Anzeigen von gelehrten Sachen, auf das Jahr 1754 St. 137 wird dieser unrechtmäßige Nachdruck angezeiget und dabey unter andern dieses gemeldet: Wie nun solcher ohne Vorwissen des Herrn Verfassers, und zum unbilligsten Nachtheile des rechtmäßigen Verlegers unternommene Nachdruck nicht nur an sich höchst ungerecht, sondern auch dem Sinn des Herrn Verfassers in Einrichtung des Drucks durchaus nicht gemäß, und sowol an Sauberkeit als Richtigkeit des Abdrucks dem Original bey weitem nicht gleich, vielmehr mittelst weggelassener Anzeige der verbesserten Druckfehler, und eines Stücks der Vorrede, ohne was sich noch bey genauerer Durchsuchung für weitere Fehler finden dürften, verstümmelt ist; so wird der Herr Professor Pütter diese aufdringliche fremde Ausgabe seiner Schrift nie für seine Arbeit erkennen, und hoffentlich ein jeder Käufer derselben die Göttingische, deren Abdruck mit genauem Fleisse unter seiner eigenen Aufsicht besorgt worden, vorziehen. Hierauf kamen diese Elementa mit folgender Ueberschrift heraus:

Elementa Iuris Publici Germanici. *Editio legitima IIda*, longe auctior & emendatior. Gottingæ 1756. 8vo maj.

Der grosse Beyfall, den diese Anfangsgründe hielten, verursachte, wie bereits gemeldet worden, daß sie zu Frankfurt, ohne Vorwissen des Herrn Verfassers, und zum grossen Nachtheil des Verlegers sogleich nachgedruckt worden. Gegenwärtige rechtmäßige Auflage unterscheidet sich von der ersten rechtmäßigen nicht nur in Ansehung des Formats, sondern auch hauptsächlich durch die in dem ganzen Werke vorgenommene Ergänzungen und Verbesserungen, desgleichen durch die beträchtlich

Leb. jetztl. Rechtsgel. 5 Th. K ver-

vermehrte Anzahl derer Schriften. S. mit mehrern Göttingische Anzeigen von gelehrten Sachen, auf das Jahr 1756. St. 81. Und im Jahr 1760 ist daselbst in eben dem Format die dritte verbesserte Auflage herausgekommen.

23) Conspectus Iuris Germanici privati hodierni novo Systemate tradendi. Gottingæ 1754. 8.

Es ist diese Arbeit von dem gelehrten Herrn Verfasser seinen Vorlesungen gewidmet, und bestehet in ganz kurzen Sätzen, die er vornemlich zu dem Ende entworfen, damit denen Studirenden auf Universitäten die Erlernung der Rechtsgelehrsamkeit möchte erleichtert werden, indem nicht zu läugnen ist, daß, wenn bey Erklärung der römischen Rechte man zugleich allemal dasjenige mit anhänget, was davon etwa in Teutschland in denen Gerichten gebräuchlich ist, oder, durch die hergebrachte Gewohnheiten und Gesetze unsers Vaterlandes sich anders verhält, solches, zumal bey Anfängern nicht ohne Verwirrung und viele Schwierigkeiten abgehen könne. Der Herr Hofrath **Pütter** äussert demnach in der vorgesetzten Vorrede seine dießfalls hegende Meynung dahin: daß man das römische Recht zu allererst, und zwar ganz allein mit Hinweglassung aller fremden Rechte, und nach diesem das canonische Recht, so wie es eigentlich nach denen Grundsätzen der päpstlichen Hierarchie verstanden werden muß, und noch heut zu Tag unter denen Catholiken üblich ist, erklären, mithin zu der evangelischen Kirchenrechtsgelehrsamkeit wiederum besondere Vorlesungen widmen sollte.

denn auf diese Weise ein angehender Rechtsgelehr-
er in diesen Theilen der Rechte sich genug geübet,
und zugleich die pragmatische Historie unsers Vaterlandes gründlich gefasset hat; so rath er alsdenn
allererst das teutsche Recht, und zwar wiederum
nur in so weit, als es rein Teutsch ist, ohne Vermischung aller fremden Rechte und Gesetze, mit
denselben durchzugehen, am Ende aber, und gleichsam zum Beschluß derer academischen Jahre, ein
sogenanntes Systema Iurisprudentiæ communis, worinnen alles dasjenige zusammen getragen
würde, was aus so vielen und mancherley Rechten
in Teutschland üblich ist, zur Hand zu nehmen. Er
erinnert hierauf verschiedenes von der Methode in
Erlernung der Rechtsgelehrsamkeit, und der Ordnung, wie die abzuhandelnde verschiedene Materien mit einander verbunden werden sollen. Und
weiln er selber an seinen Elementis Iuris Germanici (von denen oben sub No. 7 gehandelt worden) in Ansehung derselben jetzo verschiedenes zu verbessern findet; so will er, daß man dieses kleine
Werkgen gleichsam als einen Grundriß eines künftig aufzuführenden neuen Gebäudes ansehen soll.
Ob nun gleich der gelehrte Herr Verfasser sich dazu
nicht verbindlich machen will, daß er selber ein solches Systema ausarbeiten sollte; so glauben wir
doch, es werden alle diejenigen von unsern Lesern,
die dessen Stärke in der teutschen Rechtsgelehrsamkeit kennen, ein solches mit uns um so mehr wünschen, als auch selber diese kurzen Sätze schon allbe-
reits eine neue Ueberzeugung geben, wie vieles man
sich von dessen gründlicher Einsicht versprechen könne.

Wir haben übrigens auch hier wiederum eine schöne Ordnung und Deutlichkeit durchaus bemerken und die an vielen Orten beliebte Kürze wird dadurch ersetzet, daß der Herr Professor allemal die §. §. anzeiget, wo in vorhin gedachten seinen Elementis eine weitere Ausführung zu suchen ist. S. Göttingische Anzeigen von gelehrten Sachen auf das Jahr 1754 St. 80.

24) Vorläufige Anzeige und Entwurf neuer Grundsätze des Reichsprocesses, und der dazu gehörigen Kenntniß beyder höchsten Reichsgerichte. Göttingen 1754. 8.

Da der Herr Hofrath Pütter sich im Sommer 1754 mit hoher Bewilligung wiederum einige Monathe in Wetzlar aufgehalten, hat er manches angemerket, das zu Ergänzung seiner Introductionis in rem judiciarium Imperii dienen können te. Dieses hat er nachhero in der unten sub No 29 vorkommenden Nova Epitome Processus Imperii amborum Tribunalium supremorum bewerkstelliget. Doch hat er vorläufig die veränderte Ordnung desselben hierdurch anzeigen wollen S. Göttingische Anzeigen von gelehrten Sachen, auf das Jahr 1754. St. 129.

25) Versuch, die teutsche Reichshistorie durch mehrere Abtheilungen noch pragmatischer einzurichten. Göttingen 1754. 8.

Dieser Versuch hat den Zweck, die Ordnung in des Herrn Hofrath Pütters Reichshistorie für seine Zuhörer noch bequemer zu machen, und gehet bis auf die Regierung Kayser Heinrichs V. Es haben mehrere dergleichen Versuche folgen sollen

S. **Göttingische Anzeigen von gelehrten Sachen, auf das Jahr 1754 St. 129.**

26) **Wahrheits- und actenmäßige Vorstellung** des am höchstpreißlichen kayserl. und Reichscammergerichte von **Georg Friedrich Richertz,** gewesenem Conrector an der Johannisschule zu Hamburg, gegen Herren Bürgermeister und Rath der Stadt Hamburg, wie auch das Scholarchalcollegium daselbst anmaßlich angebrachten Schul- und Consistorialsache, sub rubro prætensæ citationis super nullitatibus prætensis cum Inhibitione & compulsorialibus, una cum prætenso mandato attentatorum revocatorio, cassatorio & restitutorio S. C. nach dem Verlaufe der Zeit und Acten so eingerichtet, daß sie zur specie facti und zum extractu Actorum zugleich dienen kann, und daß daraus unumstößlich erhellet, wie 1) nicht, nach des Impetranten Sub- und Obreptions-voller Absicht, der Citations- und Mandatspunct sich in dieser Sache trennen lasse; sondern 2) solchen beyden sowol a) die Exceptio vitiosæ Insinuationis, ob non factam communicationem libelli principalis, nec omnium adjunctorum, als b) die exceptio fori incompetentis ob naturam caussæ scholasticæ & consistorialis entgegen stehe, auch 3) der Begrif von Attestaten ob effectum suspensivum tum appellationi qua manifeste non devolutæ, nec receptæ, tum querelæ nullitatis per se, haud tribuen-

buendum, hier nicht einmal statt finde. 1755. Folio. Und

27) **Kurze Erörterung der Frage,** worauf es bey der am höchstpreißl. Cammergerichte von **Georg Friedrich Richerz** wider Herren Bürgermeister und Rath der Stadt Hamburg, wie auch das Scholarchalcollegium daselbst angebrachten Sache ankommt. 1755. Folio.

Man findet in diesen beyden Schriften vornemlich die Frage ausgeführet: Ob protestantische Schulsachen denen von der weltlichen Gerichtsbarkeit befreyeten geistlichen Sachen beyzuzehlen? Ob solche protestantische geistliche oder Schulsachen an das höchstpreißl. kayserl. und Reichscammergericht, es sey durch Appellation, oder Nullitätsklage, devolviret werden können, wenn sie gleich zufälliger Weise an Orten, da sonst auch weltliche Gerichtsbarkeit ausgeübt wird, genehmiget worden? Und ob in einer solchen protestantischen geistlichen oder Schulsache es für ein Attentatum zu halten sey, wenn nach einer unternommenen, aber billig nicht deferirten Interpositione Appellationis, darin gleichwol mit rechtlichen, zu Erhaltung des obrigkeitlichen Ansehens abgenöthigten Verfügungen zu Befolgung der Kirchen- oder Schulordnung fortgefahren worden, obgleich nachhero der zuvor angemaßte Appellant vom Iudice ad quem eine Citationem super nullitatibus prætensis erschlichen? S. auch **Göttingische Anzeigen von gelehrten Sachen,** auf das Jahr 1755. St. 67.

28) **Nähere Zergliederung** derer einzelnen Fragen, worauf es in der bey höchstpreißlichem Reichs-

Reichshofrath anhängigen gräfl. wurmbrandtischen Mobiliarverlassenschaftssache nach actenmäßiger Zusammenhaltung beyderseitiger Gründe ankommt. **Göttingen** 1756. **Folio.**

Diese Deduction ist gleichsam eine Fortsetzung derjenigen, von welcher oben sub No. 17. 18 und 21 gehandelt worden, anzusehen. Sie ist gleichfalls ohne des Herrn Verfassers Namen herausgekommen, und ihr merkwürdiger Inhalt wird weitläuftig erzehlet in denen **Göttingischen Anzeigen von gelehrten Sachen,** auf das Jahr 1757. St. 2.

29) **Entwurf** einer juristischen Encyclopädie; nebst etlichen Zugaben, 1.) von der Politik. 2) Von Land- und Stadtgesetzen. 3) Von brauchbaren juristischen Büchern. **Göttingen** 1757. 8.

Dieses in kurzen aber bündig abgefasten Sätzen bestehende Werk, welches unter dem Namen einer juristischen Encyclopädie auf Veranlassung eines hohen Winks zu solchen Vorlesungen an das Licht tritt, handelt zuerst von den verschiedenen Bestimmungen und Absichten derer, die sich in Teutschland den Rechten widmen, und von dem Umfange der hierher gehörigen Wissenschaften. Hierauf wird von der Ordnung geredet, in welcher die Rechtsgelehrsamkeit, samt den damit verknüpften Wissenschaften abzuhandeln und zu erlernen, und zwar, wie zuvor nöthig, den Willen und das Herz zu bessern, und die nöthigen Hülfsmittel der Sprachen, mathematischen und philosophischen Wissenschaften voraus zu setzen. Hiernächst wird gezeiget, wie in Ansehung der Rechtsgelehrsamkeit selber deren Grundwissenschaften, das Recht der Natur und die Politik abzuhandeln, insbesondere aber, wie positive Rechte nicht nur in Ansehung der Gränzen und Methode, des Verhältnisses derselben zur Geschichte des Rechts, der gelehrten Geschichte desselben, und in Ansehung des Verhältnisses der verschiedenen Rechte unter einander zu behandeln; sondern auch insbesondere wie in Ansehung des römischen, historischen teutschen Staatsrechts, oder der Reichshistorie, des teutschen Privat- und Lehnrechts aus alten unvermischten Quellen, des päpstlich-canonischen, und heutigen teutschen Staatsrechts, der teutschen Statistik, des heutigen teutschen Privatrechts, derer einem teutschen Juristen nöthigen Staatswissenschaften, und endlich in der Anleitung zur Praxi zu verfahren; und wie endlich die bequemste Eintheilung und übrige Einrichtung der academischen Jahre eines Rechtsbeflissenen zu veranstalten sey. In dem ersten Anhange wird der Begrif einer zu wünschenden Politik bestimmt, und deren Umfang in Ansehung des Staats- und Privatrechts gezeiget. Der zweyte und unstreitig wichtigste Anhang ist ein chronologisches Verzeichniß teutscher Landes- und Stadtgesetze, dessen grosser Nutzen von allen Kennern des ächten teutschen Rechts erkannt werden wird. Er bemerket zuerst diejenigen Schriften, in welchen ganze Sammlungen teutscher Privatrechte befindlich sind, und giebt hierauf ein Verzeichniß der Statuten und Landesgesetze selbst, die von dem eilften Jahrhundert an gemacht worden sind, wobey nicht nur die verschiedentlichen Ausgaben der Gesetze, sondern auch der Ort, wo sie

abge-

abgedruckt sind, oder Nachricht von ihnen anzutreffen ist, angezeiget worden, welche Anzeige um so vielmehr Nutzen hat, je weniger man oft in einem Werke dieses oder jenes Stadtgesetz suchen sollte. Unter diesem Verzeichniß ist besonders die vollständige Anzeige der Ausgabe des Sachsen= und Schwabenspiegels, des magdeburgischen Weichbildes merkwürdig; am Ende desselben ist in der summarischen Wiederholung ein alphabetisches Verzeichniß der Städte und Länder befindlich, von welchen unter beygefügten Jahrzahlen in obigem Verzeichnisse Gesetze angeführet sind. Worauf endlich in der dritten Zugabe ein Verzeichniß etlicher brauchbarer juristischen Bücher zum beliebigen Anfange einer practischen Bibliothek für einen teutschen Rechtsgelehrten folget. S. auch Göttingische Anzeigen von gelehrten Sachen, auf das Jahr 1757 St. 69.

30) Nova Epitome Iuris Publici Germanici, ad supplenda simul & emendanda passim Elementa bis antehac edita. *Gottingæ* 1757. 8vo maj.

Dieser neue und kürzere Entwurf des Staatsrechts ist, wie schon aus dem Titel ersehen werden kann, eigentlich als ein ganz neues, und von denen Elementis Iuris Publici (S. oben sub No. 22.) fast ganz unterschiedenes Werk anzusehen. Wenigstens ist das erstere durch die Herausgabe von diesem auf keine Weise unbrauchbar worden, und daher die Zusammenhaltung von beyden beynahe durchgängig nothwendig. Die Hauptabsicht des Herrn Hofrath Pütters ist bey der Entwerfung dieses Werkes dahin gegangen, ein für halbjährige Vorlesungen des Staatsrechts bequemeres und kürzer abgefaßtes Lehrbuch zu haben. Es haben also zwar nothwendiger Weise aus dem erstern viele Sachen in dieses gesetzt werden müssen, um nicht den ganzen Zusammenhang derer darin vorgetragenen Lehren zu hindern. Indessen ist doch in den einzelnen Abschnitten nicht nur fast durchgehends eine neue Ordnung gemacht, sondern es sind auch hin und wieder beträchtliche Zusätze beygefüget, die in dem erstern Werke nicht befindlich sind. Die Beweisstellen aus den Reichsgesetzen sind hier nur blos angezogen, aber nicht wörtlich beygefügt worden. Eben so sind die zur Kenntniß der gelehrten Geschichte des Staatsrechts in dem ersten Werke angeführten Schriften hier gleichfalls gröstentheils weggelassen worden. So viel im übrigen die Hauptordnung des Werks anbetrift, so theilet sich dasselbe in acht Bücher ab, wovon das erste eine allgemeine Kenntniß Teutschlands in Ansehung seiner Grenzen, Regierungsform, einzelnen Städte und Republiken in sich begreift. Im zweyten bis siebenten Buche wird der innerliche Zustand des teutschen Reichs so betrachtet, daß es erstlich in seinem ordentlichen Zustande vorgestellet wird, da es ein erwehltes Oberhaupt hat. Es wird also zu dem Ende von den politischen Rechten des Kaysers und der Stände sowol überhaupt, als insbesondere gehandelt, in so fern die Rechte der Reichsstände denen kayserlichen subordiniret sind, oder eine Collision unter solchen erwächst, worauf auch die Verfassung des teutschen Kirchenstaats in Ansehung des

Reichs

Reichs und einzelner Länder, ferner die Regierungsverfassung der Städte und des Adels abgebildet, und sodann der ausserordentliche Zustand des teutschen Reichs beschrieben wird, wenn es in der Zwischenregierung kein ordentliches Oberhaupt hat. Im achten und letzten Buche aber ist das Verhältniß der Rechte und Verbindlichkeiten des Kaysers und Reichs gegen Italien und andere Ausländer gezeiget; womit sich dieses schöne Lehrbuch schliesset, dem der blosse Name seines hochberühmten Herrn Verfassers zur künftigen Empfehlung bey ächten Kennern des teutschen Staatsrechts gereichen muß. S. auch Göttingische Anzeigen von gelehrten Sachen, auf das Jahr 1757. St. 79.

31) Nova Epitome Processus Imperii amborum Tribunalium supremorum. *Gottingæ* 1757. 8vo maj.

Die grosse Einsicht des berühmten Herrn Hofrath Pütters in die Verfassung unserer höchsten Reichsgerichte hat verursacht, daß die in denen Jahren 1748 und 1752 abgefaßten Werke (S. oben sub No. 6. 8 und 16.) bereits völlig vergriffen, und er sich also auf eine neue Ausarbeitung zu denken genöthiget gesehen. Gegenwärtiges Werk ist in einer veränderten Ordnung, und für die academischen Vorlesungen in einer fruchtbaren Kürze abgefaßt. Diese Ausgabe ist mit dem allgemeinen Beyfall gekrönet worden, den sich die sämtlichen Werke des Herrn Hofraths zuwege gebracht haben. Es enthält im übrigen das ganze Werk, ausser den Vorbereitungssätzen, sechs Bücher. Das erste ist der innerlichen Verfassung des Cammergerichts gewidmet, in so fern solche zum Verstande des Cameralprocesses nothwendig ist. Es wird daher in solchem von dem Cammerrichter, dem Präsidenten, Beysitzern, deren Eintheilung im Senat, der Canzley und Leserey, nebst den dazu gehörigen Personen, den Advocaten und Procuratoren, gehandelt. Das zweyte Buch handelt den Cameralproceß überhaupt ab, und zwar von dem Extrajudicialproceß, wie bey dem Cammergerichte Processe zu extrahiren sind, hiernächst wie der Lauf des Processes beschaffen sey, sowol wenn keine Incidentpuncte die Ordnung desselben unterbrechen, als wenn diese durch Beyurthel abgethan werden müssen. Die Sachen selbst, die vor diesem höchsten Reichsgerichte abgethan werden können, werden in dem dritten Buche erörtert, daher hieselbst von den Sachen, die in erster Instanz vor das Cammergericht gehören, und dem Gebrauch der Austrägen, von Sachen, die durch Befehle, mit, oder ohne Clausul verfüget werden, oder durch besondere Reichsgesetze an das Cammergericht verwiesen sind; von Appellationssachen oder Klagen über ein nichtiges Verfahren, verlängerte und versagte Justitz, von Attentaten, Armen- und Compromißsachen, und endlich von denen voluntariam Iurisdictionem, oder das Cammergericht selbst betreffenden Sachen gehandelt, und bey allen die Grenzen der Gerichtsbarkeit des Cammergerichts festgesetzet werden. Im vierten Buche ist die Lehre von der Vollstreckung der Cameralurtheile überhaupt enthalten, insbesondere aber, wie solche durch die ergriffenen Rechtsmittel der Restitution, Revision und Syndicats behindert werden könne.

könne. Hierauf wird im fünften Buche die eigentliche Reichshofrathspraxis vorgetragen, und darin von deren innerlicher Einrichtung, deren Praxi überhaupt, dem Proceß bey derselben, von den Rechtsmitteln, die gegen die Conclusa desselben gebraucht werden können, und endlich von den Erkenntnissen in Lehns= und Gnadensachen gehandelt. Im sechsten und letzten Buche sind endlich diejenigen Lehren enthalten, welche beyde höchste Reichsgerichte betreffen, in welchen von den andern kayserl. Landgerichten, und deren Verhältniß gegen beyde höchste Reichsgerichte, von den Sachen, die von beyder Gerichte Jurisdiction befreyet sind, ihrem Verhältniß unter sich, von deren Zustande in einer Zwischenregierung, und endlich von dem Recurs an den Reichstag gehandelt wird. Zum Beschluß ist endlich eine schöne Probe einer Bibliothek von denen die höchsten Reichsgerichte betreffenden Schriften hinzugefüget. S. 1) Göttingische Anzeigen von gelehrten Sachen, auf das Jahr 1757 St. 80. und 2) Leipziger gelehrte Zeitungen, vom Jahr 1758 No. 62.

32) *Diss.* De normis decidendi successionem familiarum illustrium controversam. *Gottingæ* 1757. *Resp.* pro gradu Doctoris, *Io. Philipp.* von Ledergern.

Die Lehre von der Erbfolge, besonders unter dem hohen Adel, ist ohnstreitig von so grosser Wichtigkeit, und zugleich durch die häufigen Streitigkeiten so verworren gemacht worden, daß man die gegenwärtige Abhandlung nicht anders, als mit der grösten Aufmerksamkeit, lesen kann, da sie so viele vor-

vortrefliche Regeln zur Entscheidung dieser verworrenen Lehre an die Hand giebt. Die Hauptfrage, welche in dieser Materie bisher mit so vieler Heftigkeit bestritten worden, ist wohl ohne Zweifel darin zu setzen: aus welchem Rechte die streitigen Erbrechtsfälle erlauchter Personen zu entscheiden sind? Und diese ist es eben, welche hier vorzüglich untersucht wird. Der Inhalt dieser vortreflichen Abhandlung, die sich durch die Wichtigkeit der Materie, und durch den bündigsten Vortrag, jedem ihrer Leser vorzüglich empfehlen muß, wird erzehlt in denen **Göttingischen Anzeigen von gelehrten Sachen**, auf das Jahr 1758 St. 9.

33) *Progr.* De normarum Iuris Publici generalium difficultate. *ibid.* 1757.

Durch diesen Anschlag ward zur vorerwehnten Inauguralprobeschrift eingeladen. Die Schwierigkeit allgemeiner Regulative ist bey dem Staatsrechte schwerer, als bey dem Privatrechte, da in diesem die Vielheit vorkommender Fälle die allgemeinen Gesetze leichter macht, welches im Staatsrechte wegfällt, zumal, da der zur Abfassung nöthige Consens den Unterthanen hier schwerer, als bey Privatgesetzen ist. Insbesondere aber wird die Bestimmung derselben in Teutschland wegen der vertragsweise zu suchenden Einwilligung der Stände, der Wichtigkeit und Schwierigkeit der Sachen, wegen des ungewissen Ausganges, und der in Betrachtung zu nehmenden Rechte einzelner Stände schwer. S. Göttingische Anzeigen, a. b. O.

34) Historisch-politisches Handbuch von den besondern teutschen Staaten. Erster Theil,

von Oesterreich, Bayern und Pfalz. Göttingen 1758. 8vo maj.

Ein solches Werk, wie gegenwärtiges, ist wegen seines weitläuftigen Umfanges und allgemeinen Nutzens in Ansehung der teutschen Rechte und Geschichte bisher zwar von allen einsichtsvollen Rechtsgelehrten gewünschet, aber, wegen der dazu erforderlichen vielen Hülfsmittel, und fast für unübersteiglich gehaltenen Schwierigkeiten, noch bis hierher unausgearbeitet geblieben. Dieses vortrefliche und in seiner Art einzige Werk ist wegen seiner völlig neuen Einrichtung besonders merkwürdig. Daß die Reichshistorie und das allgemeine Staatsrecht Teutschlands nicht hinreichend sey, sobald es auf die Gerechtsame einzelner Reichsstände ankommt, und in diesem Falle die Kenntniß der Geschichte, und Verfassung einzelner Staaten unumgänglich nothwendig sey, ist eine ungezweifelte Wahrheit, zumal, da die Kenntniß von beyden selbst auf das allgemeine Staatsrecht und Geschichte Teutschlands einen besonders wichtigen Einfluß hat, und gleichwol so wenig die Specialhistorie, als besondere Kenntniß der teutschen Staaten in der Abhandlung des allgemeinen teutschen Staatsrechts und der Reichshistorie vollständig vorkommen kann. Der ruhmvolle Herr Hofrath Pütter hat also um beyde Wissenschaften ein unsterbliches Verdienst, da er diejenigen Puncte aus der Specialhistorie, und dem besondern teutschen Staatsrechte, welche einem Rechtsgelehrten nothwendig sind, in diesem Handbuche vorzutragen, und darüber besondere Vorlesungen zu halten angefangen hat, worin die Geschichte

schichte und heutige Verfassung eines jeden Staats auf das genaueste verbunden worden sind. Eine vollständige und ausführliche Erzehlung von der Einrichtung und Beschaffenheit dieses unschätzbaren Handbuchs findet man überaus schön in denen beliebten Göttingischen Anzeigen von gelehrten Sachen, auf das Jahr 1758 St. 43. Nur ist zu bedauern, daß der Herr Hofrath Pütter, wenigstens anjetzo, nicht gesonnen ist, die übrigen teutschen Staaten eben auf diese Art auszuarbeiten.

35) Adpendix ad *Io. Christ. Gotthard. Feldmanni Diss. Inaug.* De privilegiata Iurisdictione Nobilitatis immediatæ splendido Corpori in ejus officiales salvo alias cujuscumque Iure territoriali privatim competente, continens Responsum Facultatis Iuridicæ Gottingensis de eodem argumento. *Gottingæ* 1758.

Dieses rechtliche Bedenken der Juristenfacultät zu Göttingen, welches aus der geschickten Feder des Herrn Hofrath Pütters geflossen ist, betrift eben die von dem Herrn Feldmann in seiner angezeigten Probeschrift abgehandelte Frage, nemlich: Ob ein Reichsstand, in dessen Gebiete die Canzley eines hochlöblichen Cantons der unmittelbaren Reichsritterschaft, nebst dazu gehörigen Canzleypersonen, und andern Bedienten sich aufhält, über diese letztere eine Jurisdiction zu behaupten befugt sey? In diesem Bedenken wird insonderheit gezeigt, wie der gemeine Satz: Quidquid in territorio, id de territorio, sowol nach dem allgemeinen

Staats-

Staats- und Völkerrechte, als insonderheit in Anwendung auf einzelne Staaten des teutschen Reichs sehr oft einen Abfall leide, und wie hingegen der ebenfalls bekannte Satz: Qui semel immediatus, semper & ubique immediatus, absonderlich in denen Gegenden, wo die unmittelbare Reichsritterschaft hergebracht ist, in so weit seine gute Richtigkeit habe, daß wenigstens ein zufälliger Aufenthalt an einem andern Orte, ohne zugleich eine andere Eigenschaft anzunehmen, die eine persönliche oder dingliche Unterwürfigkeit mit sich bringet, von der in so nachdrücklichen kayserlichen Privilegien, auch Reichsgesetzen gegründeten Befreyung der Reichsritterschaft von allen reichsständischen Gerichtszwängen keine Ausnahme machen könne. Hiernächst wird aus der Analogie sowol von Gesandtschaften, als von den Reichsgerichten, und deren privilegirten Gerichtsständen die Folgerung gemacht, daß die der Reichsritterschaft selbst zustehende Befreyung von andern Gerichtszwängen auch ihren Bedienten und Nebenpersonen zu statten kommen müsse, zumal, da kein Zweifel ist, daß ein jedes Corpus Equestre immediatum über die dazu gehörige Canzley- und andere Bedienten ihre eigene Gerichtsbarkeit auszuüben berechtiget sey, und da zum Theil die kayserlichen Privilegien selbst der Ritterschaft ausdrücklich mit ihren Dienern und Leuten in der Maaße Erwehnung thun, daß der Kayser ihre einzige Obrigkeit seyn solle. Nun scheinet zwar die Lehre, de territoriis clausis, diesem allen entgegen zu stehen; es wird aber hier gezeiget, wie wenig diese Lehre absonderlich den Reichs-

Reichsstädten gegen die Ritterschaft zu statten kommen könne, da überall der Begrif von geschlossenen Landen, wenn er auch sonst keinen Zweifeln unterworfen wäre, auf die Reichsstädte sich kaum anwenden läst; wie denn die vielen Exempel von Dom- und Collegiatstiftern, von Reichs- und Creisversammlungen, wie auch von einzelnen reichsständischen oder andern Gesandten, Werbe-Officieren, und noch mehr von fürstlichen, gräflichen, auch adelichen unmittelbaren Personen, die sich in Reichsstädten, ohne denselben unterworfen zu seyn, aufhalten, hier um so mehr zur Analogie dienen können, als in Ansehung aller derselben eben die principia de territorio clauso so gut, wie bey denen in Reichsstädten befindlichen reichsritterschaftlichen Canzleyen anschlagen würden. S. auch Göttingische Anzeigen von gelehrten Sachen, auf das Jahr 1759 St. 89.

36) *Diss.* De Iure & officio summorum Imperii Tribunalium circa interpretationem Legum Imperii. *ibid.* 1758. *Resp.* pro gradu Licentiati, *Georg. Wilhelm. Stock.*

Diese wichtige Abhandlung enthält zween Abschnitte, worin von dem Recht und Pflichten des Richters in Erklärung der Gesetze überhaupt, insbesondere aber in Ansehung unserer höchsten Reichsgerichte gehandelt wird. Nach vorausgesetzten Beschreibungen der Erklärung der Gesetze, und deren Abtheilung wird bemerket, daß ein Richter zwar eigentlich nur mit der Anwendung streitiger Gesetze beschäftiget sey, ihm aber doch auch ein Recht zu

Erklärung derselben zustehe, wenn über den Sinn der Gesetze, oder der im Gericht vorgebrachten Urkunden gestritten wird. Doch kann dieses nicht eingeräumet werden, wenn solche Personen, die der Gewalt des Richters nicht unterworfen sind, oder der Richter selbst über den Verstand des Gesetzes streiten, in welchem Falle nichts durch die Mehrheit der Stimmen festgesetzet werden kann, sondern alles dem Gesetzgeber zu überlassen ist, welchen Weg der Richter jederzeit als den sichersten zu wehlen hat. Der Gesetzgeber kann zwar dem Richter die Erklärung überlassen, und sich seines Raths bedienen, doch muß der Richter die von dem Gesetzgeber erfolgte Erklärung allezeit befolgen. Es ist indessen die Erklärung eines etwanigen geringen Zweifels nicht zum Vorwande zu gebrauchen, um mit Vorbeygehung des Richters sich an den Landesherrn zu wenden, so wie man dem Richter auf der andern Seite hinwiederum nicht alle Erklärung thun darf. Was aber insbesondere unsere höchste Reichsgerichte anbetrift, so wird zuerst dem Cammergericht das Recht, gemeine Bescheide, und in voller Versammlung beliebte vorläufige Ordnungen (Senatus consulta cameralia) zu machen beygeleget, welche letztere so lange gelten, bis sie von der Visitation abgeändert worden. Eben dieses ist in Ansehung der Præjudiciorum bey dem Cammergerichte zu behaupten, hauptsächlich wo sie die Erkenung der Processe, oder andere die gerichtliche Schreibart angehende Dinge betreffen. Ist aber in Zweifel über Gesetze entstanden, den man in voller Versammlung nicht hat ausmachen können, so ist die Entscheidung desselben dem Kayser und Reiche zu überlassen. Auf gleiche Weise ist auch dem Reichshofrath das Recht, gemeine Bescheide zu machen, zuzuschreiben, dahingegen was die Rathsschlüsse und Zweifel des Cammergerichts anbetrift, ein gleiches wohl nicht behauptet werden kann, da die Visitation hier wegfallen, und der Unterschied der vollen Versammlung von den Senaten nicht auf eben den Fuß, wie beym Cammergericht, eintritt. Nun ist zwar in dem westphälischen Frieden, und namentlich in den Wahlcapitulationen die Auslegung dunkler Gesetze auf den Reichstag verwiesen, und die Gewalt der Reichsgerichte dadurch sehr eingeschränket worden. Allein diese reden blos von Reichsgesetzen, und der Interpretatione authentica, nicht aber von der Auslegung der Landesordnungen, daher man ihnen wenigstens nicht alles Recht zur Auslegung der Gesetze absprechen kann, zumal, wenn die Nothwendigkeit einer Interpretationis authenticæ nicht erwiesen ist. Sie können also allerdings dergleichen gemeine Bescheide verfertigen, und selbst vorläufig (provisorie) die Gesetze erklären, wenn gleich die Partheyen über den Sinn derselben streiten, oder gar desfalls an den Reichstag sich wenden. Sind hingegen die Gerichte selbst uneinig, und keine Mehrheit der Stimmen für eine Erklärung heraus zu bringen, so ist die Erklärung vom Kayser und Reiche zu suchen. Letzteres trift auch hauptsächlich alsdenn ein, wenn ein Streit unter solchen Personen entstehet, welche den höchsten Reichsgerichten nicht unterworfen sind, welches mit den Exempeln erläu-

teri

tert wird, wenn zwischen dem Kayser und Reich, den beyden höchsten Reichsgerichten selbst, zwischen den Collegiis der Stände, vornemlich aber zwischen dem Corpore Evangelicorum & Catholicorum Zweifel erwachsen, in welchem Fall allerdings der Kayser und das Reich die Entscheidung thun müssen, es sey denn, daß es nur eine Gattung von Reichsständen allein betrift, welchen sodann die Erklärung allein zu überlassen ist, z. E. wenn über die besondern Vorrechte der Churfürsten gestritten wird. Auswärtige Potentaten können zwar als Garants, niemals aber um ihre Erklärung angegangen werden. Ehe die Interpretatio authentica erfolget, dürfen die Reichsgerichte nichts unternehmen, so wie sie, wenn sie erfolget, die Kraft eines Gesetzes hat, und nicht gekränket werden darf. Die Auslegungen der höchsten Reichsgerichte hingegen machen blos unter den Partheyen ein Recht aus, auch wenn sie irrig seyn sollen, können aber durch die gewöhnlichen Rechtsmittel angefochten werden. Der Recurs an den Reichstag aber ist nicht anders zu verstatten, als wenn sie ohne gehörige Untersuchung, oder in solchen Fällen gemacht ist, da die Reichsgerichte keine Erklärung geben können. Dieses ist der kurze Inhalt dieser lesenswürdigen Abhandlung, welche der Herr Hofrath Pütter mit dem Wunsche für ein deutliches, diese Streitigkeit entscheidendes Reichsgesetz beschliesset. S. auch Göttingische Anzeigen von gelehrten Sachen, auf das Jahr '59. St. 25.

37) *Progr.* De Iure & officio Iudicis circa interpretationem privilegiorum tum in genere, tum speciatim in territoriis Germaniæ. *ibid.* 1758.

In diesem Anschlage zeigete der Herr Hofrath Pütter die Promotion des Herrn D. Joh. Christ. Gotthard Feldmann und Herrn Lic. Georg Wilhelm Stock an. Privilegien haben überhaupt, wie alle Gesetze, eine Erklärung nöthig, sie unterscheiden sich aber von den Gesetzen darin merklich, daß der Landesherr darin insgemein freyere Gewalt, als bey Gebung der Gesetze hat. Ihre Erklärung ist blos auf einzelne Fälle gerichtet, und daher mehr practisch als theoretisch, wenn über die Rechtmäßigkeit oder Ausübung derselben gestritten wird. Diese Streitigkeiten gehören allerdings vor den ordentlichen Richter des Beklagten, obgleich solches vielfältig in dem Falle geläugnet wird, wenn man über den Sinn des privilegii streitet, welches man dem Gesetzgeber zur Entscheidung allein überlassen will, da doch der Richter die Person des Landesherrn vorstellt. Ist also die Erklärung rechtmäßig geschehen, so kann sie der Landesherr selbst, ohne Ungerechtigkeit, nicht aufheben. Ist indessen der Sinn des privilegii ganz dunkel und zweydeutig, oder die Frage von der Ausdehnung desselben auf einen nicht ausdrücklich bestimmten Fall, so muß die Erklärung alsdann von dem Gesetzgeber selbst gemacht werden. Indessen kann man auch hier dem Richter nicht alles Erkenntniß absprechen, so lange der Gesetzgeber solches nicht verhindert. Ueberhaupt ist wegen der für den Richter streitenden

Vermuthung, der Weg an den Landesherrn nicht leicht anzurathen, und dem Richter die Untersuchung, ob das privilegium erschlichen sey, unter den gewöhnlichen Rechtsmitteln, zu überlassen. Was Teutschland insbesondere anbetrift, so ist jeder Reichsstand als die Quelle aller Privilegien, zugleich aber als Richter anzusehen. Beyde Rechte werden oft auf einerley Art, ja wol von einerley Personen durch den Landesherrn ausgeübt, dahingegen im andern Fall genau bestimmt werden muß, was eine Regierungs= oder Justitzsache sey. Indessen können auch hier die Richter über den Sinn der Privilegien eine Erklärung stellen, wo nicht der Sinn des privilegii ganz undeutlich ist, oder solches weiter, als es die Worte mit sich bringen, ausgedehnet werden soll. Der Landesherr kann aber allerdings den Richter anhalten, in seinen Schranken zu bleiben, ob er gleich besser thut, das Gericht, als die Minister, oder die Partheyen, in streitigen Fällen zu hören. Die besondere Anwendung dieser Lehre auf die höchsten Reichsgerichte hat der Herr Hofrath Pütter in dem gleich folgenden Anschlage gemacht. S. auch Göttingische Anzeigen von gelehrten Sachen, auf das Jahr 1759 St. 38.

38) *Progr.* De Iure & officio summorum Imperii Tribunalium circa interpretationem privilegiorum Cæsareorum. *ibid.* 1758.

Dieses ist die Einladung zu der Probeschrift des Herrn D. Paridom Friedrich Ankelmanns und Herrn Lic. Herm. Manckens. Sie ist
gleich=

gleichsam eine Fortsetzung der vorhergehenden Schrift. Der Kayser ist in Teutschland die höchste Quelle aller Privilegien, die er allein, vermöge seiner Reservatrechte, ertheilet, aber auch allein authentice erkläret, so oft ein Zweifel entstehet, welcher nicht anders, als aus dem freyen Willkühr des Urhebers gehoben werden kann. Es können also die höchsten Reichsgerichte solches an seiner Stelle nicht thun, obgleich der Reichshofrath, in der Würde eines kayserl. Rathes, dem Kayser durch Vota einen Rath zu ertheilen pfleget. Die Partheyen, oder das Cammergericht selbst thun also besser, wenn sie, wie es oft geschehen, dem Reichshofrath die Erklärung solcher streitigen Privilegien auftragen, welcher Satz mit einigen wichtigen Exempeln bestätiget wird. Dem Cammergericht ist indessen nicht alles Erkenntniß hierin abgeschnitten, wo es nemlich nicht auf den Willen, sondern die Meynung des Ertheilers ankommt. Es kann also allerdings urtheilen, wo über Verletzung der Privilegien geklagt wird, nur darf er die Grenzen seiner Gewalt, durch Ausschliessung der Austrägen, nicht zu sehr erweitern. Der Herr Hofrath erstreckt aber das Recht des Cammergerichts noch weiter, und auch auf den Fall, wenn über den Inhalt, Gültigkeit und Sinn des privilegii gestritten wird, da die Erkenntniß darüber eine unstreitige, und dem Cammergericht nicht ausdrücklich genommene Justitzsache ist. Es gehöret ihm also unstreitig das Recht, nicht nur den Sinn des privilegii zu bestimmen, sondern es auch für ungültig und erschlichen zu erklären. Die Gesetze sind
des-

desfalls auch dem Cammergericht nicht entgegen, und obgleich das eigene Geständniß der Cammer das Gegentheil darzuthun scheinen möchte, so gehet dieses nur blos auf die authentische Erklärung, und kann also der Gerechtsame des Cammergerichts nicht nachtheilig seyn, eben so wenig als die gegenseitigen Meynungen des Reichshofraths solches zu bewirken im Stande sind, zumal, da selbst die Praxis des Cammergerichts hierin sattsam begründet. S. auch **Göttingische Anzeigen von gelehrten Sachen,** auf das Jahr 1759 St. 39.

39) **Rechtliches Bedenken wegen der Erbfolge in denen erledigten rheingräflich-dhaunischen Landen.**

In dieser merkwürdigen Rechtsangelegenheit kamen im Jahr 1756 eine beträchtliche Schrift, und im Jahr 1758 noch einige zusammen gehörige lesenswürdige Schriften in Folio heraus. Diese letztern sind folgender Gestalt überschrieben: 1) **Nöthig befundene Erinnerungen zu der von Seiten derer Herren Fürsten von Salm-Kyrburg im Druck erschienenen sogenannten actenmäßigen** *specie facti*, **in Sachen derer Herren Rheingrafen zu Grumbach und Rheingrafenstein, entgegen die Herren Fürsten Nicolas Leopold von Salm-Salm, sodann Dominick Albert und Philipp Joseph von Salm-Kyrburg,** *citationis ad videndum dividi tam feuda ab Abbatia S. Maximini relevantia, quam allodia in successione Dhuensi comprehensa &c.* Die in diesem Titel benannte salm-kyrburgische Species Facti ist hier

wieder

wieder abgedruckt, und gegen über auf jeder Seite sind die rheingräflichen Erinnerungen beygefüget worden. Ueberdies ist noch hinzu gekommen: 1) Anmerkung von denen churpfälzischen gemeinen Lehen, und enthält einen mit vielen Beyspielen und angezogenen Urkunden bestärkten Beweis, wie am churpfälzischen Lehenhofe insonderheit die Lehre, von der gesamten Hand, und von der Lehensfolge mehr nach Stämmen, als vermöge der gemeinen Rechte nach den Graden, von je her im Gange gewesen. 2) Kurzer Begrif derjenigen Gründe, welche bishero zu Behauptung des rheingräflich-grumbach- und rheingrafensteinischen Erb- und Lehnfolgrechts in die Hälfte derer erledigten rheingräflich-dhaunischen Lande vorgeleget worden sind, nebst Widerlegung derer dagegen fürstlich salm-kyrburgischer Seits vorgebrachten unstatthafter Einreden aus denen beyderseits zum Vorschein gekommenen Druckschriften zusammen gezogen, und zu geschwinder Einsicht mitgetheilet. Diese mit zwey wild- und rheingräflichen Geschlechtsregister versehene Schrift enthält eigentlich einen systematisch verkürzten Vortrag derer in allen bisherigen Schriften rheingräflicher Seits behaupteten Gründe für die Lehensfolge nach den Stämmen, und nach den Grundsätzen der Gemeinschaft, ohne sich an die Nähe der Grade zu binden. 3) **Göttingisches rechtliches Bedenken**, vom Monat März 175. Hierinnen hat der Herr Hofrath Pütter die Feder geführet, und setzt aus allen bisher in dieser Sache zum Vorschein gekommenen Schriften erstlich eine Geschichtserzehlung in zweyerley Abtheilungen voraus, worin eines Theils diejenigen Urkunden und Begebenheiten, woraus die in dieser gräflichen Familie beybehaltene Gemeinschaft des Eigenthums, als die einzige Begründung des Rechts der Erbfolge, erhellet; sodann andern Theils diejenigen Succeßionsfälle und Verträge, woraus die im rheingräflichen Hause hergebrachte besondere Art zu succediren abzunehmen, nach chronologischer Ordnung vorgetragen werden. Hiernächst wird nach kurzer Beschreibung des gegenwärtig in Frage stehenden Succeßionsfalls vom 10 Junius 1750 folgende Frage, worauf dessen Entscheidung beruhet, aufgeworfen: Ob mit Bestande Rechtens zu behaupten stehe, daß ein ehedem allgemeineres Succeßionsrecht nach den Stämmen oder Linien, so von den römischen Grundsätzen, nach welchen auf die Nähe der Grade, und die Vertheilung nach den Köpfen gesehen wird, ganz unterschieden, in dem gesamten rheingräflichen Hause dergestalt sey beybehalten worden, daß bey dem dermaligen Succeßionsfalle, der durch Abgang der rheingräflich-dhaunischen Hauptlinie sich begeben, das durch deren Erlöschung erledigte Landesantheil der fürstlich salmischen Linie, um deswillen, daß sie mit dem letztverstorbenen im nähern Grade der Verwandschaft gestanden, keinesweges alleine und privative, mit Ausschliessung derer um einen Grad entfernten Personen, der rheingräflich-grumbachischen Linie, sondern vorber*er* *j*eder fürstlich-salmischer Linie nur zur Hälfte, und die andere Hälfte nur gedachter

dachter rheingräflich-grumbachischer Linie gebühre? Oder: Ob es schlechterdings bey der in gemeinen Rechten gegründeten Regel, daß der Nähere den Entfernteren ausschliesse, auch hier verbleibe? Nach angeführten Zweifels- und Entscheidungsgründen gehet am Ende der Schluß dahin: Daß nach vorliegenden Umständen allerdings mit Bestande Rechtens zu behaupten, daß ermeldetes teutsches Successionsrecht in dem rheingräflichen Hause sowol durch Verträge als Herkommen dergestalt beybehalten sey, daß nach Abgang der rheingräflich-dhaunischen Linie deren Antheil der fürstlich salmischen Linie nicht allein und privative, folglich mit Ausschliessung der rheingräflich-grumbachischen Linie, sondern jener nur dessen eine Hälfte, und die andere Hälfte der letztern gebühre, und daß es deswegen bey der sonst in gemeinen Rechten gegründeten Regel: daß der nähere den entfernteren ausschliesse, hier nicht verbleibe. Diesem göttingischen Bedenken giebt 4) und zuletzt ein beygefügtes Heydelbergisches rechtliches Bedenken seinen Beyfall, und zwar aus dreyen darin weiter ausgeführten Hauptgründen, die mit folgenden Worten ausgedruckt sind: a) In dem wild- und rheingräflichen Hause, (woraus die streitenden Theile herstammen,) ist die Gemeinschaft derer Güter bereits in dem 13ten Jahrhundert eingeführet, und bis auf diese Zeit beybehalten worden. b) Sothane Gemeinschaft muß als eine Geburt derer altteutschen Rechte beobachtet, mithin nach ihren Sinn verstanden werden. c) Dieselbe bedeutet also, daß bey der Erbfolge nicht auf die nähere Stufen, sondern lediglich biglich auf die Linien zu sehen sey. S. mit mehrern Göttingische Anzeigen von gelehrten Sachen, auf das Jahr 1759 St. 110.

40) *Diff.* De querelæ nullitatis & appellationis conjunctione. *Gottingæ* 1759. *Resp.* pro gradu Doctoris, *Petr. Simon.*

So häufig die Lehre von der Nullität in den Gerichten vorkommt, so ist selbige doch bisher noch nicht hinlänglich abgehandelt, auch in den Gesetzen selbst nicht genugsam bestimmet worden. Einen umständlichen Auszug aus dieser so wichtigen als gründlichen Abhandlung findet man in denen Göttingischen Anzeigen von gelehrten Sachen, auf das Jahr 1760 St. 21.

41) *Progr.* Theoria generalis de nullitate. *ibid.* 1759.

Durch diesen Anschlag ward die öffentliche Doctorpromotion derer Herren Peter Simon und Johann Otto von Lutterloh angekündiget. Es wird hierinnen die Lehre von denen Nullitäten sehr gründlich abgehandelt. S. desselben Inhalt in denen Göttingischen Anzeigen von gelehrten Sachen, auf das Jahr 1760 St. 23.

42) *Diff.* De eo, quod justum est circa remissionem mercedis in locatione conductione ob calamitates bellicas. *ibid.* 1760. *Resp.* pro gradu Doctoris, *Wilhelm. Hermann. L. B. Riedesel von Eisenbach.*

Der Herr Hofrath Pütter hat zwar bey selbiger, jedoch ohne sich mit einem Worte einzumischen, den Vorsitz geführet, und auch in einer kleinen Vorrede, womit er die Abhandlung nach um-
ge-

gedrucktem Titel begleitet hat, allen Antheil an der Ausarbeitung abgelehnet. Die ganze in sehr pragmatischem Geschmack geschriebene Abhandlung ist in drey Abschnitte abgetheilet, worin von dem Miethscontract überhaupt, von der Erlassung des Mieth- und Pachtzinses, und von den verschiedenen Unglücksfällen des Krieges, bey welchen eine Erlassung des Miethzinses Platz findet, gehandelt wird.

Von dieser bey den jetzigen Zeitläuften nutzbaren Probeschrift lieset man einen vollständigen Auszug in denen Göttingischen Anzeigen von gelehrten Sachen, auf das Jahr 1760. St. 33.

43) Auserlesene Rechtsfälle aus allen Theilen der in Teutschland üblichen Rechtsgelehrsamkeit in Deductionen, rechtlichen Bedenken, Relationen und Urtheilen, theils in der göttingischen Juristenfacultät, theils in eigenem Namen ausgearbeitet. Nebst drey genealogischen Stammtafeln von der rheingräflichen, riedeselischen und gemmingischen Familie. Göttingen 1760. Folio.

Diese schöne Sammlung enthält I-IV.) vier zuvor einzeln gedruckte Deductionen in der am Reichshofrath anhängigen noch unentschiedenen gräflich wurmbrandtischen Verlassenschaftssache, welche in denen Jahren 1752. 1753 und 1756 abgefaßt worden. (S. oben No. 17. 18. 21 und 26.) V. und VI.) sind zwey Deducionen von 1746 und 1747 die das berühmte Fideicommiß des Caspar Lerch von Dürmstein, und eine darüber am Cammergericht anhängige Rechtssache betreffen, wovon nur die er ste vorhin schon gedruckt gewesen. VII. und VIII.) Sind zwey rechtliche Bedenken der göttingischen und heydelbergischen Juristenfacultäten von 1757 und 1758 über den merkwürdigen rheingräflich-dhaunischen Succeßionsfall vom Jahr 1750. (S. oben No. 36.) Diesen folgen IX-XV.) noch theils in der Juristenfacultät, theils in eigenem Namen abgefaste rechtliche Bedenken, welche fürstliche und adeliche Succeßionsfälle betreffen, und hier das erstemal im Druck erscheinen. Die XVI und XVII.) folgende Deductionen, die Gerichtsbarkeit der höchsten Reichsgerichte in evangelischen Kirchen- und Schulsachen betreffend, sind schon 1755 gedruckt worden. XVIII.) Ein Facultätsbedenken für die unmittelbare Reichsritterschaft, die Befreyung deter Canzleyen von der reichsstädtischen Gerichtsbarkeit betreffend. (S. oben No. 33.) XIX und XX.) Sind zwey bisher ungedruckte Deductionen von 1746, welche einem am hochfürstl. heßischen Samthofgerichte zu Marburg seit mehr als anderthalb hundert Jahren anhängigen merkwürdigen Rechtsfall der Gemeine Schwebda gegen die Herren von Keudel betreffen. Sodann endlich XXI-XXIV.) vier Rechtssprüche der göttingischen Juristenfacultät mit beygefügten Zweifels- und Entscheidungsgründen, auch vorgesetzten kurzen Relationen. Der Herr Hofrath Pütter verspricht, wenn Zeit und Umstände es rathen sollen, diese Arbeit weiter fortzusetzen. S. auch Göttingische Anzeigen von gelehrten Sachen, auf das Jahr 1760. St. 59.

44) Diss.

44) *Diss.* De summorum Imperii Tribunalium concurrente Iurisdictione, ejusque conflictu in caussis antiquioribus ex ipsorum Tribunalium origine dijudicando. *ibid.* 1760. 4.

Diese zur Aufklärung einer der wichtigsten und streitigsten Materien des teutschen Staatsrechts vorzüglich gereichende Probeschrift hat Herr Caspar Friedrich Hofmann, aus Wetzlar, zur Erhaltung der höchsten Würde in der Rechtsgelahrheit, unter dem Vorsitze des Herrn Hofrath Pütters vertheidiget. Den Inhalt dieser vortreflichen Abhandlung findet man weitläuftig bemerket in denen Götting:schen Anzeigen von gelehrten Sachen, auf das Jahr 1760. St. 138.

V.

Johann Heinrich Bocris,

Beyder Rechten Doctor, Kayserl. Königl. Hofrath, und ordentlicher Lehrer des Staatsrechts auf der Kayserl. Königl. Academie zu Wien (*).

Der Herr Hofrath Bocris ist im Jahr 1713 den 10 August in der freyen Reichsstadt Schweinfurth in Franken geboren. Sein seel. Vater war Herr M. Johann Heinrich Bo-

(*) S. auch 1) *Conr. Wilhelm. Streckeri Progr.* Quædam de pactis & stipulationibus illicitis & reprobatis.

Johann Heinrich Bocris.

Bocris, ehemaliger beſtverdienter Conrector und Profeſſor der Phyſik an dem berühmten Gymnaſio zu Schweinfurth, wie auch der königl. preußiſchen Societät der Wiſſenſchaften Mitglied, welcher viele gelehrte Schriften herausgegeben, aber ſehr frühzeitig im 28ſten Jahre ſeines Alters, nemlich im Jahr 1716 den 16 October, die Schuld der Natur bezahlet hat; und ſeine Frau Mutter war Sophia Amalia, eine gebohrne Schmidtin. Der Großvater war Herr M. Franz Caspar Bocris, ehemaliger Diaconus in der Thann, hernachmals Paſtor in dem zwey Stunden von Schweinfurth gelegenen Dorfe Euerbach; und iſt alſo hierinnen Weinrichs hennebergiſcher Kirchen- und Schulenſtaat zu verbeſſern, welcher S. 517 gezweifelt, ob M. Johann Heinrich Bocris mit dieſem ſey verwandt geweſen. Auch iſt D. Johann Caspar Bocris unter denen Gelehrten bekannt, welcher 1717 zu Jena Doctor worden, und ſeine Probeſchrift, De retorſione in moratorio non competente, unter des berühmten Slevogts Vorſitze, und im Jahr 1718 als Vorſitzer eine andere gelehrte Streitſchrift, De eo, quod juſtum eſt circa ſepulturam propricidarum, daſelbſt vertheidiget hat. Dieſer iſt unſers Herrn Hofraths Bo-

tis. *Erfordiæ* 1736. welches die Einladungsſchrift zu des Herrn Hofrath Bocris Inauguraldiſputation iſt. 2) von Moſers Lexicon derer jetztlebenden Rechtsgelehrten in und um Teutſchland, S. 16. 3) D. Gottlob Auguſt Jenichens Unpartheyiſche Nachrichten von dem Leben und denen Schriften derer jetztlebenden Rechtsgelehrten in Teutſchland, S. 17 und 18.

Bocris Vaters Bruder gewesen, dessen weitere
Schicksale mir aber nicht bekannt sind.

Man muß sich daher wundern, wie der seel.
Herr Professor Rapp zu Leipzig, welcher doch
sonst in der gelehrten Geschichte stark war, in Ansehung gegenwärtigen Herrn Hofraths Bocris
und seines seel. Herrn Vaters einen so grössen *Solæcismum litterarium* begehen können. Derselbe
setzet in der Vorrede zu den neuen Beyträgen
von alten und neuen theologischen Sachen ꝛc.
auf das Jahr 1751, die unter seiner Aufsicht fortgesetzet wurden, S. 26 folgendes: Herr M. Bocrisius, so zu Jena 1709 eine *Diss.* περὶ τῆ
Θεᾶς *in Reformatione D. Lutheri* gehalten, ist
nach der Zeit catholisch worden, und jetzt
fürstl. bambergischer geheimer Hofrath und
Prof. Iuris zu Bamberg ꝛc. und S. 546 bei
der Recension der Schrift Herrn Johann Anton
Trinius Beytrag zu einer Geschichte berühmter
und verdienter Gottesgelehrten heist es also: Wenn
hier stehet, daß *M.* Johann Heinrich Bocrisius, Professor zu Schweinfurth, welcher zwey *Dissertationes*, *De doctis Apostatis*
heraus gegeben hat, durch den Tod verhindert worden sey, den dritten *Commentarium* der gelehrten Welt mitzutheilen, so
ist dieses zu verbessern, indem er noch am
Leben ist, und die Anzahl der *doctorum Apostatarum* selbst vermehret hat, und, wie wir
in der Vorrede zu unsern Beyträgen gemeldet haben, die Gerechtsame der evangelischen Religion, darinnen er gebohren

wo

worden, zu untergraben suchet. Man siehet aber aus obigen, daß dieses Urtheil ganz falsch
sey, indem darinnen der Vater, M. **Johann
Heinrich Bocris**, und dessen Herr Sohn, D.
Johann Heinrich Bocris, mit einander verwechselt werden. Ein mehreres, und von dem Leben und Schriften des Vaters, M. **Johann
Heinrich Bocris**, findet man in denen Erlangischen gelehrten Anmerkungen und Nachrichten, auf das Jahr 1757 St. 4 S. 25-28.

Jedoch wiederum auf den Herrn Hofrath Bocris zu kommen, so gieng seiner Eltern, absonderlich aber seiner Frau Mutter, weil er seinen Herrn
Vater im dritten Jahre seines Alters durch den
Tod verloren, Sorgfalt und Bemühung dahin,
daß er in der Gottesfurcht, guten Künsten und
Wissenschaften wohl erzogen würde, dahero er in
seinen Jugendjahren die Schule seiner Vaterstadt
fleißig besuchte, und wie er die ersten Grundsätze
der lateinischen Sprache geleget hätte, so gelangete
er im Jahr 1729 in das dasige berühmte und blühende Gymnasium, wo er bis zum Jahr 1731 verblieb,
und sich in der lateinischen Sprache fest setzete,
und die Schulstudien zu Ende brachte.

Hierauf begab er sich auf die berühmte Universität zu Altdorf, allwo er die philosophischen Wissenschaften von dem Herrn D. Feuerlein, jetzigem
ersten Lehrer der Gottesgelahrheit zu Göttingen
sich erklären ließ. In denen Anfangsgründen der
Rechtsgelehrsamkeit war der seel. Herr D. Deinlin
sein Lehrer, und die teutsche Historie hörete er bey
dem seel. Herrn Professor Köhler.

Nach Ablauf eines Jahres verließ er Altdorf, und begab sich auf die Universität Jena, wo er die Vorlesungen **Heinrich Köhlers**, **Carpovs**, **Moters**, **Becks** und **Diermars** fleißig besuchete, und in dem Recht der Natur, in der practischen Philosophie, in dem bürgerlichen, in dem geistlichen und in dem Lehnrechte einen tüchtigen Grund legte.

Nach vollendeten academischen Jahren begab er sich wiederum in seine Vaterstadt, wo er sich zwar über ein halbes Jahr nicht aufhielt, jedennoch aber in dieser Zeit sich auf die practischen Wissenschaften legte. Darauf reisete er nach Wien, wo er sich 13 Monate lang aufhielt, und bey dem Edlen Herrn von Heunisch, des heiligen römischen Reichs Rittern, churcöllnischen geheimen Rath, und residirenden Minister am kayserl. Hofe, auch Reichshofrathsagenten, Gelegenheit fand, Reichshofrathsacten unter die Hände zu bekommen, und sich die Art und Weise, wie an diesem höchstpreißl. Gerichte verfahren wird, bekannt zu machen.

Im Jahr 1736 begab sich der Herr Hofrath Bocris nach Erfurt, und erhielt daselbst, nach ausgestandenen Prüfungen, den 12ten Julius die Licentiatenwürde. Noch in selbigem Jahre ward er Professor der Rechte auf dem berühmten Gymnasio zu Schweinfurth. Allein zu Ende des Jahres 1739 gieng er von Schweinfurth weg, vertauschte die evangelisch-lutherische Religion mit der catholischen, erhielt den Character eines hochfürstl. bischöfl. würzburgischen und bambergischen H und Regierungsraths, und ward auf der Ott

Fri

Friedrichsuniversität zu Bamberg öffentlicher Lehrer der Rechte, und der Juristenfacultät Beysitzer; er hat sich auch darauf die Doctorwürde ertheilen lassen. Nachher ist er hochfürstl. bischöflicher bambergischer geheimer Hofrath, desgleichen Professor des Staatsrechts und der Praxis, und der Juristenfacultät Senior zu Bamberg geworden.

Im Jahr 1753 bekam Herr Bocris von Ihro Majestät der Kayserin und Königin von Ungarn und Böhmen den Ruf, als Lehrer des Staatsrechts auf die weltberühmte alte Universität Wien, nebst dem Character eines kayserl. königl. Hofraths, wobey ihm eine jährliche Besoldung von 2000 Gulden, freye Wohnung und Reichshofrathsrang ausgesetzet wurde. Er folgete diesem sehr vortheilhaften Rufe, und kam gegen Ende des Jahres 1753 zu Wien an, allwo er sich noch jetzo befindet.

Er ist ein geschickter Mann, der aber, wie mehrere catholische Rechtsgelehrte, gefährliche Lehrsätze wider das teutsche Staats- und Kirchenrecht heget. Von seinen Schriften sind mir folgende bekannt:

1) *Diss. Inaug.* De exemtione bonorum Ordini Equestri immediato collectabilium illicita. *Erfordiæ 1736. Præside Conrad. Wilhelm. Strecker.*

Dieses ist des Herrn Hofrath Bocris Inauguralprobeschrift, durch die er sich die Licentiatenwürde erworben. Sie ist in zwey Capitel eingetheilet. Das erste redet de origine ac fatis Collectarum Equestrium. Und das zweyte, De fundamentis Collectarum Iuris Ordini Equestri

stri competentis. Welches alles recht gründlich abgehandelt ist.

2) *Diss.* Sistens Theses quasdam controversas manuductioni *Bœhmerianæ* ad disputandum annexas. *Suevofurti* 1736. 4.

Diese Schrift kenne ich blos aus Mosers und Jenichens oben angeführten Nachrichten, die aber beyde unrichtig das Jahr 1726 angeben.

3) *Diss.* Ima, De origine ac fontibus Iuris Feudalis Germanici ex Diplomatibus adumbrati. *ibid.* 1737. *Resp. Elia Gerlach.*

In dem ersten Bande des juristischen Büchersaals, S. 559 wird gesaget: Diese Dissertation ist so gründlich ausgearbeitet, daß wir viel dergleichen Proben von dem fleißigen Herrn Bocrisio zu sehen wünschen. Auf diese Dissertation haben noch einige andere folgen sollen, welches aber meines Wissens nicht geschehen ist.

4) *Commentatio historico - Iuridica*, De regali monetæ, in specie de mitra bicorni in Episcopis Germaniæ hujus Regalis criterio; Ex rariori quodam nummo bracteato ac variis Diplomatibus illustrata. *Lipsiæ* 1739. 4. *Cum bracteato.*

Diese gelehrte und wohlabgefaste Schrift hat zwey Abschnitte. Der erste handelt, De regali monetandi in genere, & Episcoporum Germaniæ in specie. Und der zweyte Abschnitt, De mitra bicorni in hoc bracteato regalis monetandi criterio. Dieser Bracteate ist zugleich auf dem Titelblatte mit abgedruckt.

5) *Diss.*

5) *Diss.* De tutore pecuniam pupillarem in proprios usus convertente ad usuras centesimas hodie minus obligato. *Bambergæ* 1743. *Resp. Georg. Michael. Horn.*

In dem vierten Bande der Allerneuesten Nachrichten von juristischen Büchern ꝛc. S. 552 wird diese Streitschrift eine recht ausnehmend schöne Abhandlung genennet.

6) Kurzgefaßter Beweis, daß die Suitas heredis in Teutschland wenig oder keinen Nutzen zeige, dahingegen zur Verwirrung derer vatterländischen Rechte und Bekränkung derer Parthien wahren Gerechtsame ein grosses mitwürke. Nebst einem Responso Iuris der löbl. Juristenfacultät zu Bamberg, und einiger andern dahin dienenden ungedruckten Urkunden. Altdorf 1744. 4.

Dieser Beweis ist ordentlich und gut abgefaßt, und wird darinnen eigentlich von der Communione bonorum unter Eheleuten, von der römischen patria potestate, ihrer Emancipation, und der sogenannten Suitate heredis (über welches Wort der grosse Schurzfleisch sehr gespottet) gehandelt. Am Ende befindet sich ein Responsum Iuris der Juristenfacultät zu Bamberg, welches den Herrn Hofrath Bocris zum Verfasser hat. Den Beschluß macht ein Extract eines alten bambergischen Stadtrechts von 1489. Tit. Von Erb.

7) *Diss.* Sistens Observationes selectas circa materiam remedii Appellationis, Recursus ad Comitia, Revisionis, Nullitatis, ac denique Syndicatus, in quantum hæc

singula ex Praxi Imperii effectu suspensivo gaudent. *Bambergæ* 1745. *Resp. Ioh. Georg. Keim.*

In dem fünften Bande der Allerneuesten Nachrichten von juristischen Büchern ꝛc. S. 355-358 wird von dieser Streitschrift ein Auszug mitgetheilet, und von ihr folgendes gemeldet: „Es heissen diese Anmerkungen nicht nur auserlesen, „sondern sie sind es auch würklich. Die Lehren von „der Berufung, der Berufung auf den Reichstag, „der Besichtigung der Acten, Wiedereinsetzung in „vorigen Stand, Nichtigkeitsbeschwerde und Syn„dicatsklage, welche an denen höchsten Reichsgerich„ten täglich vorkommen, werden treflich erläutert, „und in mehrere und grössere Gewißheit gesetzet. „Unter denen beygefügten Corollarien (heißt es fer„ner) haben uns folgende vornemlich gefallen:

„S. 53 schreibt er: Non est genuina conse„quentia, vivit aliquis in statu naturali inde„pendentiæ; Ergo simul Iure Majestatis gau„det. Rident proinde *Robinsonem Crusan,* „*Anglum* illum, in insula vacua degentem, „& in persona sua Monarcham sibi imagi„nantem.

„S. 54 lesen wir: Consuetudo, vi cujus „passim ad caussas profanas testantur Clerici, „de bonis beneficialibus superfluis, non est „culpanda ut irrationabilis.

„S. 56 vertheidiget der Herr Hofrath den Satz: „Actio ex pœna conventionali non est pœ„nalis, alias in Germania actiones pœnales „exulare, minus recta esset sententia.

„S. 59

„S. 59 behauptet er: Traditio mere fictitia
„eſt, Epiſcopum Bambergenſem Imperato-
„ri curiam ſuam, ſi voluerit, cedere teneri.
„Originem fabula comitiis Bambergæ in ur-
„be municipali, quod rarius omnino factum
„eſt, ſæpius habitis, & Palatio Regio ibi-
„dem exſtructa, ſine dubio adſcribere poſ-
„ſumus. Sed a Palatiis ejusmodi regiis ad
„Ius quoddam noſtris temporibus adhuc va-
„liturum concludere, nec urgent, nec ſo-
„mniant Iuris Publici interpretes.

„S. 61 drucket er ſich alſo aus: Ridicula cri-
„mina feudalia hodie ex omnium aſſenſu me-
„rito exulant: Wenn ſich der Vaſall vor
„dem Lehnherrn räuſpert, oder huſtet,
„oder ſpeyet, oder nieſſet, oder Mücken
„von ſich jaget. S. des Schwäbiſchen Lehn-
„rechts 127ſtes Hauptſtück; und des Sächſiſchen
„Lehnrechts 69ſtes Hauptſtück.

„Auf eben dieſer Seite erlernen wir: Formu-
„las in literis feudalibus occurrentes Mann,
„Mannlehen non ſemper Feudum rectum,
„vel virum, ſed devotum, obnoxium ſigni-
„ficare. *Acta Hannov.* in cauſſa Heſſen-Caſſel
„contra Chur-Maynz, das Freygericht betref-
„fend p. 131. Ich Franke von Cronenberg er-
„kenne, – daß ich, und alle mine Libeserben,
„Sune und Tochter um dieſelbe 800 Pf. Heller un-
„ſers egenandten Gn. Herrn, und aller Siner Er-
„ben Mann ſin ewiglich.

„S. 64 wird behauptet: Femina rapiens ma-
„ſculum ordinaria raptus pœna eſt punienda.

„S. 65

„S. 65 wird angemerkt: Secundum obſer-
„vantiam & conſuetudinem Bambergenſem
„poſt annum & diem elapſum, non ſolum
„communis bonorum inter ipſos conjuges,
„ſed ipſa quoque unio prolium inter liberos
„ex diverſis matrimoniis natos, vel adhuc
„naſcituros, tacite introducta cenſetur, niſi
„per pacta praevia aliter fuerit conventum.

„S. 66 hält er davor: Si unus conjugum
„tale commiſit delictum, quod mulctam pe-
„cuniariam promeretur; eadem ex maſſa
„communi eſt deſumenda, licet major pars
„bonorum eſſet neceſſaria ad hanc exſolven-
„dam; quod etiam verum eſt, licet pars no-
„cens plane nihil attuliſſet.

8) *Diſſ.* De onere probandi ſubditis in
Religione a Domino territorii diſſentien-
tibus, regulariter incumbente, ſi Ius Re-
formandi ob annum normalem ceſſans &
limitatum obtineat. Ad illuſtrand. §. 31.
Art. V. Inſtrum. Pac. Weſtphal. Una cum
Corollariis ex univerſo Iure deſumtis. *ibid.*
1745. *Reſp. Io. Georg. Ignat. Scheid.*

Im fünften Bande nur gedachter **Allerneueſten Nachrichten von juriſtiſchen Büchern ꝛc**
S. 535 u. f. heiſt es von dieſer Streitſchrift: Es iſt
dieſes ein Commentarius über den 31. Paragra-
phum des V. Art. des weſtphäliſchen Friedensin-
ſtruments, in welchem viele bedenkliche, und un-
ſrer evangeliſchen Religion (in welcher doch der Verfaſſer gebohren und erzogen iſt) höchſtgefährli-
Lehrſätze, beſonders von der einem catholiſchen Lan-

desherrn vermeintlich zustehenden ganz unumschränkten geistlichen Gerichtsbarkeit über seine evangelische
Unterthanen, von dem Recht eines catholischen Landesherrn seinen evangelischen Unterthanen gewisse
Lieder zu verbieten, u. d. m. vorkommen, welche
eine gerechte und billige Ahndung verdienen. Es
sind zwar solche sehr glimpflich und bescheiden vorgetragen worden; aber desto mehr hat man Ursache,
vor solchen zu warnen, da allemal ein bescheidener
Widersacher furchtbarer ist, als einer, der seine
Sätze mit Schimpfwörtern zu erweisen suchet. Am
Ende befinden sich viele Corollaria aus dem Na-
tur- und Völker-, aus dem bürgerlichen, geistlichen, Staats-Lehn- und peinlichen Rechte, von
denen einige recht artig sind.

9) *Diss.* De reservato Postarum Cæsaris proprio, & qua tali a Statibus Imperii
agnito. Ad illustrand. §. 3. Art. XXVIII.
Capit. Cæsar. noviss. Una cum Corollariis
ex universo Iure desumtis. *ibid.* 1745. *Resp.*
pro gradu Doctoris, *Iacob. Henr. Haysdorf.*

In erwehntem fünften Bande der Allerneuesten Nachrichten von juristischen Büchern 2c.
S. 708-710 wird von dieser Streitschrift folgendes
Urtheil gefället: Der Herr Hofrath bemühet sich in
dieser Abhandlung darzuthun, daß das Postwesen
zu denen Majestätsrechten des Kaysers gehöre, daß
ihm dasselbe als ein solches von denen Ständen eingeräumet worden, und daß folglich der Fürst von
Thurn und Taxis, als Erbgeneralreichspostmei-
ster denen Ständen gleiches Recht in ihren Landen
nicht zugestehen dürfe. Uns haben seine Gründe
noch

noch nicht bekehret. Was einige Stände theils aus gutem Willen, theils aus Furcht, theils um die auf das Postwesen unumgänglich aufzuwendende Unkosten zu ersparen, gethan haben, ist noch lange nicht zureichend, dem Kayser ein Majestätsrecht zu erwerben, zumal da andere mächtige Reichsstände, z. E. Oesterreich, Sachsen und Brandenburg dem Kayser niemals dieses Recht einzig und allein zugestanden haben, auch überdies kein Reichsgesetz aufgewiesen werden kann, in welchem dem Kayser das Postwesen als ein Majestätsrecht überlassen worden sey. Es wird zu diesem Behuf *Kemmerichii* Introductio ad Ius Publicum Imp. R. G. Libr. V. Cap. 10. p. 1112. angeführet. Nich weniger der Reichsabschied vom Jahre 1548 §. Wiewol auch in der Regierungshandlung ꝛc. Ferner: der Reichsabschied vom Jahr 1582. §. Wir wollen ꝛc. Und, die Allerneueste Wahlcapitulation, Art. I. §. 8 und 9.

10) *Diss.* Sistens Observationes Iuris Feudalis Germanici. Una cum Corollariis ex universo Iure desumtis. *ibid.* 1747 *Resp.* pro gradu Doctoris, *Ioh. Georg Stapff.*

In dieser weitläuftigen Streitschrift sind mancherley und nutzbare Anmerkungen aus dem teutschen Lehnrechte enthalten.

11) *Diss.* De potestate Statuum Imper. subditis suis diversæ Religionis indicendi ferias, Legibus Imperii non incongrui *ibid.* 1748. *Resp. Benedict. Marian. L.* Schüz ab Holzhausen.

Der Herr Hofrath Bocris untersucht gleich anfangs die Frage: An Ius introducendi Calendarium pro annexo Religionis, vel pro re mere politica sit habendum? Das letztere behauptet er. Er verwirft der Evangelischen Unterschied unter der weltlichen und geistlichen Gerichtsbarkeit. Sodann führet er an, daß jeder Fürst, welcher superioritatem territorialem habe, seinen Unterthanen Feyertage zu feyern auferlegen könne, in so ferne solches Recht der Glaubenslehre und Gewissensfreyheit derselben nicht zuwider wäre. Seine Beweise sind meistens aus protestantischen Schriftstellern genommen, und seine Schreibart ist sehr bescheiden. S. auch Regenspurgische wöchentliche Nachrichten von gelehrten Sachen, 1748. St. 53.

12) **Abhandlung**, von der Nutzbarkeit und Nothwendigkeit der teutschen Staatsrechtslehre für einen jeden der Rechte Beflissenen. *ibid.* 1748.

Es ist eine Einladungsschrift, womit er seine Wintervorlesungen angekündiget hat. Nicht nur das genaue Band zwischen dem Privat- und Staatsrechte rathet allen denenjenigen, die in der Rechtsgelehrsamkeit was gründliches thun wollen, die genaue Erlernung aller Theile an, welche das ganze ausmachen, sondern auch niemand, welcher den Namen eines Rechtsgelehrten verdienen will, kann die Materie von der Reichsregierung, von der landesherrlichen Regierung in geist- und weltlichen Sachen, von den besondern Gerechtsamen jeder Stände, die Verfassung der Reichstäge und der höchsten Reichsgerichte entbehren. Solches alles wird

wird von dem Herrn Hofrath Bocris in dieser gelehrten Schrift mit triftigen Beweisgründen ausgeführet. S. auch **Regenspurger Nachrichten von gelehrten Sachen,** 1749. St. 5.

13) **Abgedrungene wahrhaftige Beleuchtung,** sowol jenes von der freyherrlich-pölnitzischen Unterthanen zu **Aspach** ehehin in Comitiis ausgetheilten so rubricirten Berichts, was es mit der evangelisch-lutherischen Kirche, und dem Religionswesen daselbst für eine eigentliche Bewandniß habe, als auch des hierauf weiter zu Regenspurg bekannt gemachten als eine Widerlegung des pölnitzischen Gegenberichts abgesehenen Memorials, in welcher standhaft und geschichtmäßigen Abfertigung nicht nur derer über Religionsbeschwerden anmaßlich klagender solcher Unterthanen ihr ausgestreueter anzüglicher Bericht, aus dem hier vor Augen liegenden Gegenbericht gnugsam entkräftet, sondern auch alle in dem ad Dictaturam gekommenen Memorial befindliche grobe Erdichtungen, Verdrehungen der klaresten Reichssatzungen, und eine unerfindliche blos aus den Fingern gesogene Restitutio ex capite Gravaminum sonnenklar vor Augen gelegt, dabey aber, wie in der aspacher Kirche je und allerwegen das Exercitium Religionis Catholicæ solitarie geübet, und dahero dieser Religionsverwandte viel begründeter selbsten, denn die dasig protestantische Unterthanen über ein Simultaneum zu klagen Ursach hätten, handgreiflich bescheiniget worden. 1749. Folio.

Im achten Bande der Allerneuesten Nachrichten von merkwürdigen Büchern ꝛc. S. 43=52 wird von dieser Schrift, die überaus wohl, und mit einer scharfen Beurtheilungskraft ausgearbeitet seyn soll, ein Auszug mitgetheilet, und der Herr Hofrath Bocris als Verfasser derselben angegeben. Um sich von dem Verlauf der Sache, und von dem Inhalte gegenwärtiger Schrift einen Begrif zu machen, so wird nöthig seyn, folgendes hier anzumerken: „Es ist eine reichskündige Sa„che, heist es daselbst, in was vor schwere Reli„gionsirrungen die Freyherrn von Pöllnitz zu „Aspach mit ihren eigenen Unterthanen daselbst durch „Aufhetzung eines aus vielen erheblichen Beweg„gründen von ihnen kurzhin erlassenen Pfarrers ley„der verwickelt worden, zumalen von Seiten einer „der augspurgischen Confeßion zugethanen Gemeine „ein recht bedenklicher Reichs = Constitutions widri„ger Absprung von dem ordentlichen Richter, den „löblichen Ritter Canton Steigerwald, und dem „im Reich gebahnten Weg Rechtens gäh gewaget „worden, da die Unterthanen sich non attenta li„tis pendentia in foro communi ab und an die „höchst und hohen Stände der augspurgischen Con„feßion mit einem so rübricirten *Impresso*: Actenmäßiger Bericht, was es mit der evangelisch=lutherischen Kirche und Religionswesen zu Aspach vor eine eigentliche Bewandniß habe, weggewendet. Gleichwie aber diese Unterthanen das wahre Factum in der erdichteten quasi possessione anni decretorii umgekehret, und mit vorgespiegelten Bedrängnissen
„oban-

„obangezogene hohe Herren Stände des Reichs auf
„ihre Seite, und zum Vorspruch zu lenken bedacht
„gewesen, da doch die Freyherren von Pöllnitz
„(nach ihrem Vorgeben) hauptsächlich von ihren Un-
„terthanen ins Gedränge gebracht worden, und sie
„dadurch um ihre Gewalt in Kirchensachen bringen
„wollen, immassen diese den Freyherren von Pöll-
„nitz ein gehäßiges Simultaneum aufgemutzet,
„und solche einer unerlaubten Ueberschreitung von
„dem westphälischen Friedensschluß angeschuldiget,
„da doch nach bemeldten Unterthanen die Exce-
„ptio non fundatae intentionis agendi, usque
„dum de possessione anni decretorii constet,
„im Wege stehen soll. Dem allen ungeachtet ha-
„ben selbige an die der augspurgischen Confeßion zu-
„gethanen Verwandten hohe Stände ein unterthä-
„nig wiederholtes Memorial, mit angehängter Wi-
„derlegung des in dieser Religionssache zum Druck
„beförderten Gegenberichts einreichen lassen, wel-
„ches nicht nur den 23 März 1749 ad Dictaturam
„gekommen, sondern auch vermittelst nachdrückli-
„cher Vorschrift der protestantischen höchst und ho-
„hen Reichsstände mit andern dergleichen klagenden
„Unterthanen an Ihro Römisch-Kayserliche Ma-
„jestät gebracht worden, wowider die Freyherren von
„Pöllnitz gegenwärtige Schrift ausgehen, und
„Ihro Römisch-Kayserliche Majestät, wie auch
„dem ganzen römischen Reiche ihre Gerechtsame da-
„durch vor Augen legen lassen wollen. In gegen-
„wärtiger Streitsache soll es auf dieses beträchtliche
„Thema probandum, als einen Präjudicial-
„punct der ganzen Handlung ankommen: Wel-
„cher

„chergestalt es eine unverneinliche, in dem
„römischen Reiche gangbare Grundwahr-
„heit jederzeit gewesen, und noch sey, daß
„die höchste Handhabung der geistlichen
„Gerechtsame in niemandes andern, denn
„allein in eines jeden Landesherrn Händen
„stehe, dessen in der Religion getrennte Un-
„terthanen aber *in Ecclesiasticis* zu nichts
„weiters befugt seyn, als daß sie ihre Ge-
„wissensfreyheit mit einem gedeylichen Ver-
„trag sicher zu stellen hätten, wenn sie nicht
„im Entscheidungsjahr zu einem oder dem
„andern Kirchenrecht erweislich befugt ge-
„wesen wären, gleichwie denn auch diesen
„von Unterthanen zu ihrem Fortkommen
„entlehneten Behelfen der älteste, aber auf
„jenes Entscheidungsjahr nicht *precise* hin-
„anreichende Besitz in Teutschland gewie-
„rigen Vorschub leisten, im Fall ihr Ter-
„ritorialherr über diese unklare Befugniß
„die Frage aufzuwerfen anheben wollte.
„Dieses wird also als eine der Verfassung unsers
„teutschen Vaterlandes gleich kommende, auch vor
„und nach dem westphälischen Frieden übliche Mey-
„nung von dem Herrn Hofrath Bocris behauptet.

14) *Progr.* De Germania, Iurispruden-
tia sua domestica nunquam destituta *Bamberg.* 1749.

Der Herr Hofrath Bocris thut in dieser Einladungsschrift sehr bündig dar, daß Teutschland
von Jahrhundert zu Jahrhunderten sein einheimi-
sches und eigenes Recht gehabt und behalten habe,

obgleich im 15ten Jahrhundert das
in Teutschland eingeführet worden.
Verfasser der Allerneuesten Na
juristischen Büchern ꝛc. im sie
S. 361 diese Schrift als eine kleine
den Geschichten der teutschen Red
nen; mögen andere beurtheilen.

15) *Diff.* De indole ac n
rum Germaniæ tam antiqu
recentiorum, ad statum Iur
derni succinctè explicata. ib
pro gradu Licentiati, *Beu*
Iam *Antecessore Bambergensi*
Vor dem Titelblat stehet ein
der Bulla plumbea *Chuonradi L*
so in dem Archive zu Bamberg li
etwas rares angesehen, und fast für
unsern Kaysern gehalten wird, b
Personen vorstellet, mithin nach
nischen Münzen, wo zuweilen zu
stehende Personen gefunden werden,
Nachdem Anfangs die Beschaffenh
Gerichte sowol nach den ältern al
kürzlich, jedoch gelehrt und geschi
schildert, und daneben angemerket,
ten Zeiten vor Personen zu Richter
oder Beysitzern gesetzet, ingleiche
Gerichten verfahren, und wie die J
gefasset worden, so wird sodann a
Art gezeiget, welchergestalt die Ke
sachen mit den Reichsfürsten und
verschaffet. Die Fürsten hatten ih

vor dem Pfalzgrafen, sodann gelangeten ihre Streitigkeiten, wie auch Verbrechen, wenn sie von Erheblichkeit waren, an den Kayser, und die Reichsstände auf die Reichstäge, woraus die heutige Praxis dargethan und erweislich gemacht wird, daß annoch gewisse Angelegenheiten der Reichsstände bey dem Reichstage auszumachen seyn; es läst aber auch der Herr Verfasser dem kayserlichen und Reichshofrath, wie auch dem Cammergericht sein Recht widerfahren, und aller Orten eine reiche Belesenheit und ungemeinen Fleiß blicken. S. auch Allerneueste Nachrichten von juristischen Büchern ꝛc. achter Band. S. 182. und Regenspurgische gelehrte Nachrichten, 1749. St. 48.

16). *Abhandlung,* vom Herkommen und Geschlecht der Marggrafen zu Schweinfurth, nebst andern dahin einschlagenden Merkwürdigkeiten. *ibid.* 1749.

Es ist eine Einladungsschrift zu seinen Wintervorlesungen. Die unveränderliche Hochachtung vor Schweinfurth, als des Herrn Hofraths Vaterstadt, und das genaue Band der Reichsgeschichte mit dem teutschen Staatsrechte, hat den Bewegungsgrund zu dieser Schrift an die Hand gegeben, wobey zugleich dargethan wird, wie nutzbar die Reichshistorie sey, Staatsbefugnisse zu entdecken und zu unterstützen, und daß niemand in Rechtsausführungen ohne diese bey der Arbeit schicklich fortzukommen vermöge. In der Abhandlung selbst sucht er zu zeigen, daß erstlich Schweinfurth vor Zeiten eine wahre Villa regia gewesen; die heutige Stadt dieses Namens, nach ihrer Lage, hingegen nicht über 300

Jahre alt seyn könne. Nachher handelt er von der Verschreibung der Stadt an die Grafen von Henneberg, von ihrer Wiedereinlösung, und ihren Reichsvoigten; worauf er auf die alten Marggrafen zu Schweinfurth kommt, deren Ursprung er unter Kayser Heinrich den Vogler setzet. Er hält davor, daß der bekannte Hezilo nicht von den Herzogen in Bayern, sondern von den Herzogen in Franken entsprossen sey. Nach diesen kommt Otto vor, der hernach Herzog in Schwaben geworden, und von den Pfalzgrafen am Rhein herkam. Nachgehends wurde Schweinfurth zur Immedietät erhoben, und die Grafen von Vohburg gelangeten zum Marggrafenamte im Jahr 1095, und als diese 1220 ausgestorben, kamen die Grafen von Cham und Hals zu dieser Würde. Die Güter der Marggrafen vor Schweinfurth waren kein Marggrafthum, sondern sie besassen ein blosses Amt, ohne die Stadt Schweinfurth zu besitzen. S. auch Regenspurgische Nachrichten von gelehrten Sachen, 1750. St. 1. und Allerneueste Nachrichten von juristischen Büchern 2c. Achter Band. S. 183-185.

17) *Diss.* Sistens larvam, renunciationibus filiarum illustrium & opinioni desuper, licet communi. detractam: *ibid.* 1750. *Resp. Wilhelm. Frideric. L. B. de Künsberg.*

Der Herr Hofrath Bocris zeiget zuerst, daß diese Verzichte ihren Ursprung aus den teutschen Rechten haben, nach welchen die Weibespersonen so lange nicht zur Erbschaft gelassen worden, als männliche Erben vorhanden gewesen, daher der Ver-

Verzicht an sich unnöthig, und nur als eine Cautel anzusehen ist. Er kommt sodann auf die Reservation, bis auf einen ledigen Anfall, welcher er keine gröſſere rechtliche Wirkung beymißt, als die Weibesperſonen den gemeinen Rechten nach bey Abgange des letzten ihres Stammes ohnedem ſchon gehabt haben; daher er die Frage: **Ob eine einmal ausgeſchloſſene Weibesperſon beſtändig ausgeſchloſſen bleibe?** für vergeblich hält, indem man nicht ſagen könne, daß diejenige ausgeſchloſſen worden, die niemals zugelaſſen worden. S. auch **Regenspurgiſche Nachrichten von gelehrten Sachen**, 1750. St. 51.

18) **Reichsgeſätzliche Prüfung der Frage: Ob nicht denen Remediis Reviſionis & Supplicationis nach dem eigenen Sinn derer Reichsgeſetze noch heut zu Tage der Effectus ſuspenſivus ordnungsmäßig zu vergönnen, und in welchen Fällen auch an ſolcher Wirkung die Berufungen auf den Reichstag Theil nehmen?** Leipzig 1751. 4.

Man weiß, daß der Verfaſſer dieſer wohlausgearbeiteten Schrift der Herr Hofrath Bocris iſt, ohngeachtet er ſeinen Namen nur mit den Anfangsbuchſtaben ausgedrucket hat. Der Inhalt gehet dahin: Weil die beyden höchſten Reichsgerichte das letzte Recht ſtreitender Partheyen in Händen haben; ſo hat von ihnen weiter keine Appellation oder Provocation an ein oberes Gerichte ſtatt, ſondern denenſelben muß in Adminiſtrirung der Juſtitz und Vollziehung der Urthel ein ſtarker Lauf gelaſſen werden, folglich können die bloſſe Parthey- und Juſtitzſachen nicht

Comitia Imperii, oder unter die Staatsgeschäfte gehören. Alldieweilen aber diese *Archi-Tribunalia Imperii* jedennoch mit solchen, von ihrem ersten Ursprung her nicht von Fehlern oder Verstoß frey gelassenen Menschen bestellet sind; so haben die Reichsgesetze vor gut gehalten, denen vor beschwert sich erachtenden Partheyen ein noch übriges Hülfsmittel in der Revisione und Supplicatione zu verstatten. Wie nun solche Rechtswohlthaten *ratione effectus suspensivi* beschaffen seyn müssen, solches erweiset der Herr Hofrath Bocris dadurch, 1) daß das an der Reichscammer übliche Remedium Revisionis nach dem Sinn des jüngsten Reichsabschiedes, 2) auch das bey dem Reichshofrath gangbare Remedium Supplicationis effectum suspensivum habe, 3) aber, wenn, und unter was für Umständen solches von dem hodie so sehr im Schwange gehenden Recursu ad Comitia zu sagen stehe. S. auch Regenspurgische Nachrichten von gelehrten Sachen, 1750. St. 50. und Allerneueste Nachrichten von gelehrten Sachen ꝛc. Achter Band. S. 706-713, wo von dieser Schrift ein weit weitläuftiger Auszug zu befinden.

19) *Diss.* De eo, quod circa protectionem subditorum alterius Domini territorialis inter Status Imperii justum est. Oder: Von dem Schutzrecht eines Reichsstandes über des andern seine Unterthanen, wie weit solches gültig, und was der eine, oder der andere dabey gewinne oder verliere. *Bambergæ* 1751 & rec. (*Lipsiæ*) 1755. *Resp. Io. Iacob. Enenckel.*

In dieser Streitschrift wird gelehret, daß heutiges Tages den Unterthanen eines Landesherrn ordentlicher Weise nicht erlaubt sey, sich unter eines andern Reichstandes Schutz zu begeben, es müßte denn seyn, daß selbige dergleichen Befugniß von alten Zeiten hergebracht hätten, oder von der ordentlichen Obrigkeit nicht beschirmet werden könten. Unterdessen darf doch sothaner Schutz nichts unerlaubtes zum Gegenstande haben, auch nicht wider den Landesherrn oder die ordentliche Obrigkeit abzielen. Allein, in denen Hamburgischen freyen Urtheilen, vom Jahr 1751 St. 70 wird von dieser Abhandlung folgendes Urtheil gefället:
„Der Herr Verfasser hat diese in den meisten Com-
„pendiis Iuris Publici ordentlich und deutlich ab-
„gehandelte Lehre vielleicht mit Fleiß so verwirret
„vorgetragen, und selbiges mit der Garantie ver-
„menget, weil es ihm darum zu thun gewesen,
„zu behaupten, daß das von einem hochpreißl.
„Corpore Evangelicorum dem Herrn Herzo-
„ge zu Würtemberg, und Herrn Landgrafen von
„Hessencassel 1720 übertragene Protectorium der
„Stadt Speyer wider die Religionsbedrückungen
„des dasigen Herrn Bischoffs, ingleichen die von
„eben diesem Corpore übernommene Garantie des
„1723 errichteten *Pacti successorii*, und des darin-
„nen verglichenen Religionsstandes der protestanti-
„schen Unterthanen zwischen den Herren Fürsten
„und Grafen von Hohenlohe für null und nichtig
„zu erklären sey.„

VI. Paul

VI.
Paul Wilhelm Schmid.

Beyder Rechten Doctor, Sr. Hochfürstl. Durchl. zu Sachsen-Coburg und Saalfeld Hofrath, öffentlicher und ordentlicher Lehrer der Pandekten auf der Universität Jena, des Fürstl. Sächsischen Gesamten Hofgerichts daselbst, wie auch der Juristenfacultät, und des Schöppenstuhls Beysitzer (*).

Der Herr Hofrath Schmid erkennet den berühmten Musensitz Jena vor den Ort seiner Geburt, allwo er im Jahr 1704 den 13 November die Anzahl der Sterblichen vermehrt. Sein seel. Vater war Herr D. Johann Christian Schmid, E. Hochwürd. Domcapituls zu Zeitz Canonicus, und des fürstl. sächs. gesamten Hofgerichts zu Jena ordentlicher und ältester Advocat; die Mutter aber war Frau Eleonora Ludovica, eine Tochter Herrn Paul Rünholds, Erb- Lehn-
und

(*) S. auch 1) *Casp. Achat. Beckii Progr.* Quonam tempore, quove modo atque effectu evenerit, ut non in scholis tantummodo, sed in foro etiam, usum auctoritatemque obtinuerint nonnullæ ex *Leoninis* Constitutionibus. *Ienæ* 1730. mit welchem Anschlage zu des Herrn Hofrath Schmids Probschrift eingeladen worden. Es macht dieser Anschlag nunmehro in des seel. Herrn Hofrath Becks schöner *Commentatione*, De Novellis Leonis Augusti & Philosophi, earumque usu & auctoritate, den §. 51. 52. 53. 54 und 55. von p. 139 bis p. 145 aus. Und 2) das im Jahr 1743 blühende Jena. S. 193.

und Gerichtsherrn auf Tambachshof und Wölffis, Hochfürstl. Sachsen-Gothaischen Hof- und Cammerraths, auch Oberamtmanns zu Gotha.

Diese rechtschäffene Eltern liessen nichts ermangeln, was zur guten Erziehung ihres Sohnes gereichen konnte. Es wurden ihm nicht allein in gar frühen Jahren die rechten und wahren Begriffe von Gott und von der Religion beygebracht, sondern auch geschickte Hauslehrer gehalten, welche ihn in denen Studien unterrichteten; wozu hernach noch die Unterweisung derer Lehrer an der jenaischen Stadtschule kam. Unter denen ersteren rühmet er die besondere Treue und Fleiß des jetzigen Pastors zu Ober-Weißbach, Herrn **Johann Paul Fridels**; unter denen letztern aber den treflichen Unterricht des seel. Herrn D. **Johann Peter Reuchens**, damaligen Rectors der jenaischen Stadtschule, und nachherigen Professors der Gottesgelahrheit.

Im Jahr 1723 ward der Herr Hofrath **Schmid** vor geschickt befunden, die academischen Vorlesungen zu besuchen. Er hatte sich gleich anfangs der Rechtswissenschaft gewidmet. Um aber diese edle und vortrefliche Wissenschaft mit Nutzen und Vortheil zu erlernen, so bahnete er sich hiezu den Weg durch die Kenntniß der philosophischen Wissenschaften. In diesen waren der seel. Herr D. **Johann Jacob Syrbius**, und der seel. Herr Professor, **Johann Jacob Lehmann**, seine Lehrer; bey dem seel. Herrn Professor **Köhler** aber wiederholete er die Logik.

Hierauf wendete er sich mit allem Fleiß auf die Rechtsgelehrsamkeit, deren sämtliche Theile er sich von denen berühmten jenaischen Rechtsgelehrten, dem Hofrath und Ordinarius, **Johann Christian Schrötern**, Hofrath **Wilhelm Hier. Brücknern**, Hofrath **Burkard Gotthelf Struven**, Hofrath **Becken**, D. **Heinrich Conrad Königen**, und seinem seel. Herrn Vater vortragen ließ, auch unter dieses letztern Vorsitze im Jahr 1727 eine schöne academische Streitschrift, De denunciationibus e suggestu, öffentlich vertheidigte, und dadurch ein untrügliches Zeugniß seines Fleißes ablegte.

Auf Gutbefinden seines Herrn Vaters wendete er sich nunmehro auf die Universität Leipzig, wo er in denen Lehrstunden des grossen Rechtsgelehrten, **Gribners**, und seiner Mutter Bruders, Herrn Professor **Kunholds**, ein fleißiger Zuhörer war, auch unter des letztern Vorsitze einige Theses ex Gymnasio Polemico Menckeniano öffentlich auf der Catheder vertheidigte. Nichtweniger ließ er sich von der Juristenfacultät zu Leipzig examiniren, um dereinst die Freyheit zu erlangen, in Chursachsen zu advociren.

Nach vollendeten academischen Jahren besahe er Halle, Wittenberg und Dreßden, sodann nahm er eine andere Reise über Braunschweig, Wolffenbüttel, Zelle, Lüneburg und Hamburg in die hollsteinische Lande vor, und auf dieser Reise hat er sich besonders in Hamburg, Schleßwig und Kiel eine Zeitlang umgesehen.

Nach

Nachdem er nun wiederum bey seinen Eltern und in seinem Vaterlande angelanget war; so meldete er sich wegen Erlangung der höchsten Würde in der Rechtsgelehrsamkeit bey der Juristenfacultät zu Jena, er stund die erforderlichen Prüfungen aus, vertheidigte im Jahr 1730 den 4 November seine Inauguralprobeschrift, *De emendata, occasione Reformationis B. Lutheri, doctrina de Decimis, præcipue Novalium*, unter dem Vorsitz des seel. Herrn Hofrath Brückners, welcher sein Taufpathe gewesen, und ward zum Licentiaten der Rechte ernennet, worauf im Jahr 1732 die Doctorwürde erfolgte.

Der Herr Hofrath Schmid hat von seiner Promotion an die juristische Praxin sowol in denen fürstl. sächsischen, als auch in denen chursächsischen Landen sehr fleißig getrieben, und hat von denen Durchfürstl. *Nutritoribus* unter denen Hofgerichtsadvocaten eine ordentliche Stelle erhalten, wobey auch verschiedene adeliche Gerichten administriret. Im Jahr 1753 machte er mit juristischen Vorlesungen den Anfang, gestalten er **Lauterbachs** Compendium Pandectarum, **Fleischers** Institutiones Iuris Feudalis und **Gribners** Principia Processus erkläretе. Er setzte beydes, nemlich die juristische Praxin, und das Dociren mit einander verknüpft bis zum Jahr 1755 ununterbrochen fort, dabey er die meisten Theile der Rechtsgelehrsamkeit wiederholtenmalen, und mit gutem Beyfalle erklärete.

In diesem 1755sten Jahre nun gefiel es der göttlichen Vorsehung, daß die Durchlauchtigsten Erhaltere

haltere der jenaischen hohen Schule dem Herrn Hof rath Schmid die Stelle eines ordentlichen Lehrer derer Rechte, mit der Beysitzerstelle im Schöppen stuhle, gnädigst ertheileten, wozu auch kurz hernac die Beysitzerstelle in dem fürstl. sächsischen Hofgericht te kam. Der Bruder unsers Herrn Hofraths, de Sachsen=Coburg=Saalfeldische Regierungs=un Consistorialrath, Herr D. Achat Ludwig Car Schmid, wünschte ihm zur Uebernahme die Ehrenstellen Glück, und stellete eine *Commentatic nem*, De impugnandis administratorum ra tionibus, postquam adprobatæ sunt, Ien 1755. 4, an das Licht. Auch disputireten bey den Antritte dieser Aemter einige bisherige Glieder de unter seiner Direction privatim gehaltenen *Exer citii disputatorii* über ein und die andere von ih nen selbst ausgearbeitete gedruckte Abhandlungen au der Lehre *de successione ab intestato* auf öffentl cher Catheder.

Im Jahr 1756 erlangete er die Beysitzerstell in der Juristenfacultät, wie auch die Professiond Institutionen, welche letztere er aber, nach de gnädigsten Schluß derer Durchlauchtigsten Erha tere der Universität Jena, nunmehro auf erfolgt Absterben des seel. Herrn Professors Dietma mit der Profeßion der Pandekten verwechselt h Im Jahr 1759 geruheten Ihro Hochfürstl. Durch zu Sachsen=Coburg und Saalfeld ihn mit de Character Dero Hofraths aus eigener höchsten Be wegung zu begnadigen.

Das Prorectorat der Universität Jena hat b Herr Hofrath Schmid im Jahr 1757 und d

Deca

ᴅecanat bey der Juristenfacultät im Jahr 1760 und ar jedes zum erstenmal verwaltet.

So ein geschickter Practicus der Herr Hofrath chmid gewesen, ein eben so geschickter Lehrer d Urthelssprecher ist derselbe. Seine Schriften b mit dem verdienten Beyfalle aufgenommen wor-, und das Verzeichniß dererselben ist folgendes:

1) *Diss.* De Denunciationibus de suggestu. *Ienæ* 1717. *Præside* b. parente, D. *Io. Christiano Schmidio.*

Diese wohlgeschriebene Abhandlung hat zwey ıuptstücke, welche folgendergestalt überschrieben d: *Cap. I.* Fundamenta ex doctrina de Liturgia in genere desumta sistens. *Cap. II.* Expositionem ipsam thematis continens.

2) *Diss. Inaug.* De emendata, occasione Reformationis B. Lutheri, doctrina de *Decimis,* præcipue *Novalium. ibid.* 1730. *Præside* b. *Guilielm. Hieron. Brücknero.*

Dieses ist des Herrn Hofrath Schmids Inuguralprobeschrift, wie ihm die höchste Würde in en Rechten ertheilet wurde. Sie hat zwey uptstücke. Das erste handelt De Decimis in nere; und dieses ist wiederum in zwey Abmitte getheilet, von denen der erste den Ursprung die Historie derer Zehenden ganz kurz erzeh-, der andere aber die nothwendigen Grundsätze der Lehre von denen Zehenden überhaupt darlet. Das andere Hauptstück ist der Lehre de cimis Novalium gewidmet; und dieses Hauptk begreift wiederum drey Abschnitte unter sich. erste Abschnitt lehret den wahren Begrif de

No-

Novalibus. Der andere sagt, Quando licitum sit Novalia efficere; und der dritte ist folgendergestalt überschrieben: Perceptio Decimarum Novalium ad quem tam Iure Pontificio, quam Protestantium pertineat?

3) *Diss.* Officium & prudentiam Iudicis circa amicabilem litium compositionem exponens, eamque recte institutam omnino esse congruum medium ad eas sopiendas & abbreviandas, probans. *ibid.* 1747. *Resp.* Fratre, *Achat. Ludov. Car. Schmid.*

Diese brauchbare Streitschrift ist der Abhandlung des geheimen Raths *Thomasi*, De protractione Iustitiæ per amicabilem compositionem partium litigantium a Iudice tentandum, entgegen gesetzet. Sie hat sechs Abschnitte, deren Ueberschriften folgendergestalt lauten: *Sect. I.* Generalia quædam fundamenta necessaria præmittens. *Sect. II.* De necessitate tentandæ inter litigantes, concordiæ, & de personis, a quibus hoc negotium expediendum. *Sect. III.* De iis, quæ fieri debent ante tractationem concordiæ. *Sect. IV.* De officio & prudentia Iudicis in ipsis tractatibus observanda. *Sect. V.* De his, quæ post conclusam transactionem curanda veniunt. *Sect. VI.* Per amicabilem compositionem, si circa istam recte versetur Iudex, non protrahi justitiam.

4) *Diss.* De rationum decidendi utilitate & effectibus. *ibid.* 1750. *Resp. Car. Frid. Sartorio.*

Der Endzweck dieser wohlabgefaßten Streitschrift gehet dahin, daß die Mittheilung der rationum decidendi an den Richter und die streitenden Partheyen, wenn anders selbige die erforderlichen Eigenschaften haben, zu Abkürzung derer Processe viel beytragen, welches alles mit sehr guten Gründen unterstützet wird.

5) *Institutiones Praxeos Iudiciariæ, tam fori communis, quam Saxonici, commoda auditoribus methodo adornatæ, Cum Appendice Formularum nonnullarum. Jenæ* 1751. 8. -

So groß auch die Menge solcher Schriften, die den Proceß erläutern, angeschwollen ist; so kann man doch gegenwärtige Arbeit nicht für überflüßig halten. Sie unterscheidet sich von andern dieser Art vorzüglich darinnen, daß der Herr Hofrath Schmid bey jedem der vorgetragenen Theile des Processes einen besondern Abschnitt dem gemeinen, einen andern aber dem sächsischen Proceß widmet, daß er die in diesem oder jenem Lande üblichen Abweichungen von der gemeinen Regel mit anzeiget, wodurch alle sonst besorgliche Verwirrung vermieden, und das Werk zum Gebrauche academischer Vorlesungen dienlicher gemacht worden. Am Ende ist ein Anhang einiger zur Erläuterung und bequemerem Gebrauch dieser *Institutionum Praxeos Iudiciariæ* dienlicher Formularien. Am Ende der Vorrede giebt der Herr Hofrath Schmid die Hofnung, auch die übrigen Arten des Processes, als: *Processum possessorium, summarium, executivum, provocatorium, concursus credito-*

ditorum, & cambialem, so wie hier den ordentlichen, auszubilden. Vielleicht ist es dem Herrn Hofrath gefällig, diese gegebene Hofnung zu erfüllen: und wie viel würde nicht die practische Wissenschaft gewinnen, wenn man gleichsam in einem kurzen Inbegriffe die Art und Weise kennen lernete wie auch in Ansehung dieser Arten des Processes in denen meisten Provinzien Teutschlandes verfahren wird. S. auch Jenaische gelehrte Zeitungen auf das Jahr 1751 St. 48 und achten Band der **Allerneuesten Nachrichten von juristischen Büchern** ꝛc. S. 700-704.

6) *Diss.* De tortura in caussis civilibus & delictis levioribus regulariter exsul. *ibid.* 1754. *Resp. Philipp. Reinhard. Wegelin.*

Diese lesenswürdige Abhandlung bestehet aus **drey Hauptstücken.** In dem **ersten** findet man die Begriffe und Beschreibungen von der Tortur, peinlichen Instrumenten und Territion. In dem **andern** wird dargethan, daß die Tortur in bürgerlichen Fällen ordentlicher Weise nicht statt habe, ausgenommen bey muthwilligen Banqueroutirern und bey denenjenigen, die Schätze gehoben, so dem Fisco zuständig. Und in dem **dritten** wird erweislich gemacht, daß die Tortur in geringen Verbrechen auch nicht statt habe, einige wenige Fälle jedoch ausgenommen.

7) *Progr.* De successione ab intestato exemtorum, tam quoad mobilia, quam immobilia, ex Iure, quo ipsi usi fuerunt ordinanda. *ibid.* 1755.

Mit diesem Anschlage hat der Herr Hofrath Schmid zu denen folgenden sieben Abhandlungen aus der Lehre De successione ab intestato eingeladen, die meistentheils von denen Respondenten selbst ausgearbeitet worden. Es ist eine bekannte Sache, wie verschiedener Meynung die Rechtslehrer in dieser Materie sind, und daß viele davor halten, daß die Erben des Verstorbenen, welcher von der Gerichtsbarkeit des Orts, wo er gewohnet, befreyet gewesen, in Ansehung der beweglichen Güter, nach dem Provincial- oder gemeinem Recht succedirten, in Ansehung der unbeweglichen aber auf das forum rei sitæ zu sehen sey. In dieser Abhandlung wird hingegen davor gehalten, daß man ohne auf den Unterschied der beweglichen oder unbeweglichen Güter, welche der privilegirte Verstorbene hinterlassen, zu bemerken, blos und allein auf das Provincial- oder gemeine Recht zu sehen habe, welches durch verschiedene beträchtliche Gründe bestärket wird.

8). *Diss.* De diversitate bonorum in successione ab intestato adscendentium & Iure Romano & Germanico non attendenda. *ibid.* 1755. *Resp. Christian. Henr. Paulssen.*

Diese Abhandlung ist in 2 Capitel abgetheilet, und wird die hierinnen vorgetragene Meynung in dem ersten Capitel nach dem römischen, in dem andern aber nach dem teutschen, und besonders dem sächsischen Recht ausgeführet. Nachdem in dem ersten Capitel zuförderst erkläret worden, von welchen Personen hier eigentlich die Rede sey, so wer-

werden zur Bestärkung dieses Satzes vier Gründe beygebracht. Der erste und andere ist aus dem 2 Capitel der 118 Novelle genommen, und wird angeführet, daß, weil daselbst verordnet sey, daß unter den Erben in aufsteigender Linie die Erbschaft zu gleichen Theilen getheilet werden soll, unmöglich auf den Unterschied, ob das hinterlassene Vermögen vom Vater oder der Mutter herkomme, gesehen werden könne. Der 3te Grund bestehet darinnen, daß das Vermögen, welches der Sohn vom Vater und Mutter erhalten, durch dessen Besitz mit einander vermischt worden, und als eines anzusehen sey, folglich nach dessen Ableben nicht wieder abgefordert werden könnte. Endlich wird die Gültigkeit dieses Satzes noch daher bewiesen, weil die Regel: daß der nähere Verwandte allezeit den entfernteren von der Erbschaft ausschließt, wenn auf den Unterschied des väterlichen oder mütterlichen Vermögens eine Absicht genommen werden soll, sehr oft ihren Abfall leiden müste, wobey zuletzt die entgegen stehende Zweifel widerleget werden. Das andere Capitel prüfet gegenwärtigen Satz nach dem teutschen, besonders aber sächsischen Rechte, zu dessen Beweise aus verschiedenen Landrechten die nöthigen Stellen angeführet werden.

9) *Diss.* Theses controversæ e doctrina de successione ab intestato selectæ. *ibid.* 1755. *Resp. Io. Benedict. Salzwedel.*

10) *Diss.* De statutis Civitatum, quatenus incolas suburbiorum, præcipue circa successionem ab intestato obligant. *ibid.* 1755. *Resp. Io. Ludov. Eckardt.*

11) *Diss.*

11) *Diss.* De successione collateralium ab intestato una cum adscendentibus. *ibid.* 1755. *Resp.* Christian. Henr. Paulssen.

Diese Lehre wird nach den römischen und sächsischen Rechten deutlich und ordentlich vorgetragen.

12) *Diss.* De successione legitima in bona defuncti propinquorum & extraneorum. *ibid.* 1755. *Resp.* Carol. Frideric. de Neubronner.

13) *Diss.* De privatione successionis ab intestato pœnali. *ibid.* 1755. *Io. Theophil. Heumann.*

14) *Diss.* De uxore mariti hærede, quatenus ad ejus æs alienum solvendum, ex statuto tenetur, in integrum non restituenda. *ibid.* 1755. *Resp. Io. Sam. Gesner.*

Dieses ist die letzte Streitschrift aus der Materie de Successione ab intestato, so zur Leipzig unter dem Herrn Hofrath vertheydiget worden, und soll den Respondenten zum Verfasser haben. Die Lehre von der Erbfolge derer Eheleute unter sich ist gar vielen Schwierigkeiten unterworfen, und je mehr die Rechte und Gewohnheiten darinnen von einander abweichen, desto schwerer ist die Entscheidung dererselben: denn anders werden dergleichen Streitigkeiten aus dem römischen Recht, und anders aus denen Rechten und Statuten derer Provinzien und Städte entschieden. Der Herr Verfasser hat die Entscheidung von dieser Art Streitigkeiten aus denen teutschen Rechten und Statuten vorgenommen; wo diese aber nichts enthalten, alsdenn das römische Recht nur *in subsidium* gebrauchet.

15) *Diss.*

15) *Diſſ.* De effectu poſſeſſionis & cuſtodiæ circa furtum, illiusque pœnam. Ad illuſtrandum Artic. CLXX. Conſtit. Crim. Caroli V. *ibid.* 1756. *Pro Loco in Facultate Iuridica obtinendo.*

Es iſt eine faſt allgemeine Meynung, zu einem wahren Diebſtahle werde erfordert, daß die Sache aus der Verwahrſam und dem Beſitze ſeines Herrn entwendet ſeyn müſſe, und ſo oft dieſer Umſtand ermangele, könne man niemals zu denen in den Rechten auf den Diebſtahl geſetzten Strafen gelangen. Da aber dieſe Meynung weder mit dem wahren Begriff eines Diebſtahls, noch mit dem Sinne der Geſetze übereinſtimmet, ſo hat der Herr Hofrath Schmid dieſe Meynung in gegenwärtiger Streitſchrift etwas genauer unterſuchet und geprüfet. Er giebt eine genaue Beſchreibung von dem Diebſtahl, hernach unterſucht er, was ſowol die römiſchen als auch die teutſchen Rechte, abſonderlich aber der 170ſte Artikel der hochnothpeinlichen Halsgerichtsordnung Kayſer Carls des V dieſerhalb verordnet, und macht die Anwendung auf verſchiedene Fälle z. E. auf die verwahrlich niedergelegten und geliehenen Sachen, auf die Boten, Briefträger und Fuhrleute, auf landesfürſtliche Officianten und Einnehmer, auf Verwalter derer Privatperſonen aufs Geſinde, arbeitſame Leute und Dreſcher, auf gefundene Sachen, auf Schätze, die verheelet und ihren rechtmäßigen Herren entzogen werden, auf diejenigen, welche gewiſſe zur Erbſchaft gehörige Sachen entwenden, und endlich auf diejenigen, die ihre eigene Sachen ſtehlen, welches ſich zutragen kan

ann, wenn ein Gläubiger die ihm schuldige Sache seinem saumseligen Schuldner heimlich weg-
nimmt, oder wenn ein Schuldner das seinem
Gläubiger gegebene Pfand, ehe er noch das darauf
geliehen erhaltene Geld wieder bezahlet, heimlich
entwendet, welches zwar keine eigentliche Diebstäh-
le sind, aber doch eine willkührliche Strafe nach
sich ziehen.

16) *Diss.* Controversias quasdam circa Recessum Executionis A. 1649 Norimbergæ conclusum exponens, ejusque convenientiam cum ipso Instrumento Pacis Westphalicæ vindicans. *ibid.* 1758. *Resp.* pro gradu Doctoris, *Eman. Biermann.*

17) *Diss.* De Iure retentionis circa pignus post motum concursum in tantum cessante. *ibid.* 1759. *Resp.* pro gradu Licentiati, *Io. Georg. Mœhrlin.*

Den Inhalt dieser wohlabgefasten Streitschrift findet man in denen Regenspurgischen wöchentlichen Nachrichten von gelehrten Sachen, auf das Jahr 1760 St. 23.

18) *Diss.* De legitima parentum, si conjux conjugi improli vi Statuti, vel consuetudinis in cuncta bona, seu ex asse succedat ab intestato, regulariter exule. *ibid.* 1759. *Resp.* pro gradu Doctoris, *Io. Ludovic. Eckardt.*

Diese Streitschrift ist von dem Respondenten, dem Herrn D. Eckardt, Syndicus der Stadt ....burg, verfertiget, und ihren Inhalt trift man in denen **Erlangiſchen gelehrten Anmerkungen und Nachrichten**, vom Jahr 1760 St. 8.

19) *Progr.* De pœna conventionali circa mutuum. *ibid.* 1760.

Dieſer gelehrte Anſchlag ward gefertiget, als Herr **Nicol Heinrich Evers** die Licentiatenwürde annahm, und zu dem Ende ſeine Probeſchrift, De effectu pœnæ conventionalis ſponſalibus adjectæ, unter Herrn Hofrath **Hellfelds** Vorſitze zur Catheder brachte.

20) *Diſſ.* De Iure prælationis Fiſco intuitu Tributorum, præ creditore hypothecario, cujus ſimul pecunia fundus eſt acquiſitus, & cui dominium a venditore ceſſum, competente. *ibid.* 1760. *Reſp.* pro gradu Doctoris, *Carol. Bauer von Eyſenat.*

Es iſt eine gemeine Regel derer Rechtsgelehrten, quod in concurſu creditorum Fiſci hypotheca tacita præferenda ſit privatorum pignoribus ac hypothecis, ſie hat aber Widerſpruch gefunden, weiln das pignus legale zuweilen mit ſolchen Pfändern zuſammen kommt, die aus dem Grund des Staatsnutzens eben den favorem, mit der Fiſcus, verdienen. Wieder dieſe Widerſprüche iſt gegenwärtige Abhandlung geſetzet. Nachdem bewieſen worden, daß dem Fiſco und Aerario publico das Ius hypothecæ tacitæ cum prælationis eximio denen Rechten gemäß zuſtehe; ſo wird auch die Frage unterſucht: Ob der Fiſcus, welcher Onera publica und reàlia fordert und mit einem Privatgläubiger concurriret, der nicht eine gerichtliche und ältere Hypothek hat, ſondern auch sich darauf gründet, daß das Gut von seinem hergeliehenen Gelde erkauft, und ihm von dem Verkäufer das Dominium, welches letzterer bis nach völlig bezahltem Kaufschilling sich vorbehalten, abgetreten worden, solchem Creditori vorzuziehen sey? Es wollen einige dem Creditori in diesem Fall zwar den Vorzug geben, deren Gründe in gegenwärtiger Abhandlung auch angeführt, aber auch zugleich widerleget werden.

21) *Progr*. De modis quibusdam probandæ immunitatis a Tributorum præstatione frustraneis. *ibid.* 1760.

Durch diese Einladungsschrift ward die Doctorseyer des Herrn Carl Bauer von Eyseneck und desselben nur erwehnte Probeschrift angezeiget. Die bona allodialia sind in Teutschland dem Oneri Tributorum regulariter unterworfen, und weil die præsumtio wider sie streitet, so muß der Besitzer derselben, wenn er exemtionem vorschützt, Beweis darüber führen. Wie aber letzterer geschehen müsse, sind die Rechtsgelehrten heut zu Tage noch nicht einig. Der Herr Hofrath Schmid führt hier einige, so aber vergeblich, und ohne Nutzen sind, an.

22) *Io. Rudolph. Engavii*, ICti Ienensis, Decisiones & Consultationes Iuris Civilis æque ac Criminalis ex schedis b. viri collectas præfatus est. *Ienæ* 1761. folio.

Dieses sind des seel. Herrn Hofrath Engau rechtliche Gutachten und Bedenken, welche der Herr Hofrath Schmid in Ordnung gebracht, und mit einer Vorrede versehen hat.

VII. Jo-

VII.
Johann Jacob Sorber.

Beyder Rechten Doctor, ordentlicher Lehrer derer Rechte auf der Universität zu Marburg, und der Juristenfacultät Beysitzer (*).

Erfurth, eine derer ceraltesten Städte in Teutschland, die Hauptstadt im thüringer lande, und welche wegen ihrer sehr alten Universität berühmt ist, hat die Ehre, des Herrn Professor Sorbers Geburtsort zu seyn, wo er im Jahr 1714 den 29 September zuerst dieses Tageslicht gesehen. Sein Vater war Nicol Jonas Sorber, Churfürstl. Mayntzischer privilegirter Glocken- und Stückgiesser, und dererselben Aufseher; die Mutter aber war Anna Barbara Rombergin.

Diese redlich gesinnete Eltern haben ihn gleich von seiner ersten Kindheit an zur Gottesfurcht und Tugend angeführet, und sie waren besonders dahin besorgt, daß er in seinen noch zarten Jahren in denen

(*) S. auch 1) *Dieter. Herm. Kemmerichii Progr.* De quæstione: An Iurisjurandi delatio contra matrimonium habeat locum? *Ienæ* 1740. so bey des Herrn Professor Sorbers Probeschrift zu befinden ist. 2) Das im Jahr 1743 blühende Jena. S. 196 und 197. 3) *Io. Nicolai Funccii Progr.* Apologia pro Iuris scientia a Cicerone in Oratione pro Murena traducta; In quo ad Orationem solemnem D. Io. Iac. Sorbero, De Equitibus Germanorum desultoriis, invitat. *Marburgi* 1754. folio.

en Grundsätzen der christlichen Religion wohl unterrichtet wurde. Sie hielten ihm Hauslehrmeister, unter denen er absonderlich M. Schönkopfen, so nachmals zum Predigtamt befördert worden, vieles schuldig zu seyn nachrühmet. Da er nun 10 Jahr einen solchen vortheilhaften Hausunterricht genossen, so besuchte er auch nach dem Willen seiner Eltern das erfurtische Gymnasium, wo er in Zeit von 3 Jahren unter denen damaligen Lehrern desselben, **D. Stielern, Timerothen, Lozzen, Zeusern, Weissenbornen** und **Tennemannen** in denen schönen Künsten und Wissenschaften so zunahm, daß er nunmehro vor geschickt befunden worden, dieses Gymnasium zu verlassen, und die academischen Studien anzufangen.

Nachdem nun der Herr Professor **Sorber** bereits im Jahr 1724 den 31 Januar. unter dem damaligen Rectorat des hochwürdigen Herrn **Christoph Ignatius von Gudenus** der Studentenmatricul war einverleibet worden, so widmete er sich auf Gutbefinden seiner Eltern der Rechtswissenschaft. Vorhero aber hörete er alle Theile der Weltweisheit bey dem seel. Professor, **Just Christoph Motschmannen,** und sodann bey dem seel. Professor, **Volkmar Wilhelm Stengern,** hingegen die Anfangsgründe der Rechtsgelehrsamkeit bey dem berühmten Herrn **D. Schorch.**

Im Jahr 1732 erwehlete er den berühmten Musensiß **Jena** zum Orte seines Aufenthalts, wo er den 21 April von dem damaligen Prorector, dem xl. Herrn Hofrath, **Burkhard Gotthelf Struven,** unter die dasigen Studierenden eingeschrieben

ben wurde. Er machte wiederum den Anfang mit denen philosophischen Wissenschaften, welche ihm Köhler, Kromayer und Fabricius erkläreten. Er hörete die Institutiones bey dem seel. Rath Dietmar; die Historie der Rechtsgelehrsamkeit aber, den sogenannten kleinen Struv, die Pandekten über den Lauterbach, das geistliche, das Lehn-, das peinliche und das Staatsrecht, wie auch die practischen Wissenschaften ließ er sich von den seel. Männern, Kemmerichen, Struven, Brunquellen, und dem Herrn geheimen Hofrath, Heimburgen, vortragen; auch war er ein fleißiger Zuhörer in denen Vorlesungen des verstorbenen D. Stengers.

Der Herr Professor Sorber bekennet, daß er in Zeit von vier Jahren aus dem Unterricht dieser berühmten Männer so viel gelernet, daß er die Academie hätte verlassen, und nach Hause zurücke kehren können. Weil er aber in seiner Vaterstadt dasjenige Vergnügen nicht fand, wornach sich sein Gemüth sehnete; so erlangete er von seinem Vater die Erlaubniß, daß er im Jahr 1736 wiederum nach Jena gehen durfte, und machte sich den Unterricht des seel. Hofrath Schaumburgs, in der Kunst Acten zu extrahiren und zu referiren, überaus gut zu Nuße. Die übrige Zeit und Jahre wendete er dazu an, daß er dasjenige, was er von seinen Lehrern gehöret und erlernet, fleißig vor sich wiederholete, und Betrachtungen darüber anstellete.

Im Jahr 1740 entschloß sich der Herr Professor Sorber die höchste Würde in denen Rechten anzunehmen. Er meldete sich zu dem Ende bey der Juri-

Juristenfacutät zu Jena, stund die gewöhnlichen Prüfungen aus, vertheydigte unter dem Vorsitz des damaligen jenaischen Rechtsgelehrten, und jetzigen geheimen Regierungsraths, auch Vicecanzlers der Universität Marburg, Herrn **Johann Georg Estors**, seine Inauguralprobeschrift, die Vestigia Iuris Germanici in Iure Canonico, & quidem Cap. I. X. de sponsalibus, De odio in matrimonia inæqualia, & restricto Iure Nobilitatis Germanicæ, quod ad connubia, enthielt, und ward sodann zum Doctor in beyden Rechten erkläret.

Nach dieser Zeit hielt Herr Professor **Sorber** fleißig academische Vorlesungen zu Jena, er stellete verschiedene gelehrte Schriften an das Licht, und war ganzer 10 Jahr lang streitenden Partheyen vor Gerichte beyräthig, wodurch er so berühmt wurde, daß er im Jahr 1754 den Ruf auf die Universität Marburg als dritter ordentlicher Lehrer der Rechte, und als Beysitzer der Juristenfacultät erhielt. Er folgete diesem Rufe, kam zu Anfange des Maymonaths erwehnten Jahres zu Marburg an, machte in einem wohlgeschriebenen Anschlage, De legitimis subsidiis ad solidam cognitionem in Iurisprudentia Feudali adspirandi, seine anzustellende juristische Vorlesungen der studirenden Jugend bekannt, und nahm den ersten November bereits gedachten Jahres, mittelst einer feyerlichen Rede: De Equitibus Germanorum desultoriis, von diesem seinem Lehramte förmlichen Besitz, zu welcher Rede der Herr Professor *Io. Nicolaus Funccius*, als damaliger Prorector der Academie

demie, in einem wohlabgefaſten Anſchlage, der eine Apologiam pro Iuris ſcientia a *Cicerone* in Oratione pro Murena traducta enthält, eingeladen hatte.

Uebrigens iſt der Herr Profeſſor **Sorber** im Jahr 1758 das erſtemal Dechant der Juriſtenfacultät, und im abgewichenen 1760ſten Jahre das erſtemal Prorector der Univerſität Marburg geweſen, wie denn nach der Einrichtung bey daſiger Univerſität das Prorectorat ſowol, als das Decanat bey jeder Facultät ein ganzes Jahr dauert, und ſich allezeit mit dem erſten Januar anfänget.

Wie bemühet der Herr Profeſſor **Sorber** ſey, das Aufnehmen der Rechtswiſſenſchaft zu befördern, ſolches beweiſen ſeine recht wohl abgefaſte, und von der gelehrten Welt gut aufgenommene Schriften. Das Verzeichniß dererſelben iſt folgendes:

1) *Diſſ. Inaug.* Continens Veſtigia Iuris Germanici in Iure Canonico, & quidem Cap. I. X. de ſponſalibus; De odio in matrimonia inæqualia, & reſtricto Iure Nobilitatis Germanicæ quod ad Connubia. *Ienæ* 1740. *Præſide Io. Georg. Eſtor.*

Es iſt wohl kein Zweifel, daß dieſe überaus ſchöne Streitſchrift aus der Feder des Herrn geheimen Regierungsraths und Vicecanzlers **Eſtors** gefloſſen ſey. Von ihrem Inhalte, und der wiederholten, auch vermehrten Auflage habe ich bereits das nöthige im vierten Theile dieſer Nachrichten S. 51 und 52 erinnert.

2) *Commentatio*, De Comitiis veterum Germanorum antiquis, ex Hiſtoria, Monimen-

nimentis, Diplomatibus & Scriptoribus fide dignis eruta, qua Conventuum qualitas & forma tum ante Caroli M. ævum, tum ſub illius & priorum ſucceſſorum regimine demonſtratur. *Volumen Imum.* Ienæ 1745. 4.

In der Vorrede und in dem Vorbericht bekommen diejenigen ihre gebührende Abfertigung, welche einzig und allein das römiſche Recht, wider deſſen und anderer fremden Geſetze und Einführung in Teutſchland der Herr Profeſſor gewaltig und mit zureichenden Gründen eifert, allzuſehr erheben, ſich um die väterlichen Satzungen und Gewohnheiten wenig, oder gar nicht bekümmern, und die Teutſchen weit fürchterlicher, als die Lapländer, Huronen und Hottentotten beſchreiben. Nun kann man zwar keinesweges läugnen, daß unſere ehrliche Vorfahren ſowol durch ihre vortrefliche Tugenden, als ihren Aberglauben berühmt geworden. Gleichwol würde ſich derjenige ſchändlich vergehen, welcher ſie deswegen vor Barbaren und Unmenſchen halten wollte, weil ſie dem Aberglauben eine allzu unumſchränkte Herrſchaft über ſich eingeräumet haben. Wie ſorgfältig ſie ſich die Erhaltung der innerlichen und äuſſerlichen Ruhe haben angelegen ſeyn laſſen, und wie abgeſagte Feinde von aller Barbarey ſie geweſen, davon legen ihre öffentliche Zuſammenkünfte ein unvergleiches Beyſpiel ab, von deren Urſprung und Beſchaffenheit der Herr Profeſſor in dieſer Abhandlung ordentlich und gründlich gehandelt hat. Er hat dieſe Abhandlung in zwey Theile zertheilet. In dem **erſten** handelt er De conventibus

tibus Germanorum ante Carolum M. und dieser erste Theil hat wiederum eilf Capitel, deren Ueberschriften also lauten: *Cap. I.* De modo Comitia coërcendi in campis & sub dio, ante regimen Caroli M. *Cap. II.* De conventibus gentium germanicarum in lucis, ad arbores, lapides, montes & fontes. *Cap. III.* De temporibus, quibus conventus instituti, & quoties in anno Germani convenire solebant. *Cap. IV.* De personis, quibus liberum fuit, populum convocandi. *Cap. V.* De signis, quæ locum congregationis demonstrarunt. *Cap. VI.* De forma Diætarum. *Cap. VII.* Demonstratur, conventus veterum Germanorum exstitisse particulares. *Cap. VIII.* De iis, qui Concilia frequentarunt. *Cap. IX.* De his, quæ placita præcedere solebant. *Cap. X.* De electione regum, Ducum, Principum, Comitum & Iudicum in conciliis. *Cap. XI.* De negotiis, quorum caussa conventus indicebantur. Der andere Theil handelt De statu Comitiorum Teutonicorum sub imperio Caroli M. & paulo post ipsius obitum, und dieser andere Theil bestehet auch wiederum aus eilf Capiteln, welche folgender Gestalt überschrieben sind: *Cap. I.* De modo placita coërcendi ætate Caroli M. & successorum priorum in regno. *Cap. II.* De translatione Comitiorum e campis in curtes. *Cap. III.* De terminis, quibus majores sub hac epocha ad conventus confluxerunt, & quoties non conveniebant. *Cap. IV.* De iis, qui quibus populum convocare licebat. *Cap. V.* De notis, quarum ope locum consultationibus destinatum indicare consueverunt Teutones. *Cap. VI.* De forma Comitiorum. *Cap. VII.* Demonstratur, Comitia sub ævo Carolino quoque communia & generalia exstitisse. *Cap. VIII.* Agitur de personis, quibus Concilia visitare licuit. *Cap. IX.* Examinatur, quæ conventus præcedere consueverunt. *Cap. X.* De electionibus Regum, Ducum, Principum, Comitum, aliorumque tempore comitiorum. *Cap. XI.* De caussis, quam ob rem conventus fuerunt indicti. Einen Auszug aus dem ersten Theile dieses ersten Voluminis findet man im fünften Bande der Allerneuesten Nachrichten von juristischen Büchern ꝛc. S. 293-303.

3) *Commentatio,* De comitiis veterum Germanorum ex Historia, Monimentis, Diplomatibus, & scriptoribus fide dignis eruta, qua conventuum origo, qualitas, forma, tum ante Caroli M. ævum, tum sub illius & priorum successorum regimine, adnexo usu hodierno, demonstratur. *Volumen IIdum. ibid.* 1749. 4.

Dieser zweyte Band hat auch zwey Theile. Der erste handelt von denen Comitiis der Teutschen vor Carls des Grossen Zeiten, und bestehet aus 12 Capiteln. Sie lauten also: *Cap. I.* De comitiis sub libero aëre in campis. *Cap. II.* De conventibus Germanorum in montibus, collibus, ad lapides, arbores & ante portas castro-

castrorum. *Cap. III.* De congregationibus Teutonum particularibus ante aetatem Carolingicam. *Cap. IV.* De variis diaetarum generibus. *Cap. V.* Sistit formam regiminis, quot majores, quo tempore, & ad quaenam signa convenerunt. *Cap. VI.* De iis, quibus ad placita accedere licuit, praeprimis de consiliis armatis. *Cap. VII.* De Iudiciis comitiorum tempore solenniter habitis. *Cap. VIII.* De negotiis in conventibus publicis ventilatis. *Cap. IX.* De electione Regum, Ducum, Principum & Comitum in conventibus, eorumque ibi peracta depositione. *Cap. X.* De poenis in Comitiis facinorosis inflictis. *Cap. XI.* De iis, quibus Ius convocandi populum competiit. *Cap. XII.* De modo procedendi in Comitiis. Da **andere Theil** giebt Unterricht von denen Comitiis der alten Teutschen unter der Regierung **Carls des Grossen** und der ersten Nachfolger desselben. Dieser **andere Theil** enthält wiederum 13 Capitel. Im 1 wird dargethan, daß die Zusammenkünfte auf dem Felde unter den Carolingern nicht sogleich aufgehöret haben. Das 2 handelt von den Versammlungen bey Flüssen, Brunnen, Bäumen, Steinen, in Wäldern, auf Hügeln und in Thälern. Das 3 De congregationibus in curtibus, civitatibus, palatiis, vicis & villis. Das 4 von den allgemeinen Versammlungen der Teutschen unter der Regierung Carls und seiner Nachfolger. Das 5 von den mancherley Arten der Comitiorum. Im 6 wird untersucht, Quot Germani, quo

quo tempore, quo loco, & ad quænam signa coiverunt. Das 7 handelt von denen, die das Recht gehabt, die Comitia zu besuchen: Und es wird auch die Frage untersucht, ob es erlaubt gewesen, Waffen zu gebrauchen? Im 8 ist die Rede von den Gerichten, die in den Zusammenkünften gehalten worden, und von den mancherley Arten der Richter und Beysitzer. Das 9 handelt de negotiis in comitiis definitis. Das 10 von der Wahl der Könige, Herzoge, Fürsten und Grafen, und ihrer daselbst geschehenen Deposition. Das 11 von den Strafen, womit Uebelthäter in den Versammlungen beleget worden. Das 12 von denen, welche das Recht gehabt, die Vornehmsten und das Volk zu berufen; und das 13 vom modo procedendi in öffentlichen Zusammenkünften. In denen Hamburgischen freyen Urtheilen, vom Jahr 1749 St. 87 wird von diesem Werke gesagt: Herr D. Sorber hat eine ausnehmende Mühe angewendet, und die stärkste Belesenheit gezeiget, wie ihm denn die Ehre auch nicht kann abgesprochen werden, daß er diese sonst versäumte Materie zuerst gründlich vorgetragen hat.

4) *Commentatio*, De censu constitutivo, seu, mitteum palliato: Cujus origo, natura, forma, & usus hodiernus e scitis Patrum, Conciliorum, Pontificum maximorum, Bullis, Historia, Scriptoribus fide dignis & Diplomatibus eruitur. Cui accedit Adpendix Documentorum ineditorum thema electum illustrantium. *Iena* 1746. 4.

Diese recht gründlich und ordentlich abgefaste Schrift hat zwey Abschnitte. Der erste handelt, De necessitate conservandi usuras tamquam medio promovendi utilitatem humanam. Dieser Abschnitt begreift 6 Capitel in sich. Selbige heissen also: *Cap. I.* De odio Iuris Canonici erga usuras secundum ordinem Seculorum, deque in eas statuta pœna. *Cap. II.* Sistit damnationem usurarum in Capitularibus. *Cap. III.* Continet sententiam Pontificum, Patrum, Philosophorum, aliorumque virorum, qui usuras, earumque exactionem admodum improbarunt. *Cap. IV.* De personis, quibus ob prohibitionem Iuris Pontificii non licuit accipere usuras. *Cap. V.* Probatur, usuras neque Iuri divino, neque naturali contrariari. *Cap. VI.* De utilitate & necessitate retinendi usuras, in quantum promovent salutem humanam. Der andere Abschnitt redet De origine, natura, vicissitudinibus & usu practico *mutui palliati*, præsertim in concursu creditorum. Dieser Abschnitt bestehet aus Capiteln, welche also lauten: *Cap. I.* Refert, quid originem dederit censui constitutivo. *Cap. II.* Tractat naturam mutui palliati. *Cap. III.* Declarat formam censuum redimibilium. *Cap. IV.* Suppeditat exempla annuorum redituum. *Cap. V.* Exhibet, quasnam receperint præstationes hujusmodi census. *Cap. VI.* De iis, qui census constitutivos improbarunt. *Cap. VII.* De utilitate, quam in promovendis commerciis census constitutivi produxerunt, & quomodo Iuri Naturali magis sint consentanei, quam quod cum eo pugnent. Cap. VIII. Inquiritur, num annui reditus usum præstent hodiernum, gaudeantque prælatione in concursu creditorum? Am Ende befinden sich zwölf bishero ungedruckte aus denen Handschriften genommene Urkunden des 15 und 16ten Jahrhunderts, welche diese Materie sehr gut erläutern.

5.) *Diss. De natura & indole remedii devolutivi Adpellationis in Germania aliisque provinciis. Jenæ 1746. Resp. Christoph. Ludov. Bepler.*

Diese lesenswürdige Streitschrift hat 3 Capitel. Das erste handelt de usu atque præstantia Adpellationum penes veteres Germaniæ populos ab iis temporibus, quum Iura scripta sibi formare cœperint. Das zweyte redet de qualitate Adpellationis sequioris ætatis in Germania, aliisque provinciis. Und das dritte giebt Nachricht de modo procedendi per Adpellationem tam quod ad requisita, quam quod ad effectus. Dieses alles ist aus den besten teutschen Schriftstellern ausgeführet.

6.) *Diss. De Processu Inquisitorio in Iudiciis militaribus usitato. ibid. 1748.*

Diese Streitschrift hat Herr D. Carl Contano Victor Rücker wegen Erlangung der Doctorwürde, unter dem Vorsitz des Herrn D. Heinrich Brockes, jetzigen ersten Syndici der freyen Reichsstadt Lübeck, auf der Catheder vertheidiget, wovon aber der Herr Professor Sorber der Verfasser

faſſer iſt. Sie iſt in 2 Capitel abgetheilet, davon das erſte, De Proceſſu Criminali militari in genere, imprimis de accuſatorio; und das andere, De Proceſſu Inquiſitorio, quatenus Iudicia militaria iſto utuntur, handelt. Am Ende befinden ſich 5 verſchiedene Formuln, wie ſolche bey denen Kriegsgerichten gebräuchlich ſind.

7) Obſervationum & Quæſtionum ſelectarum forenſium ex Iure Feudali, Civili, Criminali, Germanico, Eccleſiaſtico &c. depromtarum, *Faſciculus Imus.* In quo materiæ ex ſuis fontibus, cum adjectione ſpeciei facti, rationum dubitandi & decidendi, ipſaque deciſione eruuntur. *Jenæ* 1750. 4.

Es enthält dieſe erſte Sammlung 12 Rechtsfälle. Der erſte betrift die Auftragung eines Erbguts zu einem Lehen, und ob ſolches mit Recht darein habe können verwandelt werden. Der zweyte iſt mit einem Vermächtniſſe zu gottſeligen Stiftungen beſchäftiget. Der 3te Fall betrift einen begangenen Wucher, und deſſen Strafe. Der 4te erörtert die Lehre von der ſtatutariſchen Portion einer Ehefrau. Der 5te enthält Erläuterungen von den Eheſtiftungen, der Morgengabe, der Mitgift, dem Leibgedinge und der Gerade einer adelichen Witwe, wobey ein Verzeichniß von den hierher gehörigen Sachen vorkommt. Der 6te iſt ein beſonderer Fall, da man einem, welcher in dem Vogelſchüſſen König geworden, das ſogenannte Königsbier zu brauen unterſaget, weil er nur ein Einwohner, und kein Bürger der Stadt geweſen. In dem 7 und 8ten wird die Materie aus den teutschen Rechten, von denen gemeſſenen und ungemeſſenen Frondienſten derer Bauern unterſucht, und zugleich gezeiget, daß die Bauren ihrem Urſprunge nach nichts anders, als teutſche Knechte geweſen. Der 9te enthält die Lehre von denen Verlöbniſſen. Der 10te handelt von der Triftgerechtigkeit, und zwar bey offenen und nicht offenen Zeiten, nicht aber bey geſchloſſenen Wieſen und Feldern. Der 11te begreift die Lehre von dem Mühlenzwange, wie auch von denen Lehensfehlern und der darauf geſetzten Strafe. Der 12te trägt die Lehre von der Patrimonialgerichtsbarkeit vor. Der Herr Profeſſor Sorber unterſucht die Rechtsfragen auf das gründlichſte, und mit vieler Gelehrſamkeit, ziehet hernach die Zweifels- und Entſcheidungsgründe daraus, und giebt zuletzt die Entſcheidung ſelbſt. S. Leipziger gelehrte Zeitungen, vom Jahr 1750 No. 96.

8) Obſervationum & Quæſtionum ſelectarum forenſium ex Iure Feudali, Germanico, Criminali & Civili depromtarum, *Faſciculus* II. ibid. 1751. 4.

In dieſer zweyten Sammlung kommen 6 Beobachtungen vor, und der Herr Profeſſor Sorber fährt in der Ordnung und Seitenzahl da fort, wo der erſte Band aufgehöret. Die erſte Abhandlung, welche der Ordnung nach die 13te iſt, redet von Verbeſſerung der Lehen, von der Erbfolge in das dargelöſete Geld, vom Lehenſtamm, und von Bezahlung der Schulden, die der vorige Beſitzer des Lehnguts gemacht hat. Die 14te betrifft das Recht,

Bier zu brauen, und Brandtwein zu brennen, und selbiges in der Schenke zu verzapfen; ingleichen von der Præscriptione immemoriali und possessione vel quasi. In der 15ten wird von der Nothwehr gehandelt, desgleichen vom gefährlichen Todtschlage, und was ein Richter bey Untersuchungen und Bestrafungen zu beobachten hat. Der Vorwurf der 16ten sind die gerichtlich niedergelegten Vermächtnisse der Eheleute, und die Nullitätsklage. Die 17te redet von einem Vergleiche zwischen einem Meister und dem Vater des Lehrjungens desselben, vermöge dessen die geleistete Caution verfallen, und der Meister an dem Vergleich nicht mehr gebunden seyn solle, wenn der Lehrjunge den geringsten Excess begienge. Die 18te und letzte Abhandlung handelt vom klaren Brief und Siegel, und dem daher entstehenden Hülfsproceß, auch dieserhalb eingewandten Exceptionibus altioris indaginis.

9) *Progr.* De legitimis subsidiis ad solidam cognitionem in Iurisprudentia Feudali adspirandi. *Marburgi* 1754.

Mit diesem Anschlage machte der Herr Professor Sorber seine juristischen Vorlesungen bekannt. Unter die ächten und wahren Hülfsmittel zur gründlichen Erkenntniß des Lehnrechts zehlet er 1) die Wissenschaft der teutschen Alterthümer, 2) das teutsche Recht selbst, 3) das teutsche Staatsrecht, 4) die Historie, 5) die Lehensalterthümer, und 6) das longobardische Lehnrecht; welches alles durch unverwerfliche Zeugnisse und mit dem Ansehen der besten Schriftsteller bewiesen und bestärket wird.

10) *Ora-*

10) *Oratio Inaug.* De Equitibus Germanorum desultoriis. Habita *Marburgi* ipsis Kalendis Novembris 1754.

Dieses ist des Herrn Professors Antrittsrede bey Uebernehmung seines Lehramts, die aber noch nicht gedruckt ist.

11) *Diss.* De Iure Revolutionis, seu Recadentiæ. *ibid.* 1755. *Resp. Jo. Christiano Wuttig.* Pro Loco in *Facultate Juridica* obtinendo.

Diese lesenswürdige Streitschrift ist in zwey Capitel eingetheilet. Das erste handelt von denen verschiedenen Arten der alten Teutschen, den Glanz und das Ansehen derer Familien aufrecht zu erhalten. Der Herr Professor Sorber führet an, daß die alten Teutschen die Vermächtnisse und letzte Willensverordnungen nicht gekennet hätten, und dieses beweiset er mit denen bey den Teutschen gewöhnlichen Erbfolgsverträgen; allein nach und nach hätten sie angefangen, letzte Willensverordnungen zu errichten. Jedoch dulte das Rückfallsrecht, wo es gültig, keine letzte Willensverordnung, weil die alten Teutschen vor nichts so sehr besorgt gewesen, als das Ansehen und den Glanz ihrer Familien aufrecht zu erhalten, welches durch verschiedene Beweisgründe gar gut bestärket wird. Das zweyte Capitel hingegen handelt eigentlich die Lehre von dem Rückfallsrechte ab. Dieses Rückfallsrecht ist eine Macht und Gewalt, die altväterlichen Stammgüter auf diejenige Linie zu verfallen, von welcher sie hergekommen sind. Dieses Recht ist besonders in denen jülich- und bergischen Landen gebräuchlich, wie auch in der Grafschaft Mark, und in Ostfriesland, und werden dergleichen Stock- und Stammgüter (bona avita) genennet. In denen Landen nun, wo dieses Recht gebräuchlich, fallen dergleichen Güter an die absteigende, und, wenn die nicht vorhanden, in gewissen Fällen an die aufsteigende Linie, und in Ermangelung deren an die Seitenverwandte. Hieraus nun wird die teutsche Paroemie: Je näher der Sip, je näher dem Erbe, erkläret und erläutert, auch gezeiget, daß dieses Recht einzig und allein die *bona avita*, Erb- Stamm- Stock- und ungereide Güter betreffe. Am Ende befindet sich ein rechtliches Bedenken der Juristenfacultät zu Marburg über dieses Rückfallsrecht, so den Herrn Professor Sorber zum Verfasser hat. Jedoch scheinet dem Herrn Professor Sorber des Herrn Hofrath Kortholds Schrift von eben dieser Materie, von welcher im vierten Theile dieser Nachrichten, S. 220 u. s. Erwähnung geschehen, nicht bekannt gewesen zu seyn; ohnerachtet von ihm alle hierher gehörige Schriftsteller angeführet worden.

12) *Diss.* Sistens *Brocardicum:* Vigilantibus Iura sunt scripta. *ibid.* 1757. *Resp.* pro gradu Doctoris, *Jo. Benjamin Hor.*

Der Herr Professor Sorber zeiget in dieser geschickt abgefasten Abhandlung, wie sorgfältig man sich bestreben müsse, die von denen Gesetzgebern einmal vorgeschriebenen Gesetze in allen Fällen wohl inne zu haben, ausserdem man allen den aus Unwissenheit derselben erlittenen Schaden sich selbst zuzuschreiben habe, wie dieses L. 203. D. d. R. I.

und

und C. 86. d. R. I. in 6to deutlich verordnen. Er erkläret dahero den Nutzen dieses Brocardici durch alle Theile der Rechtsgelehrsamkeit, als: im Natur- und Völkerrechten, in der Historie, im teutschen Staats- und im teutschen Privatrechte, nicht weniger im Lehnrechte, in Ehesachen, in Losungs-, Arrest- Pfandschafts- und Schenkungsmaterien, in Testamentssachen, in Anstellung der Actionis negatoriæ, in Verträgen, in Verjährungen, in peinlichen Fällen, in allen Arten der Processe, in Verschickung der Acten, und endlich in Subhastationen. So auch Tübingische Berichte von gelehrten Sachen, auf das Jahr 1757 St. 24.

VIII.
Friedrich Gottlieb Zoller.

Beyder Rechten Doctor, ordentlicher und öffentlicher Professor derer Titulorum de Verborum Signif. & Reg. Iur. auf der Universität Leipzig, und der Juristenfacultät Beysitzer (*).

Der seel. Herr Hofrath und Ordinarius der Leipziger Juristenfacultät, Carl Otto Rechenberg, schrieb im Jahr 1715, da er eben diejenige Profeßion antrat, welche anjetzo der Herr Professor Zoller bekleidet, einen Anschlag, De ori-

---

(*) S. auch 1) Io. Godofr. Baueri Progr. De diversis significationibus vocum. *Provinciæ* & *Provincialium,*

origine & historia Professi
Significatione & Regulis
Professoribus in Academi
Herr Hofrath Nettelbladt i
ten gewordene Schrift vor
dem zweyten Bande seiner
Beyträge zu der juristisc
storie einzuverleiben, wo m
findet. Allein man lieset ni
richt, was vor Rechtsgelehrte
Hofrath Rechenbertz diese P
ben. Ich glaube daher dene
ristischen gelehrten Geschichte
erweisen, wenn ich bey dieser
ne kleine Nachricht hiervon ert
lese zu gedachter rechenbergi

Des berühmten Hofrath
folger in dieser Profeßion war
tere D. Christian Gottfrie
heriger königl. preußischer geh
dinarius der Juristenfacultät
Oder, so den 1 Sept. 1735 ver
be trat diese Profeßion den 5
Rede, De vera ICtorum
an, und schrieb bey dieser Ge
dungsschrift, De investigan
re significationibus, welche

lium. Lipsiæ 1743. wodurc
Zollers Probeschrift angeze
Nützliche Nachrichten vo
derer Gelehrten in Leipzig
und 52.

desselben Præcognitis generalibus Iurisprudentiæ, sub No. 3 & 4 findet. Als nun im Jahr 1723 dieser Herr Hofmann nach Franckfurth an der Oder als Ordinarius gieng, so folgete ihm der seel. Herr D. Johann Florenz Rivinus, 1755 den 31 December gestorben. Er trat diese Profeßion den 9 Junius 1723 an, wobey er eine Rede hielt, die de necessaria conjunctione Theoriæ cum Praxi handelte, und die gewöhnliche Einladungsschrift, welche in desselben zusammen gedruckten Programmatibus No. 1 anzutreffen ist, hatte die Lehre, De præjudiciis ex abusu interpretationis oriundis, zum Vorwurfe. Diesem folgete 3) Herr D. Friedrich Alexander Linhold, jetziger Professor des Coder zu Leipzig. Er handelte bey dem Antritt dieser Profeßion, welches den 12 Julius 1724 geschähe, De usu studii Critici in Iurisprudentia, und die Einladungsschrift hierzu handelte die Materie, De abusibus circa interpretationem Tituli de Regulis Iuris & Verborum significatione, ab. Dessen Nachfolger war 4) der im Jahr 1760 den 12 März als Kayserl. Reichshofrath zu Wien verstorbene Herr Carl Wilhelm von Gärtner. Als er diese Profeßion, so 1727 den 4 April geschahe, in Besitz nahm, hielt er hiebey eine Rede, De diversa in contraria diversis temporibus Iurisprudentiæ facie, und die gewöhnliche Einladungsschrift hielte De præsidio ac tutamine Iuri Saxonico præstito. Der Nachfolger desselben war 5) Herr Appellationsrath, D. Ferdinand August Hommel, jetziger Professor der Pandekten zu Leipzig. Er nahm den 23 Junius 1734 v[on die]ser Profeßion mit einer Rede: Culpandus [ne] Prætor Romanus, quod veris rationibu[s,] simulatis, fictionibus, aliisque coloribu[s u]sit in corrigendo Iure antiquo, förmliche[n Be]sitz, und die an das Licht getretene Einladungs[schrift] handelte davon: An deceat ICtum, rat[ionem] Legum ignorare? Dessen Platz nahm 6) [jet]zige Herr Appellationsrath und Ordinarius [Herr] Johann Gottfried Bauer, den 2 Sept[ember] 1739 mit einer feyerlichen Rede: De neces[sitate] & utilitate explicationis Tituli de V. [S.] R. I. in Academiis, ein, und schrieb bey [der] Gelegenheit eine Einladungsschrift, De ve[ro] criminis perpetrati, corpus delicti voca[bu]lita, in adulterio. Als nun im Jahr [17..] nur erwehnter Herr Appellationsrath Bauer [zum] Ordinariat gelangete, so rückete 7) Herr D. [Jo]hann Gottlieb Siegel, bisheriger Profess[or des] Lehnrechts, in diese Profeßion ein. Er hie[lt den] 1 März 1752 seine Antrittsrede, welche die [Frage] abhandelte: An rationibus Reipublicæ co[nveni]cat, modum sumtuum, cumprimis v[olu]ptuariorum in legibus determinare? U[nd die] Einladungsschrift hierzu hieß: De Iure sup[erfi]ciario reali quidem, ad dominium utile [ve]ro haud trahendo. Als Herr D. Siegel [1753] den 9 December starb, so sollte Herr D. Carl [Fer]dinand Hommel desselben Nachfolger we[rden;] wie aber durch das inzwischen erfolgte Absterbe[n des] bereits vorhin erwehnten Herrn D. Johann [Lo]renz Rivinus gedachtem Herrn D. Homme[l]

Friedrich Gottlieb Zoller. 237

rofeßion der Inſtitutionen zu Theil wurde, ſo be-
m dieſe Profeßion der Herr D. Zoller, von deſ-
leben und Schriften ich anjetzo eine etwas um-
ndlichere Nachricht ertheilen will.

Herr D. Zoller iſt im Jahr 1717 den 3 De-
ber zu Leipzig gebohren. Sein Herr Vater war
hann Friedrich Zoller, königl. pohln. und
rfürſtl. ſächſiſcher Hofrath, wie auch Rathsherr
Leipzig; die Frau Mutter aber Dorothea So-
ia, eine gebohrne Rellnerin.

In ſeinen erſten Jugendjahren ward er zu Hauſe
M. Clauſen, nachherigem Prediger zu Sithän-
, und von M. Dreßlern, ſo vor einigen Jah-
als Rector der leipziger Nicolaiſchule verſtorben,
ange unterrichtet, bis er ſich auf die berühmte
ul-Pforte bey Naumburg begeben konnte. All-
waren der noch lebende Herr M. Freytag,
tor daſelbſt, desgleichen Walther, Schramm,
übel, Zentſchel, Weidner und Hübſch
Lehrer, durch deren guten Unterricht er ſo weit
, daß er noch vor denen zu Ende gegangenen
ren, die man daſelbſt zubringen ſoll, vor ge-
t gehalten wurde, die Academie zu beziehen.
Im Jahr 1735 kam alſo Herr D. Zoller wie-
n zurück nach Leipzig, und ward unter dem
orat des ſeel. Herrn D. Johann Florenz
ttius der Studentenmatricul einverleibet. Vor
Dingen hörete er die Weltweisheit, worinnen
h den Herrn Profeſſor Winkler zum Lehrer
lete: und was er in dieſen Wiſſenſchaften ge-
erhellet aus der im Jahr 1742 an das Licht
leten Probe, da er unter dem Vorſitz des
Herrn

Herrn M. Johann Gotthard Nertgers, noch hiesigen Subrectors der Schulen zu Frankfurt a[n] der Oder, eine philologische Streitschrift, De Historicorum antiquorum concionibus civilibus, vertheydiget.

Jedoch war die Rechtsgelehrsamkeit sein Hauptwerk. Er hörete die Anfangsgründe derselben be[y] dem verstorbenen D. Reicheln, und bey dem Her[rn] Hofrath Ritter, jetzigem Professor der Historie [zu] Wittenberg. Die Pandekten und den Proceß l[as] rete ihn obgedachter Herr D. Johann Flote[n] Rivinus. In denen Vorlesungen des Herrn Ho[f-] rath Menkens zu Helmstädt über das Lehn u[nd] über das geistliche Recht war er ein fleißiger Zu[hö-] rer, wie er denn auch dessen Disputirübungen i[m] das menkenische Gymnasium Polemicum un[un-] terbrochen besuchte. Hauptsächlich rühmet er d[en] treuen Unterricht des verstorbenen D. Gottlob [Ri-] vinus, welcher ihm alle Theile der Rechtswiss[en-] schaft erkläret, und mit allem Fleiß die rechte Ku[nst] Gesetze auszulegen, gewiesen. Hierdurch nu[n] fand er sich im Stande, juristische Vorlesungen [anzu-] zustellen, die auch mit Beyfall besuchet wurden.

Damit er aber dieses mit mehrerem Vortheil t[hun] könnte, so entschloß er sich die höchste Würde [in] denen Rechten anzunehmen. Er meldete sich d[ie-] serhalb bey der Juristenfacultät zu Leipzig, e[r gab] sich zu den gewöhnlichen Prüfungen, vertheid[igte] am 18ten April 1743 seine Inauguralprobeschr[ift] De actionibus utilibus, ohne Vorsitzer, [und] ward noch an selbigem Tage von dem seel. D. Go[tt-] lieb Wilhelm Dinklern, Lehrer des sächsisch[en]

Friedrich Gottlieb Zoller.

Rechts, dessen Nachfolger Herr D. Zoller geworden, zum Doctor in beyden Rechten erkläret.

Herr D. Zoller stellete hierauf juristische Versuchungen an, und war streitenden Partheyen vor Gerichten beyräthig. Im Jahr 1748 den 19 December hielt er eine academische Streitschrift, De dispositione paterna inter liberos, quæ post obitum patris ab uno ex filiis profertur, vada, um dadurch dereinst eine Stelle in der Juristenfacultät zu erhalten. Im Jahr 1749 erhielt er eine ausserordentliche Profeßion der Rechte, von er er den 19 November, mittelst einer Rede, De necessitate & utilitate Interpretationis, nec non ejusdem abusu, Besitz nahm. Im Jahr 1752 bekam er die durch Absterben Herrn D. Gottlieb Wilhelm Dinklers, ledig gewordene Profeßion des sächsischen Rechts, und hielt er bey deren Antritt den 23 November eine Rede, welche De utilitate pacti, quo venditor futura onera rei venditæ in se suscipit, handelte. Als ferner im Jahr 1755 im Monath December die beyden Lehrer der Rechte, und Beysitzer in der Juristenfacultät, D. Johann Gottlieb Siegel und D. Johann Florenz Rivinus verstarben; so gelangete Herr D. Zoller zu der ordentlichen Profeßion de Verb. Signif. & Reg. Iur. und zu der damit verknüpften Beysitzerstelle in der Juristenfacultät, in welche er wenig Tage nachher, nemlich den 1 April, als Beysitzer aufgenommen ward. Beyde Stellen trat er den 24 März 1756 an, wo er eine Rede, De divisione dominii naturalis & civilis legibus incognita, ablegte.

Nun

Nunmehro ist noch übrig, daß ich des Professor Zollers bis jetzo herausgegebene S[chrif]ten, welche in Streitschriften und Anschlägen [beste]hen, erzehle, und selbige haben in folgender Ordnung die Presse verlassen:

1) *Diss. Inaug.* De actionibus uti[libus.] Lipsiæ 1743.

Es ist dieses des Herrn D. Zollers J[naugu]ralsprobeschrift, wodurch er die Doctorwürde [erlan]get hat. Die Actiones utiles haben nach d[em Rö]mischen Rechte mehr erdichtetes, als wahres i[n sich.] Sie sind, wie Herr D. Zoller schreibt, Re[media] Iuris, quæ deficientibus legis, vel Præ[toris] verbis, ad exemplum actionis alicujus [tra]ditæ, (quæ directa appellatur,) ob ea[m ex] æqui bonique & utilitatis rationem [com]petunt.

2) *Diss.* De vero fundamento contr[actus] chirographarii. *ibid.* 1744. *Resp.* Ca[jetano] Packbusch.

Von dem Contract, der durch eine Hand[schrift] geschlossen wird, findet man in dieser kurze[n Ab]handlung einen deutlichen und hinlänglichen [Begriff.]

3) *Diss.* Sistens Interpretatione[m L.] Cum societas, 69. D. pro Socio. 1744. *Resp. Io. Conrad. Streit.*

Im vierten Bande der Allerneuesten [Nach]richten von juristischen Büchern c. S[. 425] wird von dieser Streitschrift folgendes gesaget [: Die] Bemühung des Herrn Verfassers, die Ste[lle des] Anstoßes, in L. 69. pro Socio, wegzurä[umen,] verdienet gelobet und angepriesen zu werden.

aber diese neue Erklärung alle in diesem Gesetze vorkommende Zweifelsknoten auflöse, und ob nicht viele davor halten werden, daß der in §. 4 formirte Casus noch verschiedenen Einwendungen unterworfen sey, ist eine andere Frage.

4) *Diss.* De interpretatione Iuramenti præstiti, secundum intentionem ejus, cui juratur, non suscipienda. *ibid.* 1745. *Resp. Theodor. Gottfried. Ienichen.*

Der Inhalt dieser Streitschrift gehet dahin, daß ein Eyd nach den Worten, und nach der Beschaffenheit der Sache müsse ausgeleget und verstanden werden.

5) *Diss.* De Lege sibi dicta. Ad L. 21. de leg. 3. *ibid.* 1745. *Gottf. Car. August. Pitterlin.*

Nach dem Inhalte dieses Gesetzes werden auf solche Weise die Verträge, freywillige Obligationen und letzte Willensverordnungen untersuchet, und nach denen Gesetzen des römischen Rechts entschieden.

6) *Diss.* De ritu testandi ex Statuto Gorlicensi. *ibid.* 1746. *Resp. Samuel Gottlieb Frœlich.*

Wie die Römer in denen ältesten Zeiten Testamente gemachet, solches beschreibet Gellius N. libr. 15. c. 27. Ein Testament, heist es nach Puffendorfs Beschreibung, ist eine Erklärung unsers Willens, wer nach unserm Tode in unsern Gütern nachfolgen solle, welche aber vor unserm

Tode nach Belieben kann verändert und widerrufen werden, und woraus andern erst nach unserm Abschiede ein Recht erwächset. Von der Art und Weise, wie ein Testament vor gültig zu halten sey, schreibt Cajus L. 4. D. qui test. fac. poss. am besten: Wenn wir fragen, ob ein Testament gültig sey, so muß man vornemlich acht haben, ob derjenige, welcher das Testament gemacht, vermögend gewesen, solches zu machen, und ferner fordert man, wenn er vermögend gewesen, ob er nach den Regeln des bürgerlichen Rechts testiret habe. Es wird behauptet, daß bey denen Teutschen der römische Papst Autor derer Testamente sey. Nach denen görlitzischen Statuten, Art. 37 soll ein Testament, kraft der Privilegien von dem Könige Johannes, vor einem Schöppen und Rathmanne und Notario geordnet und gesetzet werden. Von den verschlossenen Testamenten heisset es Art. 38, daß wer seinen letzten Willen nicht offenbaren wolle, der möge sein Testament, Ordnung und Satzung, wie er es mit seiner Verlassenschaft nach seinem Tode wollte gehalten haben, mit eigener Hand schreiben, oder einen andern mit klaren deutlichen Worten schreiben lassen, und dieselben mit seinem eigenen oder eines andern Biedermanns Petschaft verschliessen, und für E. E. Rath bringen, mit dieser klaren Vermeldung, daß er seinen letzten Willen in diesem verschlossenen Briefe verfaßt habe, hierauf mit Fleiß bittende, denselben hinter dem Erbrath bis nach seinem Tode zu verwahren, und alsdenn seinen Erben und andern, die es belangen möchte, zu verkünden und zu eröffnen.

7) Di

7) *Diss.* De moderamine inculpatæ tutelæ adultero competente. *ibid.* 1748. *Resp. Io. Gottlob Petzch.*

Der Herr Profeſſor Zoller ſucht in dieſer Streitſchrift zu behaupten, das Recht, welches die Geſetze dem Ehemanne und Vater geben, einen Ehebrecher nieder zu machen, ſetze zum voraus, daß dieſer ſich zur Wehre ſtelle. Wenn er ſich alſo gedultig ergeben, die beleidigten Männer aber gleichwol ihre Rache ausüben wollten, ſo kann ſich der Ehebrecher vertheidigen.

8) *Diss.* De dispositione paterna inter liberos, quæ post obitum patris ab uno ex filiis profertur, valida. *ibid.* 1748. *Resp. Car. Rudolph. Græfe.* Pro Loco in *Facultate Iuridica* suo ordine obtinendo.

Durch dieſe Streitſchrift bahnete ſich der Herr Profeſſor Zoller den Weg zum Sitz und Stimme in der Juriſtenfacultät. Er behauptet, daß eines Vaters letzter Wille unter ſeinen Kindern die Kraft und Würkung eines Teſtaments habe, wenn gleich der geſchriebene Aufſatz in des Vaters Schranke, oder anderem Behältniſſe nach ſeinem Tode ſich nicht fände, folglich ſey auch dergleichen Diſpoſition gültig, wenn einer von denen Söhnen den väterlichen Aufſatz zur Verwahrung bekommen hätte, und nach deſſen Tode vorwieſe.

9) *Diss.* De Iure mortuorum. *ibid.* 1749. *Resp. Carol. Henr. Baudio.*

Die Rechte der Erben in Anſehung ihrer Pflichten gegen den Verſtorbenen, und deſſen Begräbniß werden in dieſer Streitſchrift auseinander geſetzt.

10) *Progr.*

10) *Progr. Inaug.* Interpretationem L. 103. §. 2. D. de leg. 3. siſtens. *ibid.* 1749.

Mit dieſer Einladungsſchrift machte er bekannt, daß ihm eine auſſerordentliche Profeßion der Rechte aufgetragen worden ſey, und er ſeine Antrittsrede, De neceſſitate & utilitate interpretationis, nec non ejusdem abuſu, halten würde.

11) *Diſſ.* De poteſtate diſponendi ultima voluntate circa Geradam in præjudicium Fiſci. *ibid.* 1751. *Reſp. Io. Chriſtoph. Radochlai.*

Seine Meynung gehet dahin: Da eine Frau bey ihren Lebzeiten die Gerade veräuſſern kann, ſo kann ſie auch ſolche in ihrem letzten Willen, zum Nachtheil des Fiſci, einem andern vermachen, obgleich ſolcher dieſelbe nach den Geſetzen zu erben pfleget, wenn kein anderer ordentlicher Erbe derſelben vorhanden, oder keine andere Verfügung deswegen getroffen iſt.

12) *Diſſ.* De renunciatione hereditatis a filia jurato facta, ob enormem læſionem reſcindenda. *ibid.* 1752. *Rſp. Io. Georg. Spillner.*

Es wird in dieſer Streitſchrift unterſucht, ob eine Tochter, die ſich von der väterlichen Erbſchaft eydlich losgeſaget, wenn nachher der Vater zu mehrerem Vermögen gelanget, dieſe eydliche Renunciation wegen Verletzung unter der Helfte anfechten könne. Dieſe Frage wird nach dem gemeinen, und nach denen churſächſiſchen Rechten unterſuchet. Nach dem gemeinen Rechte iſt die Frage einigen Zweifeln unter-

unterworfen. Nach denen chursächsischen Rechten hingegen gilt eine solche Renunciation nicht.

13) *Progr. Inaug.* De sententia Ulpiani L. 6. §. 2 D. Quæ in fraudem creditorum &c. ejusque Iure Saxonico facta correctione. *ibid.* 1752.

Diese Einladungsschrift hat er bekannt werden lassen, als er die Profeßion des sächsischen Rechts mit einer Rede, De nullitate pacti, quo venditor futura onera rei venditæ in se suscipit, antrat.

14) *Diss.* Nonnulla de diverso præscriptionis Iuris Civilis effectu sistens. *ibid.* 1753. *Resp. Io. Ernest. Gottfried. Erlmann.*

Nachdem gezeiget worden, daß die Verjährung dem natürlichen Rechte gemäß sey, so wird der Ursprung und die Benennung der Verjährung untersuchet. Der Unterschied zwischen der Usucapion und Präscription wird sodann gewiesen, und von der letztern die Definition und Eintheilung gemacht. Hierauf wird die gemeine Meynung von der Verjährung widerleget, und behauptet, daß durch die Verjährung das Eigenthum erlanget werden könne. Sodann wird die Eigenschaft und Beschaffenheit eines solchen Eigenthums, auch die *bona fides* hierbey betrachtet. Allein Sachen, die mit Gewalt in Besitz genommen worden, sind keiner Verjährung unterworfen, gleichwie auch ein Erbzinßmann und Pachter durch die Verjährung kein Eigenthum erlangen können, hingegen wird durch eine hundertjährige Präscription das Eigenthum erworben. Uebrigens verstatten die Rechte dem-

demjenigen, der eine Sache präscribiren will, wenn er in Anspruch genommen wird, die Ausflucht und den Behelf des langwierigen Besitzes, so lange nemlich die geklagte Sache noch in seinem Besitze ist; hat er aber die Sache verlohren, oder, wenn sie ihm genommen worden, so hat er denen Rechten nach keine Action, diese verlohrne Sachen wieder zu erlangen.

15) *Progr. Inaug.* De remissione cautionis, circa legata ex die relicta. *ibid.* 1756.

Als der Herr Professor Zoller seine jetzige Profeßion antreten, und zugleich Sitz und Stimme in der Juristenfacultät nehmen wollte; so kam diese Einladungsschrift zum Vorschein, worinnen er zugleich seine zu haltende Antrittsrede, De divisione dominii naturalis & civilis legibus incognita, bekannt machte.

16) *Progr.* De quæstione: Utrum, existente concursu creditorum, creditores locationem a debitore celebratam servare teneantur? *ibid.* 1757.

In diesem Anschlage werden Disputirübungen angekündiget.

IX.
Martin Gottlieb Pauli,

Der Weltweisheit und beyder Rechten Doctor, der Rechtsgelehrsamkeit und der Geschichte öffentlicher Lehrer, und des academischen Gymnasii zu Danzig Inspector (*).

Das berühmte academische Gymnasium zu Danzig hat von seiner Stiftung an, welche im Jahr 1558 den 13 Junius geschehen, viele geschickte Lehrer gehabt; und noch jetzo lehren allda solche Männer, welche dieser vortreflichen Schule grosse Ehre machen, dahero die dort studirende recht glücklich sind, die, wenn sie ihrer wohl wahrnehmen, sich daselbst so gut, als irgendswo, unter ihren berühmten Lehrern recht ansehnliche Schätze der Gelehrsamkeit sammeln können. Unter diese geschickte und berühmte Lehrer gehöret auch der Herr Professor Pauli, dessen Leben und Schriften ich anjetzo entwerfen will.

Es ist derselbe zu Lauban in der Oberlausitz im Jahr 1721 den 11ten Januar gebohren. Sein seel. Vater war Herr Christoph Pauli, Burger-

---

(*) S. auch 1) des seel. Hofraths und Ordinarius Carl Otto Rechenbergs academischen Anschlag, De origine nominis theoriæ & praxeos. *Lipsiæ* 1747, womit des Herrn Professor Pauli Inauguralprobeschrift angekündiget wurde; und 2) Nützliche Nachrichten von denen Bemühungen derer Gelehrten, und andern Begebenheiten in Leipzig. Im Jahr 1745 S. 29 u. f. und im Jahr 1747 S. 275. u. f.

germeister in Lauban, die Frau Mutter aber Anna Rosina, eine Tochter des dasigen Burgermeisters, Martin Zilschers. Von diesen redlichgesinnten Eltern hat er eine sehr sorgfältige Erziehung genossen, und da er von Jugend auf jederzeit viel Neigung zum Studiren blicken lassen; so ist er sehr zeitig, und zwar anfangs der Unterweisung geschickter Privatinformatorn anvertrauet worden, bey mehr zunehmenden Jahren aber genoß er des treuen Unterrichts der öffentlichen Lehrer des hiesigen Lycei, eines **Seydemanns**, **Toraus**, **Trautmanns**, **Seidels** und **Böttners**, welchen allen er, besonders aber den beyden verdienten Rectorn des laubanischen Lycei, dem seel. M. **Gottfried Böttner**, und dem seel. M. **Samuel Seidel**, viel schuldig zu seyn, jederzeit mit Dank erkennen wird.

Da unser Herr Professor **Pauli** der zweyte lebende Sohn seiner Eltern war, und der ältere Bruder bereits sich der Rechtsgelehrsamkeit gewidmet hatte; so suchten ihn seine Eltern dahin zu bereden, daß er die Arzneygelahrheit studiren sollte. Nun hatten zwar gewisse Vorurtheile schon damals bey ihm eine grosse Abneigung von der Medicin hervorgebracht, dennoch aber, weil es seine Eltern gerne sahen und wünschten, widmete er sich der Arzneygelahrheit, in Hofnung, daß sich seine bisherige Abneigung davor mit der Zeit legen und ändern würde, und sein seel. Herr Vater trug so viel Sorgfalt vor ihn, daß er ihm ohngefehr zwey Jahr vorher, ehe er die Universität bezog, durch einen würklich gelehrten Arzt seiner Vaterstadt, den seel.

D.

D. Gemeinhardt, einen kleinen Vorschmack von der Medicin, und allen ihren Theilen beybringen ließ. Wie es aber äusserst schwer ist, Vorurtheile, die man von Jugend auf eingesogen, und zwar solche Vorurtheile, welche durch gewisse Nebenumstände ein grosses Gewichte zu erhalten scheinen, als Vorurtheile zu erkennen und abzulegen; so gieng es auch ihm in Ansehung seiner vorgefasten Meynung von der Medicin. Seine Abneigung von derselben blieb groß, und vermehrete sich beynahe, an statt abzunehmen.

Unterdessen verließ er im Jahr 1740 seine Vaterstadt Lauban, und das dasige berühmte Lyceum, nachdem er in einer feyerlichen Rede von demselben Abschied genommen, und bezog die Universität Leipzig, noch immer in der Absicht und mit dem Vorsatz, ein Arzt zu werden. So bald er nun von dem seel. Professor Rapp, als damaligem Rector der Universität Leipzig, der Studentenmatricul war einverleibet worden, so erwehlete er sich zu seinen Lehrern in der Weltweisheit den Herrn Professor Winkler, in der Mathematik den seel. Professor Haussen, in der allgemeinen, philosophischen und gelehrten Historie den seel. D. Jöcher, und in denen schönen Wissenschaften den Herrn D. Ernesti und den seel. Professor Christ, hörete auch gleich in seinem ersten academischen Jahre die Botanik, Anatomie und Physiologie.

Ob er aber gleich immer gehoft, seine bisherige Abneigung von der Medicin endlich noch zu überwinden; so schien es doch je länger, je mehr unmöglich zu seyn, dahero er dieses endlich seinen Eltern meldete, und um die Erlaubniß anhielt, ein anderes Studium erwehlen zu dürfen, auch dieselbe wider sein Vermuthen ohne alle Schwierigkeit erhielt.

Der Herr Professor Pauli verließ also in seinem zweyten academischen Jahre die Medicin; er hat aber nach vielen Jahren erst einsehen lernen, daß seine ehemalige grosse Abneigung von derselben gar nicht ihren Grund in dieser gewiß schönen Wissenschaft selbst, sondern in blossen von Jugend auf eingesogenen Vorurtheilen gehabt, welche durch gewisse von Zeit zu Zeit dazu kommende Nebenumstände unterhalten und vermehret worden. Dem ohngeachtet hat es ihn niemals gereuet, die Medicin verlassen zu haben, und dieses deswegen, weil er nicht glaubt, daß er in einer Zeit von 4 Jahren in dieser weitläuftigen und schweren Wissenschaft etwas gründliches würde haben erlernen können, gleichwol aber nach geendigten vier Jahren die Academie ohne Zweifel gewiß würde haben verlassen, und nach Hause gehen müssen.

Da er nun die Medicin verlassen hatte, und nunmehro ein anderes Studium erwehlen sollte, so hatte er zwar eine vorzügliche Neigung zur Theologie. Allein, weil er bisher die Erlernung der orientalischen Sprachen verabsäumet hatte, so bewog ihn dieses hauptsächlich, sich der Rechtsgelehrsamkeit zu widmen.

Beynahe aber wäre ihm auch bald anfangs die Lust zur Jurisprudenz vergangen, da er die Institutten, mit denen er anfieng, auf eine bloß praktische, und übrigens sehr seichte Art erklären hörete

Doch

[d]och nunmehro überwand er sich mit Gewalt, und [bli]eb fest bey der Rechtsgelehrsamkeit, deren ver[sch]iedene Theile er nach und nach von **Georg An[dr]eas Joachim, Gottfried Mascov, Jo[ha]nn Gottlieb Siegel, Johann Georg [Cr]amer, August Friedrich Müller, Jo[ha]nn Jacob Mascov** und **Johann Florenz [D]ivinus** sich erklären ließ. Allen diesen verdien[ten] und grossen Männern bekennet er viel schuldig [zu] seyn, besonders aber denkt er mit vorzüglich [gr]ossem Vergnügen an den gründlichen Unterricht, [de]n er bey **Gottfried Mascov** und **Johann [G]eorg Cramer** genossen, und gestehet mit Dan[ke], daß er durch dieser grossen Männer Anweisung [de]n wahren Weg kennen gelernet, durch den man zu [ein]er gründlichen Kenntniß der römischen und teut[sch]en Rechte gelangen kann.

Unterdessen wurde unser Herr Professor **Pauli** [im] Jahr 1743 durch ein sehr gefährliches hitziges [Fi]eber in seinem Studiren sehr gehindert, indem [ih]n dieses nicht allein nöthigte, fast ein viertel Jahr [da]s Bette und die Stube zu hüten, sondern auch [Ur]sache war, daß er ein halbes Jahr, ohne Collegia [zu] hören, zubringen muste. Er hatte aber von die[se]m sonst widrigen Zufalle unter andern auch den [gr]ossen Vortheil, daß ihm sein Aufenthalt auf der [Ac]ademie von seinen Eltern um ein ganzes Jahr [ver]längert wurde. Und eben in diesem Jahre ge[sch]ahe es, daß, da er in seiner Vaterstadt ohne[di]n kein sonderlich Glück erwarten konnte, weil [ein] älterer Bruder, der ebenfalls die Rechte stu[dir]et hatte, daselbst lebte, ihm die Erlaubniß er-

theilet

theilet wurde, in Leipzig zu bleiben
demische Leben zu erwehlen, wozu
vorzüglich grosse Neigung gehabt h

  Er wurde also im Jahr 1745 z
ster, und habilitirte sich kurz nac
tion mit einer academischen Streit
Historiam Philosophiæ Corp
veteris, quam recentioris abh
dem dieses geschehen, sieng er na
einige Vorlesungen zu halten, zwe
chen Verdienst, aber doch sonst zu
sen Vortheil und Nutzen.   Da
züglich der Rechtsgelehrsamkeit ge
promovirte er im Jahr 1747 den
Leipzig in Doctor beyder Rechten,
dieser Gelegenheit seine Inaugural
Theoriæ & Praxis Iuridicæ
weil ihm zugleich angerathen wu
Praxi zu üben, so erlangete er vor
cultät das Notariat, und suchte
Orts um die Freyheit an, andern
nen rechtlichen Beystand zu leisten
in eben diesem Jahre erhielt.   All
mals sonderlich grosse Neigung zum
gehabt, und dahero auch nicht ebe
seine erhaltene Freyheit zur juristi
sonderlich zu Nutze zu machen.

  Der Herr Professor Pauli er
mehr von dieser Zeit an, ganz all
sche Leben zu erwehlen. Er las ü
sten Theile der Rechtsgelehrsamkei
und setzte diese Bemühungen in Leip

fort. Als er aber in erwehntem Jahre den [Ruf] als Professor der Rechte und Geschichte, mit [de]n damit verknüpften Inspectorat nach Danzig er[hie]lt; so verließ er in selbigem Jahre Leipzig, und [gie]ng gegen Michaelis nach Danzig, und nahm [dasel]bst nach seiner Ankunft, den 18ten October mit [ein]er feyerlichen Rede: De variis incommodis, [qu]æ attulit Rebus publicis nostris introdu[cti]o & receptio Iuris Romani, von denen ihm [auf]getragenen Lehrämtern förmlichen Besitz, nach[de]m er vorhero hierzu mit einem Anschlage, De [co]njungendo Iuris & Historiarum studio, ein[ge]laden hatte.

Diese Lehrämter verwaltet der Herr Professor [P]auli noch bis jetzo mit unverdrossenem Fleisse, [un]d so, daß er sich bis hieher stets des Beyfalls [sei]ner Obern rühmen können. Im Jahr 1758 that [ih]m die Universität und Juristenfacultät zu Witten[ber]g die Ehre an, und brachte ihn nebst andern [in] der damals daselbst ledigen juristischen ordentli[che]n Profeßion mit in Vorschlag; es ist aber sel[big]e seinem ehemaligen Vorfahren in Danzig, dem [ver]dienten Rechtslehrer, Herrn D. Georg Frie[dr]ich Krausen zu Theil worden.

Ich will nunmehro des Herrn Professors Schrif[ten], die von der gelehrten Welt mit gutem Bey[fal]le aufgenommen worden, erzehlen, wie solche [na]ch und nach zum Vorschein gekommen: und sel[bi]ge sind folgende:

1) *Diss.* Historiam Philosophiæ Corpuscularis veteris & recentioris sistens. *Lipsiæ* 1745. *Resp. Io. Gottlieb Volkelt.*

Die

Die Philosophia Copuscularis ist nach des Herrn Professor Pauli Beschreibung diejenige Philosophia, quæ mundum corporeum ex minimis subtilissimis & præter figuram, magnitudinem & gravitatem omni qualitate destitutis corpusculis ortum esse docet. Diese Philosophia wird auch Physica Corpuscularis, Physica mechanica, und auch Systema atomisticum genennet. Der erste Erfinder dieser Weltweisheit soll *Moschus*, andere meynen, *Mochus* gewesen seyn, dem *Leucippus, Democritus, Epicurus* und dieses letztern Anhänger unter denen alten gefolget sind. Von denen neuern werden *Gassendus, Cartesius,* **Leibnitz** und **Ridiger** namhaft gemacht.

2) *Diss. Inaug.* De Theoriæ & Praxi Iuridicæ discordia. *ibid.* 1747.

Dieses ist die Probeschrift, als der Herr Professor Pauli sich die Doctorwürde ertheilen ließ. Zuerst wird erkläret, was die Theorie, und was die Praxis sey, und der Zusammenhang der Theorie und Praxis in denen Wissenschaften, vornemlich aber in der Rechtsgelehrsamkeit gewiesen. Nach gegebener historischen Beschreibung von dem Zustande unserer heutigen Rechtsgelehrsamkeit wird deren schlechte Beschaffenheit gezeiget, welches daher rühre, weil sie zwey Hauptgebrechen habe. Das erste Gebrechen sey die grosse Schwierigkeit in selbiger, und das andere deren Ungewißheit, Weitheit, Undeutlichkeit und Unzulänglichkeit. Hierauf wird untersucht, ob und von wem diese Krankheiten könnten geheilet werden, welches theils

Landesherren, theils die Rechtsgelehrten selbst thun könnten. Allein die schlechte Uebereinstimmung zwischen der Theorie und Praxi werde hauptsächlich durch die Ungewißheit der Rechte verursachet, welches seinen Grund in der allzugrossen Liebe gegen das römisch-justinianische Recht habe, weil eines theils in dem römischen Rechte unzehlige Lehren enthalten wären, die in der heutigen Praxi gar keinen Gebrauch hätten, andern theils aber kämen in unsern teutschen Gerichten die Menge Fragen, Materien und Fälle vor, von denen das römische Recht gar nichts wüste, welches alles erweislich gemacht, und am Ende der Weg gezeiget wird, welchen man in Erlernung der Rechte gehen müsse, wenn man in selbigen eine wahre Kenntniß der Theorie und Praxis erlangen wolle. Wenn doch diese schöne Abhandlung diejenigen fein fleißig läsen, welche glauben, in der Praxi Helden zu seyn, und in denen Gerichtsstuben das gröste Gerausche machen! Denn die seichte Einsicht und der blöde Verstand der meisten rechtlichen Sachwalter ist bekannt, welche in theoreticis, da ihnen niemand widerspricht, noch eher fortkommen, als bey der Praxi, wo sie sehr heftige Widersprüche finden.

3) *Diss.* De utilitatibus, quas attulit Philosophia ad Iura & Iurisprudentiam Romanam. ibid. 1753. *Resp. Iacob Ringeltauben.*

Diese Streitschrift ist in Ansehung der Historie der römischen Rechtsgelehrsamkeit sehr wichtig. Sie zeiget, wie viel die römischen Rechte der griechischen Weltweisheit schuldig sind, und was vor grossen

Nutzen

Nutzen eben diese Weltweisheit der römischen Rechtsgelehrsamkeit geschaffet habe, besonders, da der römische Jurist, *Tiberius Coruncanius*, anfieng, die römische Rechtsgelehrsamkeit in formam artis zu bringen. S. besonders **Unpartheyische Critik über juristische Schriften. Vierter Band** S. 508.

4) *Progr. Inaug.* De conjungendo Iuris & Historiarum studio. *Gedani* 1753.

Dieses ist der Anschlag, wodurch er seine Antrittsrede bey dem academischen Gymnasio zu Danzig bekannt machte.

5) *Diss.* De mediis eruendæ veritatis in Processibus. *ibid.* 1754. *Resp. Io. Iac. Salomon.*

Der Respondent ist der Verfasser von dieser Streitschrift. Zeugen und Documente sind in denen Processen die besten Beweisthümer; allein es wird gewiesen, was ein vorsichtiger Richter hierbey in Ansehung der Wahrheit zu beobachten habe. S. auch **Unpartheyische Critik über juristische Schriften. Fünfter Band.** S. 48.

6) *Diss.* De legitimatione per Rescriptum Principis. *ibid.* 1750. *Resp. Io. Nathan Schulze.*

Diese ganze Lehre sowol nach den römischen als teutschen Grundsätzen wird in gegenwärtiger beträchtlichen Abhandlung mit einer sehr reichen Belesenheit, und mit der Kenntniß der besten Schriftsteller, auch in einer guten Schreibart abgehandelt. S. **Leipziger gelehrte Zeitungen,** auf das Jahr 1756 No. 50.

7) *D.*

7) *Diſſ.* Qua exponitur quaeſtio: Utrum ii, qui ſub tutela vivunt, hodie ſui ſint, an alieni Iuris homines? *ibid.* 1757. *Reſp. Conſtantin. Erneſt. Groddeck.*

In denen vortreflichen Göttingiſchen Anzeigen von gelehrten Sachen, auf das Jahr 1758 St. 13 wird von dieſer wohlgerathenen Abhandlung folgendes erwehnet: Der Herr Verfaſſer erörtert zuförderſt die Lehre, welche Perſonen nach dem römiſchen Rechte unter fremder Gewalt ſtehen, und zeigt insbeſondere bey der väterlichen Gewalt deren Urſprung, Fortgang, Abnahme, Beſchaffenheit, und wie ſie geendiget werde, in welchen er denen Grundſätzen des Herrn geheimen Juſtitzraths Gebauers vollkommen beypflichtet: worauf er ſich zu den Unmündigen wendet, das Amt der Vormünder kurz und artig ausführet, und darthut, daß unmündige Kinder zwar unter der vormundſchaftlichen Gewalt ſtehen, gleichwol aber doch als Hausväter anzuſehen ſind. In Teutſchland ſind die Minderjährige als Perſonen, die in fremder Gewalt ſtehen, angeſehen, welches aus dem Begrif des Wortes Mundium erläutert wird. Eben dieſes traf in dem mittlern Alter ein, da zumal die vormundſchaftliche Gewalt mit der väterlichen einerley war, indem der Vormund eben ſo gut, wie der Vater, für die Erziehung der Kinder ſorgte, und dagegen die völlige Nutzung der Güter des Unmündigen genoß. Ohnerachtet nun nachgehends durch die Einführung des römiſchen Rechts viele Lehren des teutſchen Rechts theils abgeſchaft, theils abgeändert worden; ſo behauptet der Herr Verfaſſer doch hierin das Gegentheil, und zeiget zuförderſt, daß ſowol in der Lehre von der väterlichen als vormundſchaftlichen Gewalt die mehreſten Grundſätze des fremden Rechts in Teutſchland nicht aufgenommen worden. Da nun auch heut zu Tage die Rechte des Vormundes in Anſehung der Erziehung der Kinder unverändert geblieben ſind, und in Anſehung der Verwaltung der Güter dem teutſchen Vormunde ebenfalls gröſſere Rechte zuſtehen, als nach dem römiſchen Rechte; ſo ſchließt der Herr Verfaſſer hieraus, daß allerdings die Unmündigen bey uns als perſonæ alieni Iuris anzuſehen. Denn obzwar die Vormundſchaft jetzo gröſtentheils umſonſt geführet werden muß, und der Mießbrauch des Vormundes wegfällt; ſo macht doch dieſes den Zuſtand der Unmündigen in Anſehung ihrer Perſ. ſelbſt nicht freyer, als er ehedem geweſen iſt, welche Sätze der Herr Verfaſſer durchgehends mit vieler Beleſenheit und Scharfſinnigkeit ausführet, ob wir gleich nicht läugnen können, daß in der Hauptſache ſich viele beträchtliche Zweifel machen laſſen, die aber für den gegenwärtigen Ort zu weitläuftig ſind.

S. auch **Leipziger gelehrte Zeitungen**, vom Jahr 1757 No. 44 wo geſaget wird: daß ſie mit ſchönem Fleiſſe, Ordnung und Kenntniß der römiſchen und teutſchen Rechte, und in einer guten Schreibart abgefaſſet ſey. Deßgleichen **Unpartheyiſche Critik über juriſtiſche Schriften** Sechſter Band. S. 255=270.

8) *Diſſ. Secularis*. De incongrua Praxi doctrinæ Iuris Romani de reſtitutione

in integrum ex capite metus & doli. *ibid.* 1758. *Resp. Ioachim. Guilielm. Weickhmann.*

Diese schöne Streitschrift ist bey Gelegenheit des im Monat Junius 1758 zu Danzig gefeyerten zweyten hundertjährigen Jubelfestes der Stiftung des academischen Gymnasii gehalten worden. Es wird gleich im Anfange mit wenigen der ersten Stiftung des Gymnasii, und dessen nachheriger Verbesserung, die durch den Fleiß der Herren Protoscholarchen geschehen ist, gedacht. Sie bestehet eigentlich aus zwey Hauptstücken. In dem **ersten** werden die Grundsätze des römischen Rechts von diesen zwey Gattungen der Wiedereinsetzung in den vorigen Stand vorgetragen, überhaupt aber ein kurzer Begrif zum bessern Verständniß dieser ganzen Materie vorausgeschickt. In dem **letztern** aber wird deutlich die Art und Weise gezeigt, wie diese Restitution in den vorigen Stand in denen teutschen Gerichtshöfen nicht sowohl pfleget, als wie sie eigentlich sollte, angewendet und gebrauchet zu werden, woben zugleich gewiesen wird, daß wir Teutsche auf eine recht unbillige Weise denen Grundsätzen eines fremden Rechts folgten. Der Grund und die Ursache des verkehrten Gebrauchs des römischen Rechts liegt in der allzugrossen Liebe unserer Teutschen gegen fremde Gebräuche, Gewohnheiten und Sachen. Einen Auszug von selbiger findet man in denen **Leipziger gelehrten Zeitungen**, auf das Jahr 1758 No. 81, und **Unpartheyische Critik über juristische Schriften. Sechster Band.** S. 521-532.

9) **Erweis, daß das Frauenzimmer bey einem Codicill ein gültiges Zeugniß ablegen könne.**

Diese Abhandlung stehet, jedoch ohne des Herrn Verfassers Namen, in denen Arbeiten einer vereinigten Gesellschaft in der Oberlausitz.

10) **Abhandlung von den *Ordaliis*, oder Gottes Urtheln der alten Teutschen.**

Dieselbe befindet sich, doch gleichfalls auch ohne Namen des Herrn Verfassers, im 1sten und 2ten Stücke der Erweiterungen des Verstandes und Witzes.

✳✳✳✳✳✳✳✳✳✳✳✳✳✳✳✳✳

X.
Ludwig Gottfried Mogen,

Beyder Rechten Doctor, ordentlicher und öffentlicher Lehrer der Geschichte auf der Universität zu Giessen, Gräflich Leiningen-Westerburgischer würklicher Hofrath von Haus aus, und ordentliches Mitglied der teutschen Gesellschaft zu Jena.

Herr Hofrath Mogen zu Giessen ist ein Enkel des in der gelehrten Welt nicht unbekannten, und im Jahr 1692 verstorbenen Jeremiä Laurentii Mogen, der Weltweisheit und beyder Rechten Doctors, verschiedener Reichsstände Raths, und fürstl. hessen-darmstädtischen Cantzley Directors zu Giessen: und ein Sohn Jacob Ludwigs Mogen, fürstl. hessen-darmstädtischer würklichen Commißionsraths, und Titularvormund

Ludwig Gottfried Mogen.

...undsraths, wie auch ältesten Regierungs- und ...onsistorialsecretärs zu Giessen, welcher im Jahr ...55 den 13 Junius Todes verblichen.

Der mütterliche Großvater desselben war der ...rch viele Schriften bekannte Herr D. Wolfgang Gabriel Pachelbl von Gehag, fürstl. Brandenburg-Bayreuth- und Onolzbachischer respective ...heimer und gemeinschaftlich ältester Rath, wie ...ch ältester Beysitzer des kayserlichen Landgerichts ...urggrafthums Nürnberg, welcher im Jahr 1728 ...n 26 November im 80sten Jahre seines Alters, zu ...nspach zu seinen Vätern versammelt worden. Desselben älteste Fräulein Tochter, Anna Euphrosina Pachelblin von Gehag, welche sich im Jahr 1711 an unsers Herrn Hofraths Mogen seel. ...errn Vater verheyrathet hatte, war von Gott mit ...rzüglichen Gaben begnadiget, und mit vortrefli...en Eigenschaften ausgezieret. Nicht nur diejeni...n Geschicklichkeiten und Künste, so man bey ...m Frauenzimmer sucht, besaß sie im hohen Grad, ...dern auch solche Wissenschaften, nach deren Er...gung sich Männer bemühen (*). Sollten die von

---

(*) Der Verfasser der neuesten historischen und politischen Sachen, in dem im Jahr 1712 herausgekommenen neunten Stück, S. 834 u. f. bezeiget von ihr, daß sie in der Oratorie, in Inscriptionen, in der Philosophie, in der Historie, Münzwissenschaft und Dichtkunst eine grosse Stärke besitze. Georg Christian Lehm in Teutschlands galanten Poetinnen, S. 119 u. f. Das Frauenzimmer Lexicon, S. 1275. Das grosse Universallexicon, und andere dergleichen Schriften stimmen mit selbigem Zeugnisse

von ihr verfertigten Gedichte, Inscriptiones und Ausarbeitungen gedruckt werden, so würden sie einen starken Band ausmachen, und man würde darunter eine Abhandlung **Von dem Ursprung und der Fortpflanzung der Seelen**, ganz unerwartet antreffen.

Von dieser frommen, tugendhaften, verständigen, liebreichen, geschickten und gelehrten Frau wurde unser Herr Hofrath **Mogen** im Jahr 1724 den vierten Hornung gebohren. Seine Taufpathen waren der regierende Herr Graf von **Solms-Rödelheim, Wilhelm Carl Ludwig**, der nachmalige brandenburg-anspachische geheime Minister, Herr **Philip Ludwig von Bobenhausen**, und der berühmte geheime Justitzrath, Herr **Johann Gottfried von Meiern** zu Hannover.

Beyde Eltern liessen sich seine Erziehung sehr angelegen seyn, und ob sie ihn gleich in die öffentliche Stadtschule schickten, so hielten sie ihm dennoch zu Hause besondere Hauslehrmeister. Im Jahr 1734 kam er, mit beständiger Beybehaltung derer Privatlehrer, in das Pädagog. In dieser berühm-

nisse überein. Zum hinlänglichen Beweis, daß sie in der Dichtkunst ausserordentlich stark gewesen, dienet ein Urtheil des Herrn Superintendentens, D. Benners, welches er fällete, da ihm, als er noch Professor Eloquentiæ & Poeseos war, ein Gedicht von ihrer Feder in die Censur gebracht wurde. Auf dasselbe schrieb er:

Solchem Ausbund der Poeten
Ist mein vidit nicht vonnöthen.
Nein! ich schreibe nur dabey,
Daß es unvergleichlich sey.

rühmten Schule waren seine Lehrmeister, der Herr Superintendent, D. Benner, als Pädagogiarch, der jetzige Senior zu Frankfurt am Mayn, Herr D. Fresenius, der jetzige Metropolitan zu Butzbach, Herr Herrnbrodt, der jetzige Professor der morgenländischen Sprachen zu Giessen, Herr Wolf, der jetzige Pfarrer zu Worms, Herr Nebel, der seel. Stadt= und Burgpfarrer, Eberwein, der zu Lich verstorbene Pfarrer, Fabricius, und die als Pädagoglehrer verstorbene Reiz und Michel.

Im Jahr 1740 wurde er acht Tage vor Ostern aus dem Pädagog entlassen, und von dem damaligen Rectore Academiæ Magnifico, Herrn D. Hilchen, in die Studentenmatricul eingeschrieben. Die Logik und Metaphysik hörete er bey dem Herrn Professor Wolf, wie auch bey dem Pfarrer, und jetzigen Metropolitan zu Echzel, Herrn Johann Daniel Müller, die Beredtsamkeit bey dem Herrn Hofrath, D. Kortholt, und bey dem jetzigen wormsischen Pfarrer, vorerwehnten Herrn Nebel, so damals in Giessen Professor Eloquentiæ & Poëseos war; das Recht der Natur bey dem seel. Herrn Professor Balser, die mathematischen Wissenschaften bey dem seel. M. Kempf; und die Historie bey vorbelobtem Herrn Hofrath Kortholt, und dem im Jahr 1746 verstorbenen Herrn Professor Ayrmann.

In diesen ersten academischen Jahren besuchete er zwar auch schon des Herrn Reichshofraths, Freyherrn von Senkenberg, mündliche Erklärung über die güldene Bulle; es geschahe aber bloß in der Absicht, um die in dem damaligen Interregno vorgewesene Kayserwahl desto besser zu verstehn, wie er sich denn auch, als die Wahl und Krönung Kayser Carls des siebenten vor sich gieng, nach Frankfurt begab, und dorten, insonderheit die Reichskleinodien, überhaupt aber alles, was sehens- und hörenswerth war, selbst sahe, und selbst hörete, und hierbey manchen Minister und manchen Gelehrten kennen lernete. Nach dem Absterben gedachten höchstseeligen Kaysers verfügete er sich abermals an den Wahlort, und wohnete wiederum allem bey, was bey der Wahl und Krönung Jhro jetzt regierenden kayserl. Majestät öffentlich vorgenommen wurde.

Weil nun der Herr Hofrath Mogen durch die öftere Erfahrung gelernet hatte, wie, und wo man jeden Vorfall am besten sehen und hören könnte; so hatte er das Glück, als kayserl. Majestät, der Krönung wegen, nach Frankfurt kamen, und auf der bockenheimer Heide von Jhro churfürstl. Gnaden zu Maynz, im Namen des ganzen Reichs, empfangen, bewillkommet und beglückwünschet wurden, sowol die churfürstliche Anals auch die kayserliche Antwortrede ganz nahe, von Wort zu Wort, und sehr vernehmlich mit anzuhören.

Während der letztern Kayserwahl und Krönung verstarb im Jahr 1745 der Herr geheime Justitzrath von Meiern zu Hannover. Dieser Todesfall raubte unserm Herrn Hofrath Mogen eine grosse und sehr sichere Hofnung; denn dieser sein Taufpathe liebete ihn zärtlich. Als der Herr von Meiern in Sachen Chur-Braunschweig, als Herzog von
Sach-

Sachsen-Lauenburg, entgegen die Reichsstadt Lübeck, in Betreff des Voigteyamts Möllen, bey
dem Reichscammergericht zu Wetzlar öfters und lange Zeit sich aufhielt; so muste der Herr Hofrath
Mogen nicht nur manchesmal zu ihm nach Wetzlar kommen, und etliche Tage, ja wol etliche Wochen bey ihm bleiben, sondern er muste auch, so
oft der Herr von Meiern durch Giessen reisete, in
einer beständigen Gesellschaft seyn. Auch beehrete
ihn der Herr von Meiern mit seinen vortreflichen
und weltberühmten Schriften, und mit der schönen Münze, die zu Ehren dieses Scriptoris
Actorum Pacis Westphalicæ gepräget worden.
Er ermunterte ihn stets zu gründlicher Erlernung
der Jurisprudenz, insonderheit des Staatsrechts;
er zeigete ihm die Vortheile und Erleichterungen
zu dem Studiren; er examinirte ihn oft, und den
Schluß des Examinis machte er allemal mit dem
Versprechen, daß er ihn, nach geendigten Studien,
unfehlbar befördern wolle.

Diese Ermunterungen gereichten unserm Herrn
Hofrath Mogen zu grossem Nutzen; denn ob er
gleich die philosophischen Collegia inzwischen bey
Seite geleget hatte, so besuchte er doch die historischen und juristischen desto fleißiger. Die Præconita Iuris waren ihm schon von dem Herrn
Reichshofrath, Freyherrn von Senkenberg, und
die Historia Iuris von eben demselben, und von
dem seel. Herrn Professor Rayß erkläret worden.
Ersterer zog zwar vor Endigung des letzterwehnten
Collegii, mitten im halben Jahre, von Giessen
weg, aber der Herr Hofrath Zortholt führete es

auf Bitte des Freyherrn von Senkenberg, bis zu Ende fort. Weil der Herr Hofrath Mogen seinen Lehrern das Sprüchwort: Bonus Institutionista, bonus Iurista, glaubete; so hörete er die justinianischen Institutiones fast in jedem halben Jahre. Die seel. Professores, D. Rayß und D. Balser, der verstorbene Lic. Georg Wilhelm Ludwig Benecke, und noch zuletzt auch der Hofrath Kortholt waren in selbigen seine Lehrmeister. D. Rayß, D. Balser und einmal Lic. Benecke lasen über den Text; zu einer andern Zeit aber las Lic. Benecke über den Heineccius, welchen auch der Herr Hofrath Kortholt zum Grunde legte. Den kleinen Struv, und die Pandekten nach dem Lauterbach erkläret ihm der seel. Herr Hofrath Wahl; aber über den Böhmer hat er die Pandekten dreymal bey dem Herrn Hofrath Kortholt gehöret. Das geistliche Recht lehrete ihn, nach dem böhmerischen Handbuche, der seel. Herr D. Balser. Hingegen das teutsche bürgerliche Recht, nach dem Engau, das Lehnrecht, nach dem Freyherrn von Senkenberg, und das teutsche Staatsrecht, nach dem Herrn von Moser, erlernete er lediglich von dem Herrn Hofrath Kortholt. Eben bey selbigem hielt er auch ein Disputatorium über das Ius Universum, und zuletzt auch ein Practico-elaboratorium, welches ihm, weil er schon unter der Hand von seinem Herrn Vater vieles praktisches erlernet hatte, desto leichter war.

Uebrigens versäumete er keine Gelegenheit, auch denen Vorlesungen anderer Lehrer beyzuwohnen. Dieses

Dieses that er so oft, als nur seine Lehrer etwa eine Stunde der ordentlichen Vorlesungen aussetzeten. Auf solche Art besuchte er öfters des Herrn Superintendentens, D. **Benners** Vorlesungen über die theologische Moral, wie auch über das geistliche Recht. Auch hörete er verschiedemal den seeligen Canzleydirector, D. **Kayser**. Alle Jahr reisete er einmal nach Marburg, und stellete sich auch in denen Stunden der dortigen Rechtslehrer als ein Schüler ein. Auch wurde in Frankfurt und Wetzlar seine Sehnsucht zu mehrerem Wissen oft erfüllet.

Nach fast achtjährigem Studiren verfertigte er eine Inauguralprobeschrift: De Rege Romanorum, eoque vi Capitulationis Caroli VIII absente vel impedito Imperatore, Imperii habenas capessente, und vertheidigte sie den 21. December 1747 mit Erlaubniß der Juristenfacultät, ohne jemandes Beystand. Den Tag darauf empfieng er aus den Händen des seel. Canzleydirectors, D. **Kaysers**, als damaligen Dechants der Juristenfacultät, den Doctorhuth. Zu gleicher Zeit wurde mit ihm Herr **Johann Wilhelm Englert**, aus Schweinfurt, und Herr **Johann Gottfried Misler**, aus Hamburg, jener in Doctorem, dieser aber in Licentiatum renunciiret.

Einige Monathe vorher, nemlich im Monat October hatte die teutsche Gesellschaft zu Jena ihn zu ihrem ordentlichen Mitgliede ernennet.

Im Jahr 1748 den 4ten Merz, wurde er auf sein geschehenes Ansuchen, durch ein landesfürstl. gnädigstes Decret, zu einem ordentlichen Regierungsadvocaten zu Giessen gnädigst bestellet; hingegen

gegen wurde er den 24ſten Julius deſſelben Jahres durch den Tod ſeiner oben belobten Frau Mutter in tiefe Trauer geſetzet.

Der Herr Hofrath Mogen ſpürete ſchon in ſeinen Studentenjahren mehrere Neigung zu dem academiſchen als zum Canzley- oder Advocatenleben. Er brachte dahero ſeine *Diſſertationem theoretico-practicam*, De diffamato provocante forenſem provocatum reconveniente, den 30 September 1750 auf den juriſtiſchen Lehrſtuhl, und zwar gerade an demjenigen Tage, an welchem ſein ſeel. Herr Vater 70 Jahr alt wurde, dahero auch bey dieſer Streitſchrift ein Glückwunſch an denſelben vorangeſetzt zu befinden. Seit dieſer Zeit las er verſchiedene hiſtoriſche und juriſtiſche Collegia, inſonderheit die Hiſtorie der Staaten von Europa, die teutſche Reichshiſtorie, die Hiſtoriam Iuris Univerſi nach dem Kopp, die Inſtitutiones nach dem Heineccius, die Pandekten nach dem Ludovici, worüber er auch ein Examinatorium anſtellete, das hiſtoriſche Ius Publicum nach dem Schmauß, und den gerichtlichen Proceß nach dem Knorre, dem ein practico-elaboratorium beygefüget wurde. Jedoch ſetzte er die Advocatur, die in Gieſſen weit einträglicher iſt, als das Leſen, nicht hintan. Er war auch dabey glücklich: denn der Advocatur hatte er es zu danken, daß er von der chriſtophoriſchen Linie des hochgräflichen Hauſes Leiningen-Weſterburg, zu deren würklichen Hofrath von Haus aus den 10ten October 1752 gnädigſt ernennet wurde.

Im Jahr 1754 den 21ſten September trat er eine Reiſe in das Frankenland an, und zwar vornemlich in der Abſicht, um in Anſpach ſeiner ſeel. Mutter Schweſtern, die Fräuleins von Pachelbl zu beſuchen, doch aber auch bey dieſer Gelegenheit einige derer anſehnlichſten Städte in Franken und Schwaben zu beſehen. Den Hinweg nahm er über Frankfurt, Hanau, Dettingen, Aſchaffenburg, Würzburg und Uffenheim. Von Anſpach aus reiſete er über Hailebronn und Schwobach nach Altdorf, allwo er die ſämtlichen damals lebenden Herrn Profeſſores beſuchete, und inſonderheit die Gottesgelehrten, Bernhold, Dietelmair und Riederer, die Rechtsgelehrten, Deinlin und Heumann, die Aerzte, Jantke, Weiß und Kirſten, und die Weltweiſen, Spieß und Adelbulner kennen lernete. Die Bibliothek des im Jahr 1751 verſtorbenen berühmten Profeſſors Schwarz ſahe er noch bey deſſelben jüngerem Schwiegerſohne, dem Herrn Profeſſor Kirſten; und der ältere ſchwarziſche Schwiegerſohn, der Herr Profeſſor Weiß zeigete ihm auch, auf ſein Verlangen, die goldene Gnadenkette, welche der Freyherr, Johann Wenzel von Widmann, kayſerl. Gevollmächtigter bey dem fränkiſchen Kreis, Namens Ihro jetztregierenden kayſerliche Majeſtät, im Jahr 1750 dem ſeel. Herrn Schwarz überbracht hatte.

Nachdem er noch die übrigen altdorfiſchen Merkwürdigkeiten betrachtet hatte, ſo reiſete er weiter nach Nürnberg. Hier nahm er vor allen Dingen die alte kayſerliche Burg in Augenſchein, und verwunderte derſelben auſſerordentlich angenehme Lage.

Sodann ließ er sich die Vestung, das wegen Menge der Canonen, und wegen seiner guten Einrichtung ungemein schöne und grosse Zeughaus, die bewundernswürdige meßingene Wasserkunst, den Kühhof, das alte berühmte Rathhaus, die St. Sebalds- und St. Lorenzkirche, u. s. w. zeigen, und bekam auch, durch Vorschub eines Freundes, die vortrefliche Bibliothek, und das sehenswürdige Naturaliencabinet des berühmten Herrn Hofraths Treu, der sich damals wegen der Blattern der Frau Marggräfin von Anspach an diesem Orte aufhielt, zu sehen.

Von **Nürnberg** gieng er nach **Erlangen**. Allda erlangete er die Bekanntschaft der Theologen, **Pfeiffers**, **Huths** und **Chladenius**, der Rechtsgelehrten, **Roßmanns**, **Gonnens**, von **Braun** und **Schierschmidts**, der Aerzte, **Schmiedts** und **Delius**, und der Philosophen, von **Windheim** und **Succov**. Bey dem Herrn von **Windheim** erbat er sich auch die Ehre, die in der gelehrten Welt bekannte Frau von **Windheim** zu sprechen. Was sonsten in Erlangen noch sehenswürdig ist, hat er ebenfalls in Augenschein genommen, und sich sodann über **Habersdorf** und **Kadolsburg** nach **Anspach** wieder zurück verfüget.

Sein dortiger Aufenthalt war sehr vergnügt. Er hatte nicht nur durch die hohe Vorsprache seines Taufpathen, des Herrn geheimen Ministers von **Bobenhausen**, die höchste Gnade, dem damals regierenden Herrn Marggrafen in Günzenhausen aufzuwarten, und an die herrschaftliche Tafel gezogen zu werden, sondern auch denen Lustbarkeiten,
die

ie bey der hohen Vermählung des damaligen Herrn Erbprinzens, jetzigen regierenden Herrn Marggrafens, angestellet worden, guten theils mit beyzuwohnen, da er besonders die Gnade des unter vielen anwesenden hohen Herrschaften auch befindlichen Herrn Reichserbmarschalls, Grafens von **Pappenheim**, genoß.

Nachdem er alles sehenswürdige, insonderheit das herrschaftliche Schloß, die darauf befindliche Bibliothek, Kunstkammer und Rüstkammer (*), ferner die Stadt= Schloß= und Casernenkirche, denebst der in der erstern befindlichen herrschaftlichen Gruft, das Zeughaus, die Kanzley, den Hof= und andere herrschaftliche Gärten, das Schlittenhaus, die Porcelanfabrik, das herrschaftliche Lusthaus **Triesdorf**, nebst dem Thiergarten, u. s. w. besehen; so gieng er den 7 December 1754 von Anspach wieder ab, und reisete über **Crailsheim** nach **Schwäbisch=Hall**, allwo er vornehmlich die weltberühmten

---

(*) In der Rüstkammer warf der Herr Hofrath Mogen seine Augen vornemlich auf dasjenige Pferd, auf welchem der Marggraf Georg Friedrich, als declarirter General über die Reichscavallerie, den 28sten Merz 1703 mit denen bey Schnudmühl in der Oberpfalz gestandenen churbayerischen Truppen, über der Behauptung eines Passes über die Vils, in dem Dorfe Emhofen, in ein blutiges Gefecht gerathen, darinnen er durch einen Musquetenschuß so tödtlich verwundet worden, daß er gleich den folgenden Tag in dem Dorfe Kuttensee seinen heldenmüthigen Geist aufgeben müssen. Selbiges Pferd stehet aufgestellet so natürlich da, als wenn es noch würklich lebete, und hat auf der linken Seite des Halses denjenigen Schuß, der ihm das Garaus gemacht.

ten Salzsoden, das nach dem grossen Brand neu erbauete ansehnliche Rathhauß, und das ohnfern der Stadt gelegene Stift und Kloster Komburg besahe. Nach einigem Aufenthalt begab er sich nach Oehringen. Auch hier erlangete er, durch Hülfe des Herrn Hofraths Hennicke, die Gnade des regierenden Herrns, an dessen Tafel er auch speisete. Er besahe das gräfliche Schloß, die anmuthigen herrschaftlichen Gärten, die Kirche, u. s. w. und setzte sodann seine Reise nach Heilbronn fort, woselbst er nur das Rathhauß, und den künstlichen sehr starken Stadtbrunnen besahe, etliche Gelehrte, insonderheit den ohnlängst verstorbenen Herrn Rector Bernhold besuchete, und sich weiter über Fürfeld, Sinzheim und Wißloch nach Heydelberg verfügete.

Allhier besuchete er ebenfalls verschiedene Gelehrte, könnte aber die mehresten, weil gerade das Weyhnachsfest war, nicht sprechen; er besahe das alte churfürstl. Schloß auf dem Geisberg, und die Rudera der französischen Zerstörungen von 1689 und 1693, sodann das in dem Schloßkeller liegende wundergrosse Faß, ferner die heil. Geist- und andere Kirchen, und reisete weiter nach Manheim. Auch hier besahe er das prächtige Schloß, das schöne Opernhaus, einige Kirchen, u. d. m. er besuchete verschiedene Gelehrte, und fuhr sodann über den Rhein nach Grünstadt.

Allhier hielt sich der Herr Hofrath Mogen bey seiner hochgräflichen Herrschaft 9 bis 10 Tage auf, und gieng über Worms und Darmstadt nach Frankfurt.

In dieser berühmten Stadt hatte ihn die dasige
[a]delige Gesellschaft, Alt-Limpurg, seit einigen
[W]ochen um desto sehnlicher erwartet, weil eben da[-]
[m]als die reichskundige Streitigkeit, so zwischen be[-]
[sa]gter Gesellschaft auf einer, und der Gesellschaft
[F]rauenstein und der gemeinen Bürgerschaft auf
[de]r andern Seite, seit dem Ausgange des vierzehn[-]
[te]n und Anfange des funfzehnten Jahrhunderts, we[-]
[ge]n Besetzung der Rathsstellen obwaltet, eben da[-]
[m]als sowol bey E. höchstpreißl. kayserl. Reichshof[-]
[ra]thscollegio, als auch in Frankfurt selbst eifrig ge[-]
[tri]eben wurde. Dieser Streitsache wegen muste
[sic]h der Herr Hofrath Mogen 9 Tage lang in
[F]rankfurt aufhalten, inzwischen aber, um mit dem
[H]errn geheimen Regierungsrath von Günderode
[in] Hanau, der die Sache der limpurger Gesell[-]
[sch]aft dirigiret, zu conferiren, nach Hanau hin,
[und] auch wieder zurück nach Frankfurt reisen. End[-]
[lich], da die Hauptarbeit vollbracht war, eilete er
[zur]ück nach seiner Vaterstadt, wo er den 11ten Ja[-]
[nua]r 1755 wieder glücklich anlangete.

Der Herr Hofrath Mogen setzete hierauf seine
[ger]ichtliche Praxin zwar fort, nahm aber bald ge[-]
[wah]r, daß selbige, von und durch seine viermo[-]
[nat]hliche Abwesenheit, einen starken Stoß bekom[-]
[men] hatte. Nun bemühete er sich zwar, sie wie[-]
[der] in den vorherigen guten Stand zu setzen; jedoch
[da] es ließ sich bey der starken Anzahl der ordentli[-]
[chen] Regierungsadvocaten, die sich auf 22 erstre[-]
[cken], so geschwinde nicht thun, dahero widmete er
[die] übrigen Stunden wiederum denen academischen
[Vor]lesungen aufs neue, welche er, wegen der star[-]

eb. jetztl. Rechtsgel. 5 Th.   S   ken

ken Advocatur, einige Zeit ausgesetzet hatte. Noch in eben diesem 1755sten Jahre, den 13 Junius, verlohr er seinen fast 75jährigen Herrn Vater durch den Tod.

Als im Jahr 1756 den 13ten November der Regierungsrath, auch ordentlicher Rechts- und Geschichtslehrer, Herr D. Christoph Ludwig Koch, an der Auszehrung verstarb; so meldete sich der Herr Hofrath Mogen um die historische Lehrstelle, wurde auch von dem Corpore Academico darzu vorgeschlagen, und ob es gleich einige ihm widrig gesinnete so weit brachten, daß auch auswärtige Geschichtskundige in Vorschlag gebracht werden sollten; so schlug dennoch das Corpus Academicum ihn allein zum zweytenmal vor, worauf er auch, kraft eines hochfürstl. gnädigsten Rescripts vom 20sten Junius 1757 zu einem ordentlichen Geschichtslehrer auf der Universität Giessen gnädigst bestellet wurde. Dieses sein Lehramt trat er darauf den 28 Julius mit einer feyerlichen Rede: De Professore historiarum officia sua rite explente, an, zu welcher der damalige Rector Academiæ, Herr D. Koll, in einem gedruckten Anschlage, darinnen des Redners vornehmste Lebensumstände kürzlich erzehlet worden, dem giessenschen Universitätsgebrauche nach, einladete.

Da der Herr Hofrath Mogen nunmehro einen steten und festen Sitz hatte, so verheyrathete er sich im Jahr 1757 den 4ten September, mit des fürstl. hessen-darmstädtischen Raths und Amtsverwalters zu Giessen, Herrn Eberhard Georg Wittichs, der des seel. Canzleydirectors, D. Kaysers Disserta *ertationem* Iuris Gentium & Publici, De *-* uendo æquilibrio Europæ, im Jahr 1723 als Respondens vertheidiget, ältesten Jungfer Tochter, **Johannetten Marien Wittichin**. Er führet mit ihr einen ungemein vergnügten Ehestand, und da er ein wahres und beständiges Vergnügen vor das grösseste Glück hält, so ist er mit seinen Umständen sehr wohl zufrieden.

Das Absterben, und die vorhergegangene langwierigen Krankheiten der beyden giessenschen Rechtslehrer, **Jenichens** und **Höpfners**, setzten den Herrn Hofrath **Mogen**, durch häufiges Ersuchen, in die Nothwendigkeit, daß er bey seinen historischen Vorlesungen, auch juristische halten muste. Und er ist überhaupt in allen seinen Vorlesungen unermüdet. Weil er auch schon verschiedene nützliche Schriften im Druck herausgegeben, auch mehrere versprochen hat, so wird er der gelehrten Welt noch immer nützlicher werden.

Seine bereits gedruckte Schriften sind folgende:

1) *Diss. Iuris Publ. Inaug.* De Rege Romanorum, eoque, vi Capitulationis Caroli VII absente vel impedito Imperatore, Imperii habenas capessente. *Giessæ* 1747. 4. Diese ganz wohl abgefaste Inauguralprobeschrift ist in zween Abschnitte getheilet. Der erste handelt, de nomine & electione Regis Romanorum, und bestehet aus 25 §§phis. Der andere Abschnitt hat 27 §§phos, in welchen de dignitate, potestate & obligatione Romanorum Regis gehandelt wird.

2) *Diss.*

2) *Diss. Epistol.* De eo, quod circa Imperantem agnoscendum est Iuris Gentium; Occasioné denegatæ agnitionis Augustissimi Imperatoris *Francisci I* legitimi electi, a Rege Galliæ ejusque fœderatis. ibid. 1748. 4.

Durch diese Schrift hat der Herr Verfasser dem damals zu Giessen gestandenen fürstl. hessen-darmstädtischen Regierungsrath, jetzo hessen-hanauischen geheimen Regierungsrath, Herrn Johann Maximilian von Günderrode zum fünf und dreyßigsten Geburtstage Glück gewünschet. Sie ist in der gestrengen Lehrart geschrieben, und bestehet aus 36 §§phis.

3) *Diss. Epistol.* De Carolo V a culpatione, quod libertatem Statuum Imperii tollere studuerit, libero. ibid. 1749. 4.

Diese Schrift ist gleichergestalt ein Glückwunsch zu nur gerühmten Herrn von Günderrode sechs und dreyßigstem Geburtstage. Kayser Carl der fünfte muß sich nicht nur von denen französischen, sondern auch von sehr vielen teutschen Scribenten vorwerfen lassen, er habe im teutschen Reich nach einer ganz unumschränkten Regierung gestrebet; daher ist gegenwärtige Abhandlung zu Carls des fünften Vertheidigung mit triftigen Beweisgründen geschrieben worden. Der berühmte und grundgelehrte tübingische Rechtslehrer, Herr D. Gottfried Daniel Hofmann, in seiner Dissertation, De anno decretorio &c. S. 17 lobet zwar den Herrn Hofrath Mogen, er glaubt aber nicht, daß er sein probandum erwiesen habe. Wenn es erlaubt ist hiervon zu urtheilen, so scheinet es, daß Herr D. Hofmann mit dem Herrn Hofrath Mogen um deswillen nicht zufrieden sey, weil letzterer gegen den Herzog Ulrich von Württemberg etwas scharf geschrieben, daher Herr D. Hofmann auch dem Herrn Mogen vorwirft, er habe gegen Fürsten ehrenrührig geschrieben. In denen Frankfurter gelehrten Zeitungen, vom Jahr 1749 No. 38 wird gesagt: diese Abhandlung sey wohl und gründlich geschrieben, und denen Vorurtheilen keine Frey= hätte darinnen gegeben.

4) *Epistola* ad viros doctos, sistens historiam controversiæ, an & quomodo Imperator *Carolus V. Philippum,* Hassiæ Landgravium, ambigua voce eluserit. *ibid.* 1750. 4.

Der Herr Hofrath hat schon in der vorher an= gezeigten *Diss. Epistol.* der gelehrten Welt eröfnet, daß er, die Geschichte der Gefangennehmung Phi= lips des Großmüthigen zu beschreiben, schon wirklich angefangen habe. Hier in diesem Briefe giebt er die Ursachen an, warum er dieses Werk noch nicht geliefert habe. Sie bestehen hauptsäch= lich in dem Mangel der nöthigen Urkunden, und ersuchet die Gelehrten, ihm einige ungedruckte, oder auch gedruckte, aber selten gewordene Hülfs= mittel darzu mitzutheilen.

5) Abhandlung, von dem Meineyd. Frank= furt und Leipzig 1750. 8.

Diese Abhandlung gehöret zu des Herrn Su= intendentens D. Benners Christlichen Be= denken, von dem vorsetzlichen Meineyd, wodurch das Recht des Nächsten wissentlich gekränkt wird; ob, und wie ein solcher Meineyd von Gott vergeben werde? so zu Frankfurt und Leipzig 1749 herausgekommen. Der Herr Hofrath Mogen hat derowegen auch seine Abhandlung dem Herrn D. Benner zugeschrieben. Das bennerische christliche Bedenken ist theologisch, die mogenische Abhandlung aber ist juristisch vorgetragen.

6) *Diss. theoretico-practica*, De diffamato provocante, forensem provocatum reconveniente. *Pro facultate aperiendi Collegia. Giessae* 1740. 4.

Der Herr Hofrath Mogen hat diese Streitschrift bey Gelegenheit eines Processes ausgearbeitet, den er vor den Herrn von Westerfeld zu Ober-Roßbach, gegen den Herrn von Wiesel zu Durlach geführet, in welchem jener, als diffamatus, diesen seinen diffamantem erst ex L. Diffamari provociret, und hernach, nach geschehener Einlassung, wegen einer andern Forderung reconveniret hatte, diese Reconvention aber von fürstl. Regierung zu Giessen abgeschlagen, aber von diesem abschläglichen Bescheide an das Oberappellationsgerichte zu Darmstadt appelliret worden, woselbst die Sache noch bis jetzo unentschieden hanget.

7) *Progr. Invitatorium*, De Petro Lotichio Secundo quaedam commentatur, ejusdemque Elegiam ad *Guilielmum*, Hasiae Landgravium, A. 1544. in Academia Marpurgensi scriptam emittit. *ibid.* 1751. 4.

In diesem Programmate ladete er zu seinen Wintervorlesungen ein, die er über Heineccii Institutiones; Schmaussens Reichshistorie, und über Strycks, Knorrs oder Schmids Proceß halten wollte.

8) *Christoph. Frid. Ayrmanni* Libellus posthumus, De peregrinis in Hassia Professoribus, nominatim Marpurgensibus & Giessensibus, oder, von denen öffentlichen Lehrern auf den hohen Schulen zu Marburg und Giessen, welche nicht gebohrne Hessen, sondern fremde gewesen; Cum Indice alphabetico duplici Professorum & patriarum. Edidit, præfatus est, continuavit, passimque notulas adjecit D. *Ludov. God. Mogen. ibid.* 1751. 4.

Der seel. Herr Professor Ayrmann hinterließ dieses Werkgen zum Drucke fertig. Der Herr Hofrath Mogen bekam es in der ayrmannischen öffentlichen Bücherversteigerung, und ließ es mit einiger Vermehrung, mit einer Fortsetzung, und mit verschiedenen Anmerkungen drucken. Zwar ist der seel. Herr Ayrmann willens gewesen, auch die Professores zu Marburg und Giessen, welche gebohrne Hessen gewesen, bey einer andern Gelegenheit, eben so kurz zu beschreiben; allein sein Tod kam, ehe er diesen Vorsatz vollstrecken konnte. Gleichwol ist dieses Werkgen zu der heßischen gelehrten Historie nöthig, dannenhero hat der Herr Hofrath Mogen versprochen, es dermaleinst annoch zu liefern. Nunmehro, da er ein Amtsnachfolger des seel. Herrn Professor **Ayrmanns** ist, wird er sein Versprechen ohnfehlbar bewerkstelligen.

9) **Anleitung** zu Erlernung der Rechtsgelehrsamkeit. **Eben daselbst** 1752. 4.

Diese Anleitung ist eigentlich eine Rede, welche der Herr Verfasser an die teutsche Gesellschaft zu Jena, bey seiner Aufnahme in dieselbe, eingeschicket hatte. Die hinzugefügten Noten aber sind denen Rechtsbeflissenen sehr nützlich, massen von denen zu der Erlernung der Rechtsgelehrsamkeit gehörigen Büchern eine hinlängliche Nachricht hierinnen gegeben worden.

10) **Glückwünschungsrede**, von der Keuschheit der alten Teutschen. **Eben daselbst** 1752. 4.

Als des Herrn Hofrath **Mogens** Frau Schwester, **Ernestine Sophie Mogenin**, den Herrn Regierungsrath, **Moritz Albrecht Reich** zu Büdingen heyrathete, so stattete er denenselben in dieser Rede seinen Glückwunsch ab. Sie ist mit feinen Anmerkungen versehen.

11) **Einladungsschrift**, von dem Werth und Nutzen des Herrn Hofraths, **Schmaußens** historischen Iuris Publici des teutschen Reichs. **Eben daselbst** 1752. 4.

Weil die Reichshistorie über das **schmaußische** historische Ius Publicum des teutschen Reichs bequem abgehandelt ist, auch die Zuhörer dabey näher in das teutsche Staatsrecht eingeführet werden können; so hat der Herr Hofrath **Mogen** den Werth und Nutzen desselben in dieser Einladungsschrift beschrieben. Doch hat er seine in dieser

Schrift geäusserte Meynung, in etwas geändert, und ist willens, zum Gebrauch seiner Vorlesungen über die Reichshistorie ein eigenes Handbuch zu schreiben.

12) **Gründliche Abhandlung**, von dem Ursprung, Fortgang und heutigen Zustande der Regimentsverfassung in der Reichsstadt Frankfurt; wobey die Rechte der dasigen adelichen Gesellschaft, **Alt-Limpurg**, sowol in Ansehung des alleinigen Geschlechterstands, als der Stadtregierung in gehöriges Licht gestellet, und besonders gegen die von Herrn D. Orthen in dem letzten Theil seiner Anmerkungen über die erneuerte frankfurter Reformation dagegen gemachte Einwendungen standhaft behauptet werden. **Giessen** 1755. Folio. Nach dem Original mit brönnerischen Schriften nachgedruckt. **Frankfurt** 1755. Folio.

Es ist dieses Werk eigentlich eine ausführliche Deduction in Sachen der adelichen Gesellschaft **Alt-Limpurg** zu Frankfurt, entgegen die Gesellschaft zum **Frauenstein**, und die gemeine Bürgerschaft daselbst, die Besetzung der Rathsstellen betreffend. Weil diese Deduction anfangs nicht sogleich ausgetheilet wurde, jedoch der Gegentheil von dem fertigen Abdruck Nachricht erhalten hatte; so wurde sie von demselben mühsam gesucht, und da selbiger endlich in Frankfurt ein Exemplar aufgetrieben, so besorgete erwehnter Gegentheil in aller Eil einen Nachdruck mit brönnerischen Schriften, wodurch sie in jedermans Hände kam. Doch war inzwischen auch der erste Druck von der Geſellſchaft Alt=Limpurg ausgetheilet worden.

In denen Erlangiſchen gelehrten Anmerkungen und Nachrichten, vom Jahr 1755 St. 19 wird von dieſer Deduction folgende Nachricht und Urtheil gegeben und gefället: „Nachdem der „Herr Hofrath Mogen (heiſſt es daſelbſt) von dem „Urſprung der teutſchen Städte, inſonderheit von „Frankfurt kurz und gründlich gehandelt, auch, daß „der Adel ſelbige erbauet, die übrige Einwohner „aber nur Leibeigene und Freygelaſſene geweſen wären, darzuthun ſich bemühet; ſo zeiget er, daß in „dem 14ten Jahrhundert von denen Freygelaſſenen „der Burgertitel angenommen, und dadurch zu der „Eintheilung der Geſchlechter und der Gemeine, „dieſer aber wieder in Zünfte und Gemeine Gelegenheit gegeben worden wäre. Aus dieſer Abtheilung ſollen der Geſchlechter ihre Bündniſſe und „Ganerbſchaften, die ſie unter einem gewiſſen Namen, als die Münz= und Hausgenoſſengeſellſchaft, nachher Alt=Limpurg, in dem ſogenannten Transfix eingegangen, entſtanden ſeyn; „dahingegen einige der Vornehmſten aus der Gemeine ebenfalls einige Geſellſchaften unter dem Namen der Frauenſteiner, aber viel ſpäter errichtet „hätten. Dieſe ſollen ſich endlich auch in das Stadt= „regiment gedrungen, und der alt=limpurgiſchen „Geſellſchaft vieles in ihren Rechten entzogen haben. Herr D. Orth läugnet beydes, und giebt „die Frauenſteiner nicht allein für älter, ſondern „auch mehr für Rathsfähiger, als Alt=Limpurg „aus. Der Herr Hofrath Mogen, welcher das

alt=

„alt-limpurgische Archiv einzusehen Gelegenheit
„gehabt, braucht einige starke Argumente gegen
„seinen Herrn Gegner, und gehet zugleich die Hi-
„storie derer Uneinigkeiten, in welche die Stadt bis
„daher gesetzet ist, mit vieler Belesenheit durch.
„Wir sind zu erfahren begierig, ob Herr D. Orth
„in seiner Antwort stärkere Beweise für seine Mey-
„nung beybringen, und welche unter beyden Strei-
„tenden ein erwünschtes Urthel für sich erhalten wird.
„Indessen können wir dem Herrn Hofrath Mogen
„für seine gelehrte Nachrichten, worinnen er in an-
„genehmer Kürze und einer schönen Schreibart, die
„frankfurtischen Streitigkeiten der gelehrten Welt
„des mehrern bekannt machet, das gehörige Lob
„nicht absprechen. „

13) **Vertheidigung** seiner ohnlängst herausgegebenen Abhandlung, **von der Regimentsverfassung in der Reichsstadt Frankfurt. Giessen** 1755. **Folio.**

Vorerwehnte Deduction war sowol in der frankfurter gelehrten Zeitung, als in der dortigen
Critischen Sylphe, mit gehäßigen Farben abge-
mahlet, und insonderheit in jener vorgegeben worden, der Herr Hofrath **Mogen** sey nicht der wahre Verfasser, sondern habe nur seinen Namen her-
gegeben, weil derjenige, so sie eigentlich verfertiget
habe, solche Sätze, welche weder überhaupt fürstlich, noch seiner Herrschaft vorträglich, unter seinem Namen habe verfechten wollen. Gegen diesen
und dergleichen Vorwürfe ist die hier angezeigte
Vertheidigung gerichtet. Daß der Herr geheime
Regierungsrath von **Günderrode** zu der Verfertigung

tigung der alt-limpurgiſchen Deduction beträchtliche Unterſuch- und Anmerkungen mitgetheilet habe, das hat der Herr Hofrath Mogen nie geläugnet. Er aber bleibet demohngeachtet der wahre und eigentliche Verfaſſer derſelben, welches einige von ſeinen vertrauten Freunden, die ihn öfters über der Arbeit angetroffen, und nachher den ungedruckt- und noch unabgeſchriebenen Aufſatz geſehen haben, bezeugen können. Auch dieſe Vertheidigung iſt leſenswerth.

14) **Troſtſchreiben** an die Frau Witwe Gaſie zu Hamburg. Gieſſen 1758. Folio.

Das Abſterben eines jungen Gelehrten, Namens Johann Anton Gaſie aus Hamburg hat dieſes Troſtſchreiben an deſſen nachgelaſſene Frau Mutter veranlaſſet. Es iſt um ſo viel rührender, weil es der einzige Sohn ſeiner Mutter geweſen. Der Herr Hofrath Kortholt, als damaliger Rector der Academie, hat, wie aus dem vierten Theile dieſer Nachrichten, S. 225 zu erſehen, den gewöhnlichen Anſchlag auf dieſes Abſterben verfertiget.

15) *Commentatio gratulatoria*, De vera ac genuina rerum mobilium & immobilium indole. *ibid.* 1759. 4.

Dieſe Schrift iſt eigentlich ein Glückwunſch auf ſeines Schwiegervaters, des heſſen-darmſtädtiſchen Raths und Amtsverweſers zu Gieſſen, Herrn **Eberhard Georg Wittichs** ſieben und funfzigſten Geburtstag. Die Natur und Eigenſchaft derer beweg- und unbeweglichen Sachen wird in dieſer Abhandlung ſehr genau unterſuchet, und bey der Unterſcheid ſehr deutlich gezeiget. Auſſer dem
gleich

gleich zu erwehnenden, und auch zu dieser Materie gehörigen Abhandlung hat der Herr Hofrath Mogen noch zwo dergleichen an das Licht zu stellen versprochen. Die eine soll handeln, De usu practico distinctionis rerum in mobiles & immobiles; und die andere, De rebus incorporalibus rebus mobilibus & immobilibus improprie annumerandis.

16) *Meditatio*, De ædificiis & arboribus radicatis, Iure Germanico non inter res immobiles, sed mobiles referendis; Ad illustrandam Iuris Breidenbacensis parœmiam: Was die Fackel verzehrt, ist Fahrnüß. *ibid.* 1759. 4.

Der Herr Hofrath Mogen führet seine Meynung, daß alle Arten von Gebäuden, und alle bewurzelte Bäume nach teutschen Rechten ad res mobiles gehören, sehr geschickt aus. Er beweiset diese seine Meynung nicht allein mit der Art, wie die alten Teutschen ihre Häuser gebauet und bewohnet, und mit der in Grund Breidenbach üblichen Parömie: Was die Fackel verzehrt, ist Fahrnüß; sondern er thut auch solches aus dem genannten fränkischen Kayserrecht, aus dem baierschen Lehnrecht, und aus dem antwerpischen Gewohnheitsrecht dar. Jedoch will er seine Meynung denen Gelehrten nicht aufdringen. Zum Beschluß erzehlet er, wie artig die Franzosen bey der bekannten Bloquade der Festung Giessen zu Ende des Jahrs 1759 ihre Zelter und Wohnungen gebauet gehabt. Einige hätten ihre im Lager gestandene Zelt mit Stroh verwahret. Einige hätten sich Wohnungen

nungen von Holz und Bäumen gemacht, welche theils mit Stroh, theils mit Mist, theils mit Rasen, theils auch mit Pferdeställen umgeben gewesen. Ein Theil dergleichen Gebäude hätte theils in der Erde, theils über der Erde gestanden. Viele solcher Gebäude hätten auch Fenster mit Glasscheiben, und auch viele von Papier gehabt, wobey auch Feueressen angeleget gewesen, und sey das Holz dazu in gewaltiger Menge aus denen gießenschen Gärten und hessen-darmstädtischen Waldungen genommen worden. Diese Wohnungen, schreibt der Herr Hofrath, hätten so ausgesehen, als man sich etwa die Häuser der alten Teutschen vorstellen könnte.

Beyde Abhandlungen sub No. 15 und 16 hat der Verleger, um bessern Vertriebs willen, auch unter einen und zwar folgenden Titel gebracht: *Commentatio, De vera ac genuina rerum mobilium & immobilium indole, secundum diversa Iuris Romani & Germanici principia. Gießæ 1760. 4.*

XI.
Achatius Ludwig Carl Schmid,

beyder Rechten Doctor, und Hochfürstlich Sachsen-Coburg-Saalfeldischer Regierungs- und Consistorialrath zu Coburg (*).

Der Herr Regierungs- und Consistorialrath Schmid ist ein Bruder des berühmten Herrn Hofrath Schmids zu Jena, allwo im Jahr 1725 den 9 April von dem Herrn D. Johann Christian Schmiden, weyland Domherrn zu Zeitz, wie auch ältesten ordentlichen Advocaten des sächsischen Hofgerichts zu Jena, und Frauen Eleonoren Louisen, einer Tochter Herrn Paul Zünholds, Erb- Lehn- und Gerichtsherrn auf Lambachshof und Wölffis, hochfürstl. sachsen-gothaischen Hof- und Cammerraths, auch Oberamtmann zu Gotha, gebohren worden.

Weil ihm sein Herr Vater im Jahr 1735 im zehnten Jahr seines Alters durch den Tod allzufrüh entrissen worden, so trug seine Frau Mutter vor ine gute Erziehung alle nur mögliche Sorgfalt, worinnen sie auch durch die besten und heilsamsten Rathschläge ihres Herrn Curators, des Herrn geheimen

---

(*) S. des Herrn gehelmen Hofraths, D. Johann Caspar Heimburgs Einladungsschrift, De Iudicato anomalo in clausula remotæ Appellationis Rescripto addita conspicuo. *Ienæ* 1748. welche man bey seiner unter des Herrn gehelmen Regierungsraths, Buders, Vorsitze vertheydigte Inauguralprobeschrift, De operis Burgensium, antrift.

heimen Hofrath, **Heimburgs**, welchen der Herr Regierungs- und Consistorialrath **Schmid** nunmehro als seinen Herrn Schwiegervater verehret, getreulich unterstützet worden.

Anfangs wurden ihm Hauslehrmeister gehalten, welche ihn in den Grundsätzen der christlichen Religion und der guten Künste und Wissenschaften wohl unterrichteten; hernach aber ward er in die Stadtschule geschickt, an welcher damals der seel. Herr D. **Hallbauer** Rector war. Er rühmet desselben an ihn verwandten Fleiß überaus sehr, und bekennet, daß er durch dessen treue Bemühung so weit gebracht worden, daß er die Academie beziehen können.

Es geschahe solches im Jahr 1742, da er bereits im Jahr 1737 von dem damaligen Prorector der Academie Jena, dem grossen Gottesgelehrten, Herrn Kirchenrath, D. **Johann George Walchen**, der Anzahl derer Studirenden war einverleibet worden. Seine erste Sorgfalt war, in denen ihm gewählten Studien, nemlich in der Weltweisheit und Rechtsgelehrsamkeit die besten Lehrer zu suchen, welches ihm auch nicht schwer wurde, weil die hohe Schule zu Jena hieran jederzeit einen Ueberfluß gehabt.

Der Herr Regierungs- und Consistorialrath **Schmid** hörete demnach die Grundsätze der Logik bey dem seel. D. **Reusch**; die Mathematik und Physik bey dem seel. Hofrath **Hamberger**; das Recht der Natur bey dem seel. Hofrath **Kemmrich** und dem Herrn Hofrath **Darjes**; die allgemeine, wie auch die teutsche Reichshistorie, und
das

tsrecht bey dem Herrn geheimen
Buder; die Institutionen und
hes letztere mit einem sehr nützlichen
erknüpfet war, bey dem Herrn ge-
Zeimburg. Struvs vortrefli-
annt: *Iurisprudentia Forensis*,
seel. Hofrath Schaumburg; der
icus und Consistorialpräsident in
stadt Lübeck, Herr D. Brockes
ndsätze in der Historie des römi-
in dem Lehnrechte, welches letztere
em Herrn Hofrath Hellfeld wie-
is teutsche Recht, das päpstliche
e Kirchenrecht, wie auch das pein-
er bey dem seel. Hofrath Engau.
Wissenschaften, und also auch die
eit ohne Anwendung unnütze sind,
einem Herrn Bruder, dem Herrn
Paul Wilhelm Schmid, den
nd die Kunst, Acten zu referiren;
elbigem über Jahr und Tag sich in
utiren geübet, und unter desselben
1747 eine academische Streitschrift,
rudentia Iudicis circa amica-
ompositionem, mit vielem Bey-

endetem fünfjährigen Fleiße brachte
ngs- und Consistorialrath Schmid
lne academischen Studien glücklich
) in selbigem Jahre kam ihm die
Gelegenheit vor, auf Reisen ge-
Er trat diese Reise über Frankfurt,
tagel. 5 Th.   T   Maynz

Maynz und Wesel nach Holland an, wo er die damals im Felde stehende alliirte Armee, wie auch die meisten holländischen Universitäten und andere berühmte Städte in Augenschein genommen, und alles sehenswürdige betrachtet hat.

Nach Verlauf von einem Jahre kam er glücklich nach Jena wiederum zurück, mit dem Vorsaß, nunmehro die Doctorwürde anzunehmen. Er meldete sich zu dem Ende bey der Juristenfacultät zu Jena, und erbot sich zu denen gewöhnlichen Prüfungen, in welchen er seine Gelehrsamkeit und Geschicklichkeit sehen ließ. Ehe er aber noch die Doctorwürde annahm, so vertheydigte er noch vornemlich den 21 September 1748 unter dem Vorsiß obcrwehnten Herrn D. Brockes, eine Streitschrift, unter dem Titel: Selectæ Observationes Forenses. Den 28 September nur gedachten 1748sten Jahres vertheydigte er unter dem Vorsiß des Herrn geheimen Regierungsraths Buders seine Jnauguralprobeschrift, De operis Burgensium, und ward hierauf Doctor der Rechten.

Nunmehro fieng er an, juristische Vorlesungen zu halten, die auch mit gutem Zulaufe besuchet wurden. Er war streitenden Partheyen vor Gerichten beyräthig, und stellete gelehrte Schriften an das Licht, wodurch er so berühmt wurde, daß des Herrn Herzogs zu Sachsen-Coburg-Saalfeld Hochfürstl. Durchl. bewogen wurden, ihn zum Anfange des Jahres 1756 als Dero Regierungs- und Consistorialrath nach Coburg zu berufen, von welchen Ehrenstellen er auch den 6ten May desselben Jahres

würk-

würklichen Besitz genommen hat, und die er mit vielem Ruhme verwaltet.

Statt aller Lobsprüche will ich nunmehro des Herrn Regierungs- und Consistorialrath Schmids herausgegebene, und von der gelehrten Welt wohl aufgenommene Schriften erzehlen, welche in folgender Ordnung die Presse verlassen haben:

1) *Disp. Inaug.* De operis Burgensium. *Ienæ* 1748. *Præside Christian. Gottl. Budero.* Es ist solches die Inauguralprobeschrift, die ihm die Doctorwürde zuwege brachte. Die bürgerlichen Dienste und Frohnen sind labores, quos Burgenses & corpore & jumentis in emolumentum vel domini vel civitatis præstare debent, und werden von dem Anfange, Aufnahme und Errichtung der Städte in Teutschland, wie auch von derselben Einwohner Zustand und Beschaffenheit abgeleitet. Selbige haben verschiedene Benennungen, als: Scharwerk, Robwold, Dienste, Frohndienste ꝛc. und sollen nach dieser Abhandlung von Bürgern geleistet werden, deren unterschiedliche Arten vorkommen, gestalt denn in Westfranken die Bürger entweder freye oder Dienstleute waren. Woher die Frohnen und Dienste in denen Städten entstanden, wird im 9 und folgenden §. weitläuftig, sowol nach den römischen, als fränkischen und sächsischen Gewohnheiten untersuchet. In Sachsen, Thüringen und angränzenden andern sind durch Vorschub und auf Veranstaltung des teutschen Kaysers, Heinrichs des Voglers, erschiedene Städte theils angeleget, theils befestiget worden, in welche sowol Freyherren, als der Könige

Könige Bediente viele ihrer leibeigenen Leute gesetzet, auch die teutschen Knechte sich selbst dahin begeben, um ihre Handwerke und Gewerbe darinnen zu treiben. Ueber selbige waren nun gewisse königliche Abgeordnete gesetzet, so über die Aufnahme der Handwerker und Gewerbe die Aufsicht hatten. Daß aber in sothane Städte viele Bauern sich begeben, erhellet aus einem Sendschreiben des h. Bonifacii, welches selbiger an den Papst Zacharias abgelassen hat, gestalten es denn auch nicht anders seyn können, daß, da die Freygebohrne von obgedachtem Könige Heinrich in die Städte versetzet worden, selbige ihre eigene behörige Knechte mit dahin genommen haben, um von selbigen die benöthigten Dienste gewärtigen zu können. Und besonders scheinet die Aufnehmung adelicher und erlauchter Personen in den Städten diejenigen Personen, welche Frohnen oder Dienste leisten können, vermehret zu haben; nicht weniger die Zusammensetzung verschiedener Städte mit denen Dörfern, wie denn davon Jena, Göttingen, Quedlinburg deutliche Beyspiele an die Hand geben. Ob nun wol solche Einwohner von knechtischer Ankunft waren, folglich Frohndienste zu leisten hatten; so ist es doch nach und nach geschehen, daß sich verschiedene solcher Leute und Einwohner davon frey gemacht. Hieraus ergiebt sich also, daß der Ursprung der Frohndienste aus der Leibeigenschaft herzuleiten sey, obgleich andere Rechtslehrer, welche in der römischen Rechtsgelahrheit ersoffen, anderer Meynung sind. Hierauf werden von denen Fröhndiensten der Bürger verschiedene namhaft gemacht, und zwar

von

von Apolda, Remda und andern Städten. Es haben auch öfters die Herren solche Frohndienste nachgelassen. Unterdessen muß man hierbey einen Unterschied machen, ob solche Dienste aus landesherrlicher Gewalt verlanget werden. S. auch Siebenten Band der Allerneuesten Nachrichten von juristischen Büchern ꝛc. S. 282-284.

2) *Diss.* De valore testamenti a testatore obliti. *ibid.* 1750. *Resp. Io. Aug. Tittel.*

Diese wohlausgeführte Streitschrift hat **drey Abschnitte.** Der erste enthält das wesentliche eines Testaments, wobey vorläufig erinnert wird, daß die Testamente dem Rechte der Natur gemäß wären, wie sie bey den Römern und Teutschen sind beschaffen gewesen, und wie solche in Teutschland sind eingeführet worden. Hierauf folgt die Erklärung eines Testaments. Der **andere Abschnitt** zeigt, wenn man ein Testament für vergessen halten könne. Im dritten Abschnitte wird endlich dargethan, daß ein Testament, das in Vergessenheit gerathen ist, gültig sey, weil es nicht wider das wesentliche des Testaments, auch nicht wider die Gesetze sey, auch weil aus der Vergessenheit weder überhaupt eine Ungewißheit, noch insbesondere eine Zweydeutigkeit liesse. S. **Jenaische gelehrte Zeitungen,** 1750 St. 44.

3) *Diss.* De collatione Canonicatus inferioris, quatenus differt a collatione Canonicatus Ecclesiæ cathedralis. *ibid.* 1752. *Resp. Io. Christoph. Hartung.*

Diese gelehrte Abhandlung ist in zween Abschnitt eingetheilet. Der **erste** beschäftiget sich mit dem

Unterschied eines Canonici, einer Cathedral- und Collegialkirche, ingleichen zwischen der ordentlichen und ausserordentlichen Collation. Der andere lehret, worinnen die besondern Rechte der Collation eines untern Canonicats bestehen.

4) *Diss.* De Nonis. *ibid.* 1753. *Resp. Conrad. Gottlieb. Wolff.*

Diese artige Abhandlung hat zween Abschnitte. Der **erste** zeiget den Ursprung derer Nonorum; und der **andere** stellet deren Beschaffenheit dar. Die Nonæ, oder Decimæ duplices, der Neunte, der neunte Theil beschreibt der Herr Regierungs- und Consistorialrath Schmid per decimas reales, quæ præter decimas quotannis præstantur.

5) *Diss.* De concursu actionum in genere. *ibid.* 1753. *Resp. Frid. Wilhelm. Behrisch.*

6) *Diss.* De actionibus elective concurrentibus, si actori Ius reale competit. *ibid.* 1753. *Resp. Christian. Hiskia Henric. Fischer.*

7) *Diss.* De actionibus elective concurrentibus, si actori Ius personale competit. *ibid.* 1753. *Resp. Io. Georg. Sænger.*

8) *Diss.* De actionum concursu successivo. *ibid.* 1753. *Resp. Ernest. Christian. August. Scheuermann.*

9) *Diss.* De actionum concursu cumulativo. *ibid.* 1753. *Resp. Maurit. Kruse.*

Diese fünf academische Streitschriften, von No. 5 bis 9 sind noch im Jahr 1753 unter der Aufschrift: *Commentatio,* De concursu actionum, zusammen gedruckt worden. Von dem Inhalt kann man sich einen hinlänglichen Begrif machen.

Man muß aber auch die Deutlichkeit und gute Ordnung an diesen zusammen gedruckten Streitschriften loben.

10) **Institutiones Iurisprudentiæ Ecclesiasticæ; Addito Processu Consistoriali, ad usum Fori Evangelici methodo systematica adornatæ. Ienæ 1754 8.**

Bisher sind die Lehrbücher des geistlichen Rechts so beschaffen gewesen, daß dieselbe weiter nichts in sich enthalten, als die Lehrsätze des canonischen Rechts, und höchstens noch derselben Gebrauch in denen evangelischen Landen angezeiget. Gar viele Schriftsteller haben hierinnen den **Lancelottum** nachgeahmet, und nicht desselben Zeitalters Unterschied von dem jetzigen wahrgenommen, in welchem gar viele Lehren im canonischen Rechte vorkommen, welche heutiges Tages völlig ausser Gebrauche sind. Ob man nun wohl einer Erkenntniß von solchen Sachen ihren Nutzen nicht völlig absprechen kann, und man vielmehr glauben muß, daß sie wenigstens bey Erklärungen der noch heutiges Tages geltenden Gesetze vortheilhaft sey, mithin auch die Erlernung dergleichen Lehren nicht vor undienlich zu halten sind; so muß man doch dem gelehrten Herrn Regierungs- und Consistorialrath **Schmid** recht geben, daß auch dieses von sonderbarem Nutzen sey, wenn das evangelische Kirchenrecht auf Academien besonders vorgetragen, und von dem canonischen also abgesondert wird. Nun hat zwar dieses bereits der Herr von **Wernher** in seinen Principiis Iuris Ecclesiastici versucht; da er aber nur, so viel ein Pfarrer davon zu wissen nöthig hat, darinnen vorträgt;

so hat sich gewiß Herr Regierungsrath Schmid sehr verdient gemacht, daß er dergleichen Mangel ersetzen, und die gelehrte Welt mit dieser wohl abgefaßten Schrift bereichern wollen. Sie ist so eingerichtet, daß einige Vorbereitungsgrundsätze voran gehen, und in zwey Capiteln von denen unterschiedenen Begriffen des Worts, *Ecclesia*, und von dem Wesen und der Natur der geistlichen Rechtsgelehrsamkeit gehandelt wird. Die ganze Abhandlung wird in den theoretischen und praktischen Theil eingetheilet, und ein jeder hat seine Bücher, auch ein jedes Buch seine Capitel, und die meisten von diesen ihre Abschnitte. Einen weitläuftigen, aber recht feinen Auszug hiervon findet man im zehnten Bande der **Allerneuesten Nachrichten von juristischen Büchern** ꝛc. S. 684-690.

Ueber dieses Lehrbuch sind nicht nur in Jena von dem Herrn Regierungsrath **Schmid** selbst, und nach dessen Abzuge von dem jetzigen gießenschen Rechtslehrer, dem Herrn D. **Koch**, und noch bis jetzo von dem Herrn D. **Tittel** mit erwünschtem Beyfalle und Zugange Vorlesungen gehalten worden, sondern es hat auch, wie der Herr Regierungsrath **Schmid** in der Vorrede zu seinen unten vorkommenden Principiis Iurisprudentiæ Ecclesiasticæ Pontificiorum gerühmet, der Herr Hofrath **Nettelbladt** zu Halle mit grossem Beyfalle von Zeit zu Zeit darüber gelesen; und der seel. Herr Hofrath **Jenichen** zu Giessen hat die vorhabenden Vorlesungen über dieses Buch in seinem Programmate, De S. Pancratio urbis & ecclesiæ primariæ

mariæ Giessensis numine tutelari bekannt gemacht.

11) *Diss.* De generibus continentiæ caussarum genuinis. *ibid.* 1754. *Resp. Io. Ioachim. Bayer.*

Da der Herr Regierungsrath **Schmid** in dieser gelehrten Streitschrift die Fälle bestimmen will, wo man zweyerley Sachen in einer Klage verbinden könne; so trägt er in dem **ersten Abschnitte** die würklichen Arten derselben vor, und theilet den Zusammenhang der Sache nach dem, ob nur ein Grund, oder ein unterschiedener Grund der Verbindlichkeit da ist, in die cohærentiam ob connexitatem caussarum, und die cohærentiam ob continentiam caussarum, und diese wieder in realem & personalem. Hierauf wiederleget er im **andern Abschnitte** die Meynungen dererjenigen Rechtslehrer, die zwölf, sieben, sechs, fünf und vier Fälle nur namhaft machen, wo eine solche Verbindung statt habe.

12) *Diss.* De testamento priore derogante posteriori. *ibid.* 1755. *Resp. Io. Carolo Ludov. Schelhasio.*

Hierinnen werden siebzehn Fälle, wo das erstere Testament vor dem neuern vorzuziehen, auf eine eben so gründliche, als gelehrte Art erläutert.

13) *Commentatio,* De impugnandis administratorum rationibus, postquam adprobatæ sunt. *ibid.* 1755. 4.

In dieser Schrift hat er seinem Herrn Bruder, dem Herrn Hofrath, D. **Paul Wilhelm Schmid**

Schmid zur Uebernahme der ordentlichen Profession der Rechte, und Beysitzerstelle im Schöppenstuhle zu Jena Glück gewünschet.

14) Principia Iurisprudentiæ Ecclesiasticæ Pontificiorum, methodo systematica adornata. *ibid*. 1756. 8.

Diese Grundsätze sind als eine weitläuftigere Ausführung der im Jahr 1754 von dem Herrn Regierungsrath herausgegebenen, und oben No. 10 von mir berührten Institutionum Iurisprudentiæ Ecclesiasticæ &c. anzusehen. Er bedienet sich in beyden Büchern einerley Ordnung, welche, allgemein betrachtet, folgende ist: die Præcognoscenda handeln von dem verschiedenen Begriffe der Kirche, und der Beschaffenheit der geistlichen Rechtsgelahrheit. Die Abhandlung selbst theilet sich in den theoretischen und praktischen Theil. Jene beschäftiget sich im 1 Buche mit den persönlichen Rechten und Verbindlichkeiten; im 2 mit den sachlichen Rechten und Verbindlichkeiten; so wie der praktische Theil die verschiedenen Abtheilungen in dem Processe entwickelt. So wie der Herr Regierungsrath in den Grundsätzen der protestantischen Rechtsgelahrheit die gründlichsten protestantischen Rechtslehrer zu Bestärkung seiner Sätze angeführet hat; so hat er sich auch in dem päpstlichen Rechte auf desselben berühmteste Lehrer berufen, und eine in den Quellen nicht gemeine Belesenheit gezeiget. S. auch **Jenaische gelehrte Zeitungen**, vom Jahr 1756 St. 71.

XII.

XII.
Johann Tobias Richter,

Der Weltweisheit und beyder Rechten Doctor, ordentlicher und öffentlicher Lehrer des sächsischen Rechts, und der Tractationis cursoriæ Pandectarum auf der Universität Leipzig, wie auch des kleinen Fürstencollegii Collegiat (*).

Der Herr Professor **Richter** ist im Jahr 1715 zu Triebel in der Niederlausitz geboren, allwo sein Vater, **Siegmund Richter**, ein erbarer Bürger, und die Mutter, **Anna Maria**, eine geborne **Krügerin** gewesen. Da er bey Zeiten einen Trieb zum Studiren bey sich vermerkte, so begab er sich auf das berühmte Gymnasium zu Bautzen, allwo er sich des Unterrichts des berühmten Rectors, **Behrnauers**, des Conrectors **Janus** und **Weisens** mit grossem Vortheile bedienete.

Im Jahr 1737 wendete er sich auf die Universität Leipzig, allwo er in der Weltweisheit den berühmten und ohnlängst verstorbenen D. **August Friedrich Müllern**, in der teutschen Reichshistorie den grossen, und auch vor einiger Zeit verstorbenen Hofrath, **Johann Jacob Mascoven**, in der Staatenhistorie den seel. D. **Jöcher**, in der

---

(*) S. auch 1) *Ferd. Aug. Hommelii Progr.* Quando post acceptationem a conventione recedere liceat? *Lipsiæ* 1744. 2) Nützliche Nachrichten von denen Bemühungen derer Gelehrten in Leipzig, auf das Jahr 1743. S. 25 und 26.

der Mathematik den seel. Hausen, und in der Physik den Herrn Professor Winkler hörete.

Weil aber die Rechtsgelehrsamkeit sein Hauptwerk war, so besuchte er die Vorlesungen des jetzigen Oberaufseheramtsadjuncti zu Eißleben, Herrn Hofrath, Feustels, und Herrn D. Neuhausens über die Historie des Rechts, und über die Institutiones; in denen Pandekten, im geistlichen Rechte, und in der praktischen Rechtswissenschaft war der jetzige Herr Hofrath Menken zu Helmstädt sein Lehrer; das peinliche Recht hörete er bey dem Herrn Appellationsrath Hommel; bey dem seel. D. Siegel besuchte er die Lehrstunden über die Pandekten, Wechsel- und Lehnrecht, wie auch über den Proceß; er hat den jetzigen Regierungsrath zu Stutgard, den Herrn D. Mylius, auch über das Lehnrecht gehöret; das teutsche Staatsrecht erlernte er von dem weltberühmten Mascov; und in der Kunst zu disputiren übte er sich unter dem seel. *Rivino.*

Gleichwie er aber allen seinen Lehrern vielen Dank schuldig ist, so rühmet er doch vorzüglich die besondere Güte und Gewogenheit des seel. Herrn D. Siegels und des Herrn Hofrath Menkens, und bekennet, daß er durch dererselben Hülfe, Beistand und Vorschub sich den Weg zu seinem Glück in Leipzig bahnen können.

Hierauf fieng er an, verschiedene Proben seines Fleisses abzulegen. Er hielt zwo Reden, und im Jahr 1740 vertheydigte er unter dem Vorsitze des jetzigen würtembergischen Regierungsraths, Herrn D. Mylii, desselben *Specimen IIItium*, De remissione mercedis propter sterilitatem in

Johann Tobias Richter.

ædiis rusticis. Im Jahr 1742 ward er zu [Lei]pzig Baccalaureus der Weltweisheit, und im [Ja]hr 1743 Magister, wie er sich denn auch nachher [du]rch eine academische Streitschrift, De duplici [ob]ligandi ratione uni objecto tributa, die [Vo]rrechte desselben versicherte. Im Jahr 1744 [me]ldete er sich bey der Juristenfacultät zu Leipzig [we]gen Ertheilung der Doctorwürde, welche er auch, [na]ch überstandenen Prüfungen und abgelegter Pro[be]schrift, De acceptatione in donatione mor[tis] caussa haud necessaria, aus den Händen des [Hrn.] D. Höckners, als Promotors in selbigem [Ja]hre erhielt.

Sodann fieng er an, streitenden Partheyen vor [Ge]richte beyzustehen, und juristische Vorlesungen [zu] halten, auch sich durch juristische Streitschriften [in] der gelehrten Welt bekannt zu machen. Hier[du]rch wurden Ihro Königl. Majestät in Polen und [Ch]urfürstl. Durchl. zu Sachsen bewogen, im Jahr [175]0 ihm das Amt eines ausserordentlichen Rechts[lehr]ers auf der Universität Leipzig aufzutragen, wo[vo]n er den 1 Julius desselben Jahres mit einer öf[fen]tlichen Rede: De multitudine Legum, an [rei]publicæ noceant? förmlichen Besitz nahm. [I]m Jahr 1752 ward er des kleinen Fürstencollegii [Col]legiat; und im Jahr 1756 ward er an Herrn [D.] Zollers Stelle öffentlicher und ordentlicher Pro[fess]or des sächsischen Rechts, und der Tractatio[nis] cursoriæ Pandectarum, und hielt bey dem [An]tritt dieses Lehramts den 12ten May gedachten [Ja]hres eine solenne Rede: De officiis erga [pat]riam.

Seine

Seine Stärke bestehet in dem bürgerlichen Rechte, und in der Praxi. Er ist übrigens ein fleißiger Mann, und hat nach und nach folgende Schriften an das Licht gestellet:

1) *Commentatio*, De Iurejurando compensationis exceptionem excludente. *Lipsiæ* 1738. 4.

Johann Patov, weiland churbrandenburgischer Amtmann zu Arendsee, hat ein Stipendium vor Studirende gestiftet, welches auch der Herr Professor Richter genossen, dahero er zur Dankbarkeit, der Stiftung gemäß, gegenwärtige Schrift aufgesetzet, und selbige dem Herrn Oberamtsrath, Johann Friedrich von Patov zu Lübben dediciret.

2) *Brevis Commentatio*, De duplici fructus percipiendi ratione, quam bonæ fidei possessori Iura permittunt. *ibid.* 1741. 4.

Diese kleine Schrift ist ein Glückwunsch, als Herr Johann Peter Henrici aus Baußen von der Universität Leipzig wieder nach Hause gieng.

3) *Diss.* De duplici obligandi ratione uni objecto tributa. *ibid.* 1744. *Resp. August. Schulze.*

Mit dieser Streitschrift habilitirte er sich als leipziger Magister.

4) *Liber singularis*, De Nuptiis; continens primaria, quæ faciunt ad conceptum nuptiarum rite fingendum, imprimis vero graduum computationis principia, nec non cautelas, a sacerdotibus in proclamatione & ipsa benedictione omnibusque

busque ritibus Ecclesiasticis probe servandas. *ibid.* 1744. 8.

Der Herr Professor **Richter** hat diese Schrift vornemlich zum Besten der jungen Gottesgelehrten und Rechtsgelehrten aufgesetzet, um ihnen dadurch einen ordentlichen und deutlichen Begrif von Ehesachen und der computatione graduum zu ertheilen. Sie enthält also nichts anders, als kurze Grundsätze, welche zur Erlernung und Erläuterung dieser Materie hauptsächlich dienen, welchen er zu Ende die Art, deren man sich in Anführung derer Gesetze aus dem römischen und päpstlichen Gesetzbuch bedienet, beygefüget. S. auch **Allerneueste Nachrichten von juristischen Büchern 2c. Fünfter Band.** S. 170.

5) *Diss. Inaug.* De acceptatione in donatione mortis caussa non necessaria. *ibid.* 1744.

Es ist dieses seine Inauguralprobeschrift, als er sich die Doctorwürde ertheilen ließ. Er thut wider die gemeine Meynung dar, daß die Acceptation in Schenkungen auf den Todesfall nicht nöthig sey, welches er auch mit hinlänglichen Beweisen sowol, als mit rechtlichen Aussprüchen bestätiget.

6) *Diss.* Quædam de confessione ficta in caussa civili capita exhibens. *ibid.* 1744. *Resp. Io. Christian. Lehmann.*

Die Confessio ficta wird von ihm also beschrieben: Quod sit agnitio obligationis a Lege ficta, eum in finem, ut vel veritatis indicia ex facto quodam fluentia contra intentionem

nem agentis obferventur, vel contumacia puniantur.

7) *Diff.* De filio Iurisdictioni paternæ patrimoniali non ſubjecto. *ibid.* 1745. *Reſp. Iul. Erneſt. a Schüz.*

Es wird anfangs erwieſen, daß ein Sohn der väterlichen Patrimonialjurisdiction oder Botmäſſigkeit nicht unterworfen ſey, 1) aus dem Zuſtande dieſer Jurisdiction in den mittlern Zeiten, *Tacito* teſte de M. G. c. 15. 2) aus dem Zuſtande näherer Zeiten unter Carolo M. 3) aus der Betrachtung des Zuſtandes bis auf unſere Zeiten, 4) aus der Beſchaffenheit der Erbſchaft, 5) daraus, weil ein Sohn des Vaters Dignität theilhaftig iſt, 6) darum, weil ein Vater in der Sache des Sohnes nicht Richter ſeyn kann. Hierauf werden Folgerungen gemacht, und endlich die gegenſtehenden Meynungen widerleget. Der Herr Profeſſor Richter hat ſich in dieſer Abhandlung mehr wie einen römiſchen, als einen teutſchen Rechtsgelehrten aufgeführet, da doch ohnſtreitig dieſe Lehre blos aus denen teutſchen Geſetzen und Gewohnheiten entſchieden werden muß.

8) *Diff.* De Majeſtate in perſona Miniſtri ex odio privato læſa. *ibid.* 1745. *Reſp. Chriſtian. Ludov. Reut.*

Die Majeſtät wird in der Perſon eines Miniſtri aus einem Privathaſſe beleidiget 1) wegen Heiligkeit der Majeſtät, 2) darum, weil die gemeine Wohlfart auf ſolche Weiſe geſtöret wird, 3) ex L. 1. §. 1. D. ad Leg. Iul. Majeſt. 4) ex L. 5. C. ad L. Iul. Majeſt. Die Kayſer *Arcadius* und *Hono-*

Honorius haben verfüget, daß derjenige, der sich mit Soldaten, oder andern boshaftig rottiret oder verschworen, oder hohe Männer, Räthe, Raths-herren, oder auch einen, der unter ihrer Miliß sey, umzubringen unterfangen, als ein der beleidigten Majestät schuldiger durch das Schwerd sterben soll, und alle seine Güter der Cammer heim fallen sollen.

9) *Diſſ.* De mobilibus privatorum rebus inter arma captis & alienatis. *ibid.* 1746. *Reſp. Car. Gottfr. Dathe.*

Es ist aus denen natürlichen und bürgerlichen Gesetzen bekannt, daß die Soldaten im Kriege etwas gewinnen können; es fragt sich aber, wie weit dieses erlaubt ist? In der Freunde Lande dürfen die Sachen, welche die Einwohner haben, nicht genommen werden; auch nicht die Güter der Feinde, welche bey den Freunden sind. Die Güter der Freunde sollen auch in feindlichen Landen un-getastet bleiben. Das Plündern stehet denen Soldaten nicht frey, es geschehe denn solches aus Erlaubniß oder Verordnung des Befehlshabers; der auch Officier sollen ein gut Exempel geben. Was die Sachen betrift, so müssen dieselben 1) als findliche Sachen an einem feindlichen Orte ergriffen werden, 2) diese Erwerbung muß nach geendigtem Kriege durch den Friedensschluß bestätiget werden: nn sonst hat das Ius postliminii, und die Wie-rforderung statt. 3) Die Sachen müssen actu ublico f. imperato genommen werden. 4) Die üter werden nur denen Soldaten zu Theil, wel-e der Princeps sich nicht besonders zugeeignet, er zu nehmen nicht verboten hat. Die Reichs-

Leb. jeßtl. Rechtsgel. 5 Th.   U   gese-

gesetze verbieten auch, daß Pflüge, Mühlen, Backöfen, und was zu gemeiner Nothdurft dienstlich ist, im Kriege nicht sollen beschädiget oder zerbrochen werden; ingleichen daß die Soldaten der Kirchen, Klöster, Spitäler und Schulen verschonen sollen. Gefangene Personen, auch die von den Ungläubigen erhalten werden, sind nicht als Sachen, oder Sclaven anzusehen.

10) *Diss. De Venatione turbata. ibid. 1746. Resp. August. Frid. Prinz.*

Es turbiren die Jagd, welche das Recht zu jagen nicht haben. Wer von wilden Thieren, als: Bären, Wölfen u. d. gl. angefallen wird, der kann sie tödten; wenn aber Hirsche und Hasen gleich Schaden an der Saat thun, so dürfen sie doch nicht erleget werden. Das Sprichwort der Jäger ist: **Allen Thieren ist Fried gesetzt, ausser Bären und Wölfen, an denen bricht man keinen Fried.** v. Schwabenspiegel, L. l. tit. 352. §. 2. Wer die Niederjagd hat, kann in Sachsen Wölfe jagen, und wenn er sie fänget, so bekommt er von jedem in dem nächsten Amte 2 Gülden. Der Churfürst Augustus zu Sachsen in der Landesordnung d. a. 1555 tit. Von Abscheuchung des Wildpräts, hat erlaubet, daß die Unterthanen mit kleinen Hunden, so nicht Jagdhunde seyn, das Wildpret abscheuchen mögen. Es entschuldiget nicht, wenn auch das Wildpret gefangen wird, in der Absicht, solches dem Fürsten zu überbringen. Diejenigen stören auch die Jagd, welche das Recht zu jagen haben, aber auf andere Reviere kommen. Die Väter in den Concilien und hernach die Päpste, Kayser und Könige haben alle Jagd den Geistlichen untersaget. Hierzu hat man aber die geistlichen Fürsten nicht zu rechnen.

11) *Diff.* De impossibili conditione contractum non vitiante. *ibid.* 1747. *Resp. Theoph. Lessing.*

Res impossibiles sind, welche in Ansehung unserer Kräfte, und also von Natur solche sind, als wenn einer den Himmel mit einem Finger berühren sollte, oder welche in Absicht auf die Gesetze, und also nach dem Verstande des Rechts vor solche gehalten werden. Von dergleichen unmöglichen Dingen ist hier die Rede. In dem letzten Willen hält man eine beygefügte unmögliche Bedingung vor nicht beygefüget. Es wird allhier behauptet, daß ein Contract gültig seyn könne, wenn auch eine unmögliche Bedingung sich dabey befinde, und bestimmet, ob und wie weit die gemeine Meynung könne behauptet, oder widerleget werden.

12) *Progr.* An Lex semper loqui præsumatur? *ibid.* 1747.

Mittelst dieses Anschlags machte er seine Vorlesungen und Disputirübungen bekannt.

13) *Diff. Ima*, Selectiora Iuris principia ad ordinem Digestorum exposita, Libri I. Sectionem I. continens. *ibid.* 1747. *Resp. Io. Georg. L. B. de Taube.*

Ulpiani Beschreibung der Gerechtigkeit in L. o. pr. D. de I. & I. daß sie sey ein richtiger und beständiger Wille, jedermann sein Recht wiederfahren zu lassen, wird in philosophischem und juristischem Verstande vor unrichtig gehalten, weil von dem

dem Willen und Bestreben auf die That keine Folge sey. Ein bessere Erklärung wird auf folgende Weise gegeben: Die Gerechtigkeit ist eine Uebereinstimmung der Handlungen mit den Gesetzen.

14) *Diss. IIda*, Selectiora Iuris principia ad ordinem Digestorum exposita, Libri I. Spec. II. *ibid.* 1747. *Resp. Ernest. Gottlob. Mitsching.*

15) *Diss. IIItia*, Selectiora Iuris principia ad ordinem Digestorum exposita, Libri II. Spec. I. *ibid.* 1748. *Resp. Christian. Masio.*

16) *Diss. IVta*, Selectiora Iuris principia ad ordinem Digestorum exposita, Libri II. Spec. II. *ibid.* 1748. *Resp. Christian. Gottlieb. Krebs.*

17) *Diss. Vta*, Selectiora Iuris principia ad ordinem Digestorum exposita, Libri II. Spec. III. *ibid.* 1748. *Resp. Io. Daniele Longolio.*

18) *Diss.* De testimonio mulierum in codicillis Iure Civili invalido. *ibid.* 1748. *Resp. Io. Christoph. Giebelhausen.*

Codicillus ist hier so viel, als ein letzter Wille, wodurch einer declariret, daß einem die gantze Erbschaft, oder ein Theil davon, doch ohne Einsetzung eines Erbens, hinterlassen werde. Das Zeugniß der Weibespersonen hat bey den Codicillis nicht statt, 1) weil sie der Solennien des bürgerlichen Rechts unfähig sind, 2) wegen Eyfersucht der Römer, 3) wegen des L. 16. D. de Iure codicill.

19) *Diss.*

19) *Diff. VIta*, Selectiora Iuris principia ad ordinem Digestorum exposita. Libri III. Spec. I. *ibid.* 1748. *Resp. Erdmann. Frid. Ritter.*

20) *Diff. VIIma*, Selectiora Iuris principia ad ordinem Digestorum exposita, Libri III. Spec. II. *ibid.* 1748. *Resp. Io. Christfried. Gradehand.*

21) *Diff. VIIIva*, Selectiora Iuris principia ad ordinem Digestorum exposita, Libri IV. Spec. I. *ibid.* 1748. *Resp. Ernest. Ferdin. Salomon.*

22) *Diff.* De pacto evictionis non praestandae inutili. *ibid.* 1748. *Resp. Frid. Gotthilf Freytag.*

Evincere ist so viel, als ein Gut dem Besiszer auf rechtmäßige Weise nehmen, oder durch Ueberwinden gleichsam erhalten. Ein Besitzer evictionem patitur, welcher angetrieben wird, daß er ein Gut wegen einer Ursache, welche vor gegenwärtigem Besitze vorhergegangen, wieder erstattet. Evictio praestatur, so oft demjenigen, der ein Gut evincirt werden lässet, der Schaden ersetzet wird. Daß ein pactum evictionis non praestandae unnützlich sey, solches wird erwiesen, 1) quia evictio est naturale internum, 2) quia actum contra substantiam contractus adjectum, ipso Iure est nullum, 3) ob L. 11. §. lt. D. de act. emt. vend.

23) *Diff. IXna*, Selectiora Iuris principia ad ordinem Digestorum exposita,

Libri IV. Spec. II. *ibid.* 1748. *Resp. Io. Andr. Lüdemann.*

24) *Diss.* Marchionatus Lusatiæ superioris Ius singulare homines proprios manumissos revocandi, proponens. *ibid.* 1749. *Resp. Frid. Albert. a Gœtz.*

Gedachtes Gesetz in der Unterthanenordnung, Art. 4. in Corpore Iuris Lusatiæ Super. erfordert nach Beschaffenheit der Unterthanen einen Loosbrief (formulam Affrancamenti) zu geben, jedoch befinden sich einige Einschränkungen dabey. Desgleichen gehören hierher Art. V. n. 1. Es wird auch in der Abhandlung erwiesen, daß die Erledigung von der Erbunterthänigkeit, und daher zu leistenden Diensten, nur lediglich den Invaliden selbst, keinesweges aber ihren Weibern, Kindern und Nachkommen, oder denen, so nach kurz gedienter Zeit nicht als Invaliden dimittirt worden, angedeyhe.

25) *Diss. Xma*, Selectiora Iuris principia ad ordinem Digestorum exposita, Libri V. Spec. I. *ibid.* 1749. *Resp. Io. Gottlob Lehmann.*

26) *Diss. XIma*, Selectiora Iuris principia ad ordinem Digestorum exposita, Libri VI. Spec. I. *ibid.* 1749. *Resp. Augustin. Polyc. Frid. Rudloff.*

27) *Diss. XIIma*, Selectiora Iuris principia ad ordinem Digestorum exposita, Libri VII. Spec. I. *ibid.* 1749. *Resp. Gottlob Adolph. Brinck.*

28) *Diss.*

28) *Diss. XIIItia,* Selectiora Iuris principia ad ordinem Digestorum exposita, Libri VIII. Spec. I. *ibid.* 1749. *Resp. Amand. Gotthold. Beyer.*

29) *Diss. XIVta,* Selectiora Iuris principia ad ordinem Digestorum exposita, Libri IX. Spec. I. *ibid.* 1749. *Resp. Christian. Benjam. Laurich.*

Dieses Specimen ist wider Herrn D. **Carl Ferdinand Hommels** *Spec. I.* Observationum Grammat. observ. 8. und wider desselben Novum Systema Iuris N. & G. ex sententia veterum ICtorum, §. 2 & 15. seq. gerichtet. Herr D. **Hommel** hat an angezogenen Orten gesagt: daß die Thiere sündigten, als wenn die Natur nicht nur die Menschen, sondern auch alle Thiere ein Recht gelehret hätte. Herr D. **Richter** ist deswegen anderer Meynung, dieweil es wol L. 1. pr. D. Si quadrup. pauper. fec. dic. heisse, pauperiem fecisse animalia, nicht aber, daß die Thiere gesündiget, und weil *Ulpianus* daselbst schreibet: Pauperies est damnum sine injuria facientis datum: Nec enim potest animal injuria fecisse, quod sensu caret.

30) *Diss. XVta,* Selectiora Iuris principia ad ordinem Digestorum exposita, Libri X. Spec. I. *ibid.* 1749. *Resp. Io. Frid. Kunckel.*

) De conditionibus potestativis & mixtis, casu deficientibus, in ultimis voluntatibus pro adimpletis habendis. *ibid.* 1750. *Resp. Iacob. Tittel.*

In dem 4 §pho werden die merkwürdige, und zur Sache dienende Worte *Ulpiani* ex L. 5. §. 5. quand. dies legat. angeführet. Sodann wird §. 9. dieser Casus, welcher sich vor etlichen Jahren zugetragen, also erzehlet: Titia hatte Sempronio, eines Bauren Sohn, 1000 Thaler vermacht, mit der Bedingung, wenn er studirete. Sempronius fieng auch, die Condition zu erfüllen, an, zu studiren. Als er aber inzwischen seinen Vater zu besuchen kam, und der König zu eben der Zeit befohlen hatte, daß Städte und Dörfer Soldaten schaffen sollten; so wurde unser Sempronius als eines Bauren Sohn ins Loos gezogen, und durch das Loos getroffen. Also konte dieser Legatarius im Studiren nicht fortfahren, sondern wurde gezwungen, davon abzulassen. Nun war die Frage: Ob Sempronius, der die Condition nicht erfüllen kan, das Vermächtniß zu erhalten fähig wäre? Ein berühmter ICtus that den rechtmäßigen Ausspruch: Sempronius sollte das völlige Vermächtniß erhalten, dieweil es nicht bey ihm gestanden, den Willen der testatricis zu erfüllen. Dieses Urthel war richtig, weil conditio potestativa vel mixta, welche wegen entstandener Verhinderung nicht konnte erfüllet werden, vor erfüllet muste gehalten werden.

32) *Progr. Inaug.* De cura Principum præsertim nostrorum, circa justitiam administrandam. *ibid.* 1750.

Mit diesem Anschlage machte er bekannt, daß ihm das Amt eines ausserordentlichen Lehrers der Rechte sey aufgetragen worden, und daß er den

Julius mit einer solennen Rede, De multitudi-
e Legum, an Reipublicæ noceant? von die-
m Lehramte gewöhnlichermaſſen Beſitz nehmen
ürde.

33) *Diſſ. XVIta*, Selectiora Iuris principia ad ordinem Digeſtorum expoſita, Libri XI. Spec. I. *ibid.* 1750.

34) *Diſſ. XVIIma*, Selectiora Iuris principia ad ordinem Digeſtorum expoſita, Libri XII. Spec. I. *ibid.* 1751. *Reſp. Chriſtian. Ludov. Wilhelm. Büttner.*

35) *Diſſ.* De obligatione imperfecta ex honeſtate, Iuris Civilis auctoritate perfecta. *ibid.* 1751. *Reſp. Car. Frid. Oſchmann.*

Der Herr Profeſſor Richter erfordert bey ſeiner Meynung, 1) daß eine unvollkommene Obligation aus der Erbarkeit vorausgeſetzet werde, 2) daß 1e ſolche Verbindlichkeit Lege poſitiva, klar 1d deutlich vorgetragen worden, und 3) daß nicht 1 Fürſt zu ſeinem Geſetze beygefüget, daß dasjenige, was er vorgeſchrieben, doch aus Freygebigkeit geſchehe, und daß es nach Gefallen der Unternen ſolle beobachtet werden.

36) *Diſſ.* De contractu rato manente, pœna conventionali quoque ſoluta. *ibid.* 1751. *Reſp. Henr. Iohann. Hemleben.*

In dieſer Abhandlung wird §. 3 vor bekannt angenommen, daß derjenige, dem daran lieget, pœn conventionalem, wenn ſie von dem Contrahirenden einem Vergleiche beygefüget worden, ern ein Theil davon abgehet, erfordern könne. Die chtsgelehrten aber ſind nicht einig, ob die Leiſtung
der

der Strafe den Contract aufhebe, und von der Hauptverbindlichkeit befreye, oder ob die Partheyen noch an den Vergleich gebunden sind. Das letzte wird allhier behauptet, 1) weil eine Strafe deswegen hinzugesetzet wird, damit der Contract desto heiliger gehalten werde. 2) Weil, wenn zur Verbindlichkeit etwas kommet, nicht davon abgegangen werde. Die ganze Sache wird ex L. 10. §. 1. §. 1. D. de pact. und L. 16. D. de transact. erwiesen. Hiernächst wird die Sache nach ihren Gränzen und Requisitis beschrieben, erläutert und wider die Gesetze, welche dawider zu seyn scheinen, gerettet.

37) *Diss. XVIIIva*, Selectiora Iuris principia ad ordinem Digestorum exposita, Libri XII. Spec. II. *ibid.* 1751. *Resp.* *M. Car. Henr. Bœhm.*

38) *Diss.* Ius matrimonii Iudæorum in Germania tum inter se, tum si alter coniux ad sacra Christianorum transiit, sistens. *ibid.* 1751. *Resp. Io. Gottlieb Wagner.*

Ein Jude als ein Jude darf keine Christin, und umgekehrt, heyrathen. Vielweniger wird erlaubt seyn, daß ein Christ eine Jüdin, oder eine Christin einen Juden heyrathet, weil den Christen mit den Juden Mahlzeiten zu halten nicht einmal vergönnet ist. Das jüdische Ehebündniß dauret auch noch, wenn sich ein Ehegatte zur christlichen Religion gewendet hat, dieweil die Ehen der Juden, die sie untereinander stiften, nach dem Natur- Völker- und bürgerlichen Rechte vor rechtmäßig gehalten werden. Der bekehrte Theil kann auch

ben Willen des andern nicht heyrathen. Dieses
r gilt nur so lange, als der ungläubige Theil in
Ehe zu bleiben consentiret, weil sie wider ihren
llen nicht behalten wird. Die Ehe aber, wenn
bekehrte verlassen worden, wird nicht, als nur
h untersuchter Sache und gerichtlichem Ausspru-
verstattet.

39) *Diss. XIXna*, Selectiora Iuris prin-
:ipia ad ordinem Digestorum exposita, Li-
›ri XII. Spec. III. *ibid.* 1752. *Resp. Christian. Gottlob Otto.*

40) *Diss. XXma*, Selectiora Iuris prin-
:ipia ad ordinem Digestorum exposita,
Libri XIII. Spec. I. *ibid.* 1752. *Resp. Io. August. Streckfus.*

41) *Diss.* De effectu pacti sine domini
consensu initi, quo simul investitus in li-
beram, inter vivos & mortis caussa, de
:eudo dispositionem, simultanea investi-
:ura reservata, consentit. *ibid.* 1752. *Resp.
Io. August. Otto.*

Er verfähret in dieser Abhandlung also, daß er
h der Erklärung, was die wahre Natur eines
cti sey, zuerst von der Wirkung desselben vivo
:li handelt, hernach zu derjenigen kommt, die
)at, wenn der Lehnsmann gestorben und keine
:äusserung vorgegangen. Hierauf folget, was
chtens sey, wenn eine Veräusserung geschehen,
veder würklich inter vivos, vel mortis caus-
und dieses, da der Nachfolger fähig oder un-
ig, vel qua dominium utile, vel qua Ius
re. Es sind hin und wieder besondere Dinge,
die

die bey dergleichen Pacto sind, und die eine genauere Betrachtung nöthig haben, eingestreuet worden.

42) *Diss. XXIma*, Selectiora Iuris principia ad ordinem Digestorum exposita, Libri XIV. Spec. I. *ibid.* 1752. *Resp. Frid. Michael Stein.*

43) *Diss. XXIIda*, Selectiora Iuris principia ad ordinem Digestorum exposita, Libri XV. Spec. I. *ibid.* 1752. *Resp. Christian. Frid. Hauck.*

44) *Diss.* De testamento, a judice incompetente in territorio alieno condito, invalido. *ibid.* 1752. *Resp. Christian. Frider. Lindemann.*

Der letzte Wille gilt wie ein Gesetz, wenn nur die vorgeschriebene Form dabey beobachtet wird. Ein Testament aber von einem Iudice incompetente kann nicht gelten. Dieses wird allhier aus der Beschaffenheit des Richters, aus der Natur eines solchen Testaments, und endlich aus den Gesetzen selbst bewiesen. Hernach wird dasjenige, was entweder aus der Analogie des Rechts, oder aus dem Sinne der Rechtsgelehrten zuwider vorgebracht wird, widerleget; und zuletzt wird eine Erklärung des sächsischen Rechts diesfalls gegeben.

45) *Diss.* De sumtibus studiorum ad peculium quasi castrense non pertinentibus. *ibid.* 1752. *Resp. Io. Christian. Frid. Hertling.*

Diese Streitschrift hat 7 Capitel. In dem ersten Capitel wird gezeiget, daß die Rechtslehrer zuweilen peculia erbichten, z. E. das Pathengeld, ingleichen die aufgewandten Studierkosten. Im
vier-

vierten Capitel wird erwiesen, daß die Studierkoſten kein Peculium quaſi caſtrenſe machen, 1) weil, wenn dieſelben verthan ſind, das ganze peculium aufhöret, 2) wegen der gänzlich eingeſchränkten Diſpoſition derſelben, 3) wegen der Collation, der ſie unterworfen ſind, wenn ſie übel angewendet worden, oder 4) wenn der Vater dieſelbe will; 5) weil ein Student darüber kein Teſtament machen kann; 6) weil ſie zur Erziehung gehören, oder 7) in fremdes Geld ſind, oder 8) bald von den Gütern des Sohnes ſelbſt aufgewendet werden.

46) *Diſſ. XXIIItia*, Selectiora Iuris principia ad ordinem Digeſtorum expoſita, Libri XVI. Spec. I. *ibid.* 1753. *Reſp. Car. Henr. Kuppermann.*

47) *Diſſ. XXIVta*, Selectiora Iuris principia ad ordinem Digeſtorum expoſita, Libri XVII. Spec. I. *ibid.* 1753. *Reſp. Car. Ferdin. Richter.*

4) *Diſſ.* De donatione bonorum receptitiorum, ab uxore Saxonica absque mariti conſenſu ſpeciali facta, valida. *ibid.* 1753. *Reſp. Car. Frid. Beſſer.*

Bona receptitia ſind diejenigen Güter, deren Eigenſchaft und Verwaltung, wie auch Nießbrauch, ſich eine Frau vorbehalten hat. Im Teutſchen werden ſie: der Spaarhafen, oder Spielgelder genennet, vielleicht darum, weil ſie bey Standesperſonen gemeiniglich zum Spielen gewidmet ſind; oder auch Spillgelder, in Abſicht auf geringere Weibesperſonen, daß ſie vor häusliche Sachen deſto beſſer ſorgen können. Hierher gehöret auch das

königl.

schrieben zu halten sey. *Celsus* in L. 183. D. de R. I. saget auch: Impossibilem, nullam esse obligationem. Im Jahr 1754 aber hat Herr Johann Christian Eschenbach, der Philosophie Professor zu Rostock, unter dem Vorsitz Herrn D. Hermann Beckers seine Inauguralprobeschrift, De conditione impossibili non indistincte pro non scripta habenda, zu Rostock vertheidiget. Ob nun gleich derselbe §. 9 den Fall setzet: Ein Vater vermache einem Anverwandten eine Bibliothek und andere Sachen, unter der Bedingung, daß er die Tochter heyrathen soll; es könne aber die Ehe wegen des unvermutheten Todes der Tochter, oder wegen einer Krankheit, die dem Verwandten ein Unvermögen zur Beywohnung verursachet, nicht vollzogen werden; es sey doch die Vollziehung der Ehe ohne Zweifel die Hauptabsicht des Vaters gewesen, und wenn er hätte vermuthen können, daß es nicht geschehe, er das Vermächtniß würde unterlassen haben; so wird doch allhier darauf geantwortet, und das Gegentheil behauptet, mit dem Anhange, daß Conditio impossibilis auch in Teutschland überhaupt für nicht beygefüget gehalten werde.

54) Processus pacti remissorii Iuris Saxonici Electoralis, Chur-Sächsischer Accordsproceß, iis insimul capitibus, quæ ex Iure Civili, Lusatico & Silesiaco huc pertinent, insertis. *ibid.* 1758. 4.

Der Accordsproceß, von welchem hier gehandelt wird, ist eben derselbe, der vor dem leipziger Handelsgerichte, nach Maßgebung der Handelsgerichts-

[ri]chtsordnung, Tit. 25. verlängst gewöhnlich ge-
[w]esen ist. In dem churfächsischen Mandate wider
[d]ie Banqueroutiers von 1724 wurde anbefohlen,
[d]aß solcher in Zukunft allenthalben observiret wer-
[d]en sollte; allein, da die leipziger Handelsgerichts-
[o]rdnung nicht allenthalben bekannt genug war, so
[ge]schahe es, daß solche an den wenigsten Orten in
[A]usübung kam. Es ist dahero der Herr Professor
[R]ichter veranlasset worden, denselben in gegen-
[w]ärtigem Tractate deutlich und ausführlich zu be-
[sc]hreiben, um ihn dadurch bekannter zu machen.
[E]r handelt also erstlich vom Concursprocesse über-
[h]aupt, und zeiget, wie sich derselbe vom Accords-
[p]rocesse unterscheide; sodann kommt er auf den Ac-
[c]ordsproceß insbesondere, theilet zugleich die hier-
[h]er gehörigen Hauptstellen aus den churfächsischen,
[l]usitzischen und schlesischen Gesetzen mit, und ge-
[h]t denselben endlich Stück vor Stück durch, so,
[da]ß man hier nicht leicht etwas vermissen wird, was
[v]om Anfange desselben, bey der Citation, bey Er-
[sch]einung der Partheyen, und ihrer Bevollmäch-
[tig]ten, im Termine, bey Auswirkung eines Sal-
[vi] Conductus von Seiten des gemeinschaftlichen
[S]chuldners, bey Completirung der Acten, beym
[Ur]thel, bey der Leuterung, Appellation und Exe-
[cut]ion des Urthels, vom Richter und den Partheyen
[zu] verfügen, oder zu beobachten nöthig und nützlich

    Auch wird der Unterschied, welcher in diesem
[Pr]ocesse entstehet, wenn entweder der gemeinschaft-
[lich]e Schuldner selbst, oder aber ein dritter, dem
[dar]an gelegen, mit den Gläubigern accordiret,
[dur]chgängig genau angemerket, und deutlich bestim-

Leb. jetzt. Rechtsgel. 5 Th.   X   met.

met. Nichtweniger sind alle nöthige Formularien, sowol von gerichtlichen Registraturen und Ausfertiqungen, als auch von aussergerichtlichen, und von Seiten der Partheyen einzugebender Schreiben hier eingedruckt zu finden. Und endlich, da dieser Accordsproceß ohne den leipziger Handelsgerichtsproceß überhaupt nicht wohl erkläret, oder verstanden werden kann; so ist bey der Gelegenheit auch von diesem so viel beygebracht worden, daß sich alle Auswärtige, die nach Leipzig handeln, und es folglich öfters nöthig haben, daraus hinlänglich belehren können. S. auch 1) **Leipziger gelehrte Zeitungen**, vom Jahr 1758 No. 89. 2) **Erlangische gelehrte Anmerkungen und Nachrichten**, vom Jahr 1758 St. 52. 3) **Göttingische Anzeigen von gelehrten Sachen**, auf das Jahr 1760 St. 17.

55) *Diss.* De separatione bonorum sui debitoris in Lusatia superiori etiam post quinquennium competente. *ibid.* 1759.

56) Selecta Iuris principia, quæ præcipuis ICtorum controversiis illustrandis inserviunt, ad ordinem Digestorum. *Editio emendatior*, cum indicibus necessariis. *ibid.* 1760. 4.

Der Herr Professor Richter hat hier die zeither unter seinem Vorsitz, und der Aufschrift: Selectiora Iuris principia ad ordinem Digestorum exposita, vertheydigte, und sub No. 13. 14. 15. 16. 17. 19. 20. 21. 23. 25. 26. 27. 28. 29. 30. 34. 37. 39. 40. 42. 43. 46. 47 und 51 erzehlte Dissertationes, theils wegen Abgang der Exemplarien,

en, theils zum Gebrauch der Privatübungen im
sputiren, wieder auflegen und zusammen drucken
ssen, auch mit einer Vorrede, in welcher er vor-
:mlich die beliebte Aufschrift derselben, und der
:rinnen enthaltenen Sätze vertheydiget, und mit
:n nöthigen Registern über die erklärten Gesetze
:d abgehandelten Sachen versehen. S. **Leipzi-**
ger gelehrte Zeitungen, vom Jahr 1760 No. 94.

XIII.
Johann Andreas Hoffmann.

Beyder Rechten Doctor, ordentlicher Lehrer
der Rechte auf der Universität zu Marburg, und
Beysitzer der dasigen Juristenfacultät (*).

Der Herr Professor **Hoffmann** ist im Jahr
1719 den 29 August, zu **Tambach,** einem
im Herzogthum Gotha gelegenen ansehnlichen Marktflecken gebohren, allwo sein seel. Herr
Vater, **Christoph Gottfried Hoffmann,** welcher bereits im Jahr 1745 gestorben, Rector der

E 2 Schu-

(*) S. 1) *Io. Casp. Heimburgii Progr.* De quæstione:
An Advocatus Fisci ad consequendam pœnam,
quam reus incurrit, peculiari Processu opus habeat? *Ienæ* 1747.   2) Zusätze zu dem im Jahr 1743
und 1744 blühenden Jena, auf die Jahre 1745-1749.
S. 112-116.   3) *Io. Nicol. Funccii Progr.* De origine & auctoritate Prudentum apud Romanos olim
Iuris Legumque interpretum. *Marburgi* 1754. *folio.*

Schulen daselbst gewesen ist; die Frau Mutter aber hieß Susanna Margaretha, eine Tochter Herrn Franz Heusingers, ehemaligen Predigers zu Sundhausen.

Er wurde von zarter Kindheit an mit grosser Sorgfalt und Fleiß erzogen, und sein seel. Herr Vater selbst hat ihn etliche Jahr in allen nöthigen Wissenschaften unterrichtet, welches mit dem erwünschtesten Fortgange geschahe. Nach zurückgelegtem dreyzehnten Jahre seines Alters ward er auf das berühmte Gymnasium zu Gotha gethan, allwo er in denen sogenannten Studiis humanioribus des vortreflichen und getreuen Unterrichts des noch jetzo lebenden berühmten gothaischen Rectors, Herrn **Johann Heinrich Stuffens**, und vornemlich seiner Mutter Bruders, des seel. Herrn **Johann Michael Heusingers**, damaligen Professors an erwehntem Gymnasio, und nachherigen berühmten Directors des Gymnasii zu Eisenach, mit so vortreflichem Nutzen genoß, daß er nach dem Urtheil und Gutbefinden seines seel. Herrn Vaters im achtzehnten Jahre seines Alters vor geschickt und tüchtig gehalten wurde, die academischen Studien anzufangen.

Er begab sich also im Jahr 1737 auf die berühmte Universität Jena, wo er unter dem Prorectorat des seel. Herrn D. Syrbius unter die Zahl derer Studirenden aufgenommen wurde. Allhier trieb er seine academischen Studien mit einem lobenswürdigen Fleiße; er hörete die Logik und Metaphysik bey dem seel. Herrn Professor **Stellwagen** und Herr M. **Johann Friedrich Strauben**;

…en; die Mathematik bey dem Herrn Kirchenrath Wiedeburg; die Physik bey dem seel. Hamberger; die Historie bey dem Herrn geheimen Regierungsrath Buder; das Recht der Natur, und die Historie des bürgerlichen Rechts bey dem Herrn Hofrath Hellfeld, unter dessen Vorsitze er auch drey Jahr nach einander in Privatdisputationen über zweifelhafte loca aus des seel. *Heineccii* Elementis Iuris Civilis sich übete; die Pandekten und die juristische Praxin bey dem Herrn geheimen Hofrath Heimburgen; das teutsche, das geistliche und das peinliche Recht bey dem seel. Hofrath Engau; das teutsche Staatsrecht bey dem Herrn geheimen Regierungsrath und Vicekanzler Estor; eben dasselbe, und die neueste kayserliche Wahlcapitulation bey dem Herrn geheimen Regierungsrath Buder; den westphälischen Frieden bey dem seel. Engau, und das Wechsel= wie auch das Kriegsrecht bey dem seel. Hofrath Schaumburg.

Nachdem er nun vier Jahre lang auf diesem blühenden Musensitze das Studium der Rechtswissenschaft mit grossem Vortheile getrieben hatte, so legte er von seinem Fleisse eine öffentliche Probe ab, und vertheydigte im Jahr 1743 unter dem Vorsitze des Herrn Hofrath Hellfelds desselben wohlgeschriebene academische Abhandlung, De hypotheca nobilium. Hierbey aber ließ es der Herr Professor Hoffmann nicht bewenden, sondern er fieng vielmehr an, sich durch Schriften bekannt zu machen, academische Privatvorlesungen zu halten, um sich im Vortrage zu üben, und streitenden Parteyen vor Gerichte beyzustehen.

Nachhero erforderten es seine Umstände, die Doctorwürde anzunehmen. Er meldete sich dieserhalb im Jahr 1747 bey der Juristenfacultät zu Jena; er erbot sich zu denen gewöhnlichen Prüfungen, stund selbige mit vielem Ruhme aus, und ward, nachdem er vorhero auch seine Inauguralprobeschrift, De Iuribus Indigenarum Germaniæ, unter dem Vorsitze des seel. Herrn Hofraths Engau vertheydiget hatte, den 13 May desselben Jahres zum Doctor in beyden Rechten ernennet und ausgerufen, gestalten die solenne Renunciation den 3 August gedachten Jahres erfolgte, und war der Herr geheime Regierungsrath Buder Brabeuta und Promotor.

Nach erfolgter Doctorpromotion entschloß er sich, dem academischen Leben sich zu widmen, und in Jena zu bleiben. Er fieng an, academische Vorlesungen zu halten, er stellete verschiedene Schriften an das Licht, er disputirete fleißig und war dabey ein Sachwalter. Diese rühmliche Beschäftigungen trieb er bis in das Jahr 1754. Denn in diesem Jahre ward er von dem weiland Durchlauchtigsten Landgrafen zu Hessen-Cassel, Herrn Wilhelm VIII als ordentlicher Lehrer der Rechte auf die hohe Schule zu Marburg berufen, welchem Rufe er auch folgte, und noch in selbigem Jahre den 18 October, mittelst einer solennen Rede: De Iure eligendi Episcopos atque Abbates ab Imperatoribus, Capitulis, nec non Monasterlis ante transactionem illam, quæ vulgo Concordatorum nationis Germanicæ nomine insigniri solet, von diesem Lehramte förmlichen

chen Besitz nahm, zu welcher feyerlichen Handlung der damalige Pro-Rector Academiæ, Herr *Io. Nicol. Funccius*, der Eloquenz und Poesie Professor auf der Universität Marburg, in einem zierlichen Anschlage: De origine & auctoritate Prudentum apud Romanos olim Iuris Legumque interpretum, eingeladen hatte.

Der Herr Professor Hoffmann bekleidet anjetzo bey der Juristenfacultät die vierte Stelle. Im Jahr 1759 ist er Dechant derselben gewesen. Er ist fleißig und arbeitsam, weshalben der Herr geheime Regierungsrath und Vicekanzler Estor einer ganz besondern Freundschaft und Vertraulichkeit ihn würdiget.

Seine fleißig ausgearbeite Schriften sind folgende:

1) I meriti de' medici nella giurispruza. *Giena* 1741. *folio.*

2) L'Eminenza e prærogative dello stato d'Amburgo, ed i meriti d'alcuni Signori Amburghesi nella Giurisprudenza. *Giena* 1745. 4.

Beyde in italiänischer Sprache abgefaßte Schriften sind auf gewisse Gelegenheiten gefertigte Glückwünsche. In dem letztern handelt er mit vieler Geschicklichkeit von dem Alterthum der Stadt Hamburg, ihren ausnehmenden Vorzügen, Vorrechten und Privilegien, ihrer Streitigkeiten mit Hollstein und Dännemark, ihrer Reichsstandschaft, innerlichen Staatsverfassung, ihren Gerichten, obrigkeitlichen Personen, dem Antheil, den die Bürgerschaft im Regiment hat, ihren Statuten und Stadtrecht, und andern weisen und löblichen Verordnungen. Er vergißt dabey nicht, die Verdienste der beyden Langenbecke, so den Vornamen Hermann geführet, G. G. Langenbecks, Detler Langenbecks, Ulrich Winklers, Petri Lambecii, Vincentii Placcii, Friedrich Lindenbrogs und Heinrich Knaustini um die Rechtsgelehrsamkeit nach Würden anzupreisen. S. auch Allerneueste Nachrichten von juristischen Büchern rc. Fünfter Band. S. 91 und 92.

3) Selecta de unionibus Electorum. Hoc est: Opuscula *Christiani Wildvogelii, Nicol. Hieron. Gundlingii*, & *Ewald. Frid. de Hertzberg*, de hac materia. Accedunt ipsarum Unionum Electoralium formulæ; Aurea Bulla, & Sanctio Pragmatica accurate revisa, & cum optimis Codicibus collata. *Ienæ* & *Weißenfelsæ* 1745. 4.

In der Vorrede liefert der Herr Professor Hoffmann eine Geschichte von denen churfürstlichen Vereinen, und bringet einige Exempel von Churfürstentägen bey, welche andere stillschweigend übergangen haben. Hierauf folgen in dieser wohleingerichteten Sammlung 1-3) Wildvogels, Gundlings, und des Herrn geheimen Raths von Hertzberg gelehrte Abhandlungen von Churfürstenvereinen. 4) Die Abdrücke von denen churfürstlichen Vereinen. 5) Die güldene Bulle, welche mit denen besten Ausgaben zusammen gehalten, und mit einigen Parallelstellen aus denen Reichsgrundgesetzen versehen worden. Und 6) die österreichische Sanctio pragmatica. S. Allerneueste Nachrichrichten von juristischen Büchern ꝛc. Fünfter Band. S. 445 u. f.

Im Jahr 1752 kam diese Sammlung zum weytenmal unter folgender Aufschrift heraus:

Collectio selectorum Opusculorum de unionibus Electorum S. R. I. Accedunt omnium Consociationum septemviralium formulæ, Aurea Bulla & Sanctio Pragmatica accurate revisa, & cum optumis Codicibus collata, nec non variis accessionibus jamjam insigniter locupletata, & præfatione nova, & disquisitione Iuris Publici, *De Rege Romanorum & juribus Electorum S. R. I. circa illius electionem* maximopere aucta & emendata. Editio secunda. Ienæ 1752. 4.

Diese zweyte Ausgabe unterscheidet sich von der erstern durch die Vorrede, und angefügte Abhandlung, von der römischen Königswahl, und denen den Churfürsten diesfalls zuständigen Rechten. Eine ausführliche Recension von dieser zweyten Ausgabe befindet sich im Neunten Bande der Allerneuesten Nachrichten von juristischen Büchern ꝛc. S. 424=429.

4) *Meditationes Iuris Publici*, De potentatu Statuum S. R. G. I. quibus ejus origo, atque effectus eruuntur. Cum discursu præliminari, De Superioritate territoriali. Ienæ & *Weißenfelsæ* 1746. 4.

Der Herr Professor Hoffmann handelt in der Vorrede von der Landeshoheit der Stände des heil. römischen Reichs. In der Sammlung selbst aber findet man des wohlseeligen Herrn Hofcanzlers von Westphalen im Jahr 1721 zu Jena unter Wildvogels Vorsitze gehaltene Inauguralprobeschrift, De genuina origine potentatus Principum in Imperio R. G. Und des Reichshofraths, Freyherrn von Lynker, zu Jena im Jahr 1690 gehaltene Streitschrift, De Potentatu.

5) *Diss.* Sistens *positiones Iuris Germanico-Saxonici*, De cura mulierum, quando licite vel adcommodanda, vel legitime prætermittenda. *Ienæ* 1746. *Resp. Io. Frid. Freytag.*

Diese Abhandlung ist nicht öffentlich, sondern privatim unter guten Freunden, blos zur Uebung, vertheydiget worden. Sie bestehet aus 23 Sätzen, die nach dem teutschen und sächsischen Rechten wohl entworfen sind.

6) *Dilucidationes Iuris Publici*, De Neutralitate, prouti illa inter gentes liberas, atque inprimis inter Ordines S. R. Imp. usitata est. Una cum præfatione, De ejusdem commodis atque incommodis. *ibid.* 1747. 4.

Obgleich der Herr Professor Hoffmann seinen Namen nicht vorgesetzet, so weiß man doch gewiß, daß er diese Dilucidationes an das Licht gestellet. In der Vorrede handelt er recht lebhaft, und mit denen schönsten aus der Historie hergenommenen Beyspielen von dem Vortheil, und auch von dem Nachtheil der Neutralität. Die Sammlung selbst enthält zwey Schriften, nemlich des seel. Hofrath Remmerichs zu Jena im Jahr 1735 gehaltene

Streitschrift, De Neutralitate Statuum Imp. R. G. in bello Imperii illicita; und des berühmten **Johann Heinrich Böclers**, ehemaligen Professors der Geschichte auf der Universität zu Straßburg, academische Abhandlung, De quiete in turbis, seu, Societatis bellicæ decliatione, die allerdings rar, aber doch in dem Volumine I. Dissertationum Academicarum gedachten Böclers No. 7. der zweyten und vermehrten straßburger Edition vom Jahr 1701 anzutreffen ist. S. auch 1) Regenspurgische gelehrte Zeitungen, vom Jahr 1747 St. 12. 2) Frankfurtische gelehrte Zeitungen, vom Jahr 1747 No. 28.

7) *Diss. Inaug.* De Iuribus Indigenarum Germaniæ, *Ienæ* 1747. *Præside Io. Rudolph. Engavio.*

Dieses ist des Herrn Professor Hoffmanns Inauguralprobeschrift, da er sich die Doctorwürde ertheilen ließ. Sie ist mit Fleiß, Nachdenken und guter Einsicht abgefasset. Seine Einrichtung bey Erwehlung dieser Materie war diese, daß er die Iura indigenarum 1) in Imperio R. G. 2) in hac vel illa provincia, 3) in hoc vel illo loco abhandeln wollte; allein er hat hier nur den ersten Abschnitt geliefert. Den zweyten und dritten Abschnitt hat er im Jahr 1758 an das Licht gestellt, wie hiervon unten weitere Erwehnung geschehen soll.

8) Auserlesene, jedoch vollständige juristische Bibliothek, worinne die auserlesenste Werke, Bücher und academische Abhandlungen, welche von

von allen Theilen der Rechtsgelahrheit, als Natur- Völker- griechischen, römischen, päpstlichen, peinlichen, teutschen, Lehn- Staatsrechten, bis auf diese Zeit zum Vorschein gekommen, mit aufrichtigen Urtheilen, wie auch mit denen hiesigen Orts (Jena) gewöhnlichen Preisen begleitet. Nebst einem vollständigen Register. Jena 1748. 8.

Diese juristische Bibliothek hat fünf Haupteintheilungen, und jede wiederum ihre besondere Capitel. Man findet die Einrichtung dieses Buchs erzehlet in dem sechsten Bande der Allerneuesten Nachrichten von juristischen Büchern ꝛc. S. 602-606. In denen Leipziger gelehrten Zeitungen, vom Jahr 1747 No. 94 wird hiervon also geurtheilet: Der Herr Verfasser scheinet diese Arbeit vornemlich denen, welche von juristischen Büchern in ihrer Muttersprache Nachricht verlangen, zu Gefallen unternommen zu haben. In der Berlinischen Bibliothek, im ersten Bande, S. 799-808, und im dritten Bande, S. 315-324 wird von dieser juristischen Bibliothek eine sehr ausführliche Nachricht ertheilet. Es wird allda sehr vieles daran ausgesetzet, und gesaget, daß die beliebte Bibliotheca Iuridica Struvio Buderiana in die teutsche Sprache übersetzet worden sey. Kurz, es wird von dieser Arbeit ein sehr schlecht Urtheil gefället.

9) Thesaurus Iurisprudentiæ Romano-Germanicæ forensis, secundum ordinem Pandectarum ex opusculis celeberrimorum ICtorum editis atque ineditis adornatus.

Tomi I. Fasciculus I. ibid. 1748. & ejusd. *Continuatio.* 1750. 4.

Der Herr Professor Hoffmann war gesonnen, in vollständiges Systema Iuris Civilis nach Ordnung der Pandekten durch die gründlichsten Schriften derer Rechtsgelehrten zu liefern. Allein so grossen Nutzen ein solches Werk haben würde, so ist dennoch nichts weiter, als dieser erste Fasciculus meines Wissens zum Vorschein gekommen. Er enthält Schriften, die ad Titulum I. Libri I. Digestorum, de Iustitia & Iure gehören, und selbige sind folgende: a) *Io. Salom. Brunquellii Progr.* De præcipuis solidioris Iurisprudentiæ impedimentis. b) *Ejusd. Commentatio,* De usu Philosophiæ antiquæ, inprimis Stoicæ, nec non de usu Critices in Iure. c) *Georg. Christ. Gebaueri Diss.* De Iustitia & Iure. d) *Ge. Adam. Struvii Diss.* De Iure, æquitate & interpretatione Iuris; wovon aber eigentlich Johann Philip Slevogt der wahre Verfasser ist.

10) Repertorium locupletissimum in *Burc. Gotth. Struvii* Iurisprudentiam heroicam; Adjecta præfatione: *De diversa relatione Principum Imperii.* Ienæ 1748. 4.

Dieses Repertorium ist mit grosser Mühe und Fleiß verfertiget. Den Inhalt der Vorrede findet man erzehlet in dem siebenten Bande der allerneuesten Nachrichten von juristischen Büchern ꝛc. S. 97. 99.

11) *Diss.* De modis Germanorum coercendi malevolos accusatores. Oder: Von

der Art und Weise, wie bey den Teutschen bösliche Ankläger bestraft worden. *Ienæ* 1748. *Resp.* Io. Henr. Schmidt.

Diese academische Streitschrift ist sehr wohl geschrieben, und mit vielen Allegatis versehen. Umständlich wird sie recensiret im siebenten Bande der Allerneuesten Nachrichten von juristischen Büchern ꝛc. S. 286-288.

12) *Diss.* De Retractu, præcipue secundum Statuta S. R. I. liberæ civitatis Lindaviensis competente. *ibid.* 1750. *Resp.* Iacob. Fels.

In dieser wohlausgearbeiteten Abhandlung findet man sehr viele Belesenheit in denen teutschen Rechten. Das bekannte Näher- oder Einstandsrecht ist zwar von vielen Schriftstellern erläutert worden; allein der Herr Professor Hoffmann hat nach Anleitung der lindauischen Satz- und Ordnung von dem Anstands-Zug- oder Näherrecht noch vieles gefunden, welches zur Erläutrung dieser Lehre verschiedenes beytragen kann. So hat er auch einige besondere Umstände aus besagter Ordnung angeführet, welche man sonst in andern teutschen Gesetzen nicht leicht finden wird, z. E. daß dieses Näher- oder Anstandsrecht sowol des Verkäufers, als dessen Ehefrauen Anverwandten zugestanden wird, und nicht allein in den bonis avitis, sondern auch bey den errungenen Gütern, Kirchenstühlen, Erbbegräbnissen und dergleichen statt hat. S. auch Jenaische gelehrte Zeitungen, vom Jahr 1750. St. 64.

13) *Diss.*

Johann Andreas Hoffmann.

13) *Diß.* De Auſtregis Ordinum S. R. I. aliorumque Imperii membrorum, præcipue liberæ S. R. I. civitatis Memmingenſis. ibid. 1750. *Reſp. Melch. Egenolph. de Sayler a Pfersheim.*

Dieſe gründlich gerathene Streitſchrift hat zwey Capitel. Das erſte handelt De Auſtregis Ordinum S. R. I. aliorumque Imperii membrorum; und das zweyte, De Auſtregis liberæ S. R. I. civitatis Memmingenſis. Der Inhalt derſelben wird ausführlich erzehlet in dem **achten Bande der Allerneueſten Nachrichten von juriſtiſchen Büchern** ꝛc. S. 463-469.

14) *Diß.* De Iudicibus atque Advocatis, nec non cauſſis eos removendi ab officio & foro. ibid. 1752. *Reſp. Henr. Theophil. Eylenſtein.*

Die Ausführung dieſer Streitſchrift iſt nach den römiſchen und teutſchen Rechten, wie auch nach dem heutigen Gerichtsbrauche geſchehen, daher ſie recht brauchbar iſt. Einen Auszug lieſet man im neunten Bande der **Allerneueſten Nachrichten von juriſtiſchen Büchern** ꝛc. S. 573-575.

15) *Diß.* De genuino remediorum provocatoriorum, eorumque actionum annexarum uſu practico. ibid. 1753. *Reſp. Carol. Adolph. Wachler.*

Die Abſicht in dieſer Streitſchrift iſt beſonders dahin gerichtet, zu zeigen, in wie ferne heut zu Tage die Provocation ex L. Diffamati und ex L. contendat mit der Injurienklage als gleichförmig angeſehen werden könne. Einen kurzen, aber

doch

doch gutgefaßten Auszug aus selbiger findet man im neunten Bande der Allerneuesten Nachrichten von juristischen Büchern ꝛc. S. 729.

16) *Diss.* De anno gratiæ, & præcipue quatenus ad heredes collaterales transferri queat? *ibid.* 1754. *Resp. Io. Frid. Hager.*

Ordentlicher Weise wird das Gnadenjahr unter die Witwe und Kinder getheilet, letztere mögen nun von der erstern oder andern Ehe seyn; hingegen bey denen Seitenverwandten muß man einen Unterscheid machen. Hat der Verstorbene weder Witwe noch Kinder hinterlassen, so erhalten davon die Seitenverwandten nichts; hat aber die Witwe alsdann das Gnadenjahr angetreten, so glaubt er, daß sie das Recht, das Gnadenjahr ferner zu gebrauchen, auf ihre Nachkommen vererbe, welches nicht allein durch ein fürstl. sächs. eisenachisches Rescript vom 13 Oct. 1753 sondern auch durch ein Urthel der leipziger Juristenfacultät bestätiget wird. S. auch zehnten Band der Allerneuesten Nachrichten von juristischen Büchern ꝛc. S. 470 u. f.

17) Allerneueste Nachrichten von juristischen Büchern, academischen Abhandlungen, Deductionen, Verordnungen grosser Herren; Leben der berühmtesten verstorbenen und noch lebenden Rechtsgelehrten, nebst andern zu der Rechtsgelehrsamkeit gehörigen Sachen. XLVIIster bis LXXVIster Theil. Jena und Leipzig 1741 1754. 8.

Als der verstorbene Herr Hofrath Jenichen, welcher bekannter massen die erstern 46 Theile verferti-

ertiget, gegen Ende des Jahres 1747 von Leipzig
nach Gießen gieng, so übernahm der Herr Profeſſor Hoffmann die Fortſetzung; und als derſelbe
auch 1754 nach Marburg berufen ward, ſo hat der
Herr Profeſſor, D. Carl Friedrich Walch zu
Jena den 77. 78. 79 und 80ſten Theil zu Stande
gebracht, und dieſes Werk mit dem zehnten Bande beſchloſſen.

18) *Progr.* De Procuratoribus ex officio conſtituendis. *Marburgi* 1754.

Mit dieſem Anſchlage machte der Herr Profeſſor Hoffmann ſeine Sommervorleſungen auf der
Univerſität Marburg bekannt. Nachdem die un-
terſchiedlichen Bedeutungen des Worts *Procurator* gründlich erkläret, und aus vielen Urkunden,
teutſchen Geſetzen und Gewohnheiten gewieſen worden, daß ſonſt die alten Teutſchen ihre Händel in
Perſon vor Gerichte beſorget, ſich aber eines An-
walds, ohne beſondere Erlaubniß des Fürſtens,
oder des Richters, hierbey nicht bedienet; ſo leitet
er die heutige Verfaſſung daraus her, daß der Fürſt
und Richter einige Sachen ausnehmen könne, wo
die Partheyen in Perſon erſcheinen müſſen, und keine Anwälde zugelaſſen werden. Der Richter ſetzte
manchmal aus bewegenden Urſachen einen Procu-
torem; doch ſtund es denen Partheyen frey, ob
deſſelben ſich bedienen wollten. Hingegen heut
zu Tage kann einer aus vielerley Urſachen gezwungen werden, ſeine Gerichtshändel einem von der
Obrigkeit geſetzten Anwalde anzuvertrauen, beſonders wenn er ſich nicht in dem Gerichtsſprengel aufhält, wo der Gerichtshandel obwaltet, indem man

Leb. jetztl. Rechtsgel. 5 Th.   Y   viele

viele weitläuftigkeiten haben würde, ehe man ihm die Vorladung zustellen könnte, desgleichen, wo viele Litis-Consorten, Städte, Zünfte u. d. in dem Gerichtshandel begriffen sind. Eben so gehet auch das richterliche Amt dahin, daß solches in verschiedenen Fällen die Anwälde dahin zwingen kann, daß sie denen Partheyen dienen müssen, und solches in derer Nothleidenden, Armen und anderer Personen bürgerlichen sowol, als auch Lehens- und übrigen Sachen, ohne rechtmäßige Ursachen zu haben, nicht ausschlagen dürfen. Alles wird mit bewährten Gründen bestätiget. S. auch Allerneueste Nachrichten von juristischen Büchern ꝛc. Zehnter Band. S. 449 u. f.

19) *Diss.* Utrum Feuda censualia præsumenda sint feminea. *ibid.* 1756. Pro *Lo* in *Facultate Iuridica* capessendo. *Resp. lo. Esaia Stiefel.*

Nachdem der Herr Professor Hoffmann anfänglich die Natur und Eigenschaft, auch den Ursprung der Zinslehen überhaupt untersuchet hat; so tritt er alsdann seinem eigentlichen Vorhaben näher, und theilet sowol die Gründe derer mit, welche die vorgelegte Frage bejahen, als auch derer, die sie verneinen. Er merkt hierbey an, daß, dem Ursprunge des Lehenswesens überhaupt nach, die Allodialerbfolge vieles zur Erbfolge der Weiber im Lehen beygetragen habe, und erweiset sodann, daß die Zinslehen, nach heutigem Sachsenrecht, in dubio für Mannlehen, nach dem Iure Alemannico hingegen für Weiberlehen zu achten seyn. Im fränkischen Recht behauptet er, daß nach solchem

die Weiber gleichfals gewissermaßen lehensfähig
seyn. Er erinnert ferner, daß die geistlichen Zinslehen die Vermuthung vor sich hätten, daß sie Wei-
berlehn seyn, und daß die römische Kirche Zinslehen, so Weiberlehen wäre, vergebe. Den Beschluß macht ein Erweis, daß der Lehensmann dadurch, wenn er den Zins abträgt, des Lehens sich
verlustig mache. S. auch Jenaische gelehrte
Zeitungen, vom Jahr 1756 St. 27.

20) und 21) **Johann Georg Estors** bürgerliche Rechtsgelehrsamkeit der Teutschen, nach
Maaßgebung der Reichsabschiede und bewährter
Nachrichten, auch der Regierungs- sodann Rechts-
und Policey- anbenebenst der Kammer- ingleichen der Stadt- und Landwirthschaftskunden.
Erster Theil. Ausgefertiget von **Johann Andreas Hoffmannen** ꝛc. Marburg 1757. 8vo
maj. Und derselben zweyter Theil. *ibid.* 1758
8vo maj.

Der Herr Professor Hoffmann hat dieses
Werk über den sechsten Theil vermehret, und die
Landesgesetze, Statuten, Schriftsteller, ganze Ma-
terien und Capitel hinzugefüget. S. mit mehrern
im vierten Theil gegenwärtiger Nachrichten,
S. 44-46.

22) *Progr.* De Indigenis, eorumque
prærogativis, itemque emolumentis, tum
in terris, cum civitatibus & locis Germaniæ constitutis. *Marburgi* 1758.

In diesem Anschlage kündigte er Disputirübungen über des seel. *Heineccii* Elementa Iuris Civilis
secundum ordinem Institutionum an, und

Y 2 setzte

ſetzte zugleich die Materie von denen Landeskindern fort, die er in ſeiner Inauguralprobeſchrift, von der oben ſub No. 7 Meldung geſchehen, verſprochen hatte. Auch dieſem Anſchlage ſollten mehrere Abhandlungen folgen; vermuthlich aber fehlete es ihm an Gelegenheit, und dahero erſchien annoch in ſelbigem Jahre

23) *Commentatio*, De Indigenis, eorumque prærogativis, itemque emolumentis tum in terris, cum in civitatibus & locis Germaniæ conſtitutis, ex monumentis, Diplomatibus, Scriptoribus fide dignis, Legibus provincialibus & Statutis eruta. *ibid.* 1758. 4.

In dieſer gelehrten Abhandlung, worinnen auch vorgedachter Anſchlag mit abgedrucket iſt, hat er dieſe ganze Materie völlig abgehandelt. Es beſtehet ſelbige aus 12 Capiteln. Das erſte handelt De Indigenis in provinciis Germaniæ degentibus. Das zweyte, De Iure Indigenatus in terris Auſtriacis, regno Bohemiæ, Sileſiaque conſtituto. Das dritte, De Indigenis, eorumque Iuribus in terris Bavaricis & reliquis regionibus. Das vierte, De Iuribus Indigenarum Saxonicorum. Das fünfte, De Iuribus Indigenarum in terris atque provinciis Pruſſicis & Brandenburgicis conſtitutis. Das ſechſte, De Iuribus Indigenarum Neoburgicorum. Das ſiebente, De Iuribus Indigenarum Brunſuicenſium. Das achte, De Indigenarum Würtembergenſium Prærogativis & Iuribus. Das neunte, De Iu-

Iuribus Indigenarum Hassiæ. Das zehnte, De Iuribus Indigenarum civitatum atque singularium locorum. Das eilfte enthält, Observationes quasdam de Indigenis Germaniæ. Und das zwölfte handelt, De Iure Indigenatus in aliis regnis extra Germaniam constituto.

24) *Diss.* De simul investitis feudum individuum possidentibus morte unius ad renovationem non adstrictis. *ibid.* 1760. *Resp. Christian. Adolph. Bænhart.*

Der Inhalt dieser gutgerathenen Abhandlung wird recensiret in denen **Erlangischen gelehrten Anmerkungen und Nachrichten**, vom Jahr 1761 St. 8.

Ausser erzehlten Schriften hat der Herr Professor Hoffmann noch mehrere in Jena verfertiget, denen er aber seinen Namen nicht vorgesetzet.

XIV.
Georg Samuel Madihn.

beyder Rechten Doctor, derselben ordentlicher und öffentlicher Lehrer auf der Königl. Preußischen Universität zu Halle, und der dasigen Juristenfacultät Beysitzer.

Der Herr Professor Madihn ist zu Wolffenbüttel im Jahr 1729 den 24sten December gebohren. Sein seel. Vater, Herr David Gottlieb Madihn, ist gewesen herzoglich braun-

braunschweig-lüneburgischer Generalauditeur, und ordentlicher Hofgerichtsbeysitzer; und die Frau Mutter ist Frau Anna Elisabeth, geborne Schäfferin, des ehemaligen braunschweigischen Landbaumeisters, Schäffers, einzige Tochter, welche sich annoch am Leben befindet.

Diese Eltern des Herrn Professor Madihns haben von dessen erster Kindheit an weder Mühe noch Kosten gesparet, ihn zu einem brauchbaren Mitglied der menschlichen Gesellschaft zu erziehen. Sie hielten ihm zu diesem Ende gleich in dessen zartesten Jahren, und sobald, als sich einige Fähigkeit zeigte, einige geschickte Hauslehrer, welche ihm nicht allein die Anfangsgründe des Christenthums, sondern auch der lateinischen und französischen Sprache beybringen musten. Allein, die gefährlichen Zufälle unterbrachen diese Arbeiten in ihrem Laufe, und er ward ein paar Jahre durch die heftigsten Krankheiten dergestalt heimgesuchet, daß er meistentheils in dieser Zeit der Sprache gänzlich beraubet gewesen.

Als er nun endlich von diesen Beschwerlichkeiten befreyet worden, bemüheten sich seine Eltern die bishero versäumte Unterweisung wieder zu ersetzen, und er muste, ausser dem Privatunterricht, auch noch die jederzeit in gutem Stande gewesene grosse Schule, oder das Gymnasium zu Wolffenbüttel besuchen, wie denn, um eine gründlichere Erkenntniß von den Lehren der christlichen Religion zu erlangen, sein seel. Herr Vater durch die besondre Freundschaft mit dem nunmehro seel. Herrn D. Johann Bernhard Hassel, weyl. herzogl. braunschweig-

...chweig-lüneburgischen Generalsuperintendenten und Consistorialrath, auch nachherigem Oberhofprediger und Abt des Closters Marienthal, bey demselben es dahin brachte, daß er die besondere Ehre hatte, von diesem grossen Gottesgelehrten selbst in den schwersten und wichtigsten Puncten unsers Glaubens unterrichtet zu werden, welches vorzügliche Glück er um so höher jederzeit schätzen wird, jemehr die Ehren dieses sehr gründlichen, und durch seine ausserordentliche Leutseligkeit alle Gemüther einnehmenden Mannes bey ihm den tieffsten Eindruck gemacht haben.

Die Sorgfalt des Vaters unsers Herrn Professor Madihns ließ es hierbey nicht bewenden, sondern er fand vor nöthig, weil er überzeuget war, wie unentbehrlich die sogenannten Studia humaniora vor einen jeden sind, welcher hernach in denen Wissenschaften eine gründliche Erkenntniß erhalten will, ihn auf die lateinische Schule des Wäysenhauses zu Glaucha vor Halle zu senden, damit er desto geschwinder eine Fertigkeit in der lateinischen und andern Sprachen erlangen sollte. Und um desto gewisser diesen Endzweck zu erreichen, entschloß er sich, seiner sehr überhäuften Geschäfte ohngeachtet, selbst persönlich von den guten Anstalten dieser blühenden, und in ihrer Art einzigen Einrichtung, junge Leute in den Schulstudien zu unterweisen, die besten Nachrichten einzuziehen, und brachte den Herrn Professor Madihn, nebst seinem zweyten Bruder dahin. Er ist auch daselbst zwey Jahr mit so grossem Nutzen gewesen, daß er, nach erfolgter Zurückreise zu seinen Eltern, von seinem

Herrn

Herrn Vater sowol, als von seinen Freunden, auf vorher angestellte Proben, vollkommen vor tüchtig erkannt wurde, sich sogleich zu den höhern Wissenschaften auf Universitäten wenden zu können.

Es hatte aber sein seel. Herr Vater den durch die Erfahrung so vielmal bestärkten Grundsatz, daß es allezeit besser sey, einige Jahre zu spät, als zu früh auf die Universität sich zu begeben, sondern sich vielmehr vorhero zu denen academischen Wissenschaften näher zubereiten zu lassen. Hierzu ereignete sich um eben diese Zeit die schönste Gelegenheit, da zu Braunschweig das berühmte Collegium Carolinum errichtet wurde.

Dieser vortrefliche Musensitz, welcher von der erhabenen Meynung seines Durchlauchtigsten Stifters, den Flor der Wissenschaften zu befördern, die stärksten Beweise giebet, ersetzet den Mangel, welchen man bishero durchgängig bemerket, daß auf Schulen junge Leute selten etwas mehr, als leere Sprachen erlernen, und mithin auf Universitäten nur sehr nüchtern erscheinen können.

Der Herr Professor Madihn war also einer der ersten, welcher unter die Anzahl der Studirenden auf diesem prächtigen Collegio aufgenommen wurde. Der Nutzen, welcher sein dasiger Aufenthalt ihm verschaffet, hat sich in den folgenden academischen Jahren recht deutlich gezeiget. Er setzte sich nemlich nicht allein in dem lateinischen Stol in den Vorlesungen des damaligen Professoris Eloquentiæ, Herrn Reinhards, noch vester, sondern besuchte auch die Vorlesungen des Herrn Professor Fabricius und Seidler in der Weltweisheit, des Herrn Professor Oeder in der Mathematik und Naturlehre, des Herrn D. Köcher, jetzigen Professors der Gottesgelahrheit zu Jena, in der natürlichen und geoffenbarten Gottesgelahrheit, des Herrn Probsts Harenberg in der allgemeinen und Kirchengeschichte, des Herrn Hofraths Erath, und Professors Schrodt in der Reichshistorie, und des Herrn Hofraths, Zinkens, in den Cameralwissenschaften. Ausserdem hatte er sich der ganz besondern Gewogenheit des Herrn Abts Jerusalems, eines Mannes, dessen Gelehrsamkeit in dem ganzen Umfange der Wissenschaften eben so groß, als seine übrigen bey dem grösten Haufen der Gottesgelehrten so seltene Eigenschaften unterscheidend, und fast ohne Beyspiele sind, zu erfreuen, wie er es denn vor ein ganz ausnehmendes Glück schätzet, der gütigen Vorsorge dieses grossen Mannes gewürdiget zu werden, zumal er darinnen keine Aenderung wahrgenommen, als er ausser seinem Vaterlande sich zu einem academischen Lehrer geschickt machte, vielmehr derselbe auf andere Art auf die weitere Beförderung seines Glücks vorzüglich bedacht gewesen, wovon er aber wegen der in Halle erhaltenen Beförderung bis jetzo keinen würklichen Nutzen hat ziehen können.

Nunmehro war es Zeit, auf die Universität selbst zu gehen. Sein seel. Herr Vater erwehlete erst die Universität Helmstädt. Hier wurde er im October 1747 unter dem Prorectorat des seel. Professor Frobese in die Matricul der Studirenden aufgenommen, und hat in dem zweyjährigen Aufenthalt daselbst die vollkommensten Lehrer gehabt.

habt. Alle Theile der Weltweisheit hörete er bey dem Herrn Abt Schubert, dem Herrn D. Bertling, und dem Professor Frobese, welchen er zugleich des leztern mathematische Vorlesungen mit vielem Vortheile besuchte. Er hatte die Rechtsgelahrheit gleich Anfangs zu seiner Hauptwissenschaft erwehlet, worinnen die grossen Rechtsgelehrten, Pertsch und Conradi seine besten Lehrmeister waren. Er besuchte nemlich die Vorlesungen des erwehnten Conradi über die römischen Alterthümer, über die Institutiones, und über die Pandekten, und lernete aus dem Unterricht dieses vortreflichen und berühmten Rechtslehrers recht einsehen, was zu einer wahren Stärke in dem bürgerlichen Rechte gehöre. Seine grosse Critik, seine ausnehmende Kenntniß der römischen Historie und Alterthümer, welche er in allen Vorlesungen zeigte, und selbige bey Erklärung der Rechtslehren gebrauchte, haben ihn in den Stand gesetzet, diese Wissenschaften hernach weiter zu excoliren; nur bedauert er, daß der frühzeitige Tod dieses gründlichen Lehrers ihn gehindert, aus seinem Unterrichte mehreren Vortheil zu ziehen.

Allein, so wie die Vorlesungen des seel. Conradi ihm nützlich gewesen, so ist auch der Unterricht des seel. Hofrath Pertschens ihm nicht weniger ungemein vortheilhaft gewesen. Er hörete denselben gleichfals über die Institutionis Iuris Civilis, über die Pandekten, über Struvs Jurisprudenz, über das geistliche Recht, und endlich über die Kirchengeschichte mit seiner gewöhnlich bekannten und weitläuftigen Gelehrsamkeit commentiren

iren, und man kann seine Collegia mit besseerm Rechte Commentationes, als blosse acadmische Vorlesungen nennen. Da er auch in dieses, ihm ganz besonders wegen seiner engen Freundschaft mit einem seel. Herrn Vater gewogenen Lehrers Hause während seines Aufenthalts in Helmstädt gewohnet, so hat er seinen Umgang besonders zu geniessen das Glück gehabt, welcher ihm erst recht die beträchtlichsten Vortheile verschaffet, indem ihm der Gebrauch seines auserlesenen Büchervorraths offen stand, und hat er von selbigem die beste Kenntniß von den Quellen und Büchern des geistlichen, auch des teutschen Rechts erlanget. Er hat in ihm die erste Begierde, einen academischen Lehrer abzugeben, erreget, und solche jederzeit durch Ermunterungen, da er schon von ihm entfernet war, angefrischet. Er muste auch eine von seinen Abhandlungen, De usu & auctoritate Pallii Archiepiscopalis, welche damals stückweise herauskam, hernach aber weit vermehrter zusammen gedruckt wurde, blos zur Uebung vertheidigen. Ausser diesen hat er die Geschichte bey dem berühmten Herrn Hofrath Häberlin, und das Recht der Natur bey dem Herrn Professor Reuffel mit vielem Nutzen höret.

Sein seel. Herr Vater wollte, daß er noch eine Universität besuchen sollte, und ließ ihn zwischen Jena und Halle die Wahl, welche auf die letztere Universität ausfiel; er kam also in Halle an, und wurde von dem seel. Herrn D. Baumgarten, als damaligem Prorector, unter die Anzahl der Studirenden aufgenommen. Er setzte auf diesem be-
rühm-

rühmten Musensitze seinen angefangenen academischen Cursum fort, und zwar in der Weltweisheit bey dem jetzigen Herrn Professor Weber in Göttingen, und bey seinem in Halle als Professor der Weltweisheit befindlichen Herrn Bruder, in der Mathematik und Naturlehre bey dem Herrn Professor Langen und Herrn Professor Krüger. In der Rechtsgelehrsamkeit waren seine Lehrer der seel. Herr geheime Rath Knorre, der Herr Hofrath Nettelbladt, und der jetzige Herr Cammergerichtsrath Reuter zu Berlin. Bey dem ersten hörete er die Pandekten und den gerichtlichen Proceß; bey dem Herrn Hofrath Nettelbladt über sein Systema Elementare Iuris positivi, über das Recht der Natur, über das teutsche Privatrecht, über das Lehn- und über das teutsche Staatsrecht, welches letztere er auch in denen Vorlesungen des seel. Herrn Hofrath Königs wiederholete; und bey dem Herrn Cammergerichtsrath Reuter das Recht der Natur, das bürgerliche, das peinliche, das geistliche, und das Lehnrecht. Er traf an diesem erhabenen Rechtslehrer ein vollkommenes Muster an, wie ein gründlicher Rechtsgelehrter sowol in der Rechtsgelehrsamkeit, als Weltweisheit eine gleiche Stärke haben müsse. Ehe er aber seine academischen Jahre beschloß, disputirete er unter dem Vorsitze des Herrn Hofrath Nettelbladts, De Imperii Sacri Statuum Imp. Rom. Germ. vera natura & indole, welches im Jahr 1751 geschahe.

Nunmehro gieng der Herr Professor Madihn nach seiner Vaterstadt wieder zurück, und übte sich unter der Direction seines seel. Herrn Vaters ohngefehr anderthalb Jahr in der gerichtlichen Praxi. Weil er aber seine Neigung, ein Lehrer auf Academien zu werden, nicht überwinden konnte, gieng er wiederum nach Halle zurück, nachdem der verstorbene Herr Hofjägermeister von Veltheim seines Herrn Vaters Einwilligung durch vieles Zureden erlanget, daß er die Hofmeisterstelle bey seinem einzigen Herrn Sohne, dem jetzigen braunschweigischen Cammerjunker, Herrn von Veltheim, übernehmen durfte. Als desselben academische Studien geendiget waren, gedachte nunmehro der Herr Professor Madihn auf seine Promotion ernstlicher. Er meldete sich dahero bey der Juristenfacultät zu Halle, hielt die gewöhnlichen Proben aus, und vertheydigte den 11ten May 1754 in denen Vor- und Nachmittagsstunden, ohne Beystand seine Inauguralprobeschrift, De efficacia pacti familiæ illustris agnato remotiori Ius succedendi tribuentis, worauf ihm die Doctorwürde ertheilet wurde.

Hierauf fieng er an, Vorlesungen über alle Theile der Rechtsgelehrsamkeit, besonders aber über das natürliche, und über das bürgerliche Recht zu halten, und stellete auch verschiedene academische Streitschriften nach einander an das Licht. Zu Ende des 1757sten Jahres ward er von Sr. Königl. Majestät in Preussen zum Beysitzer des Schöppenstuhls zu Halle bestellet, welche Stelle er aber freywillig niedergeleget, als er den 1sten November 1758 von dem Könige in Preussen, nachdem der jetzige Herr Cammergerichtsrath Steck als Professor der Rechte

Rechte nach Frankfurt an der Oder versetzet worden, zum ordentlichen und öffentlichen Lehrer der Rechte, und zum Beysitzer in der Juristenfacultät war ernennet worden.

Im Jahr 1758 verheyrathete er sich mit Jungfer Johannen Charlotten, der einzigen Tochter Herrn Carl Heinrich Flörkens, des königlichen Schöppenstuhls zu Halle Beysitzers, und Oberbornmeisters. Allein diese erwünschte und glückliche Verbindung hat nicht länger als 7 Monat gedauret, weil noch in eben demselben Jahre diese ihm auch in ihrer Asche verehrungswürdige und unschätzbare Ehegenoßin durch den Tod entrissen worden, nachdem sie nur 5 Tage am hitzigen Fieber krank gelegen. Der Verlust dieser so liebenswürdigen, und mit allen Tugenden des schönen Geschlechts so vollkommen begabten Ehegattin hat bey ihm die traurigsten Wirkungen hervorgebracht, indem er durch diese schmerzhafte und höchst empfindliche Trennung so mitgenommen worden, daß er einige Monate nach dem Absterben seiner geliebtesten Ehefrauen gleichfals mit einem hitzigen Fieber, und hernach mit einer heftigen Blutstürzung heimgesucht worden, welche Zufälle ihm das Leben würden gekostet haben, wenn nicht der unermüdete Fleiß des berühmten Herrn Professor Eberhardts und des gelehrten Herrn D. Zieglers seine Gesundheit nach einer langen Cur vollkommen wieder hergestellet hätten.

Nunmehro wende ich mich zu denen Schriften des Herrn Professor Mädihns, welche von der gelehrten Welt sehr gut aufgenommen worden; und selbige sind folgende:

1) *Diss.* De Imperii Sacri Statuum Protestantium Imp. Rom. Germ. vera natura & indole. *Halæ* 1751. *Præside, Daniele Nettelbladtio.*

Die Materie, so in in dieser Streitschrift abgehandelt wird, ist sehr wichtig. Sie ist in zwey Capitel eingetheilet, wovon das erste vom Imperio Sacro überhaupt nach dem Rechte der Natur handelt, und die dabey vorkommenden Begriffe entwickelt. Das zweyte Capitel aber handelt insonderheit von dem geistlichen Regiment der protestantischen Stände nach den teutschen Reichsgrundgesetzen. In den **Erlangischen gelehrten Anmerkungen und Nachrichten**, vom Jahr 1759 St. 29 wird der Inhalt dieser Abhandlung weitläufig erzehlet, und folgendes Urtheil von ihr gefället: Wir zweifeln nicht daran, daß diese Ausführung nicht allen und jeden gefallen werde; wir wollen aber auch nicht bestimmen, wer recht oder unecht habe. So viel aber ist doch gewiß, daß sie nicht flüchtig, sondern mit Aufmerksamkeit verdient gelesen zu werden, wozu einen nicht nur die Sache an sich selbst, sondern auch die mancherley Meynungen, welche die Gelehrten bekanntermassen davon gehabt haben, und noch haben, anreitzen sollte.

2) *Diss. Inaug.* De efficacia pacti familiæ illustris agnato remotiori Ius succedenti tribuentis, *ibid.* 1754.

In dieser Inauguralprobeschrift wird von folgenden vier Hauptstücken gehandelt: 1) Von der Stammfolge. 2) Von den Stammgütern. 3) Von denen Erbverträgen. 4) Von denen Familienverträgen. Den Inhalt derselben findet man in denen Hallischen Beyträgen zu der juristischen gelehrten Historie, St. 2 S. 398-401.

3) *Diss.* De bonæ fidei possessore singulari a restitutione fructuum perceptorum immuni. Ad L. 4. §. 2. D. Fin. reg. *ibid.* 1754 *Resp. Georg. David. Thebesio.*

Der Satz, welcher in dieser Abhandlung ausgeführet worden, ist dieser, daß der Besitzer einer einzelnen Sache, welcher meynet, die Sache gehöre ihm zu, die bereits erhaltene Früchte, sie mögen noch vorhanden seyn oder nicht, dem Eigenthümer gut zu thun nicht schuldig sey. S. auch Hallische Beyträge ꝛc. St. 3 S. 602 u. f.

4) *Diss.* De legitime natorum portione legitima in successione cum legitimatis. *ibid.* 1755. *Resp. Tobia Christiano Uhlio.* S. Hallische Beyträge ꝛc. St. 4 S. 802.

5) *Diss.* De effectu legis commissoriæ parte pretii soluta. Ad L. 4. §. 1. D. de leg. comm. *ibid.* 1755. *Resp. Io. Frideric. Schæffer.*

Der Endzweck dieser academischen Abhandlung gehet dahin, zu zeigen, daß die gemeine Meynung, als ob die Käufer, welche schon etwas von dem versprochenen Werthe bezahlet, solches verlieren, wenn der Kauf, vermöge des Legis com-

commissoriæ zurücke gehet, ungegründet sey. S. auch Hallische Beyträge ꝛc. St. 5 S. 190 u. f.

6) *Diss.* De pœna capitali in furto haud mitiganda ob restitutionem rei ablatæ. *ibid.* 1757. *Resp. Gottlieb Ernest. Lau.*

Nachdem von den Strafgesetzen, den Strafen selbst nach ihren Arten und Endzwecken, dem Diebstahl, dessen Arten und Strafe, wie auch den Milderungsursachen überhaupt gehandelt; so wird denn der Satz, welchen die Aufschrift dieser Abhandlung führet, mit Gründen bestätiget, und darauf die Gründe dererjenigen, welche das Gegentheil behaupten, widerleget. S. auch Hallische Beyträge ꝛc. St. 9 S. 194.

7) *Diss.* De Iure protimiseos, ejusque a Iure retractus discrimine. *ibid.* 1758. *Resp. Iust. Albert. Heermann.*

Nachdem vorher sowol des Iuris protimiseos, als auch des Iuris retractus Beschaffenheit erkläret worden, so wird ein dreyfacher Unterschied zwischen diesen beyden Rechten angegeben und ausgeführet. S. auch Hallische Beyträge ꝛc. St. 10 S. 393.

8) *Progr.* Gedanken von der wahren Gründlichkeit, besonders in der Rechtsgelahrheit, und ihren Hindernissen im Vortrage. *ibid.* 1758.

Er kündigte mit diesem wohlgeschriebenen Anschlage seine Wintervorlesungen an.

9) *Diss.* De vera indole substitutionis pupillaris tam Iure veteri, quam recentiori. *ibid.* 1759. *Resp. August. Guilielm. Castring.*

Der Inhalt dieser beträchtlichen Streitschrift wird erzehlet in denen Regenspurgischen gelehrten Nachrichten, vom Jahr 1759 St. 29.

10) De vera indole litterarum obligationis atque exceptionis non numeratæ pecuniæ, earumque usu in foris nostris cessante. *ibid.* 1760. *Resp. Christoph. Fridric. Wentzel.*

11) Von der Verjährung, in so weit selbige nach dem Recht der Natur kann erwogen werden.

Diese weitläuftige Abhandlung befindet sich in denen Hallischen Anzeigen, vom Jahr 1760 No. 15 bis 19.

12) *Diss.* Sistens caussam debitoris circa pecuniæ numerationem mutato post contractum nummorum valore. *ibid.* 1761. *Resp. Io. David. Wentzel.*

13) *Diss.* De caussis dissensionum in doctrina de Deposito irregulari. *Resp. Frid. Martin. Ernest. Knoll.*

14) Grundsätze des Rechts der Natur und Völker.

Dieses Handbuch ist unter der Presse, und wird über 2 Alphabeth stark werden.

XV.
Friedrich Wilhelm Tafinger,

Beyder Rechten Doctor, ordentlicher und öffentlicher Lehrer derer Rechte auf der Universität zu Tübingen, der Kayserl. Academie der Wissenschaften zu Roveredo, der Königl. großbritannischen, und herzoglich teutschen Gesellschaften zu Göttingen und Helmstädt, und der lateinischen Gesellschaft zu Jena Ehrenmitglied (*).

Der Herr Professor Tafinger hat den 2ten November 1726 zu Tübingen die Anzahl dieser Sterblichen vermehret. Sein den 23 Julius 1757 verstorbener Vater ist gewesen, Herr **Wilhelm Gottlieb Tafinger**, S. S. Theolog. Doctor, Hochfürstl. würtembergischer Consistorialrath, Stiftsprediger zu Stuttgard, Prälat des Closters Adelberg, Generalsuperintendent der Kirchen, und E. löbl. Landschaft in Würtemberg erstes Mitglied, wie auch der tübingischen Universität Visitator. Seine den 28 November 1758 verstorbene Mutter war Frau **Regina Barbara**, eine

---

(*) Von dieses wackern Rechtsgelehrten Leben und Schriften kann man auch nachsehen, 1) den Anschlag zu seiner Doctorpromotion. Tübingen 1751. folio. 2) Den Anschlag bey Antretung der ausserordentlichen Profession der Rechte. ibid 1753 folio. 3) Den Anschlag bey Antritt der ordentlichen und öffentlichen Profession der Rechte. ibid 1759. folio. und 4) des neuest gelehrten Europa dreyzehnten Theil, S. 106-116. Jedoch übertrift gegenwärtige Lebensbeschreibung jene an Vollständigkeit.

eine Tochter des berühmten Gottesgelehrten, D. Andreas Adam Hochstetters, welcher im Jahr 1717 als Rector Magnificus der hohen Schule zu Tübingen gestorben ist.

Den Grund seiner Studien legte er mit seinem Bruder, dem jetzigen Professor am Gymnasio zu Stuttgard, Herrn Johann Andreas Tafinger, in dem Hause seines seel. Herrn Vaters zu Ludwigsburg und Stuttgard, unter der Aufsicht und Anweisung des jetzigen Professors an gedachtem Gymnasio, Herrn Johann Christoph Knaussens, und des jetzigen Professors in dem Kloster Denkendorf, Herrn Jägers, worauf er bis in das vierte Jahr ermeldetes Gymnasium besuchte, in welchem er den Unterricht des verstorbenen Herrn Rectors, Weyhenmayers, des Herrn Prälat, Lentilius, derer Herren Consistorialräthe, Fischers und Rößlers, des jetzigen Herrn Rector Görizens, und des gedachten Herrn Knaussens, wie auch der verstorbenen Professoren, Ramslers und Osianders genoß.

In dem Jahre 1743 wurde er in die Zahl der academischen Bürger zu Tübingen von dem damaligen Rector der dasigen hohen Schule, dem seel. Herrn D. Klemmen, Professorn der Gottesgelahrheit, aufgenommen, und hörete darauf die berühmten Weltweisen, Maichel, Canz und Kraft in der Moral, Metaphysik, Astronomie, Physic und Algebra, übte sich auch öfters unter diesen dreyen nunmehro verstorbenen Männern in dem Disputiren.

Gleich-

Friedrich Wilhelm Tafinger.

Gleichwie er sich aber der Rechtsgelehrsamkeit gewidmet hatte; also besuchte er die Vorlesungen derer berühmten Rechtslehrer zu Tübingen fleißig, hörete den Herrn D. Schöpff über das Ius Criminale, doctrinam actionum, und Praxin, den verstorbenen Herr D. Helferich über die teutsche Reichshistorie, das Lehn- und Staatsrecht, und Numismatik, den Herrn D. Christoph Friedrich Harpprecht über die Institutionen, Pandekten, und über das päpstliche und protestantische Kirchenrecht, den Herrn D. Mögling über die Pandekten und das würtembergische Landrecht, den Herrn D. Smalcalder über die Institutionen und das geistliche Recht, und den Herrn D. Hoffmann über das Staats- und Lehnrecht lesen, vertheydigte auch unter vorgedachtem Herrn D. Harpprecht das Exercitium disputatorium circulare tertium ex omni Iurisprudentiæ parte miscellas theses delibans, öffentlich, und privatim übte er sich, unter der Direction des nunmehrigen Secretärs der Universität, des Herrn Licentiat Hosers in der Kunst zu disputiren.

Als er auf diese Weise in das sechste Jahr denen Studien obgelegen hatte, wurde er im Jahr 1749 beyder Rechten Licentiat, und vertheydigte zu dem Ende seine Probeschrift unter dem Vorsitze vorerwehnten Herrn D. Harpprechts, De eo, qui extremam voluntatem in alterius dispositionem committit, sive, ad Innocentii III. P. R. Cap. XIII. X. de testam. & ultim. volunt. *Observationes*.

Nachdem er hierauf von des Herrn Herzogs zu Würtemberg, Hochfürstl. Durchl. mit Reisegeldern gnädigst bedacht worden, trat er in nur gedachtem Jahr 1749 seine gelehrte Reise würklich an, begab sich über Durlach, Carlsruhe und Rastadt nach Straßburg, lernete die dasigen berühmten Lehrer, Scherz, Böcler, Silberrad und Schöpflin können, gieng sodann durch das Elsaß, über Speyer, Manheim, Darmstadt und Frankfurt am Mayn, an welchen Oertern er alles sehenswürdige in Augenschein nahm, nach Wetzlar, um sich daselbst vornemlich in dem Reichscammergerichtsproceß zu üben. Er hatte auch das Glück, mit gesamten hochansehnlichen Mitgliedern dieses höchsten Reichsgerichts, und unterschiedlichen andern gelehrten und berühmten Männern bekannt zu werden, und durch ihren Vorschub seinen dasigen Aufenthalt sich besonders nützlich zu machen. Insbesondere aber hatte er einen täglichen Zutritt zu denen Herren Beysitzern von Harpprecht und von Nettelbla, und folglich eine vorzügliche Gelegenheit, den Zustand dieses höchsten Reichsgerichts kennen zu lernen. Er ließ es aber hierbey nicht bewenden, sondern besuchte auch von Wetzlar aus von Zeit zu Zeit die Universitäten Marburg, Giessen und Herborn, auf welchen er nicht nur den Herrn Baron von Cramer, sondern auch die Herren Estor, Hombergk, Kayser, Jenichen, Koch, Balser und andere kennen zu lernen, das Vergnügen hatte.

Gleichwie er aber inzwischen von seiner gnädigsten Landesherrschaft zu einem öffentlichen Lehramte

gnädigst

gnädigst bestimmet, und mit einem nochmaligen Reisegelde begnadiget worden; also hielt er für nöthig, mehrere Universitäten zu besuchen, und auf selbigen auswärtiger Professoren Lehrart sich bekannt zu machen. Er verließ dahero seinen in Wetzlar gehabten Aufenthalt im April des Jahres 1751 und begab sich über Eisenach nach Gotha, wo er die herzogliche Bibliothek mit Nutzen besahe, gieng sodann über Erfurt nach Leipzig, woselbst er sich einige Zeit aufhielt, und nicht nur die königl. polnische Herrschaften, welche die damalige Messe besuchten, sahe, sondern auch die Vorlesungen, so die Herren Professoren Barth, Platz und Gottsched, in höchster Anwesenheit des königl. Churprinzen und der Churprinzeßin von Sachsen, königl. Hoheiten, auf der Universitätsbibliothek hielten, mit anhörete, und die berühmten Männer, Mascov, Hommel, Rivinus, Christ, Jöcher, Gottsched und andere kennen lernete.

Nachdem er daselbst die Universitäts- und Rathsbibliotheken gesehen, auch von dar aus die Friedrichsuniversität zu Halle besuchet, und den Freyherrn von Wolf, auch die Herren Professoren Carrach, Nettelbladt, König, Knorr, Wolf und andere gesprochen, wehlete er die jenaische hohe Schule zu seinem Aufenthalt, wo er nicht nur von dem Kirchenrath, D. Walchen, denen Herren Professoren Buder, Heimburg, Engau, Brockes, Dietmar, Hellfeld, auch denen jüngern Herren Professoren Walchen mit besonderer Gewogenheit aufgenommen wurde, sondern auch den ausnehmenden Vortheil hatte, bey er-

ermeldtem Herrn Buder die ganze Zeit seines dasigen Aufenthalts zu speisen, und dieses vortreflichen Mannes täglichen Umgang zu geniessen. Um sich auch mehr und mehr zu einem academischen Lehramte vorzubereiten, hielt er daselbst Vorlesungen über den Reichscammergerichtsproceß mit gutem Fortgange, und legte dabey einen von ihm verfaßten Entwurf, aus welchem nachmals seine Institutiones Iurisprudentiæ Cameralis erwachsen sind, zum Grunde. Während diesem Aufenthalt in Jena wurde er den 11ten November 1751 zum Doctor in beyden Rechten in Tübingen renunciret, auch bald hernach zu einem Ehrenmitglied der in Jena blühenden lateinischen Gesellschaft aufgenommen.

Da er nun auf diese Weise zehn Monate in Jena zugebracht, gieng er über Weimar, wo er die fürstl. Bibliothek, so er von Jena aus mehrmalen besuchet, nochmals besahe, und Arnstadt nach Gotha, und, nachdem er daselbst die Gnade gehabt, dem damaligen Rectori Magnificentissimo der jenaischen hohen Schule, des im Jahr 1758 verstorbenen Herrn Herzogs von Sachsen-Weimar und Eisenach, Hochfürstl. Durchl. vorgestellet zu werden, reisete er über Erfurt, wo er unter andern die Herren Professoren Schorch und von Bellmont besuchte, zurück nach Wetzlar.

Daselbst hatte er das Vergnügen, nicht nur seinen oberwehnten einzigen Bruder, und seine geliebteste Eltern einige Tage zu sprechen, sondern er genoß auch bey seinem neuen Aufenthalt in diesem Sitz des Reichscammergerichts allen Vorschub und
Gewo-

ewogenheit sowol von obgedachten Herren von
arpprecht und von Nettelbla, als auch von
m Herrn Baron von Cramer, welcher inzwi-
)en die Stelle eines Reichscammergerichtsbeysi-
rs angetreten hatte; gieng auch vorgedachten Ent-
urf seiner Institutionum Iurisprudentiæ Ca-
eralis nach und nach wieder durch, und hatte er-
ünschte Gelegenheit, selbigen mit beträchtlichen
sätzen zu vermehren.

Weil seine Gesundheit ein wenig zu wanken
ien, begab er sich nach Schwalbach, und bedie-
te sich des dasigen Gesundbrunnens, hatte auch
y dem grossen Zusammenflusse von Fremden Ge-
genheit, grosse und nützliche Bekanntschaften zu
achen. Nachdem er auch hierauf Wißbaden,
Maynz und das Schlangenbad gesehen, gieng er
er Giessen, Marburg und Cassel nach Göttin-
n, woselbst er bey seinem Bruder, der kurz vor-
r aus England zurückgekommen war, und sich
selbst aufhielt, eine Zeitlang verblieb, und die
rren von Moßheim, Feuerlein, Heumann,
porin, Gebauer, Wahl, Schmauß,
yrer, Böhmer, Pütter, Haller, von Seg-
r, Brendel, Geßner, Hollman und an-
e kennen lernete, auch ihren gelehrten Umgang
vol, als die vortrefliche Bibliothek dieser hohen
chule sich zu Nutzen machte.

Von Göttingen gieng er nach Hannover, wo
dem Herrn geheimen Rath von Münchhausen
fwartete, und auch unterschiedliche von denen da-
en Gelehrten kennen lernete.

Nachdem er hierauf in Braunschweig und Wolffenbüttel, und vornemlich in der am letzten Orte befindlichen Bibliothek sich umgesehen, begab er sich nach Helmstädt, und machte mit denen Herren Professoren, Menken, Häberlin, Topp und Lodtmann Bekanntschaft; gieng sodann über Magdeburg und Spandau nach Berlin, woselbst er nicht nur des Königs von Preussen Majestät und dem gesamten königlichen Hause zu sehen Gelegenheit, sondern auch die Gnade hatte, denen zween Durchlauchtigsten Herren Brüdern seines Durchlauchtigsten und gnädigsten Landesherrn unterthänig aufzuwarten. Dabey hatte er auch das Vergnügen, unterschiedene angesehene und gelehrte Männer kennen zu lernen, und einer Versammlung der königlichen Academie der Wissenschaften beyzuwohnen.

Von Berlin reisete er nach Dreßden, wo er den königl. polnischen Hof, den er vorgedachtermassen schon einige Zeit vorher in Leipzig gesehen, zum zweytenmal, zugleich aber auch die daselbst befindliche Bibliothek, das grüne Gewölbe und andere Seltenheiten sahe, und sodann über Prag sich nach Wien begab, wo er sich drey Monat aufhielt, und öfters Gelegenheit hatte, beyde kayserliche Majestäten zu sehen, und denen angesehensten Ministern des kayserlichen Hofes aufzuwarten. Gleichwie er sich aber vornemlich angelegen seyn ließ, den Reichshofrathsproceß sich recht bekannt zu machen; so brachte er sich vor allen Dingen die Gewogenheit der meisten hochansehnlichen Herren Reichshofräthe zuwege, erhielt auch insonderheit zu denen Herren von Senkenberg und von Vockel freyen Zutritt, und vermittelst einiger Herren Reichshofrathsagenten bekam er manches, so zu seinem Vortheil dienete, zu sehen. Vornemlich aber genoß er von dem damals in Wien subsistirenden hochfürstl. würtembergischen Gesandten, und nunmehrigem Vicepräsidenten in Mümpelgard, Herrn geheimen Rath von **Faber**, viele und ausnehmende Gunstbezeigungen.

Da er nun hierauf Preßburg und einen Theil von Ungarn besehen, gieng er nach Regenspurg, wo er von dem damaligen Hochfürstl. würtembergischen und bayreuthischen Comitialgesandten, dem Herrn geheimen Rath, Baron von **Rothkirch**, gleichermassen wohl aufgenommen wurde, und durch sein gütiges Vorwort Gelegenheit bekam, mit den meisten hochansehnlichen Herren Gesandten bekannt zu werden, und sich in Reichstagssachen umzusehen. Hierauf gieng er nach Erlangen, lernete die Herren Professoren **Pfeiffer, Huth, Roßmann, Sonne, Braun** und **Schierschmidt** kennen, und nachdem er den bayreuthischen Hof gesehen, auch unterschiedenen der dasigen Herren Ministern aufgewartet, begab er sich über Nürnberg nach Altorf, wo er mit denen Herren Professoren **Deinnn, Heumann** und **Link** Bekanntschaft machte, und seinen Bruder, der von Berlin kam, erwartete, mit welchem er sodann nach Stuttgard zu seinen geliebtesten Eltern reisete, und hiermit seine vierjährige Reise beschloß, nachdem er den gehabten Endzweck, sich die Lehrart auswärtiger Rechtslehrer, und den Proceß beyder höchsten Reichsgerichte

richte bekannt zu machen, so viel, als möglich, erreichet hatte.

Gleichwie er aber, da er sich noch in Wien aufhielt, von seinem gnädigsten Landesherrn, dem Durchlauchtigsten Herzog von Würtemberg, unterm 9ten Januar. 1753 zu einem ausserordentlichen Lehrer derer Rechte bey der hohen Schule zu Tübingen, in den gnädigsten Ausdrücken war ernennet worden; also trat er, nach seiner Zurückkunft in sein Vaterland, dieses Lehramt, vermittelst einer den 26 Junius 1753 vertheydigten Inauguraldisputation, De suprema in Imperio Romano-Germanico Iurisdictione, und den folgenden Tag darauf durch eine gehaltene Antrittsrede, De prærogativis Almæ Eberhardinæ a Principibus Würtembergiæ concessis, & a Serenissimo Duce *Carolo* auctis, würklich an, worauf er nicht nur über unterschiedene Theile der Rechtsgelehrsamkeit Vorlesungen angestellet, sondern auch einige Schriften herausgegeben hat, die von der gelehrten Welt mit Beyfall aufgenommen worden.

Im Jahr 1754 verheyrathete er sich mit des ehemaligen Consulenten der Reichsstadt Eßlingen, Herrn D. Johann Frickens zweyten Tochter, Christinen Friederiken, die ihn mit Kindern erfreuet.

Durch die Schriften, so der Herr Professor Tafinger an das Licht gestellet, hat er nicht nur seine Gelehrsamkeit, sondern auch seinen unverdrossenen Fleiß öffentlich gezeiget. Insbesondere läßt er sich angelegen seyn, die auf seinen gelehrten Reisen erworbene Gunst und Freundschaft vornehm-

Friedrich Wilhelm Tafinger.

…er und gelehrter Männer durch einen beständigen Briefwechsel zu erhalten. Es fehlte ihm nicht an Gelegenheit, auf auswärtigen Academien als Professor mit Vortheil bestellet zu werden; er war aber nicht gesonnen, seine Geburtsstadt zu verlassen. Als hierauf der tübingische Rechtslehrer, D. Christian Ferdinand Harpprecht, den 25 December 1758 verstarb, so wurde er zwar von dem academischen Senat an dessen Stelle gewehlt, aber von seinem Durchlauchtigsten Landesherrn nicht confirmiret, vielmehr wurde der Herr Lic. Eberhard Christoph Canz als ordentlicher Rechtslehrer eingesetzet, und der Herr Professor Tafinger, eine künftige Vacanz abzuwarten, angewiesen.

Je schmerzlicher ihm nun diese damalige Fatalität war, je grösser war auch hingegen die Freude, als zu Ende des Jahres 1759 seines Landesherrn Herzogl. Durchl. Höchstderoselben Huld und Gnade ihm wiederum auf eine ausserordentliche Weise zuwandten, und, ihn, bey Gelegenheit eines nach Rinteln erhaltenen Berufs, sogleich auf der hohen Schule zu Tübingen als ordentlichen Rechtslehrer in den Senat, und in die Facultät einzusetzen, in den gnädigsten Ausdrücken befohlen. Er hielt dann den 22 December 1759 seine Inauguraldisputation, De Iure Principis circa Ecclesiam, ejusque Ministros in genere, & Sacramenta in specie, und den folgenden 28 December seine Antrittsrede, De perperam neglecta in Academiis rei judiciariæ Imperii scientia.

Die

Die von dem Herrn Professor Tafinger gründlich abgefaßten, und von der gelehrten Welt wohl aufgenommenen Schriften sind folgende:

1) *Diss. Inaug.* De eo, qui extremam voluntatem in alterius dispositionem committit; Sive: Ad Innocentii III. P. R. Cap. XIII. X. de testam. & ult. volunt. Observationes. *Tubingæ* 1749. *Præside Christoph. Frid. Harpprechto.*

Dieses ist des Herrn Professor Tafingers Inauguralprobeschrift, als er die Licentiatenwürde annahm.

2) *Diss.* De suprema in Imperio Romano-Germanico Iurisdictione. *ibid.* 1753. Pro *capessendo munere Professoris Iurium Extraordinarii*; Et cum *Resp. Frid. David. Hoffmanno.*

In denen Tübingischen Berichten von gelehrten Sachen, auf das Jahr 1753 St. 28 wird gemeldet, daß diese gelehrte Streitschrift mit allgemeinem Beyfalle vertheidiget worden. Und in den Göttingischen Anzeigen von gelehrten Sachen, vom Jahr 1754 St. 5 wird gerühmet, daß hierinnen mit ungemeiner Belesenheit die ganze wichtige Lehre von der Jurisdiction der beyden höchsten Reichsgerichte abgehandelt sey.

3) Institutiones Iurisprudentiæ Cameralis. *ibid.* 1754. 8.

In denen Tübingischen Berichten von gelehrten Sachen, vom Jahr 1754 St. 25 und 27 wird von diesem Werke folgendergestalt geurtheilet: „Der gelehrte Herr Verfasser, welcher bey seinem zweymaligen Aufenthalt an dem kayserlichen und Reichscammergericht zu Wetzlar erwünschte Gelegenheit gehabt hat, nicht nur die besten Nachrichten von diesem höchsten Gerichte zu bekommen, und dessen wahre und innere Verfassung einzusehen, sondern auch sich in der Praxi zu üben, liefert uns hier die Früchte seines Fleisses, welche er schon vor einigen Jahren grösten Theils in Wetzlar gesammlet, und nach diesen in die hier befindliche Ordnung gebracht, auch bald hernach in Jena, und sodann in Tübingen mit Vorlesungen erläutert hat. Er handelt im ersten Abschnitt von dem Zustande des Camergerichts; in dem zweyten von dem Iure Camerali; der dritte begreift die Scientiam potestatis & Iurisdictionis Cameralis; und der vierte den Proceß dieses höchsten Reichsgerichts. Den Beschluß macht ein Register derjenigen Schriftsteller und academischen Disputationen, auf welche sich der Herr Verfasser hin und wieder bezogen hat. Es kann dasselbe erst als eine Bibliotheca Scriptorum Cameralium angesehen werden, und giebt ein unverwerfliches Zeugniß von dem ausnehmenden Fleiß, welchen der Herr Verfasser auf die Ausarbeitung dieses sowol gründlichen, als auch gelehrten Werks verwendet. „

4) *Oratio Inauguralis*, De prærogativis Almæ Eberhardinæ, a Principibus Würtembergiæ concessis, & a Serenissimo Duce, *Carolo*, auctis, d. 27 Iulii 1753 recitata. *ibid.* 1754.

Dieses ist die Rede, die der Herr Professor Tasinger bey dem Antritt seines ausserordentlichen Lehramts gehalten hat, und welche 1754 abgedruckt worden.

5) *Diss.* De suprema in Imperio Romano-Germanico Iurisdictione tempore Interregni. *ibid.* 1755. 4.

Diese Schrift wird nach ihrem Inhalte recensiret in denen Göttingischen Anzeigen von gelehrten Sachen, vom Jahr 1755 St. 112 und dabey gesaget: diese ganze Abhandlung zeigt von einer guten Ordnung und reichen Belesenheit ihres Herrn Verfassers.

6) Selecta Iuris Cameralis, ad illustrandas supplendasque Institutiones Iurisprudentiæ Cameralis edita. *ibid.* 1756. 8.

Der Inhalt dieser Selectorum wird sehr ausführlich recensiret in denen Tübingischen Berichten von gelehrten Sachen, vom Jahr 1756 St. 38. S. auch Göttingische Anzeigen von gelehrten Sachen, auf das Jahr 1757 St. 9 wo gesaget wird: Diese Selecta gehören zur Erläuterung seiner wohl aufgenommenen Institutionum Iurisprudentiæ Cameralis. Der Herr Verfasser zeigt überall seine gute Belesenheit und Kenntniß von dem Cameralproceß.

7) **Abhandlung**, von der Sprache des kayserl. und Reichscammergerichts.

Diese Abhandlung befindet sich in denen Carlsruher nützlichen Sammlungen, im 23. 24. 25 und 26sten Stück, vom Jahr 1758.

8) *Diss.*

8) *Diss. Iuris Evangelicorum Ecclesiastici, De Iure Principis circa Ecclesiam, ejusque Ministros in genere, & Sacramenta in specie. Tubing.* 1759. Pro *Loco in Facultate Iuridica rite obtinendo*; Et cum *Resp. Georg. Christian. Feinmann.*

Diese gelehrte Abhandlung wird recensiret 1) in denen Tübingischen Berichten von gelehrten Sachen, vom Jahr 1760 St. 5, und 2) in denen Regenspurgischen wöchentlichen Nachrichten von gelehrten Sachen, des Jahres 1760 St. 7, allwo gesaget wird: Gründlichkeit, Ordnung und Fleiß herrschet in dieser Abhandlung, und geben die vielen Allegata besonders von der starken Belesenheit des Herrn Professors einen Beweis ab.

XVI.
Georg Heinrich Hinüber,

immatriculirter Advocat beym Königl. Churfürstl. Oberappellationsgerichte zu Zelle.

Derselbe ist zwar aus Eimbeck im Fürstenthum Grubenhagen gebürtig, wohnet aber jetzo in Hildesheim, wohin sich sein seel. Herr Vater, D. Johann Melchior Hinüber, ehemaliger Burgemeister zu Eimbeck, zuletzt wieder begeben hatte. Dieses seines Herrn Vaters Leben hat zu Herrn M. Schmeersahls Neuen Nachrichten von jüngst verstorbenen Gelehrten geliefert, wo im ersten Bande, im vierten Stücke, S. 601.

643 anzutreffen ist, und wo zugleich einige Nachrichten von der Familie des Herrn **Hinüber** eingeflossen sind. Eben daselbst finden sich Umstände, woraus zu schliessen ist, daß es sein Vater, als damaliger Stadtsyndicus, mit der Schule sehr gut gemeinet gehabt, nicht selten aber in Beförderung der besten Schulleute seines Zwecks verfehlet.

Vielleicht ist dieses mit die Ursache, warum unser Gelehrter die öffentliche Schule niemals besuchet, sondern in Sprachen, als der lateinischen, griechischen, englischen und französischen, auch Historie und Mathematik, theils seines seel. Herrn Vaters, theils Privatlehrmeister Unterricht genossen. Die Art des Unterrichts gieng aber von der gewöhnlichen Bahn ab, und kam das mehreste auf eigenen Fleiß an.

Als sein seel. Vater abdankte, und unglücklicher Weise nach Hildesheim gieng, fand er hieselbst verschiedene Gelegenheiten, sich ferner noch privatim zu üben. Im Jahr 1738 nahm ihn sein Vater mit nach Göttingen, schickte ihn aber gleichfals nicht in die Collegia. Wäre es eine Unehre, ohne lebendige Lehrer etwas zu lernen, oder würden diejenigen allemal die geschicktesten Leute, die solche viele Jahre auf vielen Universitäten gehöret; so hätte dieser Umstand verschwiegen bleiben können. Er leugnet keinesweges die grosse Glückseligkeit, wenn fähige Köpfe beydes verbinden. Er hat es aber so nicht gehabt.

Sein Geschmack ist gleichwol von Jugend auf an den feinsten Lehrbüchern gewesen. Anfangs waren ihm die liebsten **Ernesti**, **Gottsched**, **Gund-**

Gundlings, Zeumanns, Stollens und Wolfens Anweisungen. Nachhero in den höhern Wissenschaften, und zwar im geistlichen Recht Titius, Fleischer und Böhmer, im Staatsrecht Moser, im bürgerlichen Recht Struv, Lauterbach und Leyser, im Lehnrecht *Rittershusius*, Schilter und Ludewig, im teutschen Rechte Engau, in der Reichshistorie Mascov und Köhler, und in der *Praxi* Pufendorf, Stryk, Estor und Böhmer.

Er sammlet sich anjetzo eine Bibliothek, welche auch theologische Bücher in sich fasset. Als er im Jahr 1744 unter dem berühmten Professor Claproth disputirete, wozu er von der königlichen geheimen Rathsstube eine Gnade erhielt, hörete er sowol den seel. Claproth, als auch den Herrn geheimen Justizrath Gebauer. Uebrigens ist des seel. Hofrath Pertschens Bibliothek über Jahr und Tag seine gröste Schule gewesen. Als dieser von Hildesheim nach Helmstädt zog, bot ihm der seel. Herr Hofrath von Göbel zu Helmstädt eine gewisse Art von Unterhalt an; er legte sich aber auf die Praxin, und hätte ohne Zweifel sein Glück in Hannover machen können, weil der seel. Herr Hofrath von Hugo, und der Herr Consistorialrath Grupen ihn sehr leiden konten, und ohne Unterlaß dazu riehen. Er gedachte aber, (welches er jetzo vor ein jugendliches Versehen hält,) seinen Eltern nützlich zu seyn, und fehlete es auch anfänglich an den Mitteln, ohne welche man nicht selten mit beschwerlichen Umständen ringet.

In Hildesheim fieng er an, jungen Leuten die Inſtitutiones vorzuleſen, und rühmet er verſchiedene Gönner und Freunde, welche ihn auch im Referiren und Urthel machen brauchen, und zu verſchiedenen Syndicatſtellen in Vorſchlag gebracht haben. Er klaget aber auch über unverſchuldeten Widerwillen derer, die ihm am nächſten wären.

Im Jahr 1750 that er eine Reiſe nach Wetzlar, ſo nicht ohne einigen Nutzen geweſen; und im Jahr 1752 wurde er unter die Advocaten beym königlichen Oberappellationsgerichte zu Zelle aufgenommen.

Die Zeit, ſo er von ſeinen ordentlichen Geſchäften übrig hat, verwendet er auf die Ausarbeitung nützlicher Schriften, und es ſind von ihm gedruckt erſchienen:

1) *Diatribe*, De ſtipendiis familiæ. *Gottingæ* 1744. *Præſide Io. Chriſtiano Claproth.*

Dieſe Streitſchrift wird irrig an einem gewiſſen Orte unter des ſeel. Herrn Profeſſor Claproths Aufſätze gerechnet; er hat ſie aber unter ſeinem Vorſitze vertheidiget, und dem königlichen Conſiſtorio zu Hannover zugeſchrieben. Dieſe Abhandlung beſtreitet viele Irrthümer, ſo bey Austheilung der Familienſtipendien im Schwange gehen, und ſuchet gewiſſe Regeln zu behaupten. Er bringet erſtlich einige Arten der Stipendien vor, und giebt eine Erklärung derjenigen, davon er handeln will. Er redet hierauf von den Aufſehern derſelben und ihren Pflichten, und zeiget, welche Perſonen ſolche zu erhalten fähig ſind, wo er die Regel annimmt: ein jeder Stifter eines Familienſtipendii wolle, daß alle aus ſeiner Familie, die ſtudiren, ſolches in der atürlichen Ordnung geniessen sollten, und hiernach müsten auch die angehängten Clausuln erkläret werden. Er erläutert diesen Grundsatz in folgenden weitläuftig, und vertheidiget ihn zugleich wider die dagegen gemachten Einwürfe. Endlich hat er noch alle Acten seines Processes, den er wegen eines solchen Stipendii geführet hat, bekannt gemacht, wovon er in der Vorrede die Ursachen beybringet, und zugleich noch einige Scribenten nennet, die diese Materie vor ihm untersuchet haben. S. auch M. Christian Ludwig Stoltens Göttingische gelehrte Nachrichten, vom Jahre 1744 S. 256 u. 257.

2) Kurzgefaste Rechtsgründe, welche in S. E. wider H. das errichtete Pactum und Attestatum Notarii entkräften, hingegen wenigstens einen Drittheil 8000 Thlr. eingebrachten Guts behaupten. 1746. 4.

Diese Sache ist bey dem höchstpreißl. kayserl. und Reichscammergericht annoch anhängig.

3) *Exercitatio*, De Iure statuum S. R. G. I. dotis subsidia filiarum illustrium a subditis exigendi per observantiam stabilito. *Francof.* & *Lipsiæ* 1756. 4.

Er beweiset zuerst, daß dem Landesherrn einige Subsidien verwilliget werden müssen, ohne welche nemlich die Regierung des Landes nicht geführet werden könnte; da es hingegegen bey andern blos auf den Willen der Stände ankommt, wohin Herr Hinüber auch §. 6 die Fräuleinsteuer zehlet. Sodenn erzehlet er zuerst die verschiedenen Meinungen in dieser Lehre, und behauptet, daß die Fräuleinsteuern zwar zu den freywilligen Abgaben gehören, nichtsdestoweniger sey es durch die Observanz zu einer Nothwendigkeit geworden, selbige zu bezahlen. S. Göttingische Anzeigen von gelehrten Sachen, vom Jahr 1756 St. 20. Gegen diese Recension ist eine Erinnerung in denen Leipziger gelehrten Zeitungen, 1756 aufgenommen worden.

4) **Staatsrecht der Stadt Hildesheim, im Abriß.**

Stehet in der neueröfneten erfurtischen Bibliothek, vom Jahr 1756 im zweyten Stücke.

5) **Historische Nachrichten, den Anfang und Zustand des Postwesens im Stift Hildesheim, Braunschweigischen, Brandenburgischen, Hessen-Casselischen, Bremischen, und andern benachbarten Landen von 1636 bis 1670 betreffend, mit Chur- und Fürstl. Gnadenbriefen beleget. Frankfurt und Leipzig 1760. 4.**

Der Verfasser dieser von E. hochpreißl. Regierung zu Hannover gebilligten Schrift ist der Advocat Hinüber zu Hildesheim, wie solches die Nachricht auf der andern Seite des Titelblattes ergiebet. Diese kleine Schrift bestehet größtentheils aus 44 Urkunden und Gnadenbriefen, welche die Anlegung des Postwesens in denen auf dem Titel bemerkten Ländern angehen. Selbigen ist eine kurze historische Nachricht vorgesetzet, woraus zugleich der Inhalt der abgedruckten Urkunden erhellet. Rörger Hinüber legte zuerst in Hildesheim mit 40000 Thalern Unkosten Posten an, als das Stift noch in dem Besitz der Herzoge von Braunschweig-Lüneburg war, welches ihm 1640 verwilliget, und ihm zwischen Bremen und Cassel eine reitende Post anzuleen verstattet wurde, da sich noch nichts von teutschen Posten sehen ließ. Diese Freyheit erweiterte man nachher, und erlaubte die Erbauung der Posthäuser in Hannover. Diesem Privilegio trat auch Braunschweig-Wolfenbüttel zu Gandersheim bey, und die Landgräfin von Hessen verstattete ein gleiches zu Cassel. Auch die schwedische Regierung zu Stade erkläret sich 1648 zum Besten dieses Privilegii, ob es gleich ungewiß ist, ob diese Erklärung von der Königin Christina ratificiret worden sey. Als 1643 Hildesheim extradiret worden, wurde 1652 das bisherige Privilegium bestätiget, so, wie Chur-Brandenburg im Jahr 1658 eine gleichmäßige Bestallung beliebte. Die hochfürstl. zellische Regierung bestätigte die bisherigen Anstalten 1652 gleichfals. Das fürstl. taxische Haus hatte also über 20 Jahre diese Postanstalten gar nicht beunruhiget, und erst am Ende des Jahres 1658 kam ein taxischer Posthalter, Fuchßfeld, in diese Gegenden, gegen welchen man von Seiten des Durchl. braunschweig-lüneburgischen Hauses auf guter Hut war, und selbst an die hildesheimische Regierung desfals Vorstellungen ergehen ließ. Wider Vermuthen aber ließ der Churfürst von Cöln, als Bischof von Hildesheim, im Stifte die taxischen Posten verstatten, dahingegen Churbrandenburg und Braunschweig-Lüneburg die taxischen Postanstalten mit grossem Ernst abwendeten. Der bisherige Postmeister in Hildesheim that zwar sein möglichstes; allein der beym Reichshofrath anhängig gemachte Proceß fiel unglücklich für ihn aus, und die kayserlichen Posten wurden 1661 völlig bestätiget. In den übrigen Ländern hingegen, namentlich im Hannöverischen, war das taxische Gesuch vergeblich, und Fuchßfeld bemühete sich schon 1662 blos um eine Correspondenz in den hannöverischen Landen, woraus zu sehen, daß man sich damals taxischer Seits seiner Forderungen bereits begeben, und also selbige nachhero allerdings widerrechtlicher Weise wieder hervorgesuchet habe. Die ganze Schrift behauptet in der wichtigen Historie von dem Recht des Postwesens eine ansehnliche Stelle. S. Göttingische Anzeigen von gelehrten Sachen, auf das Jahr 1760 St. 93.

6) In denen hannöverischen Intelligenzblättern, wie auch in denen zellischen Wochenblättern befinden sich von ihm kleine Anmerkungen, als: a) von Krumbstabslehen, b) Echtedink, c) Schüsselkorbe, d) über die Frage: Ob die Bibel eine Quelle des teutschen Staatsrechts sey? e) Ursprung der Lupercalien, u. a. m.

Zum Drucke liegen fertig, und warten auf einen Verleger:

1) Nachlese ungedruckter Privilegien und Statuten von Lauenburg, Zelle, Hildesheim, Eimbeck und Dassel, nebst der gartauischen Gerichtsordnung, und erstem Theile des Witzenmühlenrechts.

2) Abdruck derer in Sachen S. wider J. wegen Ehebruchs ergangenen vier Urtheln.

3) Ein sehr merkwürdiger Criminal-casus aus E. wegen einer bey Tage in der Stadt erschlagenen reichen Witwe, wovon der Thäter auf keine Weise zu entdecken gestanden.

4) Samm-

4) Sammlung von Relationen aus hildesheimischen Gerichten.

5) Sammlung historisch-juristischer Nachrichten und Urkunden, welche in folgenden bestehen, als:

  a) Von Ritterpferden.

  b) Von Ottenhäusern.

  c) Schreiben Herzogs **Heinrich Julius** von 1567 wegen der Stadt Braunschweig Verläumdungen.

  d) Gutachten über die lauenburgischen Braustrittigkeiten.

  e) **Lampadius** Bedenken über die Einnehmung des kayserlichen und Reichscammergerichts.

  f) Schreiben König Christians IV aus Dännemark wegen derer am fürstl. braunschweig-wolfenbüttelschen Hofe vorgehenden Unordnungen.

  g) Von kayserl. Schutz- und Schirmsbriefen.

  h) Von der Gerichtsbarkeit des Adels im Amte Kampe.

  i) Collectationis Wellersen wider von Dassel.

  k) Von der Curmede im Fürstenthum Grubenhagen.

  l) Von eigenrichterlicher Gewalt.

  m) Von Stadtschulen.

  n) Von Trauungen wider das Kirchenverbot.

  o) Ei-

o) Eines berühmten Rechtsgelehrten Gedanken vom Studio Iuris.

p) Ungedruckte Briefe von Leibnißen.

q) Urtheile wegen eines Lotteriezettels.

r) D. Calixti Verantwortung wegen derer von der theologischen Facultät zu Helmstädt ertheilten Ordinum zu Hildesheim.

s) Urtheile wegen untauglichen Leinsaamens.

t) Vom Freydinge zu Jlten.

u) Von der bernstorfischen Jagdgerechtigkeit.

Die mehresten dieser Stücke sind mit kurzen Anmerkungen begleitet. Besonders sind auch noch fertig:

6) Entwurf der lauenburgischen Landesverfassung, nebst einigen Briefschaften die lauenburgische Succeßion betreffend.

7) Staatsrecht des Bisthums Hildesheim mit ungedruckten Urkunden beleget.

Zusätze
zur Lebensgeschichte Herrn
D. Joh. Heumann von Teutschenbrunn,

Sr. Hochfürstl. Durchl. zu Brandenburg-Culmbach geheimen Raths, des Raths zu Nürnberg Consulentens, des Staatsrechts und der Pandekten öffentlichen ordentlichen Lehrers auf der hohen Schule zu Altdorf.

(S. den vierten Theil dieser Nachrichten, S. 160:205.)

Dieser grosse Rechtsgelehrte verstarb am 29 September des Jahres 1760. Die Universität zu Altdorf hat dessen Andenken und Verdiensten einen Anschlag von 3 Bogen in Fol. gewidmet, welches aus der geübten Feder des gelehrten Herrn Professors, Johann Andreas Michael Nagels, geflossen ist, und aus welchem ich zur Ergänzung der Lebensgeschichte dieses vortreflichen Rechtsgelehrten das wichtigste anmerken will:

Herr D. Johann Heumann von Teutschenbrunn wurde den 11 Februar des Jahres 1711 in denen Hochfürstl. brandenburg-bareythischen Landen zu Muggendorf, ohnweit Streitberg, geboren, wo sein Vater, Johann Heumann, erster Gerichtsschöppe war. Da er schon bey seinen Eltern sich der Gelehrsamkeit befliß; so solte er auf dem Gymnasio zu Erlangen weiter zu derselben angeführet werden. Allein, ein unglücklicher Fall, durch welchen er wenige Stunden vor seiner vorgehabten Abreise einen Arm brach, verhinderte ihn
an

an der Ausführung dieses Vorsatzes. Er gieng also nach Nürnberg, und wurde daselbst von seinem Vetter, Herrn Procurator, **Georg Heumann**, zur Rechtsgelehrsamkeit angewiesen; gleichwie er von **Schmiden, Doppelmayern, Mayern** und **Fabern** in den orientalischen Sprachen, Mathematik, Philosophie und den Pandekten Unterricht erlangete, und in den Nebenstunden französisch, italiänisch, englisch und holländisch lernete. Unter derer beyden **Preißler** Anweisung lernete er auch das Mahlen.

Im Jahr 1730 begab er sich auf die Universität zu Altdorf, und hörete in der Mathematik **Müllern**, in der Philosophie **Feuerlein**, in der Historie **Köhlern**, in den schönen Wissenschaften und Beredtsamkeit **Schwarzen**. Seine Lehrer in der Rechtsgelehrsamkeit waren **Rink, Link, Beck, Freisleben** und **Deinlein**, unter welchem letztern er auch öffentlich Theses ex Institutionibus Iuris vertheidigte, so, wie er unter **Freisleben** die *Diss. IIdam*, De habitu Philosophiæ Tribunianeæ in Institutis verfochte.

Nach zurückgelegten academischen Jahren begab er sich nach Wien, und unterrichtete daselbst einige von Adel, und unter andern den jetzigen Reichshofrathsagenten, Herrn **Fischer** von **Ehrenbach**. Er erwarb sich hiebey die Gewogenheit der Herren Reichshofräthe von **Jartheim** und von **Wernher**, und erlernete während dieses Aufenthalts den Reichshofrathsproceß, wie auch die Verbindung des kayserlichen Hofes mit denen übrigen europäischen Mächten einsehen; gleichwie er sich
eben-

ebenfals die spanische, böhmische und slavonische Sprache bekannt machte, und in der kayserlichen Bibliothek binnen 4 Jahren allerhand Anmerkungen, besonders aber diejenigen sammlete, die in der unter seinen Opusculis stehenden Bibliotheca Glottica befindlich sind.

Als er nachhero mit dem Herrn Fischer von Ehrenbach nach Altdorf zurück kehrete, wurde er bald nach seiner Ankunft an den Hochfürstl. Sachsen-Weymarischen Hof berufen, und nahm zu dem Ende im Jahr 1739 zu Altdorf die Würde eines Licentiaten der Rechte, durch Vertheidigung seiner Probeschrift, De antiquo libello Iuris Bavarici an. Allein, er bekam im Jahr 1740 durch Vermittelung des Herrn von Ebner, der ihn zu Wien hatte kennen gelernet, eine ausserordentliche Lehrstelle in der Rechtsgelehrsamkeit, und in eben diesem Jahre die juristische Doctorwürde. Als der Professor Beck starb, wurde er ordentlicher und öffentlicher Lehrer der Institutionen, und Beysitzer der Juristenfacultät. Nach Rinks Tode bekam er auch zur vorigen annoch die Profeßion des Staatsrechts; und nach Deinleins Absterben ward er Professor der Pandekten, und Nürnbergischer Stadtconsulent. Er war viermal Decanus seiner Facultät, niemals aber, aus wichtigen Ursachen, Rector. Im Jahr 1757 ernannten ihn Se. Hochfürstl. Durchl. der Herr Marggraf zu Brandenburg-Bareuth zu Dero geheimen Rath; und endlich erhielt er auch von Sr. kayserl. Majestät den Adel.

Unter andern Vorschlägen, wodurch man ihn in auswärtige Dienste zu ziehen suchte, wurde er am 10 May 1746 an **Wielings** Stelle nach Utrecht berufen. Allein, er zog seinen Aufenthalt zu Altdorf den vortheilhaftesten Bedingungen vor. Er sammlete sich eine trefliche Bibliothek, womit er gerne jedermann dienete. In seinen Vorlesungen sowol, als in Verfertigung gelehrter Werke, war er, seines schwachen Körpers ungeachtet, unermüdet. Eben so eifrig war er in seinem Christenthum, und in Besuchung des öffentlichen Gottesdienstes, in seiner Gewohnheit andern zu dienen, in seiner Mildthätigkeit gegen die Armen. Bey diesen und andern eben so vorzüglichen Eigenschaften erbaten sich ihn die gelehrten Gesellschaften zu Duisburg und München zu ihrem Mitgliede.

Da er bis in das Jahr 1751 unverheirathet lebte, so kam ihm die Freundschaft des seel. D. und Professor **Tresenreuters**, und dessen Ehegattin, bey seiner Einsamkeit zu statten, weswegen er auch mit selbiger, weil er Vernunft, Freundschaft und Tugend suchte, nach des seel. **Tresenreuters** Absterben, in besagtem 1751sten Jahre ein Ehebündniß eingieng, und durch die für seine drey Herren Stiefsöhne, deren jüngstem, Herrn **Johann Nicolaus Tresenreuter von Teutschenbrunn**, er auch seinen Adel angeerbt hat, jederzeit bezeigte Sorgfalt den Werth seiner Freundschaft bewies. Er starb nach einer achtwöchentlichen Krankheit am Michaelisfeste 1760, nach dessen Herannahung er sich beständig währender Krankheit erkundiget hatte, und ward zu seinem Freunde, dem seel. D. **Tresenreuter**, in eine Gruft begraben. Dieses ist ein überaus schönes Schicksal, welches dem seel. D. **Tresen-**
reuter

von Teutschenbrunn.

reuter und dem seel. D. Heumann wiederfahren ist. Diese beyde berühmten Männer waren zu Wien und zu Altdorf Herzensfreunde; sie waren beyde auf einer Universität Collegen, beyde hatten, jedoch einer nach des andern Tode, ein tugendhaftes und kluges Frauenzimmer zur Ehegattin; und beyde sind in eine Gruft begraben worden. Dieses seltene Beyspiel verdienet in der gelehrten Geschichte einen vorzüglichen Platz.

Die gelehrten Schriften des seel. Herrn D. Heumann von Teutschenbrunn verdienen in denen Büchersälen derer Gelehrten eine vorzügliche Stelle, und das vollständigste und richtigste Verzeichniß dererselben ist folgendes:

1) Explicatio latina & germanica dilucidæ repræsentationis magnificæ & sumtuosæ Bibliothecæ Cæsareæ, quam *Salomo Kleiner* & *Ierem. Sedelmayr* æri mandarunt. *Viennæ Austr.* 1737. in fol. reg.

2) *Disp. Inaug.* Continens specimen prodromon explanationis antiqui libelli Iuris Bavarici. *Altdorf.* 1739. 4.

3) Recensiones librorum quorundam Italici, Anglici & Belgici idiomatis A. 1739 & 1740. Actis Eruditorum Latinis Lipsiens. insertæ.

4) *Programma Inaug.* De Salmannis. *Altd.* 1740. 4.

5) *Diss.* Observationes de *Imperatore mortuo* ex Annalibus & Legibus conquisitæ. *ibid.* 1741. rec. 1742. *Resp. Maximil. Rudolph. Helvetio.*

6) *Diss.*

6) *Diff.* De S. R. I. Comites inveftiendi ratione. Ad illuftr. Art. XI. §. 7. Capitul. Caroli VII. *ibid.* 1743. *Refp. Conrad. Ludov. de Olnhaufen.*

7) *Diff.* De Infigni Germaniæ, ejusque Regis titulo. *ibid.* 1744. *Refp. Frid. Car. Scheurt a Defersdorf.*

8) *Diff.* De Sacramento Gildoniæ; Ad Capitularia quædam *Caroli Magni* illuftranda. *ibid.* 1744. *Refp. Carl. Sebaftian. Zeidler.*

9) *Diff.* De Iudiciis Communitatum, quæ vulgo: Ehehaftgerichte dicuntur. *ibid.* 1745. *Refp. Chriftoph. Ioachim. Haller ab Hallerftein.*

10) *Commentarii,* De re diplomatica Imperatorum ac Regum Germanorum, inde a *Caroli* M. temporibus adornati *Tomus Imus. Norimberg.* 1745. in 4to maj.

11) Eorundem *Tomus IIdus. ibid.* 1753. 4to maj.

12) Lebensbeschreibung Herrn Eucharii Gottlieb Rinkens, Antecefforis Primarii. Altdorf 1745. Folio.

13) Opufcula, quibus varia Iuris Germanici, itemque hiftorica & philologica argumenta explicantur. *Norimbergæ* 1747. in 4to maj.

Die hierinnen befindlichen Abhandlungen habe ich im vierten Theile diefer Nachrichten S. 187 u. f. erzehlet.

14) *Progr.* De definitione in Iure periculofa. *Altd.* 1748. 4.

15) *Com-*

15) *Commentarii*, De re diplomatica Imperatricum Auguſtarum ac Reginarum Germaniæ. Accedunt *Appendices II.* in quibus de Diplomatibus nonnullis cum Auguſtarum, ac Reginarum Italiæ, tum ImperatricumConſtantinopolitanarum diſſeritur. *Norimbergæ* 1749. 4to maj.

16) *Diſſ.* De charaƈteribus ſuperioritatis territorialis caute deſignandis. *Altd.* 1749. *Reſp. Chriſtoph. Car. Grundherr de Weierhaus & Altenthann.*

17) Exercitationum Iuris Univerſi, præcipue Germanici, ex genuinis fontibus reſtituti, *Volum. Imum. Altd.* 1749. 4. Quo continentur: I.) *Meditatio*, De Iuris Germanici ſtudio utiliter perſequendo. II.) *Specimen Iuris German.* De pubertate teſtamentaria. III.) De Iure teſtamenta apud Aƈta condendi. IV.) De Magiſtratu teſtamenta auƈtoritate ſua muniente. V.) De teſtamento apud Aƈta nuncupando. VI.) De teſtatore per alios voluntatem ſuam apud Aƈta declarante. VII.) De teſtamenti tabulis Iudici exhibendis. VIII.) De teſtamento Iudicii auƈtoritate extra locum Iudicii ordinando. IX) De teſtamento parentum inter liberos. X.) De eo, quod Iuris eſt in donatione ſimplici in hereditatem paternam conferenda. XI.) De remedio *L.* ult *C.* de fideicommiſſis. XII.) Explicatio Diplomatum quorundam antiquorum, quæ Feudi vocis primum

mentionem facere perhibentur. XIII.) *Observationes*, De reservato Imperatoris dignitates largiendi; Ad illustr. *Francisci* Imper. Aug. Capitulat. art. 22. §. 1-6. XIV.) *Observatio*, De lingua occulta. XV.) Flores sparsi ad mores Romanorum & Germanorum de securitatis publicæ, præsertim nocturnæ, cura. XVI.) Documenta statutaria ad Specim. 2-7. XVII.) Documenta statutaria ad Specim. 8. XVIII.) Documenta statutaria ad Specim. 10.

18) Exercitationum Iuris Universi, præcipue Germanici, *Volum. IIdum.* ibid. 1756. 4. Ubi exhibentur: I.) *Meditatio*, De Iuris Germanici genio recte internoscendo. II.) *Commentatio*, De fontibus Legum connubialium. III.) *Observatio*, De diis legiferis. IV.) *Disquisitio*, De civitate gentium. V.) *Meditationes*, De legibus Religionis politicis; Ad Pacis Relig. Augustæ Vindel. 1555. sancitæ, Art. 2. 3. & 4. illustr. *Specimen* 1. & 2. VI.) *Diss.* De testamento filiifamilias, præcipue ad Reformat. Noric. Tit. XXIX. Leg. 5. illustrand.

19) Exercitationum Iuris Universi, præcipue Germanici, *Volumen IIItium.* ibid. 1757. 4. Quo continentur: I.) *Commentatio*, De Iuris Naturæ interpretandi ratione & usu. II.) *Appendix*, quo notitia Hermeneutices Iuris litteraria exponitur. III.) *Commentatio*, De re diplomatica *Fr-*
deri-

derici II. Imper. Aug. IV.) *Diss. Iuris Germ.* De Aleatoribus. V.) *Oratio*, De nonnullis Iuris Publici Academiarum capitibus.

20) *Diss.* De vera vocis Comeciæ significatione. *ibid.* 1750. *Resp. Iodoc. Guilielm. Maurit. Fürer de Haimendorf.*

21) Apparatus Iurisprudentiæ litterarius. *Norimbergæ* 1752. 8vo maj.

22) Rechtsgegründete Vorstellung der privilegirten academischen, besonders aber bey der nürnbergischen Universität zu Altdorf hergebrachten Iurisdiction in caussis criminalibus. Mit Beylagen lit. A-D. *Altd.* 1753. *in folio.*

23) *Commentatio*, De fontibus & Oeconomia Legum civilium. Præmittitur *Prolusio*, De rerum Universitatis symphonia Legis Naturæ principio. *Norimbergæ* 1754. 4. Initia Iuris Politiæ Germanorum. *Norimbergæ* 1757. 8vo maj.

24) Documenta litteraria varii argumenti. *Altd.* 1758. 8.

S. Hamburgische freye Urtheile und Nachrichten, vom Jahr 1758 St. 99 S. 791 u. f. wo der Inalt erzehlet, und, wie billig, nach Würden gelaet wird.

25) **Wirthschaftliche und rechtliche Abhandlung**, von dem Hopfen, nebst D. Johann Heumanns historischem Vorbericht, von der Kräuterkenntniß der alten Teutschen, wie auch desselben Uebersetzung der von dem Herrn **Robert Bradley**, Lehrer der Kräuterwissen-

schaft bey der Universität zu Cambridge, in englischer Sprache herausgegebenen Abhandlung, von dem Reichthum eines Hopfgartens. Nürnberg 1759. 4.

Der seel. Herr D. Heumann hat, vermöge des Vorberichts, die Abhandlung vom Hopfen unter seiner Aufschrift zusammen tragen lassen. Die Absicht, alles aus eigner Erfahrung sowol, als den Anmerkungen der besten Wirthschaftslehrer zu erläutern, und mit teutschen Gesetzen zu bestärken, ist allerdings erreicht worden. Man findet hier in guter Ordnung, und mit gehörigen Beurtheilungen bey einander, was man in so vielen Schriften sonst zerstreuet suchen muß. Der Inhalt der Capitel ist dieser: Vom ersten bis zum sechsten Capitel wird von des Hopfens Bennennung, Kennzeichen, verschiedenen Gattungen, ältesten Nachrichten bey den Teutschen, verschiedenen teutschen Landesarten, wie auch von fremden Hopfen gehandelt. Das siebente Capitel enthält nothwendige Vorerinnerungen, welche auf die Vorurtheile und widersprechende Meinungen in der Landwirthschaft abzielen. In dem achten bis zum vierzehnten Capitel wird man von der Anlegung, und dem Bau eines schon angelegten Hopfengartens, vom Rasehopfen, von der Hopfenerndte, wie der Hopfen zu trocknen und aufzubehalten, und von den widrigen Zufällen des Hopfens belehret. Vom 15ten bis zum 19ten Capitel wird von dem vornehmsten Gebrauche des Hopfens zur Wirthschaft, vom Hopfenkochen, von mancherley Zusätzen zum Biere statt des Hopfens, oder neben demselben, von den Hopfenkeimen, Ranken und Blättern, und vom Gebrauche des Hopfens zur Arzney, Bericht gegeben. Das 20ste und die folgenden Capitel haben bis zum 28sten diese Aufschriften: Von der Nutzbarkeit eines Hopfengartens; Gesetzmäßige Betrachtung über die Anlegung der Hopfengärten; Ob der Hopfenbau ein Stadtgewerbe ausmache? Vom Hopfenhandel; Unter welche Art der Früchte der Hopfen gehöret; Von den Hopfenstangen; Von Hopfenmessen; Von mancherley Schäden und Verbrechen bey den Hopfen; Cameralische Betrachtungen über den Hopfen.

So unvollkommen die Kräuterkenntniß der alten Teutschen gewesen seyn mag; so vermeinet doch der Herr Verfasser des Vorberichts, daß man sie einiger massen erläutern und herstellen könne. Als Quellen und Hülfsmittel giebt er an: 1) Einige Lehrbücher. 2) Die alten Gesetze. 3) Register und Zinsbücher. 4) Urkunden und Stiftungsbriefe. 5) Formuln. 6) Glossarien und Wörterbücher, und 7) die Geschichtsbücher überhaupt, und besonders diejenigen, welche einzelne Länder und Städte angehen. In dem 15ten §pho werden einige Kräuter nach obigen Quellen und Hülfsmitteln mit Anmerkungen dargestellet.

Aus der teutschen Uebersetzung des Werkgens des Herrn Robert Bradleys ersiehet man, daß die Engländer zwar auch unter sich wegen des Hopfenbaues nicht ganz einig sind, inzwischen aber mögen die Teutschen noch ungemein viel von ihnen lernen. Auf dem Titelkupfer wird des burgundischen Herzogs, *Iohannis Intrepidi,* Hopfenorden, nebst einigen Theilen des Hopfens vorgestellet. Das zu Ende

Ende beygefügte Kupferblatt enthält verschiedenes zum Hopfenbau gehöriges Geräthe.

S. auch **Hamburgische freye Urtheile und Nachrichten** ꝛc. vom Jahr 1759 St. 44 S. 351 und 352.

26) Rechtlicher Catechismus, oder, fragweis abgefaßte Anweisung zu der gemeinen teutschen bürgerlichen Rechtslehre, zum nützlichen Gebrauch eines jeden teutschen Mitbürgers. **Altdorf** 1760. 8. zweyte und verbesserte Auflage. *ibid. eod.*

27) Conspectus Iuris Civilis communis Germanorum cum nativi, tum adsciti in tabulis quibusdam exhibitus. *Altd.* 1760. folio. (Ohne Namen.)

Der seel. Herr D. Heumann urtheilet von seiner, zumalen in der Tabellengestalt erscheinenden Arbeit selbst nicht allzuvortheilhaft; er vermeinet aber gleichwol, daß nach gegenwärtigen Umständen, da man die Vermischung der fremden und einheimischen Gesetze einmal zugelassen habe, und noch über dieses die fremden Rechte den Lernenden zuerst vorlege, eine solche Einleitung zu dem ganzen bürgerlichen gemeinen Rechte, voran gehen müsse, worauf die Erklärung der Institutionen und Pandekten leichter und geschwinder von statten gehen, und nützlicher seyn würde. Der Lehrer soll, wie die Vorrede erfordert, den Geist der einheimischen und fremden Rechte besonders, und sodann den heutigen Zustand der Rechtswissenschaft, nach der geschehenen Vermengung, bey jeder Materie anzeigen. Daß dieses keine leichte Beschäftigung sey, wird ein jeder er-

rkennen; es haben aber auch diese Tabellen ihre
ute Brauchbarkeit.

S. auch 1) **Erlangische gelehrte Anmer-
ungen und Nachrichten,** vom Jahr 1760.
St. 12. und 2) **Regenspurgische wöchentliche
Nachrichten von gelehrten Sachen,** auf das
Jahr 1760. St. 37.

28) **Der Geist der Gesetze der Teutschen.
Nürnberg** 1760. 8vo maj.

Dieses sehr schöne Werk hat 26 Capitel. Die
nvergleichliche Schrift des Herrn *Montesquion,*
'*Esprit des Loix,* hat diese gelehrte Arbeit ver-
nlasset. Den Inhalt findet man erzehlet 1) in de-
en **Frankfurter gelehrten Zeitungen,** vom
Jahr 1761 St. 1. 2) In denen **Regenspurgischen wöchentlichen gelehrten Nachrichten,**
om Jahr 1761 St. 9. 10 und 11. Und 3) in denen
**Erlangischen gelehrten Anmerkungen und
Nachrichten,** vom Jahr 1761 St. 11.

Uebrigens hat die gelehrte Welt die Ausgabe
er rechtlichen Responsorum des seel. Herrn D.
Heumanns von dem gelehrten Herrn D. Hoffer,
Professorn der Rechte zu Altdorf, einen ächten
Schüler belobten Herrn Heumanns, zu erwarten.

Zusätze
zur Lebensgeschichte Herrn
Franz Dominicus Häberlins,

Der Weltweisheit und beyder Rechten Doctors, Hochfürstl. Braunschweig-Lüneburgischen Hofraths, des Staatsrechts und der Geschichte öffentlichen und ordentlichen Lehrers auf der Universität Helmstädt, der Juristenfacultät Beysitzers, des Herzogl. Convictorii Inspectors, der Universität Bibliothekarius, und der Königl. Gesellschaft der Wissenschaften zu Göttingen auswärtigen Mitglieds in der historischen Classe.

(S. den ersten Theil dieser Nachrichten ꝛc. S. 268:286.

Die Zusätze und Verbesserungen der Lebensgeschichte und der Schriften dieses berühmten Mannes sind so ansehnlich, und so beträchtlich, daß ich sie meinen geneigten Lesern unmöglich länger vorenthalten kann.

Der Geburtsort des Herrn Hofraths Häberlin ist ein Dorf. Sein Herr Vater war erstlich Prediger in Gimmelfingen, hernach zu Altenstädt, und endlich zu Groß-Süßten, in welchem Amte derselbe, durch göttliche Gnade, als ein nunmehro zwey und siebenzig jähriger Greis, und als der älteste in dem ulmischen Stadt- und Landministerio annoch lebet, und seinen geistlichen Amtsverrichtungen mit den vollkommensten Leibes- und Gemüthskräften vorstehet.

Unter seinen Schullehrern verehret er noch immer dankbarlich das Andenken des gewesenen Präceptors

ptors in der fünften Cläſſe, M. Matthäus
Teubronners, und des Conrectors, auch Profeſſors der Geſchichte am Gymnaſio, ingleichen der
republick Bibliothekärs, David Stölzlins,
elche ihn nicht nur in der Latinität gründlich unterrichtet haben, ſondern der letztere insbeſondere hat
n in Ihm von Jugend an vermerkten Trieb und
Neigung zu den Geſchichten aufgemuntert und angefeuert, auch ihm die Hülfsmittel, in dieſer weitläuftigen Wiſſenſchaft ſich bekannter zu machen und
ſter zu ſetzen, treulich angezeiget, wie denn noch
eſer ſeel. Mann bey des Herrn Hofraths Abzuge
uf Univerſitäten ihn ermahnet, das hiſtoriſche Stuum ſich beſtens laſſen empfohlen zu ſeyn, mit der
Verſicherung, daß ſolches dereinſten zu deſſelben
oſſem Glücke ausſchlagen würde, welche Ahndung
nd Wünſche dieſes nur erwehnten Lehrers durch
n göttlichen Segen in ihre volle Erfüllung gediein ſind. Eben dieſer gründlich gelehrte Mann
at ihm von ſeinem 12ten Jahre an auf der anſehnlichen ulmiſchen Stadtbibliothek eine Kenntniß der
auchbarſten und beſten Bücher in allen Theilen
r Gelehrſamkeit beygebracht, und, da er ihn jederit auf dieſelbe zu begleiten pflegte, ihn ſo lieb gewonnen, daß er ihn auch anführete, die vorhandeen alten Codices MSptos leſen zu lernen, welhe er nebſt ihm mit den gedruckten Ausgaben derlben gegen einander hielt, wodurch er in ſeinen
ngern Jahren eine ſolche Fähigkeit in Leſung alter
andſchriften ſich erwarb, dergleichen ſich manche
jahrte Männer nicht rühmen können. Es hat
m auch dieſe Anführung nachmals ſowol bey Verferti-

fertigung des kraftischen Bücherverzeichnisses, als auch in seiner jetzigen Bedienung vielen Nutzen geschaffet. Unter seinen Hauslehrern, welche ihn bey Besuchung der öffentlichen Schulen beständig gehalten worden, ruhet bey ihn noch immer im Segen das Andenken zweyer würdigen Canditaten, und nachmaligen Prediger im ulmischen Gebiete, welche auch bereits gestorben, nemlich des Herrn Christoph Otto und des Herrn Glasers, welche vornemlich in denen orientalischen Sprachen ihn treulich unterrichtet, und so weit gebracht haben, daß er die historischen Bücher des alten Testaments unpunctirt lesen konte, ehe er noch auf das Gymnasium befördert wurde. In seinen Schuljahren hat er die gewöhnlichen Belohnungen öfters erhalten, und noch zuletzt ein so genanntes Problema metricum, De primis Ecclesiæ martyribus bey der solennen Osterpromotion auswendig hergesaget.

Der ulmische Burgermeister Marcus Antonius Krafft von Delmensingen war des Herrn Hofraths Taufpathe, und seines Herrn Vaters alter academischer Freund und Gönner. Derselbe hat den Herrn Hofrath jederzeit herzlich geliebet, und da seine älteren Söhne mit ihm gleiches Alters, mit welchen er gleichsam erzogen worden, schnell hintereinander an den Blattern wegstarben; so gestattete er ihm doch wöchentlich einige Tage einen freyen Zutritt zu ihm, durch welchen freyen Umgang mit einem Grundgelehrten, und in Weltsachen sehr erfahrnen Manne er vielen Nutzen für seine künftige Lebenszeit sich erworben hat. Ja, dessen Liebe gegen ihn dauerte bis auf sein im Jahr 1748 nur allufrühzeitig erfolgtes Ableben, da er nur ein paar Tage vor seinem Tode ihm noch eigenhändig zuschrieb, und seine noch unerwachsene Söhne seiner künftigen treuen und sorgfältigen Aufsicht auf Universitäten anbefahl; als welche unter ihm zu Helmstädt studiren solten, welches auch bereits mit zweyen seit der Zeit geschehen ist.

Bey dem seel. Herrn Professor Köhler zu Götingen hörete er auch die Universalhistorie, europäische Staatenhistorie, Reichshistorie und Diplomatik. Der ihm öfters erlaubte Zutritt bey dem Herrn geheimen Justitzrath Gebauer, welcher jedesmal mit dem Besuche dessen weltberühmten grossen Bibliothek verknüpfet war, öfnete seiner Wißbegierde ein grosses Feld, seine Erkenntniß zu erweitern. Und da er eine Zeitlang bey dem Herrn Consistorialrath, D. Feuerlein, im Hause wohnete; so stund ihm dessen zahlreiche Bibliothek täglich offen und zum Gebrauche, in welcher er vornemlich die seltensten Schriften zur Kirchen- und Gelehrtenhistorie sich bekannt machte. Auf der Universitätsbibliothek aber kam ihm besonders die Gewogenheit des Bibliothekärs, des seel. Herrn Hofrath Geßners, und die Freundschaft mit dem jetzigen Professor der Medicin, und Auffehers der Bibliothek, Herrn D. *Matthiæ* zu statten.

Als Hofmeister des jungen Barons von Forstner hat er täglich eine, auch zwey Stunden gelesen, und dem ohngeachtet mit ihm den ganzen Cursum Juris bey denen damaligen berühmtesten göttingischen Lehrern, und unter andern auch bey dem seel. Hofrath und Ordinarius, *Wahl*, die Pandekten gehöret,

gehöret, und mit seinem Untergebenen wiederholet. Dieser Baron von **Forstner** war der einzige Sohn des ehemaligen würtembergischen grossen Staatsministers, und geheimen Rathspräsidentens, Barons von **Forstner**, welcher sich bey der Regierungsveränderung im Würtembergischen nach dem Tode des Herzogs, **Eberhard Ludwigs**, um das evangelische Wesen in denen würtembergischen Landen unsterblich verdient gemacht hat, und ehemals Herzog **Eberhard Ludwigs** Erbprinzen als Oberhofmeister auf dessen Reisen geführet hat. Dieser grosse Staatsminister legte im Jahr 1738 alle seine wichtige Bedienungen nieder, um seine übrige Lebenszeit in Ruhe und Entfernung von öffentlichen Geschäften zuzubringen. Er hielt sich meistens zu Hannover bey seinem Herrn Schwager, dem churbraunschweigischen Kriegsrath und lüneburgischen Landrath, dem Freyherrn von **Bernstorf**, oder auf dessen Gütern auf. Da sein zu Göttingen studirender einiger Herr Sohn seinen Hofmeister, den jetzigen Regierungsrath zu Stuttgard, Herrn **Faber**, verlor, als welcher damals zu dem Grafen von **Schmettau** als Secretär kam; so ließ derselbe auf Herrn **Fabers** Recommendation den Herrn Hofrath **Häberlin** um Weynachten 1742 zu sich nach Hannover kommen, und durch den berühmten seel. **Keysler** prüfen, bestellete ihn auch sodann mit einem ansehnlichen Gehalt zum Hofmeister seines Herrn Sohnes, wobey die Absicht und das Versprechen verknüpfet war, ihn dereinsten auf Reisen zu begleiten, welches aber dadurch zu Wasser wurde, weil der junge Baron im Jahr 1745 auf die

Kaiser-

Kaiserwahl *Francisci I* als churbraunschweigischer
Besandschaftscavalier gieng, und seine Gesundheit
durch eine den Winter 1744 und 1745 ausgestandene heftige Krankheit, welche ihm nachhero noch
viele Jahre angehangen, allzusehr geschwächet war,
als daß er sich auf eine entfernte Reise hätte wagen
dürfen. Inzwischen hat er doch mit dem jungen
Baron einige Lustreisen nach Cassel, dem Ober- und
Interharz, nach Gandersheim zu der Durchl. Aeb-
tißin, wo ihm und seinem Untergebenen viele Gnade wiederfahren, ingleichen nach Hannover gethan,
und die Vermälungssolennitäten des jetzigen Königs
von Dännemark mit höchst Dero ersten, nunmehro höchstseel. Gemalin angesehen, auch alles Sehenswürdige an vorbenannten Orten in Augenschein
genommen, wobey er zu Hannover die Gnade gehabt, dem grossen Mäcenaten, des Herrn Mi-
nisterpräsidentens von **Münchhausen** Excellenz,
auch andern dasigen vornehmen Herren und grossen
Gelehrten aufzuwarten, und in deren nähere Be-
anntschaft zu kommen, welches ihm nachmals grossen Vortheil geschaffet hat. Vorzüglich ist ihm
aber in dem freyherrl. bernstorfischen Hause grosse
Gnade wiederfahren. Der Herr geheime Raths-
präsident, Baron von **Forstner** aber war mit seinem
Betragen so wohl zufrieden, daß er sein gnädiges
Wohlgefallen darüber, auch nach der Abreise seines
Herrn Sohnes von Göttingen, durch einen bis an
sein hochseel. Absterben fortgedauerten Briefwechsel,
und durch verschiedene reelle Gnadenbezeigungen
an den Tag geleget hat. Der junge Herr Baron
von **Forstner** hat seine Freundschaft gegen den

Herrn

Herrn Hofrath Häberlin ebenfals noch beständig beybehalten und contestiret, und ist derselbe dermalen in Hochfürstl. Mecklenburg-Schwerinschen Diensten als Cammerjunker und Schloßhauptmann zu Schwerin. Während dieser Hofmeisterstelle hatte der Herr Hofrath Häberlin erst rechte Gelegenheit, mit dem seel. Herrn Hofrath Schmaussen in nähere Bekanntschaft zu kommen, welcher ihn wegen seiner Neigung zu dem studio Iuris Publici & Historiarum so lieb gewann, daß, da er fast mit niemanden Umgang hielt, er ihn in denen letztern Jahren seines Aufenthalts zu Göttingen einer besondern Vertraulichkeit würdigte, und von seinem Umgange ihn vieles erlernen ließ, was er in denen Vorlesungen und aus Büchern in dem Staatsrechte und in der Statistik nicht profitiret hätte. Ueberhaupt aber rühmet er allen damaligen Lehrern aus allen Facultäten nach, daß ihn dieselben sehr werth gehalten, und ihm einen freyen und öftern Zutritt gestattet, aus welchem er vielen Nutzen geschöpfet hat, also, daß sein Wunsch damals einzig und allein dahin gieng, auf dieser berühmten Universität seinen beständigen Aufenthalt und künftige Beförderung zu erhalten. Allein GOtt fügte es wider Verhoffen anders, und er solte sein beständiges Glück in einem Lande finden, in welchem er niemanden von Person kannte, und kaum glaubte, den Namen nach bekannt zu seyn.

Auf einen Tag, und in einer Minute, nemlich den 24 December 1745 erhielt er aus Wolfenbüttel die Versicherung, daß er auf Ostern folgenden Jahres zu Helmstädt als ausserordentlicher Lehrer der

Franz Dominicus Häberlin.

Geschichte mit 200 Thaler Besoldung anziehen solte; und denn auch zugleich ein Schreiben, wodurch ihn der vor einigen Jahren verstorbene kayserl. königl. Generalfeldmarschalllieutenant, Freyherr von Roth, ein protestantischer Schlesier, welcher auf einem Marsche vom Rheinstrom nach Italien bey einem Herrn Vater Quartier gehabt, und als ein gelehrter Cavalier einige seiner damals herausgegebenen kleinen Schriften gesehen und gelesen, zum Hofmeister seiner beyden Herrn Söhne, mit einem jährlichen Gehalt von 100 Species-Ducaten, und völlig freyer Station verlangte, ihm auch die Reisekosten versprach, und solte er dessen Herrn Sohn nach Mantua, wo er zum Vicegouverneur damals bestellet war, begleiten, und sobann vorerst mit ihnen bey ihm bleiben. Allein, sowol seine noch nicht völlig wieder hergestellete Gesundheit, als die gewisse Station zu Helmstädt riethen ihm, diesen noch so vortheilhaften Vorschlag auszuschlagen. Und er muß es als eine besondere göttliche Schickung betrachten, daß, da er von Jugend auf die größte Neigung zum Reisen gehabt, und sich dazu verschiedentlich eine günstige Gelegenheit gezeiget, doch jedesmal etwas dazwischen kommen müssen, welches solches Vorhaben hintertrieben hat.

Es ist aber auch ein besonderer Umstand, daß der Herr Hofrath Häberlin unter denen Lehrern der helmstädtischen Universität, von ihrem Anfange an, das dritte Hundert anfängt, und zugleich auch der erste Professor ist, welcher nach aufgehobener Gemeinschaft bey der Universität Helmstädt eingeführet worden. Der Herr Hof- und Cammerrath Zink wurde zwar von ihm bestellet, ist aber niemals eingeführet worden, und hat den Professoreyd nicht geschwören, folglich gehöret er nicht mit in die Reihe der helmstädtischen Lehrer.

Als er im Jahr 1747 nach des seel. Herrn Hofrath Rippings Tode die ordentliche Profeßion der Geschichte bekam, wurden ihm zu seinem Gehalte jährlich noch 200 Thaler zugeleget.

Aus seiner wohlgetroffenen Ehe sind drey noch lebende Söhne erfolget, nemlich 1753 Johann Friedrich, 1756 Carl Friedrich, und 1757 Raymund Gottlieb.

Im Jahr 1748 ward der Herr Hofrath Häberlin beyder Rechten Doctor, und ist dieses die letzte solenne Promotion gewesen, welche in der Universitätskirche vorgegangen. Zugleich promovirten damals mit ihm 1) der damalige helmstädtische Bürgermeister, und Assessor der Juristenfacultät, und nunmehriger herzogl. braunschweig-lüneburgischer Hofrath, und wirklich geheimer Secretär, Herr Isenbarth, und 2) der damalige Adjunctus der Juristenfacultät, und jetzige ordentliche und öffentliche Rechtslehrer, Herr Hofrath Johann Friedrich Eisenbarth. Der Herr Hofrath Häberlin hielt nach geendigtem Actu die Danksagungsrede, worinnen er in memoriam secularem die Materie, De commodis ex Pace Westphalica in Seren. Domum Brunsuico-Luneburgensem redundantibus, ad ductum I. P. O art. 13 abhandelte, welche Rede zum Drucke fertig liegt, und vielleicht nebst einigen andern, so er zu Helmstädt bey Vicerectoraten, Decanatspromotionen,

tionen, und an dem sogenannten Juliusfest, oder in Anniversario Academiæ, auch bey andern Solennitäten gehalten, in einer Sammlung möchten herausgegeben werden. Alle diese Reden handeln, Themata vel ex Iure Publico, vel ex Historia Civili, aut litteraria Brunsuico-Luneburgensi ab.

In erwehntem Jahr 1748 bekleidete er zum erstenmal das ganze Jahr hindurch das philosophische Decanat: und wie im folgenden Jahre der jetzige Herr Abt Carpzov wegen der erhaltenen theologischen ordentlichen Profeßion, nach denen helmstädtischen Statuten, und Observanz das damals führende Decanat in der philosophischen Facultät niederlegte; so fiel solches auf ihn zum zweytenmal zurück, wobey er das seltene Vergnügen hatte, bey einer solennen Magisterpromotion, den 31 December 1749, nebst drey andern Candidaten, seinen alten damals sechzigjährigen Vater, der hiervon nichts wuste, in Abwesenheit mit in Magistrum zu renunciiren, und ihm das Diploma zuzuschicken, welches er zum beständigen Andenken dieses in der gelehrten Geschichte höchstseltenen Vorfalls auf die ulmische Stadtbibliothek geschenket hat. In eben diesem Jahr 1749 vermehreten der Durchlauchtigste Herzog zu Braunschweig, aus eigener höchster Bewegniß, und ohne sein Ansuchen, zur Bezeigung Dero höchsten Gnade seinen Gehalt abermals jährlich mit 100 Thalern.

Sonsten ist der Herr Hofrath Häberlin in denen Jahren 1749, 1750 und in der ersten Helfte des Jahres 1751 immer sehr kränklich gewesen, und hat dreymal auf den Tod gelegen, sowol anfänglich an einer Hämoptyſi, als auch nachmals an ſchweren hypochondriſchen und hämorrhoidaliſchen Zufällen, welche er aber, Gott Lob! glücklich überſtanden, alſo, daß er ſeit dieſer Zeit durch den jährlichen Gebrauch des pyrmonter Brunnen einer ziemlich dauerhaften Geſundheit ſich zu erfreuen hat.

Im Jahr 1751 iſt er von Johann Baptiſta bis Neujahr 1752 zum erſtenmal Vicerector geweſen, da er denn gleich in den erſten Tagen deſſelben die Gnade hatte, Sr. durch Helmſtädt reiſenden königl. Hoheit, dem hochſeel. Prinzen von Preuſſen, und denen Sie begleitenden Durchl. braunſchweigiſchen Herrſchaften, Namens der Academie, unterthänigſt aufzuwarten, und Höchſt Dieſelben zu complimentiren. Und noch in eben dieſem Jahr 1751 und zwar unter dem 10ten September erkläreten Sr. Hochfürſtl. Durchl. der regierende Herr Herzog zu Braunſchweig, abermals aus eigner höchſter Bewegung, ihn zum Profeſſor des Staatsrechts, und wurde ihm ſeine Stelle und Rang in der Juriſtenfacultät angewieſen, auch ihm freygelaſſen, denen Facultätsſeßionen nach Belieben beyzuwohnen, jedoch ohne an denen Acten mit arbeiten zu dürfen(*), um ſeinen beyden Profeßionen mit mehrern Nutzen vorſtehen zu können. Die Vicerectorate und Decanate aber ſollte er ferner als Profeſſor der Geſchichte in der philoſophiſchen Facultät bekleiden, jedoch
di

(*) Inzwiſchen hat er doch bisweilen ein und ander Stück für einen und den andern ſeiner Herren Collegen referiret und elaboriret, aber wegen ſeiner nachhero erhaltenen Officiorum ſolches nun unterlaſſen.

die Candidatos Iuris aus dem Iure Publico mit examiniren, und die gewöhnlichen Sportuln davon ziehen. Mithin wurde er zu Anfange des Jahres 1753, da ihn die Reihe abermals traf, zum drittenmal Decanus in der philosophischen Facultät; und bereits in diesem Jahre 1753 (nicht erst im Jahr 1754) erkläreten der Durchlauchtigste Herzog zu Braunschweig, durch ein in den gnädigsten Ausdrücken abgefaßtes Decret, d. d. den 29 December 753, ihn zu Dero Hofrath, mit Versicherung Dero höchsten Zufriedenheit über seinen bisherigen Fleiß und Eifer, und künftigen höchst Dero Gnade und Wohlwollens.

Und diese haben Se. Hochfürstl. Durchl. ihn seithero auch vielfältig erfahren lassen. Denn nachdem im Jahr 1756 der seel. Herr Hofrath Topp die Inspectionem Convictorii Ducalis bey der Universität Helmstädt niederlegte, und hierauf die Universität den Herrn Hofrath Häberlin, nebst drey andern seiner Herren Collegen zum Inspectore Convictorii unterthänigst präsentirete; so wurde er aus den vier präsentirten von dem Herzoge erwehlet, und zum Inspectore des herzogl. Convictorii, welches aus 120 Commensalibus bestehet, gnädigst ernennet, bey welchem mühsamen Amte es nicht blos auf die Reception und Inspection der die Convictores, sondern hauptsächlich auf die Direction der beträchtlichen und weitläuftigen Güter des Convictorii, deren Conservation, Redintegration ankommt, mithin viele Arbeit und Zerstreuung damit verknüpfet ist. Er hat die Inspection mit dem neuen Jahre 1757 angetreten, und bishero nicht ohne Nutzen und Segen, sowol für die Convictores, als auch die Güter des Convictorii geführet.

Als im Jahr 1757 der französische Einfall war, so wurde der Herr Hofrath Häberlin, nebst dem Herrn Hofrath Eisenharth von der Universität ernennet, um benöthigtenfalls zu der commandirenden französischen Generalität zu reisen, welches aber nachmals nicht nöthig war; Jedoch machten besagte beyde Herren, nebst dem Herrn Professor Wernsdorf, dem mit einem Corps von etliche tausend Mann in Helmstädt angelangten Duc de Chevreuse ihre Aufwartung, welcher ihr Compliment mit einem sehr gnädigen Gegencompliment beantwortete.

Zu Anfange des Jahres 1758 wurde er zum viertenmal Decanus in der philosophischen Facultät, legte aber solches schon in dem Monat nieder, weil Jhro Durchl. der Herr Herzog, unter dem 24 April besagten Jahres an die Universität gnädigst rescribirten, daß er hinführo die Vicerectorate und Decanate nicht ferner in der philosophischen, sondern in der juristischen Facultät führen solte, weshalben er denn auch sofort einige Tage nach eingelangtem gnädigsten Rescript zum neuen Vicerector erwehlet wurde, und also das Vicerectorat zum zweytenmal von Johann Baptista 1758 bis den 2 Januar 1759 geführet hat.

Es ist schon eine alte Klage, daß die helmstädtische Universitätsbibliothek, und die auf selbiger befindliche vortrefliche Schätze nicht so genutzet werden könten, als es wohl billig seyn solte. Da nun Jhro Durchl. der Herr Herzog zu Braun-

Braunschweig alles, was die beſſere Aufnahme
Dero Univerſität befördern kann, ſich eifrigſt und
väterlich angelegen ſeyn laſſen, und höchſt Dieſelben in des Herrn Hofrath Häberlins Arbeitſam-
keit und Treue ſchon längſtens ein gnädiges Zutrauen geſetzet haben; ſo erhielt er währendem Vicerectorat im October 1758 ein gnädigſtes Reſcript,
mit der Anfrage, ob er gewillet wäre, das Biblio-
thecariat mit der gewöhnlichen Beſoldung zu übernehmen; und ohne Abbruch ſeiner übrigen Arbeiten
die Bibliothek in Ordnung zu bringen, und die nöthigen Verzeichniſſe hierüber zu verfertigen. Zugleich wurde der bisherige Bibliothekarius, jedoch
mit Beybehaltung ſeines vollen Gehalts, ſeines
Amts entlaſſen. Ob es ihm nun zwar an Arbeiten
nicht fehlet, ſo hat er doch auch hierinnen ſeines
gnädigſten Herrn in ihn geſetztes höchſtes Zutrauen
erfüllen wollen, weil er hierdurch viel nützliches für
die Univerſität ſtiften kann. Es ſind ihm alſo beyde Bibliotheken den letzten Februar 1759 übergeben,
die Beſoldung aber ſchon von Michaelis 1758 an ge-
reichet worden. Nunmehro beſchäftiget er ſich
hauptſächlich damit, ſelbige mit einander zu verbinden, und in Ordnung zu bringen; auch wurde noch
in Jahr 1759 der ſchon lange vorgeweſene, aber
immer hingehaltene Bau eines neuen und prächtigen Saals auf dem Iuleo Majori, zur Vereini-
gung und Aufſtellung beyder Univerſitätsbibliothe-
ken angefangen. Zur Beſchleunigung dieſer Sache ſind ihm der gelehrte Rector der helmſtädtiſchen
Stadtſchule, Herr M. Wagner, als Cuſtos, und
ein

ein geschickter Studiosus Iuris als Registrator zugegeben worden.

Nach niedergelegtem zweyten Vicerectorat hat er den 2 Januar 1759 das juristische Decanat zum erstenmal übernommen.

Im Monath März 1759 ist er von Sr. königl. Majestät in Dännemark, wegen der gehaltenen Streitschrift, von der lübeckischen Co‑Adjutorie‑Wahl, mit einer prächtigen goldenen Medaille beschenket worden. In dem Monat Julius 1759 hat ihn die königl. Gesellschaft der Wissenschaften zu Göttingen zu ihrem auswärtigen Mitglied in der historischen Classe aufgenommen. Schon im Jahr 1750 ist er von der helmstädtischen, und im Jahr 1753 von der bremischen teutschen Gesellschaft zu einem Ehrenmitgliede ernennet worden.

An Gelegenheit, sich zu verändern, hat es ihm nicht gefehlet; allein, er will damit nicht groß thun, sondern verehret vielmehr die Gnade seines liebenswürdigen Landesvaters. Er hat sich eine zahlreiche Bibliothek angeschaffet, sich aber vorzüglich auf das teutsche Staatsrecht, und die Historie, besonders die teutsche, sowol überhaupt, als derer besondern teutschen Staaten eingeschränkt. Auch besitzet er in derselben viele Inedita, zumal Diplomata, welche er, wenn sich ein billiger Verleger finden sollte, gerne an das Licht stellen wolte. Er führet dabey einen starken Briefwechsel mit vielen grossen Männern und angesehenen Gelehrten nicht nur in sondern auch ausser Teutschland, und ist dieses eine von seinen angenehmsten Beschäftigungen. Läst ihn GOtt länger leben, so wird er der gelehrten Welt, wie er bishero rühmlich gethan, noch ferner dienen, und seine drey Söhne zu gleichem Endzwecke erziehen und anführen.

In Ansehung derer von dem Herrn Hofrath Häberlin herausgegebenen, und von mir S. 273-286 erzehlten Schriften ist noch folgendes anzumerken:

ad No. 2. Der *Mansuetus Petropolitanus* soll nach einiger Vorgeben der damalige Reichsstadt ulmische, und jetzige Reichsstadt augspurgische Rathsconsulent, Herr Ludwig Bartholomäus, Edler Herr von Herttenstein seyn, woran aber aus gegründeten Ursachen zu zweifeln ist.

ad No. 3. Er hat bey den wichtigsten und seltensten Büchern einige Anmerkungen gemacht, welche von einer guten Bücherkenntniß zeigen. Im Anhange findet sich ein ordentlich eingerichtetes und accurates Verzeichniß von einer Menge Landcharten, worunter viele heut zu Tage sehr selten vorzukommen pflegen.

ad No. 10. Diese academische Streitschrift hat der berühmte Herr Burgermeister Wegelin dem *Tomo IVto* seines Thesauri Rerum Suevicarum einverleibet, allwo sie No. 15 zu befinden ist.

ad No. 16. Auch diese Abhandlung nimmt in gemeldtem Tomo IV die dreyzehnte Stelle ein, und die Emendationes und Supplementa zu dieser Abhandlung befinden sich daselbst, No. 29.

ad No. 28. Die von dem Herrn Hofrath Häberlin im Jahr 1749 und denen folgenden ausgestandene schwere Krankheiten, und andere nachhero ihm zugefallene nöthigere Beschäftigungen haben ihn verhindert, sein Versprechen, wegen eines weitläuftigern Commentarii über die Statuta Susatensia, zu erfüllen. Der seel. Herr Professor Emminghaus zu Jena ist ihm darüber mit seinem gelehrten Commentario zuvor gekommen. Indessen hat er noch nicht alle Neigungen aufgegeben, dasjenige, was er zur Erläuterung dieser Statutorum gesammlet, und noch in müßigen Stunden zu sammeln Gelegenheit findet, per modum Sparsionis Florum mit der Zeit ans Licht zu stellen, woferne sich dazu ein billiger Verleger finden wird. Durch einen längern Aufschub der Ausgabe aber wird das Publicum mehr gewinnen als verlieren.

ad No. 29. Diese Disputation kann mit einigen Verbesserungen und Zusätzen, nebst dem zweyten Theile derselben, so den Fortgang und Ausgang dieser Streitigkeit vom Jahr 1724 bis auf den Reichsschluß vom Jahr 1752 enthält, an das Licht gestellet werden, wenn sich hierzu ein billiger Verleger finden solte.

ad No. 33. Der Respondens dieser Dissertation, De Reservato Ecclesiastico &c. welcher anjetzo Adjunctus der Juristenfacultät zu Helmstädt ist, hat die Fortsetzung derselben aus denen ihm suppeditirten Subsidiis in seiner den 31 December 1757 zu Helmstädt pro Loco gehaltenen *Diss.* De Reservato Ecclesiastico, ex mente Pacis Westphalicæ bewerkstelliget.

Ausser denen angeführten Schriften hat der Herr Hofrath Häberlin nachhero, und theils auch vorhero, nachfolgende an das Licht gestellet, als:

1) *Progr.*

Franz Dominicus Häberlin.

1) *Progr.* In funus ornatissimi Iuvenis, *Io. Phil. Caroli Conradi, Franc. Car. F.* nomine Academiæ Iuliæ Carolinæ conscriptum. *Helmstad.* 1751. 4.

2. Propempticum de meritis Typographorum Ulmensium in Studia Historica.

Diese Schrift stehet bey des gelehrten Herrn M. Johann Franz Wagners, jetzigen Rectors an der helmstädtischen Stadtschule, *Commentatione,* De M. *Petr. Agricolæ* vita & meritis in Scholam, Ecclesiam & Rempublicam, imprimis etiam in Concordiæ Formulam. *Francof.* & *Lipsiæ* 1756.

3) *Diss.* De Friderici Daniæ & Norvagiæ Principis Heredit. Sereniss. & rel. justa & legitima postulatione in Adjutorem Episcopatus Lubecensis. Præmissis selectis quibusdam de hujus Præsulatus Originibus, potioribus fatis, pactoque inter Sereniss. Domum Gottorpiensem, & Reverendiss. Capitulum Lubecense Anno 1647. inito. *Resp. Iohann. Petri. Helmstad.* 1758.

Diese sehr lesenswürdige academische Streitschrift hat das oben erwehnte königl. dänische Gnadengeschenke nach sich gezogen. Sie wird sehr weitläuftig recensiret und gelobet 1) in denen **Göttingischen Anzeigen von gelehrten Sachen**, auf das Jahr 1758. St. 75. und 2) in denen **Leipziger gelehrten Zeitungen**, auf das Jahr 1718. No. 18.

4) Invitatio ad solennes Exsequias Magnifico Academiæ Iuliæ Carolinæ Vice-Rectori, *Christoph. Timotheo Seidelio,* die III. Iulii

Iulii A. 1758 publica pompa peragendas &c. *ibid.* 1758. *folio.*

In dieſem Programmate wird von denen ſeit dem Anfange der helmſtädtiſchen Univerſität verſtorbenen Vice-Rectoribus, und denen bey ſolcher Gelegenheit beobachteten Solennitäten, aus dem Univerſitätsarchiv und Protocollis Nachricht gegeben. Es iſt ſolche Einladungsſchrift nachmals denen in dieſem Jahr in Folio herausgegebenen Parentalibus, quibus Academia Iulia Carolina memoriam *Chriſtoph. Timothei Seidelii,* Pro-Rectoris in purpura defuncti celebravit, beygedrucket worden.

5) *Progr.* Selecta quædam de S. Michaele Archangelo, ejus apparitionibus, feſtis & cultu, inprimis in monte Gargano atque in monte Tumba, illucque factis peregrinationibus. In ſolemni die anniverſario S. Michaelis A. 1758. P. P. *Helmſtad.* 1758. 4.

In dieſem bey Gelegenheit des Michaelisfeſtes von dem Herrn Hofrath Häberlin verfertigten ſehr gelehrten Programmate trift man die Früchte eines unermüdeten Fleiſſes, und einer groſſen Beleſenheit in einer reichen Sammlung von Nachrichten an, die theils den Erzengel Michael ſelber, theils deſſen Verehrung, und daher flieſſende Wallfahrten angehen. Es iſt nachmals dieſes Feſtprogramma auch in Form eines Tractats, mit einer Vorrede und einem Conſpectu Opuſculi zum Vorſchein gekommen. Einen Auszug und eine rühmliche Recenſion hiervon findet man 1) in den Leipziger gelehrtlehrten Zeitungen, vom Jahr 1759 No. 21. und 2) in denen Göttingischen Anzeigen von gelehrten Sachen, auf das Jahr 1759 St 44.

6) *Diss. Iuris Publ.* De Auſtregis generatim, nec non de Iure Auſtregarum S. R. I. lib. civ. Ulmanæ ſpeciatim. *ibid.* 1759. *Resp. Tob. Ludov. Kienlein.*

Diese Abhandlung ist auch des Herrn Burgermeister **Wegelins** *Tomo IVto* Thesauri Kerum Suevicarum einverleibet worden, wo sie No. 30 zu befinden ist. Sie wird recensiret 1) in denen Regenspurgischen gelehrten Nachrichten, vom Jahr 1759 St. 25. 2) in denen Leipziger gelehrten Zeitungen, vom Jahr 1759 No. 55. 3) in denen Göttingischen Anzeigen von gelehrten Sachen, vom Jahr 1759 St. 63, wo gesaget wird: Diese ganze Abhandlung ist wohl geschrieben, und zeiget von einer schönen Belesenheit, und guten Beurtheilung.

7) *Diss. Iuris Publ.* De privilegio electionis fori Auguſtæ Domus Brunſuico-Luneburgicæ. *ibid.* 1760. *Resp. Septimo Gotthelf Kraft de Delmenſingen.*

Diese Abhandlung wird recensiret 1) in denen Regenspurgischen Nachrichten von gelehrten Sachen, vom Jahr 1760 St. 15, wo gesaget wird: Alles hat der Herr Hofrath mit so vieler Belesenheit und praktischem Geschmacke auseinander gesetzet, daß wir überzeugt worden sind, daß die Ausführung dieser für das Haus Braunschweig-Lüneburg so wichtigen Gerechtsame unter keine bessere Hände hätte kommen können. Und 2) in denen

Leipziger gelehrten Zeitungen, vom Jahr 1760 No. 47.

8) Umständliche historische Nachricht, von Einführung der Souverainität und Erbgerechtigkeit im Königreiche Dännemark zum hundertjährigen Andenken dieser grossen Staatsveränderung entworfen. Wolfenbüttel und Helmstädt 1760. 4.

Diese gelehrte Schrift wird mit Lobeserhebungen recensiret in denen Göttingischen Anzeigen von gelehrten Sachen, vom Jahr 1760 St. 131. Dieser Schrift ist auch der Inhalt vorgesetzet, wodurch man das, wovon hierinnen gehandelt wird, sogleich übersehen kann.

9) *Io. Georg. Pertschii & Fran. Dominici Hæberlini* Annotationes in *Io. Iacobi Schmaussii* Compendium Iuris Publici S. Rom. Imp. *Brunsuigæ & Helmstadii* 1761. 8.

Der Herr Hofrath Häberlin, welcher der Herausgeber dieser Anmerkungen ist, hatte in der Auction der pertschischen Bibliothek unter andern Büchern dasjenige Exemplar des schmaußischen Lehrbuchs erstanden, dessen sich der verstorbene Herr Hofrath Pertsch in seinen Vorlesungen über das teutsche Staatsrecht bedienet, und zu diesem Ende selbiges mit Noten und Zusätzen versehen hatte. Er fand den grösten Theil dieser Anmerkungen so gründlich ausgearbeitet, daß er sie für würdig hielt, durch den Druck gemeinnütziger gemacht zu werden. Wir können nicht sagen, daß er unter die gemeine Classe der Herausgeber Operum posthumorum zu setzen sey: Seine bekannten Verdienste um das teutsche

Staats-

Staatsrecht können leicht einem jeden das gewöhnliche Vorurtheil benehmen, mit welchem man sonsten dergleichen Schriften öfters nicht ohne Grund zu betrachten pfleget. Da er kein Zuhörer des seel. Pertschens, sondern sein College war; so darf man nicht fürchten, daß er auf seine Worte geschworen habe. Er erkennet selbsten, daß er ein und anderes nicht für das seinige erkennen könne; er zeiget hie und da an, worinnen er von den Pertschischen Meynungen abgehe, und nicht selten widerlegt er dieselbe. Weil aber des Herrn Herausgebers vornehmste Absicht gewesen ist, seinen Zuhörern ein Buch in die Hände zu liefern, welches ihnen bey der Wiederholung seiner Vorlesungen dienlich seyn möchte; so hat er sich um so mehr zum Augenmerk seyn lassen, sie mit den besten Schriftstellern des teutschen Staatsrechts bey Zeiten bekannt zu machen, je mehr jedermann weiß, daß das sonst mit Recht fast allgemein beliebte schmausische Compendium hiervon nicht die geringste Anleitung giebt. Aus diesem Grunde hat er nicht nur bey jedem §pho oder besondern Materie nach der neuesten Ausgabe die besten und brauchbarsten Schriften angezeiget, sondern auch diejenigen, welche sich schon bey den Pertschischen Anmerkungen befanden, mit der ihm gewöhnlichen Sorgfalt und Genauigkeit verbessert, und mit ihren wahren Titeln beygesetzet, so, daß diejenigen, welche sich dieses Compendium zum Leitfaden in ihrem Studiren erwählet haben, durch diese Arbeit eine ziemlich vollständige Bibliothek des teutschen Staatsrechts bekommen. Wir halten übrigens einen allgemei-

Leb. jetzt. Rechtsgel. 5 Th.   Dd   nen

nen Auszug aus diesem in seiner Art sehr nützlichen Werke um so überflüßiger, je bekannter die Einrichtung des schmaußischen Compendii ist, welchen der Herr Herausgeber von Paragraphen zu Paragraphen gefolget ist. Nur dieses wollen wir noch anmerken, daß er nebst einem sehr brauchbaren Register in dem Anhange dieser Schrift vier Verzeichnisse geliefert hat, von welchen der Herr Herausgeber in der Vorrede versichert, daß er sie von solchen Orten her bekommen habe, daß er vor derselben Gültigkeit und Richtigkeit Bürge seyn könne. Das erste enthält die Sitz- und Stimmordnung aller drey Reichscollegien; das andere einen sehr accuraten Schematismum der sechs alternirenden altfürstl. Häuser. Hierauf folgt ein vollständiger und authentischer Abriß von den wetterauischen, fränkischen und westphälischen reichsgräflichen Collegien. Den Beschluß macht der Aufrufzettel des in fünf Bänke eingetheilten schwäbischen Kreises vom Jahr 1760. Ueberhaupt glauben wir, bey Durchgehung dieses Werks gefunden zu haben, daß es nicht nur Anfängern das Studiren sehr erleichtern, sondern, daß es auch solchen Personen die erprießlichsten Dienste leisten könne, welchen zwar das teutsche Staatsrecht der vornemste Gegenstand ist, deren Geschäfte aber nicht erlauben, durch vieles und mühsames Nachsuchen zu der nöthigen Kenntniß von den besten Schriften in dieser Wissenschaft zu gelangen. S. auch Regenspurgische Nachrichten von gelehrten Sachen, auf das Jahr 1761 St. 33.

Franz Dominicus Häberlin.

In denen beliebten Braunschweigischen Anzeigen, welche sich mit dem Jahr 1745 angefangen haben, und bis jetzo noch immer fortgesetzet werden, finden sich von dem Herrn Hofrath Häberlin auch verschiedene Aufsätze, als z. E.

Anno 1745. No. 104. Gründliche Erörterung der Frage: Warum Churmaynz wider den im Jahr 1656 mit Churcölln zu Frankfurt am Mayn errichteten Vergleich König *Iosephum* im Jahr 1690 zu Augspurg gesalbet habe.

Anno 1756. No. 28-38 incl. Diplomatische Untersuchung von dem Ursprunge des Titels: Rex Romanorum. (Römischer König.)

Anno 1757. No. 47. Von dem nürnbergischen sogenannten Ochsen- und Unschlittamt.

Anno 1758. No. 57. Kurze Beschreibung der Solennitäten, welche nach dem Absterben des seel. Herrn Abts Seidels, Vicerectors der Julius-Carls Universität bis auf den Tag der solennen Exsequien, und an demselben beobachtet worden.

Anno 1759. No. 3. 4. 37. 38. und 39. Authentisches Verzeichniß, nebst einigen beygefügten Nachrichten von denenjenigen Durchlauchtigsten Prinzen, welche auf der Universität Helmstädt seit ihrer Stiftung denen Wissenschaften obgelegen haben.

Dieses Verzeichniß ist zum Theil aus denen archivalischen Urkunden der Universität gezogen, und noch in einigen Stücken dieser Anzeigen fortgesetzet worden.

Anno eodem, No. 5 und 6. Einige gesammlete Nachrichten von dem berühmten Hause Etrees in Frankreich, und dem französischen Marschall, **Ludwig Cäsar Grafen von Etrees**.

Anno eodem, No. 21 und 22. Zuverläßige Nachricht von zwey Zusammenverschwörungen wider das Leben zweyer Könige von Portugall, aus dem 15 und 17 Jahrhundert.

In denen **Hannoverischen Beyträgen zum Nutzen und Vergnügen**, findet sich zwar auch etwas von des Herrn Hofrath **Häberlins** Arbeit, welches man aber nicht bemerken kann, weil er seinen Namen nicht beygefüget hat.

So hat er auch auf sein Ansuchen von dem seel. Herrn Professor **Köhler** die Erlaubniß erhalten, die historische Erläuterungen über ein und andere in seinen Münzbelustigungen stehende Münzen zu verfertigen. Wie er denn auch die historische Erklärung der Gedächtnißmünzen des römischen Königs *Ferdinandi IV.* und Kaysers *Leopoldi*, welche vor dem bekannten **Köhlerischen oder Weigelischen Geschichts-Geschlechts- und Wapencalender** d. a. 1745 und 1746 stehen, verfertiget, und die genealogischen Tabellen zu diesen und den folgenden Jahrgang 1747 revidiret, suppliret und emendiret hat. Anderer kleinen Aufsätze, oder auch Sammlungen aus seinen Collectaneis, welche er guten Freunden zu ihrem Gebrauch überlassen, nicht zu gedenken.

In Ansehung der S. 284 bemerkten **Burkhardischen Bibliothek** ist annoch zu gedenken, daß selbige, nebst des berühmten Besitzers derselben,

weil

weil. Hochfürstl. braunschweig-lüneburgischen Hofraths und Leibmedici, Joh. Heinr. Burkhards Lebensbeschreibung, und dessen Epistola ad ill. Godofr. Guil. Leibnitzium den ersten Tomum des beliebten Musæi Burckhardiani ausmache.

Der versprochene dritte Theil von Gottfrieds Chronick ist im Jahr 1759 zu Frankfurt am Mayn herausgekommen; es hat aber nicht dem Herrn Hofrath Häberlin zum Verfasser, sondern einen andern, gestalten er sein Vorhaben, und die mit dem Verleger genommene Abrede, mit dessen guter Bewilligung, wegen anderer vieler Geschäfte hat ändern und aufheben müssen.

Auſſer denen namhaft gemachten versprochenen Schriften, wird der Herr Hofrath Häberlin, wenn GOtt Leben und Gesundheit, künftige ruhigere und friedlichere Zeiten, aber auch einen raisonnablen Verleger geben werden, sich vorzüglich angelegen seyn lassen, die mit vielen Kosten sich angeschafte Diplomata & varia Documenta medii ævi adhuc dum inedita in einigen Theilen, mit denen nöthigen Einleitungen und Erläuterungen ad illustranda Iura, Antiquitates & Historiam, patriæ im Druck ausgehen zu lassen.

Zusätze
zur Lebensgeschichte Herrn
Johann Jacob Mascovs,

Der Weltweisheit und beyder Rechten Doctors, Königl. Pohln. und Churfürstl. Sächsischen Hof- und Justitienraths, Dechants des Domcapituls zu Zeiß, des Königl. und Churfürstl. Sächsischen Oberhofgerichts zu Leipzig Beysitzers, des kleinen Fürstencollegii Collegiatens, der Stadt Leipzig ältesten Proconsuls, und der Rathsbibliothek Oberauffehers.

(S. den ersten Theil dieser Nachrichten ꝛc. S. 296-306.)

Dieser grosse Staatsrechtslehrer ist den 22sten May 1761 früh um 4 Uhr an einem Schlagflusse, im 72sten Jahre seines Alters verstorben. Allhier will ich annoch zur S. 289 anmerken, daß er seit dem 23sten August 1721 zeitzischer Inscriptus, und seit 1730 Canonicus, im Jahr 1748 den 21sten October aber zum Dechant dieses Stifts erwehlet, und von Königl. Pohlnischen und Churfürstl. Sächsischen höchstpreißlichen geheimen Consilio, mittelst allergnädigsten Rescripts, d. d. Dreßden, den 28sten November 1748 confirmiret worden.

Bey seinen Schriften merke ich annoch an, daß von seinen S. 294 angeführten Principiis Iuris Publici im Jahr 1761 die fünfte vermehrte und ver-

verbesserte Auflage zu Leipzig, in 8vo maj. herausgekommen.

Von denen *Commentariis*, De rebus Imperii Romano-Germanici a *Conrado I.* usque ad obitum *Henrici III.* kam im Jahr 1757 in Leipzig eine vermehrte und verbesserte Auflage heraus, und in denen Leipziger gelehrten Zeitungen, vom Jahr 1757 No. 59 wird hiervon gesaget: **Diese gegenwärtige Ausgabe kann für ein neues Buch angesehen werden.** So viel hat der hochverdiente Herr Verfasser theils daran vermehret, theils ausgebessert.

Ende des fünften Theils.